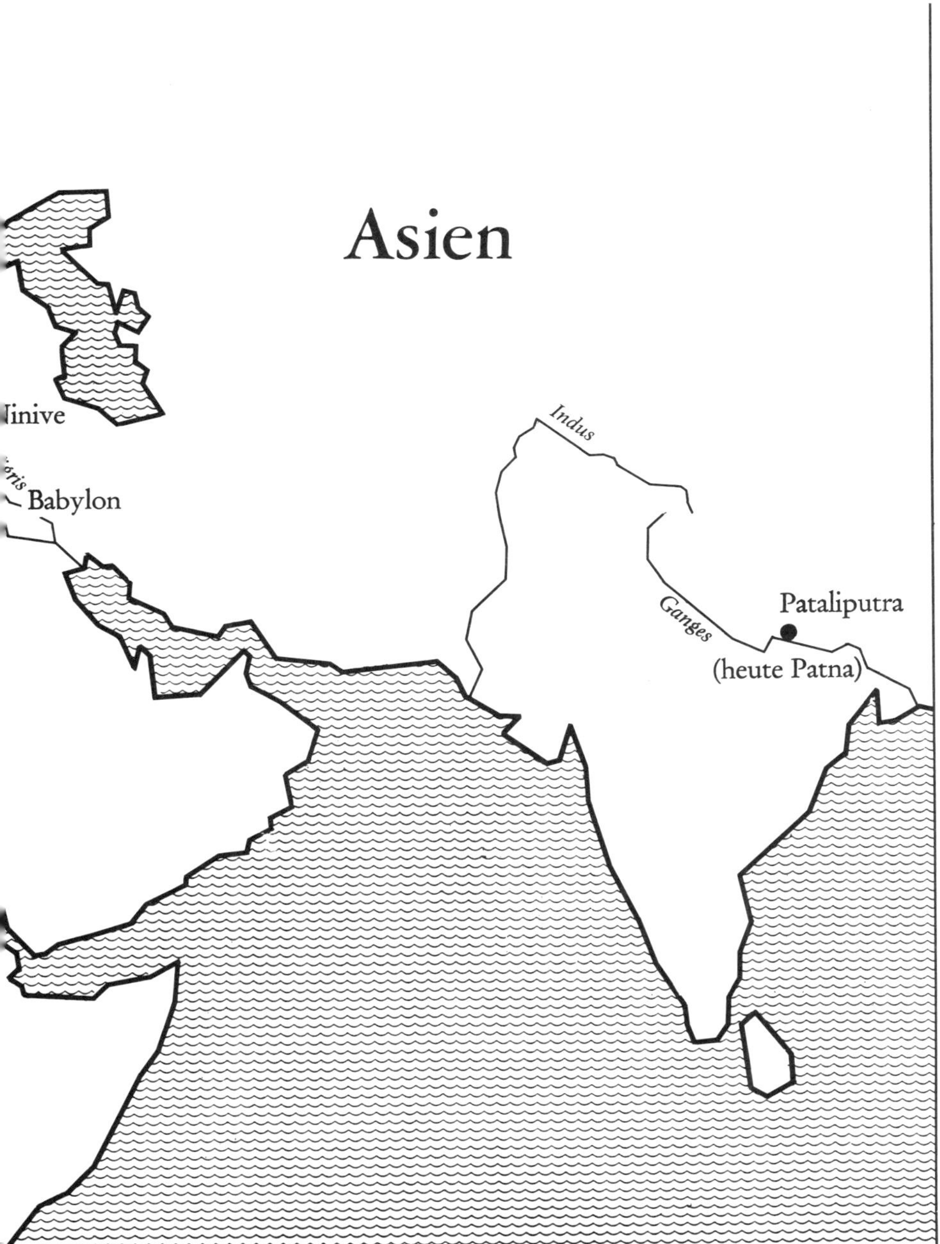
Asien
Ninive
Tigris
Babylon
Indus
Ganges
Pataliputra
(heute Patna)

de Camp

New York lag einst
am Bosporus

L. Sprague de Camp

New York lag einst am Bosporus

Econ Verlag · Düsseldorf · Wien

Aus dem Amerikanischen übertragen von Dr. Wilhelm Duden
Titel der bei Doubleday & Co., Inc., New York erschienenen
Originalausgabe
Great Cities of the Ancient World

1.—25. Tausend Juli 1972
26.—30. Tausend Oktober 1972
31.–50. Tausend November 1972

Gesetzt aus der 9 Punkt Palatino der Linotype GmbH
Gesamtherstellung Ebner Ulm
Printed in Germany
ISBN 3 430 11662 7

Inhalt

Meinem Freund und Kollegen
Alan E. Nourse, M. D.,
der mich auf der Reise
zu einer Anzahl dieser Städte
durch dick und dünn begleitete.

Einleitung

Dieses Buch will von verschiedenen großen Städten alter Zeiten erzählen, von denen ich alle außer Ninive besucht habe. Ich möchte ihren Stadtplan und ihr Aussehen beschreiben, etwas von ihrer Geschichte erzählen und das Leben in ihnen in den Tagen ihres Glanzes schildern. Ich habe diese Städte ausgewählt nach dem Kriterium ihrer Größe und Bedeutung sowie nach dem Umfang unseres Wissens über sie.

Mir ist dabei bewußt geworden, daß sich in 2000 und mehr Jahren an den Grundproblemen, mit denen Menschen und Städte konfrontiert sind, nichts geändert hat. In der Tat: »New York lag einst am Bosporus«. Und manche Fragen, die sich heute New York oder anderen Metropolen stellen, sind so alt, daß wir ihnen in den »Metropolen der Antike« bereits begegnen.

So viele Städte sind in den 5000 Jahren der bekannten Geschichte der Menschheit aufgestiegen und niedergegangen, daß ich leicht eine doppelt so lange Liste hätte aufstellen können. Ich muß jedoch irgendwo die Grenze ziehen. Einige Städte, die ich hätte beschreiben können, wurden ausgelassen, weil ihre größten Glanzzeiten in eine spätere Zeit fielen als die Zeit, mit der ich mich beschäftigte – so daß es mehr mittelalterliche als antike Städte waren. Dies war der Fall bei Bagdad, Cuzco, Damaskus, Delhi, Hangtschau, Kioto, Polonnaruva und Tenochtitlan. Andere wurden ausgelassen, weil über sie nicht genug bekannt ist (oder zum mindesten mir bekannt ist). Wieder andere waren als Städte niemals wichtig genug, oder ich hatte schon anderweitig über sie geschrieben[1], oder mehrere dieser Gründe fielen zusammen. Daher habe ich kein Kapitel über Angkor Wat, Anschan, Cadiz, Knossos, Meroê, Persepolis, Susa, Tikal und Troja, daher kein Kapitel über das goldene Jerusalem, über Anuradhapura, über Memphis mit der weißen Mauer.

Aber zunächst möchte ich etwas darüber sagen, wie Städte überhaupt entstehen, lange bevor irgendeine Stadt den Umfang und den Glanz erreichte, der durch das Adjektiv »groß« angedeutet wird.

1.
Die Entstehung der Stadt

Zuerst gab es die jagende Gruppe. Dann entstand das Ackerbauerdorf. Zuletzt kam dann die Stadt.

Vor zehntausend Jahren bestand die ganze Bevölkerung der Erde aus wenigen hunderttausend primitiver Steinzeitmenschen, die in jagenden Gruppen von selten mehr als fünfzig umherstreiften. Von einer solchen Gruppe waren vielleicht ein Dutzend Männer, die selbst jagten. Während diese Männer jagten und fischten, suchten die Frauen nach Früchten, Nüssen, eßbaren Wurzeln wie die Karotte und eßbaren Knollen wie die Kartoffel. Solche jagenden Gruppen wohnten meist in provisorischen Lagern; denn nachdem sie eine Zeitlang in einem Gebiet gejagt hatten, war das Wild größtenteils ausgerottet oder verjagt worden, und die Menschen mußten ihre Sachen zusammenpacken und sich einen neuen Jagdgrund suchen.

Gegen 8000 v. Chr., während des Neolithikums oder der Jüngeren Steinzeit, begann dann die große landwirtschaftliche Revolution. Sobald die Menschen gelernt hatten, Tiere zu zähmen und kleinere Felder mit eßbaren Früchten zu bepflanzen, wurden sie Lebensmittelerzeuger statt wie bisher Lebensmittelsammler. Und wenn ihre Lebensmittelversorgung gesichert war, konnten sie sich in ständigen Dörfern niederlassen, statt wie bisher auf der Erde herumzuwandern. Sie waren sogar gezwungen, sich niederzulassen; denn kein Ackerbauer konnte das Feld mitnehmen, das er mit vieler Mühe eingezäunt, planiert, gepflügt, besät, von Unkraut gereinigt und abgeerntet hatte. Weil ein fruchtbarer Acker (zum mindesten bis die primitiven Ackerbaumethoden den Boden erschöpft hatten) zwanzig- bis zweihundertmal so viele Ackerbauer ernähren konnte wie vorher Jäger, vervielfachte sich die Bevölkerung in den Ackerbaugebieten.

Am nördlichen Rand der großen arabischen Wüste zieht sich ein Bogen von Bergen und Hügeln entlang. Hier entstanden die ältesten Dörfer der Welt: Tepe Sarab, Jermo, Hassuna, Amq und Jericho. Die ersten vier tragen heute den Namen moderner Ortschaften, die in der Nähe liegen, weil wir nicht wissen, wie ihre ältesten Bewohner sie nannten. Jericho ist mit der Zeit zu einer ziemlich großen Stadt gewachsen – soweit bekannt, ist es die älteste heute noch bewohnte Ortschaft der Welt, und mehr als 8000 Jahre haben dort Menschen ununterbrochen gewohnt.

Die landwirtschaftliche Revolution, die das Leben in Dörfern sowohl möglich als auch notwendig machte, begann vermutlich in diesem Bogen. Denn hier gab es die Tiere und die Pflanzen, die von den Hunderttausenden verschiedener Arten auf der Welt sich als am leichtesten zu zähmen beziehungsweise anzupflanzen erwiesen haben: das Rind, die Ziege, das Schaf, das Schwein und von den Körnern Weizen und Gerste.

Es gibt natürlich viele andere nützliche Tiere und Pflanzen. Schon in den Zeiten der Jäger war der Hund gezähmt worden. Später zähmten die Menschen die Katze und den Esel in Nordostafrika, das Pferd in Osteuropa, das Kamel in Südwestasien, den Elefanten und das Huhn in Indien, das Ren in Sibiren und das Lama in Südamerika. In diesen Jahrtausenden kultivierten die Menschen (in erster Linie wohl die Frauen) Pflanzen wie den Reis, den Mais, die Banane und andere Obst- und Gemüsearten. Einige andere Arten entwickelten sich nicht gut und wurden wieder aufgegeben. Aber der größte Teil der Nahrung, welche die Menschen heute verzehren, besteht immer noch aus Weizen, Reis und Mais oder stammt vom Rind, der Ziege, dem Schaf und dem Schwein.

Ein fester Wohnsitz bedeutete nun, daß man ein dauerhaftes Haus baute, statt der Zelte, Höhlen und anderen primitiven Unterkünften, tragbaren oder immer neu improvisierten, welche die Jagdgruppe besessen hatte. Die ersten Häuser wurden aus dem Material gebaut, das gerade an Ort und Stelle bereitlag: Stein an den felsigen Küsten des Mittelmeers, Holz in den Wäldern Nordeuropas, Lehm in der schlammigen Euphrat-Ebene. Stein und Lehm waren geeigneter für den Bau von runden Häusern, Holz für den von rechteckigen Häusern. Runde Hütten, mit zylindrischen Mauern aus Stein oder aus Lehm, die durch Rohr oder Weiden verstärkt waren, hatten oft Dächer, die mit dem übrigen Bau eine Einheit bildeten. Sie entstanden, indem man die Mauern nach innen bog, so daß sie eine Kuppel bildeten. In anderen Fällen war das Dach ein eigenes konisches Gebilde von Holzpfählen und Stroh, das auf den zylindrischen Mauern ruhte.

Über mehrere Jahrtausende hinweg breiteten sich die Bauerndörfer langsam von dem gebirgigen Bogen, wo sie entstanden waren, weiter auf andere Länder aus, nach Westen bis Ägypten und nach Osten bis Indien. Da es noch keine Straßen gab, gab es auch wenig Verkehr. Weil neue Gedanken, die irgendwo auftauchten, sich mit der Langsamkeit von Gletschern ausbreiteten, ging das Leben Jahrhundert für Jahrhundert ziemlich unverändert weiter.

Etwa um das Jahr 4000 v. Chr. fand eine neue Umwälzung statt. Einige Dörfer entwickelten sich zu Städten. Zu Füßen des östlichen Endes jenes gebirgigen Bogens liegt das Land, das wir heute Irak nennen, durch das die beiden mächtigen Flüsse Euphrat und Tigris ihren gewundenen Weg zum Persischen Golf nehmen. Die beiden Flüsse nähern sich nördlich von Bagdad, entfernen sich dann wieder und vereinigen sich schließlich, kurz bevor sie das Meer erreichen. Die ältesten bekannten echten Städte der

Welt — Nippur, Eridu, Isin, Schuruppak, Uruk, Larsa und Ur — entstanden im heutigen südlichen Irak innerhalb oder in der Nähe der blattförmigen Halbinsel, die durch den Zusammenfluß von Euphrat und Tigris gebildet wird. Dieses Land war bekannt als Sumer oder Schumer — die Ebene Schina der Genesis. Die Zivilisation (besser gesagt die Verstädterung) verbreitete sich von dort nach Norden in den heutigen mittleren Irak (Babylonien) und weiter in den nördlichen Irak (Assyrien).

Nun ist eine Stadt etwas anderes als ein übergroßes Dorf. Ein Dorf von Ackerbauern kann nicht bis ins Unendliche wachsen, weil es dann nach einer gewissen Zeit mehr Bauern beherbergen würde, als gebraucht werden, um die Felder der Umgebung zu beackern. Neu Hinzugekommene müßten dann jeden Tag so weit gehen, um ihr Land zu bearbeiten, daß sie sich eines Tages entschlossen, an einem geeigneteren Ort ein neues Dorf zu gründen.

Städte andererseits können zu dem Hundertfachen der Größe eines Dorfes anwachsen, gerade weil die meisten Stadtbewohner keine Bauern sind. Sie sind Spezialisten, die ihren Lebensunterhalt auf andere Weise verdienen. Sie erzeugen Waren, deretwegen die Bauern in die Stadt kommen, um sie im Austausch für ihre Nahrungsmittel zu erhalten. Zu Beginn der landwirtschaftlichen Revolution konnten noch keine Städte existieren, weil bei den primitiven damaligen Methoden des Ackerbaus und der Viehzucht jeder Bauer vollauf zu tun hatte, um genügend Nahrungsmittel, ergänzt durch Jagd und Fischfang, für sich und seine Familie zu erzeugen.

Während der vier oder fünf Jahrtausende zwischen der Entstehung der Dörfer und der Entwicklung der Städte verbesserten sich jedoch die landwirtschaftlichen Methoden. Fortschritte wie der von Ochsen gezogene Pflug (anstelle der Hacke) und die Züchtung besseren Getreides und besseren Viehs ermöglichten es dem Bauern, wenigstens in einem guten Jahr einen Überschuß zu erzielen, mit dem er handeln konnte.

Diese Bauern der Frühzeit hatten aber auch ein Bedürfnis zu handeln. Wie alle Pioniere mußten die ersten Dorfbewohner Allerwelts-Handwerker sein. Ein Spezialist aber, der sein Leben lang nur ein einziges Handwerk ausübt, kann eine bessere Ware herstellen als der durchschnittliche Dorfbewohner, der sein eigener Schmied, Zimmermann, Maurer, Mechaniker, Brunnenbohrer und Wagenbauer sein mußte. Schon die primitivsten Kulturen von Nahrungssammlern hatten einige Spezialisten gehabt: den Stammespriester oder Zauberer und den Stammeshäuptling oder Führer im Kampf. Jetzt entstanden immer mehr neue Spezialisten. Statt selbst ihre eigenen Schuhe, Häuser, Waffen, Werkzeuge, Wagen und Boote herzustellen, handelten die Ackerbauern mit den Spezialisten in der Stadt, die diese Dinge besser machen konnten als die Bauern selbst.

Wir wissen nicht viel über die Geburt der ältesten Städte, weil die alten Sumerer keine schriftlichen Aufzeichnungen hinterließen. Nach den wenigen Beweismitteln aber, die aus den Ruinen dieser Städte gerettet wurden, und nach der Art und Weise, wie bekanntermaßen in späteren Zeiten Städte gegründet wurden, kann man einige fundierte Vermutungen aufstellen.

Manchmal wuchs zweifellos ein Dorf ganz einfach zu einer Stadt an, sobald eine zunehmende Zahl von Spezialisten sich dort niederließ. Manchmal entstand eine Stadt auch aus einem religiösen Zentrum: einem Schrein, einem Tempel, einem Palast oder einem Friedhof. Wo immer Menschen zu religiösen oder politischen Zwecken zusammentrafen, erschienen Händler, die ihnen Waren verkaufen wollten. Trotzdem haben sich einige religiöse Zentren, wie der neolithische Freiluft-Tempel im britischen Stonehenge, nicht zu Städten entwickelt.

Ein anderer Kern der alten Stadt war die Festung oder Burg. Wenn ein Mächtiger eine Mauer baute, um seinen eigenen Reichtum und seine Gefolgsleute zu beschützen, pflegten sich auch andere Leute in der Nähe niederzulassen, die sich den Vorschriften des Kriegsherrn fügten, um einen sicheren Zufluchtsort zu haben. Die Festung wurde oft auf der Höhe eines Berges oder Felsens aufgebaut, wie in Athen und Siena, oder auf einer Insel, wie in Paris und Stockholm. Eine Landzunge, eine Halbinsel und die Innenseite eines scharfen Bogens bei einem Fluß waren wegen des Schutzes, den sie boten, andere beliebte Plätze.

Städte entstanden auch aus Handelszentren, wo die Dorfbewohner zu regelmäßigen Märkten zusammenkamen, wo sich Handelsstraßen kreuzten oder vereinigten oder wo Waren von einem Verkehrsmittel auf ein anderes umgeladen wurden. So liegt Wien an der Kreuzung mehrerer wichtiger Handelsstraßen, und Palmyra in der Syrischen Wüste blühte auf, weil es ein geeigneter Halteplatz für Karawanen war. Andere beliebte Plätze sind die Mündung eines größeren Flusses, wie bei New York und Schanghai, der am weitesten stromaufwärts gelegene Platz, wo man über einen Fluß noch eine Brücke bauen kann, wie im Falle von Rom und London, der letzte Platz, bis zu dem Seeschiffe flußaufwärts fahren können, wie Montreal, oder ein Platz mit einem schönen natürlichen Hafen wie Neapel und San Francisco.

Außerdem entstehen Städte oft dort, wo natürliche oder von Menschen geschaffene Wunder zu sehen sind. Der Tourismus ist schon seit Tausenden von Jahren ein einträgliches Geschäft. In der klassischen

Antike kamen Touristen nach Memphis in Ägypten, um die Pyramiden, die Sphinx und andere Weltwunder von damals zu sehen, ebenso wie sie heute nach Kairo kommen, um dasselbe zu tun. Die ideale Stadt wäre ein politisches, religiöses, militärisches, kommerzielles, industrielles, künstlerisches und Bildungszentrum in einem, das an einem guten Hafen angelegt und durch einige verlockende touristische Attraktionen bereichert ist. Viele der modernen Großstädte vereinigen in der Tat die meisten dieser Faktoren.

Die ältesten Städte waren wahrscheinlich unabhängige politische Einheiten von der Art, welche die alten Griechen eine »Polis« nannten, was wir etwas ungeschickt mit »Stadtstaat« übersetzen. Obwohl diese Art der Gemeinschaft Jahrtausende geblüht und der Welt viele ihrer schöpferischsten Geister geschenkt hat, ist sie jetzt fast ganz verschwunden.

Die Polis besaß genügend Land in ihrer Umgebung, um ihre Bewohner zu ernähren, und regierte sich selbst wie eine unabhängige Nation, einerlei ob als Republik oder Monarchie. Jeder Einwohner betrachtete sich als Bürger von Larsa, Tyrus, Athen oder Rom und erblickte in jedem Bürger einer anderen Stadt einen Ausländer. Er war bereit, erbittert zu kämpfen, um seine Stadt zu verteidigen, aber selten bereit, sich mit den Bürgern einer anderen Polis zur Abwehr eines gemeinsamen Feindes zu verbinden. Da benachbarte Stadtstaaten meist durch mörderischen Haß entzweit waren, hatte es ein starker Außenseiter leicht, die Stadtstaaten früher oder später einen nach dem anderen zu unterwerfen.

Die ersten Städte waren sozial ähnlich organisiert wie die bäuerlichen Gesellschaften, aus denen sie entstanden waren. Die Menschen gliederten sich in Familien, Sippen und Stämme, und jeder Stamm bewohnte seinen eigenen Teil der Stadt. Gewöhnlich hatte die Stadt einen König; es konnte ein Hohepriester sein, der das Kämpfen einem anderen überließ, oder ein General, der die religiösen Funktionen einem anderen überließ. Er konnte aber auch die militärischen und religiösen Funktionen vereinigen.

Die Macht verschob sich unentwegt unter den führenden Gruppen: dem König und seinen Anhängern, dem Senat, einer Versammlung der Oberhäupter der reichsten Familien, der Priesterschaft und der Volksversammlung, einer Vereinigung aller waffentragenden Männer. Arme Leute, Frauen und Sklaven, die weder Reichtum noch übernatürliche Kräfte noch Waffen besaßen, zählten nicht viel. Manchmal setzte der Senat den König ab oder beschränkte ihn wenigstens auf rein sakrale Funktionen und regierte dann die »Republik« nach seinem Gutdünken.

Die Regierung der Stadt ging ziemlich locker und formlos vor sich.

Kein Herrscher konnte es sich leisten, allzu tyrannisch zu sein, weil es für seine Untertanen leicht war, zu einer benachbarten Polis zu fliehen. Die ältesten Könige lebten und kleideten sich weitgehend wie ihre Untertanen: Ein Besucher in einer kleinen Polis war nicht erstaunt, Seine Majestät beim Anstreichen seines eigenen Palastes oder beim Ausbessern des Daches anzutreffen, während die Königin ihm auf ihrer eigenen Spindel ein königliches Gewand wob und die königlichen Kinder anschrie, wenn sie zu ungezogen waren.

Wenn eine Polis groß und mächtig wurde, änderte sich meist ihre Regierung und wurde autokratischer und zentralistischer. Dann ging der König oft daran, seine Nachbarn zu unterwerfen. Im heutigen Irak gründete fast zwei Jahrtausende lang ein ehrgeiziger König nach dem anderen ein kurzlebiges Reich.

Diese Eroberer hatten einen besonderen Vorteil, der diesem Land eigen ist, das zur Hälfte aus Wüste besteht und für seine Landwirtschaft künstliche Bewässerung braucht. In den Zeiten der alten Sumerer gab es schon eine Bewässerung in kleinem Maßstab; jede Stadt grub ihre eigenen Kanäle, ohne Rücksicht auf das, was die Nachbarstadt tat. Als jedoch die Könige größere Reiche gründeten, faßten sie sämtliche Kanäle unter einer gemeinsamen Leitung zusammen, weil dies nützlicher war und dem Land erlaubte, mehr Menschen zu ernähren. Die größere steuerpflichtige Bevölkerung wiederum verschaffte dem König zusätzlichen Reichtum und Macht und erleichterte es ihm dadurch noch mehr, seine Eroberungen auszudehnen. Da die Umstände eine politische Organisation in größeren Räumen begünstigten, entstand stets ebenso schnell, wie eines dieser auf der Bewässerung aufgebauten Reiche zerfiel, ein anderes an seiner Stelle.

Mit der Entstehung großer Königtümer und Reiche, etwa seit dem Jahr 3 000 v. Chr., gewannen die Städte eine neue Dimension. Jeder König lebte in einer königlichen Hauptstadt, umgeben von seinem Hof, seinem Gefolge von Beamten und seiner Armee. Weil diese Menschen »hauptberuflich« für den König arbeiteten, mußten sie von anderen mit den lebensnotwendigen Waren und Dienstleistungen versorgt werden. Außerdem baute der König zu Ehren der Götter und der mächtigen Priesterschaft imposante Tempel. Diese wiederum brauchten Menschen zu ihrem Bau und zu ihrer Instandhaltung ebenso wie zum Gottesdienst selbst — und diese wieder brauchten Menschen, welche die Tempeldiener mit Waren und Dienstleistungen versorgten.

Um den Reichtum zu bewachen, den sie ihren Untertanen abgefordert hatten, umgaben die Könige ihre Städte mit Mauern, bauten sie Vorratsräume und heuerten sie Männer an, die ihre Gold- und Silberhorte, ihre Getreidebehälter, ihre Krüge mit Wein und Öl, ihre Kisten mit schöner Kleidung, ihre Waffensammlungen und ihr sonstiges Eigentum bewachten. Die Schrift und die Zahlen wurden erfunden, um über alle diese Schätze Buch zu führen.

Von diesen Neuerungen war der Bau von Mauern eine der ersten und vielleicht die wichtigste; denn ohne Mauern hätten die Menschen vielleicht die Kulturstufe des Städtebaus niemals erreicht. Ein Dorf enthielt meist wenig, was sich zu stehlen lohnte. Daher rannten die meisten Dorfbewohner weg, wenn sie von bewaffneten Räubern bedroht wurden, und versteckten sich, bis die Gefahr vorbei war. Wenn die Fremden ihre Häuser zerstört hatten, dann konnten diese ohne allzuviel Mühe wiederaufgebaut werden.

Eine Stadt jedoch enthielt attraktive Güter jeder Art, die sich sehr wohl zu stehlen und daher auch zu verteidigen lohnten. Mit einer dicken Mauer und reichlichem Vorrat von Lebensmitteln und Wasser konnte eine Stadt die Belagerung einer Armee aushalten, die mehrmals so viel Menschen umfaßte wie sie selbst, da ein Mann auf der Höhe einer Mauer, militärisch gesehen, so viel wert war wie mehrere Männer am Fuß der Mauer. Der Unterschied zwischen ummauerten und nicht ummauerten Ortschaften war so klar, daß manche Archäologen die Stadt als eine von Mauern umgebene Ansiedlung definiert haben. Jericho freilich scheint eine massive Steinmauer gehabt zu haben, als es noch ein Bauerndorf war; vielleicht hat es deswegen alle anderen alten Städte der Welt überlebt.

Eine Stadtmauer wurde aus dem Material gebaut, das in der Gegend verfügbar war und am besten den Zweck erfüllte. Bei den Sumerern und Babyloniern gab es praktisch keine Steine und kein Holz; das am reichlichsten vorhandene Material in diesen Ländern ist Schlamm. Daher wurden in Mesopotamien die Mauern aus lehmigem Schlamm gemacht. Zuerst wurde der Schlamm einfach zusammengekratzt und in kleinen Mengen aufeinandergetürmt. Dann stellte man fest, daß eine glattere und geradere Mauer ohne für den Angreifer sichtbare weiche Stellen gebaut werden konnte, wenn man den Lehm zuerst zu Ziegeln formte und die Mauer aus diesen zusammensetzte.

Die ältesten sumerischen Ziegel wurden mit der Hand auf einer flachen Unterlage in die passende Form geklopft und hatten daher ungenaue und ungerade Außenseiten. Etwa um das Jahr 3000 v. Chr. machte es eine ganz entscheidende sumerische Erfindung, die Ziegelform, dann möglich, Ziegel von einheitlicher Größe herzustellen, die an allen ihren sechs Flächen glatt waren[1]. Mit solchen Ziegeln konnte man eine solidere und glattere Mauer bauen, die gegen Feinde wie gegen Feuchtigkeit widerstandsfähiger war. Dieser geformte Ziegel war vielleicht der erste Schritt in der sich über Jahrtausende hinziehenden Entwicklung standardisierter, in sich austauschbarer Einzelteile. Man könnte fast sagen, daß mit der Ziegelform die industrielle Revolution begann.

Etwa zur gleichen Zeit — Ende des vierten oder Anfang des dritten Jahrtausend v. Chr. — wurde auch ein Ziegel neuer Art entwickelt. Der alte Ziegel aus Schlamm, der von der Sonne getrocknet war, wurde hergestellt, indem man Lehm in eine Form tat und in der Sonne eine Zeit lang trocknen ließ – von wenigen Tagen bis zu fünf Jahren, je nachdem, wie fest der Ziegel sein sollte. Doch wenn auch ein solcher Ziegel im trockenen Zustand ziemlich fest ist, so wird er doch bald weich und fällt in sich zusammen, wenn er sehr naß wird.

Die neue Art von Ziegeln, die etwa um 3000 v. Chr. entwickelt wurde, war ein im Ofen gebrannter oder gedörrter Ziegel. Wegen der chemischen Umwandlung, die im Ziegel durch das Brennen vor sich geht, ist ein gebrannter Ziegel nicht nur viel fester als ein Lehmziegel, sondern behält auch seine Festigkeit im feuchten Zustand. Solche Ziegel waren jedoch teuer in Ländern wie Ägypten und Mesopotamien, wo Brennstoff für die Öfen knapp war. Daher wurde er nur für die Außenseiten der wichtigsten Gebäude verwandt. Die Innenseite dieser Gebäude und die Masse gewöhnlicher Wohnhäuser wurde weiterhin aus Lehmziegeln gebaut.

Um in der nassen Jahreszeit den Regen abzuhalten, überdachten die Baumeister ihre Lehmziegelhäuser mit überhängenden Dächern. Doch selbst diese Vorsichtsmaßnahme konnte ein solches Haus nicht unendlich lange beschützen. Nach einer gewissen Zeit — vielleicht einige Jahrzehnte, vielleicht einige Generationen — verfiel das Haus so sehr, daß sein Besitzer aufgab, es wieder zu reparieren, es abriß und auf den Trümmern ein neues Haus baute. Außerdem konnten Einbrecher die weichen Lehmziegelmauern leicht mit einfachen Hacken oder Pickeln durchbrechen.

Wenn es sehr stark regnete, mußten auch Gebäude mit einer Außenwand aus gebrannten Ziegeln sorgfältig geschützt werden. Sonst erschienen Risse in der Außenwand, ebenso wie in einem modernen gipsverputzten Haus, wenn der Verputz sich ungleichmäßig gesetzt hat. Wenn diese Risse nicht bald repariert wurden, weichten innen die von der Sonne getrockneten Ziegel durch den Winterregen auf, und das Gebäude brach zu einem formlosen Haufen Lehm zusammen.

Wo Stein verfügbar war, wurden die Stadtmauern aus Steinen gebaut — nach Möglichkeit so großen Steinen, wie sie gerade noch mit der damaligen Technik bewegt werden konnten. Selbst vor der Erfindung des Mörtels konnte man eine solide massive Steinmauer aus kleinen Steinen bauen, die dem Wetter besser standhielt als eine Mauer aus Lehmziegeln. Aber dann brauchte ein Feind nur ein paar Steine mit seinem Speer herauszukratzen, und schon stürzte ein ganzer Teil der Mauer ein.

Daher bauten viele alte Festungsbauer ihre Mauern aus sehr großen Steinen. Sie bearbeiteten die Steine, damit sie einigermaßen zusammenpaßten, und füllten die Ritzen aus, indem sie kleine Steine dazwischenlegten. Das bloße Gewicht der großen Steine hinderte den Feind daran, sie herauszukratzen, zumal wenn die Verteidiger auf der Höhe der Mauer Geschosse auf ihn herunterregnen ließen. Solche Mauern wurden »zyklopisch« genannt, weil die alten Griechen, wenn sie die Ruinen solcher einige Jahrhunderte früher gebauten Mauern aus großen Steinen sahen, glaubten, diese Steine könnten nur durch diese mythischen einäugigen Giganten, die Zyklopen, an Ort und Stelle gebracht worden sein.

Um eine Stadt zu schützen, mußte eine Mauer mindestens 10 Meter hoch und 5 Meter dick sein. Wenn die Mauer viel niedriger war, konnte ein zahlenmäßig starker Feind sie mit angelegten Leitern überklettern. Und wenn die Mauer oben zu schmal war, konnten die Verteidiger sich auf ihr nicht schnell genug bewegen, um zu bedrohten Punkten zu eilen.

Eine Mauer bedeutete größere Sicherheit, und größere Sicherheit förderte das Wachstum der Bevölkerung, teils durch natürliche Vermehrung und teils durch Zuwanderung. Je mehr die Bevölkerung wuchs, desto mehr machte es das Gedränge in den Städten nötig, den vorhandenen Raum innerhalb der Mauer besser auszunutzen. Daher verschwand auch in Ländern, wo runde Häuser aus Stein oder Lehm vorgeherrscht hatten, das runde Haus immer mehr zugunsten des rechteckigen; denn ein rechteckiges Haus konnte ein kleines rechteckiges Grundstück ganz ausfüllen, während ein Rundbau an den Seiten Raum übrigließ.

Als sich mehr Reichtum ansammelte und die Häuser größer wurden, kam ein Haus neuen Typs, das Haus mit Innenhof, bei wohlhabenden Hausbesitzern in dem heißen trockenen Landgürtel von Marokko bis zum westlichen Indien immer mehr in Mode. In diesem Gürtel ist das die Städte umgebende Land wenn nicht völlige Wüste, so doch meist Halbwüste oder dürre Steppe, und der Ackerbau ist auf Bewässerung oder auf eine kurze jährliche Regenzeit angewiesen. In diesen Ländern war das Haus mit Innenhof seitdem stets beliebt und ist es bis heute. Dieses Haus hatte die Form eines hohlen Vierecks oder Rechtecks und kehrte der Außenwelt nackte Wände zu. Im Innern öffneten sich alle Räume auf einen nicht überdachten Innenhof, der meist einen Garten, einen Springbrunnen oder ähnliche Annehmlichkeiten enthielt.

Dieses Haus ließ seine Bewohner die Vorzüge des Lebens unter freiem Himmel genießen, während es gleichzeitig ihre Sicherheit vor Räubern und ihr Privatleben vor fremden Augen schützte. In jüngster Zeit entstand in amerikanischen Vorstädten die Mode der Nachahmung dieser Innenhöfe. Wenn die schlimmen Befürchtungen heutiger Amerikaner über das ständige Anwachsen der Kriminalität sich bewahrheiten sollten, dann kann man sich leicht vorstellen, daß in Zukunft das Haus mit Innenhof dort aus Gründen der Sicherheit immer mehr üblich wird . . .

Als sich dann die Dörfer zu Städten entwickelten, wurden aus den Zwischenräumen zwischen den Häusern allmählich Straßen. Da die Häuser in den ersten Dörfern meist wahllos aufgebaut wurden, waren auch die ersten Straßen nur schmale, sich schlängelnde Wege. Wenn dann ein Dorf zu einer Stadt anwuchs, waren die Straßen immer noch gekrümmte schmale Durchgänge, außer wenn irgendein Herrscher durch dieses althergebrachte Durcheinander rücksichtslos eine gerade, breite Allee bauen ließ. Einige moderne große Städte, wie Rom und Damaskus, haben diesen Kuhpfad-Straßenplan in ihren älteren Stadtteilen bis heute behalten: Viele ihrer sich windenden Straßen sind seit Jahrtausenden ununterbrochen begangen worden.

Wenn andererseits ein Herrscher beschlossen hatte, eine neue Hauptstadt zu bauen, und befahl, eine Stadt völlig neu aus dem Boden zu stampfen, dann wurde diese neue Stadt meist nach einem gitterförmigen Stadtplan angelegt, mit geraden Straßen, die sich rechtwinklig schnitten. Manchmal hatte die ganze Stadt eine säuberlich quadratische oder Rundform. Aber ach, mehr als ein Herrscher berücksichtigte bei der Wahl der Lage seiner neuen Metropole nicht so entscheidende Faktoren wie Handelswege oder Wasserversorgung. Daher kehrten nach seinem Tode seine früheren Untertanen in die winkelige alte Stadt zurück, und die neue verfiel wieder. Dies geschah mit Achetaton in Ägypten, mit Samarra im heutigen Irak und mit Fatehpur Sikri in Indien.

Der Mensch hat die Anfänge städtischer Kultur mehrfach erreicht, in ganz verschiedenen weit auseinanderliegenden Orten. Die ersten Grundsteine wurden zwischen 4000 und 3000 v. Chr. von den alten Sumerern gelegt. In den nächsten Jahrhunderten entstand eine Zivilisation in Ägypten und dem heutigen Westpakistan; etwa um 1500 v. Chr. entstand sie in China und in den Ländern des östlichen Mittelmeerraumes, zu Beginn unserer Zeitrechnung in Mexiko, Guatemala und Peru.

Zuletzt begann sich eine Zivilisation vor einigen Jahrhunderten in Dahomey, Benin und anderen Neger-Königreichen Westafrikas zu entwickeln.

Alle zivilisatorischen Zentren der Alten Welt standen mehr oder weniger miteinander in Verbindung, so daß jedes das später kommende beeinflußt hat. Ob sich auch in der Neuen Welt die Zivilisationen Süd- und Mittelamerikas gegenseitig beeinflußt haben, und ob sie in irgendeiner Weise von den Zivilisationen der Alten Welt beeinflußt wurden, ist noch heute umstritten. Es ist aber wahrscheinlich, wenn auch nicht eindeutig bewiesen, daß die Zivilisationen Mittelamerikas und im Gebiet der Anden unabhängig voneinander und unabhängig von denen der Alten Welt entstanden, mit Ausnahme einiger bestimmter Errungenschaften wie dem Pfeil und Bogen, der sich etwa zu Beginn unserer Zeitrechnung von der Alten auf die Neue Welt ausbreitete.

Überall wo die Menschen sich zivilisierten, bauten sie Städte. Diese Städte haben sich jahrhundertelang, von den Tagen der alten Sumerer bis zum 18. Jahrhundert n. Chr., nur sehr langsam verändert. Wenn es auch Verbesserungen in der Bauweise, in der Pflasterung, der Beleuchtung, der Wasserversorgung und Abwässerentfernung gab, so waren diese Veränderungen doch sehr langsam. Das Paris des Jahres 1500 war nicht allzu verschieden von dem Babylon des Jahres 1500 v. Chr. Ein kluger Mann aus der einen Stadt hätte lernen können, in der anderen zu leben, sobald er die Schwierigkeiten der Zeit, der Sprache und der anderen Sitten und Gebräuche überwunden hatte.

Seit Ende des 18. Jahrhunderts jedoch, seit dem Beginn der industriellen Revolution, ist das Leben in der Stadt schnelleren und immer schnelleren Veränderungen ausgesetzt. Eine moderne Metropole wie New York oder Tokio unterscheidet sich weit mehr vom Paris des Jahres 1500 als das damalige Paris von dem Babylon des Jahres 1500 v.Chr.

Dieses Anwachsen der Städte bedeutet im eigentlichen Sinn des Wortes »Zivilisation«. Manchmal sagt man »zivilisiert«, wenn man ehrlich, freundlich und höflich meint. Aber zivilisierte Menschen sind nicht notwendig ehrlicher, freundlicher und höflicher als unzivilisierte. Mehrere Zivilisationen (Sumer, Ägypten, Karthago, China, Mexiko und Dahomey) machten sogar ein frühes Entwicklungsstadium durch, in dem sie religiöse Menschenopfer in großem und grausigem Umfang praktizierten. Aber zivilisierte Menschen kennen Städte, Metalle, die Schrift und die Zahlen. Sie sind in größeren Massen politisch organisiert und besitzen technische Fertigkeiten, die denen der Unzivilisierten überlegen sind. Sie besitzen daher mehr Macht als unzivilisierte Menschen. Sie sind nicht unbedingt mehr oder weniger tugendhaft als diese — zivilisierte und unzivilisierte Menschen haben ihre besonderen Gesetze und Sitten, ihre besonderen Tugenden und Laster, und beide kennen das Problem, mit Individuen fertig zu werden, die sich den Regeln nicht unterordnen wollen. Kurz, die Zivilisation ist eine Sache nicht der Tugend, sondern der Macht.

Nun wollen wir zu unseren antiken Städten übergehen. Die erste von diesen, die unsterblichen Ruhm erlangte und von der imposante Überreste erhalten sind, war jene Stadt mit den vielen Namen in Oberägypten, dort wo heute Luxor steht: Waset oder das ägyptische Theben.

2.
Das hunderttorige Theben

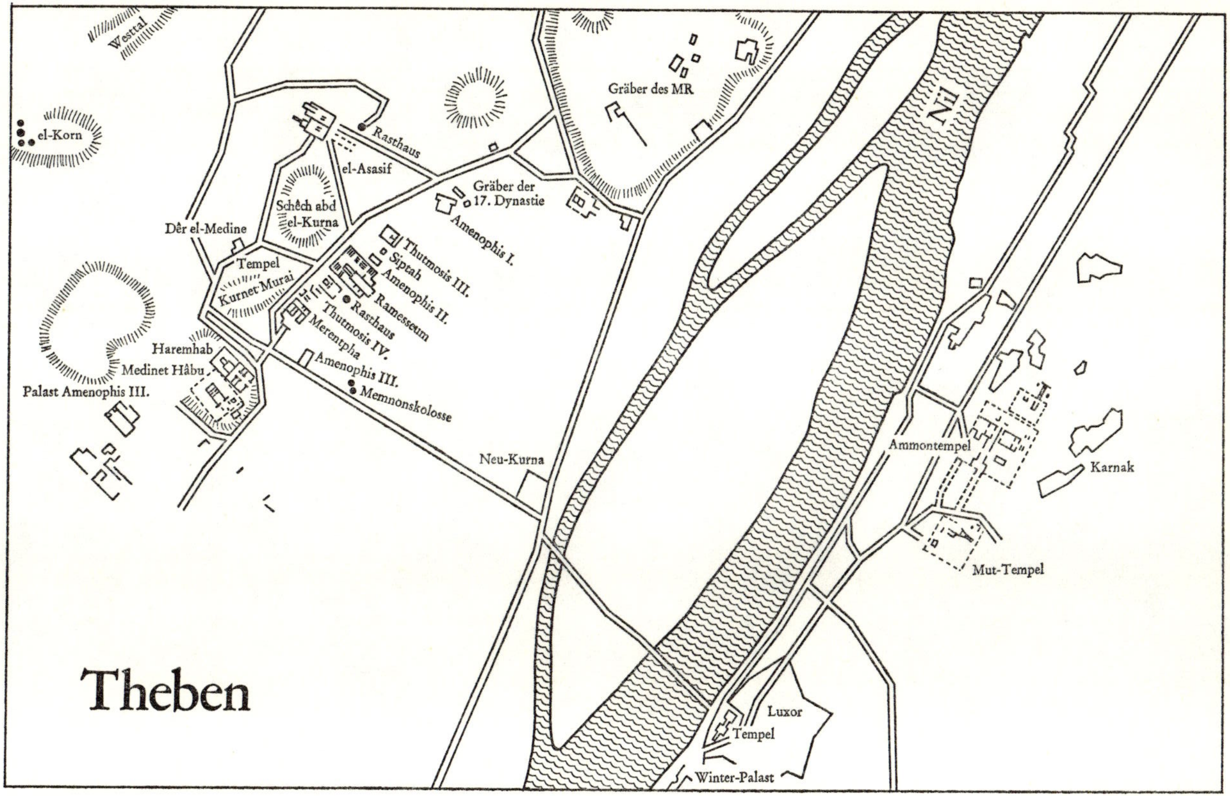
Theben
Westtal
el-Korn
Rasthaus
el-Asasif
Schêch abd el-Kurna
Dêr el-Medine
Tempel
Kurnet Murai
Haremhab
Medinet Hâbu
Palast Amenophis III.
Gräber des MR
Gräber der 17. Dynastie
Amenophis I.
Thutmosis III.
Siptah
Amenophis II.
Ramesseum
Rasthaus
Thutmosis IV.
Merentpha
Amenophis III.
Memnonskolosse
Neu-Kurna
Nil
Ammontempel
Karnak
Mut-Tempel
Luxor
Tempel
Winter-Palast

In Oberägypten macht der Nil auf seinem Weg vom Inneren Afrikas zum Meer etwa bei einem Drittel der Entfernung von der ägyptisch-sudanesischen Grenze bis zum Mittelmeer mehrere kurze und scharfe Bögen. Er windet sich zuerst nach Westen, dann nach Osten, dann wieder nach Westen, bevor er wieder einen geraden Lauf nimmt und in einem langen, leicht gekrümmten Bogen bis zu seinem Delta fließt. Durch diese Bögen schlängelt sich der Strom gemächlich, und er teilt sich, um zahllose kleine Inseln und Sandbänke zu umfließen.

Auf beiden Seiten des Nils erstreckt sich eine flache Ebene von Schwemmland, grün, dank dem durch die Bewässerung ermöglichten Ackerbau, mehrere Kilometer weit. Diese beiden Ebenen stoßen dann auf eine Reihe steiler Felsen, die mehr als hundert Meter aus dem Tal aufsteigen. Manchmal nähern sich diese Felsen dem Strom so sehr, daß sie fast vertikal auf ihn herabblicken; manchmal treten sie viele Meilen weit in eine dunstige Ferne zurück.

Hinter den Felsen liegt auf beiden Seiten ein Stück Land, das vor zehntausend oder fünfzehntausend Jahren als Oberägypten noch den Regen kannte, der ihm heute mit seltenen Ausnahmen fehlt, von Wassergräben und Schluchten durchzogen war. Hinter diesen Schluchten wird das Land wieder eben und geht in eine der trockensten Wüsten der Welt über: eine riesige Fläche von Sand und nacktem Fels, fast völlig leblos, außer dort, wo das Grundwasser nahe genug unter der Oberfläche liegt, um eine der seltenen Oasen zu ermöglichen.

In der Mitte dieser Flußbögen stand auf beiden Ufern des Nils eine der großen Städte der antiken Welt, die viele Jahrhunderte lang die Hauptstadt Ägyptens war. Es war eine Stadt mit vielen Namen. Einige ihrer Bewohner nannten sie einfach »die Stadt« – im Altägyptischen ein Wort etwa wie Neut oder Newet, was in der Bibel zu No[1] wird. Andere fügten, etwas feierlicher, den Namen Amons, des Schutzgottes der Stadt, hinzu; daher hieß sie Neut-Amon, »Stadt des Amon«. Wieder andere nannten sie Waset oder Opet[2]. Auch ein Name etwa wie Tabe scheint gebräuchlich gewesen zu sein. Dieser wurde im Griechischen zu Thebai, dem Namen eines kleinen Stadtstaates in Böotien. Daher stammt die heutige Form Theben – obwohl das ägyptische Theben in gar keiner Weise seinem griechischen Namensvetter ähnlich war.

Die Griechen hatten schon im 8. Jahrhundert v. Chr. von dem Reichtum Waset-Thebens gehört. In Homers »Ilias« sagt Achilles, als er zornig war, weil König Agamemnon ihm eine von ihm erbeutete Frau weggenommen hatte, und als er die von Agamemnon ihm als Entschädigung übersandten Geschenke zurückwies:

»Nein, und böt' er mir zehnmal und zwanzigmal größere Güter, als was jetzo er hat, und was er vielleicht noch erwartet; böt' er sogar die Güter Orchomenos', oder was Thebe hegt, Ägyptos Stadt, wo reich sind die Häuser an Schätzen: Hundert hat sie der Tor', und es ziehn zweihundert aus jedem rüstige Männer zum Streit mit Rossen daher und Geschirren. Böt' er mir auch soviel wie des Sandes am Meer und des Staubes dennoch nimmer hinfort bewegte mein Herz Agamemnon.«[3]

Die Anspielung auf die »hundert Tore« ist freilich ein Rätsel: Keine antike Stadt hatte jemals hundert Tore in ihrer Mauer. So viele schwache Punkte in ihrer Verteidigung hätten einen Eroberer geradezu herausgefordert.

Als im 19. Jahrhundert europäische Reisende zuerst in das obere Niltal kamen, fanden sie dort, wo Waset-Theben lag, die größte und erstaunlichste Ansammlung von Tempelruinen in der ganzen Welt. Am Ostufer erstreckten sich die Ruinen etwa drei Kilometer den Fluß entlang. In zwei Hauptgruppen eingeteilt, überblickte die eine das Dorf Karnak, die andere, weiter südlich, stand mitten in der Stadt Luxor. Der Name dieser Stadt kommt vom arabischen al-Qusur, im örtlichen Dialekt al-Uqsur, auf deutsch »die Burgen«. Dieser Name bezieht sich auf die vielen hohen steinernen Pylone, die einst als Eingangstore für die Tempelhöfe dienten.

Am Westufer des Nil bedecken die Ruinen sogar ein noch größeres Gebiet. Sie erstrecken sich rund fünf Kilometer am Flußufer entlang und fast ebenso weit vom Fluß entfernt, in das von Bachrinnen durchzogene Land, wo man vom Tal zur Höhe der Wüste aufsteigt.

Die Archäologen des 19 Jahrhunderts wußten, daß antike Städte Mauern hatten. In Theben fanden sie jedoch keinerlei Anzeichen dafür — nur eine gewaltige Ansammlung von Tempelruinen, Statuen und Königsgräbern, die in die Hügel hineingebaut worden waren. Und alle diese Gräber, so schien es, waren schon in alten Zeiten geplündert worden.

Daher entstand die Annahme, Theben habe überhaupt keine Mauern besessen. Homers »hundert Tore«, so sagte man, waren nichts anderes als die Pylonen der Tempeleinfassungen, von denen so viele noch standen. Bis heute sind auch keine Mauern entdeckt worden. Einige Archäologen gehen daher soweit, zu sagen, keine altägyptische Stadt habe Mauern gehabt, und diese Ansiedlungen könnten somit nicht als wirkliche Städte bezeichnet werden

Dies kann jedoch nicht richtig sein. Es gibt in der Geschichte des alten

Ägypten Erzählungen von Belagerungen, bei denen die Mauern eine Rolle spielten. Zum Beispiel war im 8. Jahrhundert v. Chr. die Herrschaft über Ägypten unter einer Reihe kleiner Fürsten aufgeteilt. Der kuschitische König Pi-ankhi, den die alten Griechen einen Äthiopier nannten und der nach unseren Begriffen ein Sudanese war, beherrschte den Süden. Dann entstand ein Streit unter den Herrschern des Nildeltas, der dem energischen Pi-ankhi den Vorwand gab, sich auch in die Angelegenheiten Unterägyptens einzumischen. Ein kleiner Fürst belagerte einen anderen in Herakleopolis[4], das aushielt, bis Pi-ankhi eine Armee zu ihrem Entsatz ausschickte. Dann erschien der furchterregende schwarze König in Person und überwältigte die kleinen Dynasten einen nach dem anderen. Er verkündete:

> »Dann zogen sie mit großer Macht gegen Tatechne. Sie fanden es voller Soldaten, jeder tapfere Krieger aus dem Nordland war dort. Dann wurde der Rammbock verwandt, um die Mauern zu überwinden: Viele fielen, man weiß nicht ihre Zahl, aber unter ihnen war der Sohn des Fürsten von Ma, Tefnachte ... (Pi-ankhi) hatte für ihn ein Lager im Westen von Hermopolis[5] angelegt und belagerte die Stadt täglich. Eine Schanze wurde gebaut, um die Bogenschützen in die Höhe zu bringen, damit sie gut schießen, und die Steinschleuderer, damit sie Steine schleudern und Tag für Tag viele Feinde töten konnten ...«[6]

Offensichtlich hatten also einige ägyptische Städte recht dicke Mauern. Daß auch Theben Mauern hatte, ergibt sich aus der ruhmredigen Erzählung Amenhoteps (in der griechischen Schreibweise: Amenophis) II., er habe die Leichen von sechs rebellischen asiatischen Königen, die er eigenhändig hingerichtet hatte, auf den Mauern Thebens aufhängen lassen. Gewiß hat man keine Spur dieser Mauern mehr gefunden; aber vielleicht waren die Mauern von Theben verhältnismäßig schwach oder vielleicht sind alle Überreste von ihnen verschwunden, als spätere Bauherren ihre Steine oder Ziegel wegschleppten. Wir wissen ja, daß spätere Generationen auch andere imposante Bauten des alten Theben vollständig abgetragen haben.

Luxor ist heute ein schläfriger Touristenort mit einer Ansammlung alter und neuer Häuser. Eine Pferdedroschke bringt heute noch den mit der Bahn angekommenen Besucher vom Bahnhof zum Winter-Palace-Hotel, dem bekanntesten, wenn auch nicht dem einzigen Hotel am Platz.

Ein paar Häuserblocks nördlich des Winter-Palace-Hotels stehen die hochragenden Ruinen des Luxor-Tempels. Die Lotuskapitelle seiner herrlichen Kolonnaden von Säulen, über 15 Meter hoch, sind reine Ornamente. Die frühägyptische Baukunst imitierte zum großen Teil den noch älteren Holzbau. Zum Beispiel wurden manche Säulen geritzt in Nachahmung der Bündel von Rohr, die man einst in Ermangelung guten Holzes als Stütze für die Häuser verwandte. Der Lotus ist aber nichts anderes als eine Wasserlilie, deren Stiel nicht stärker ist als ein gekochter Spaghetti.

Amenhotep III. baute hier etwa um 1400 v. Chr. den ersten Tempel und weihte ihn drei Gottheiten: Dem Gott Amon, der Göttin Mut, Amons Weib, und ihrem Sohn, dem Mondgott Khons. Amenhoteps Nachfolger, insbesondere der ruhmsüchtige Ramses II., baute den Tempel um; das Abreißen und Neubauen setzte sich über mehrere Jahrhunderte fort. Eine Kammer wurde noch in der Zeit Alexanders des Großen umgebaut und erhielt Reliefs, die Alexander vor Amon und anderen Göttern stehend zeigten. Der größte Hof von allen, der von Ramses II., enthält heute eine kleine Moschee, die nach einem ortsansässigen islamischen Heiligen, Abu el Haggag, benannt ist.

Wie andere ägyptische Tempel gehörte der Tempel von Luxor zu jenen religiösen Bauwerken, die man »Gotteshäuser« nennen könnte. Das heißt, es waren in erster Linie Schutzräume für eine Statue des Gottes – wenn er Lust hatte, konnte der Gott sich in die Statue begeben und sie beleben. Solche Tempel enthielten normalerweise zwei mehr oder weniger konzentrische Teile: einen inneren Teil, in dem die Statue stand und zu dem nur die Priester Zugang hatten, und einen äußeren Teil, meist einen offenen Hof, wo sich die Gläubigen versammelten. In hochentwickelten Tempeln dieser Art konnte es aber noch mehr Unterteilungen geben. Zum Beispiel findet man oft einen zentralen heiligen Raum, das Allerheiligste, in dem die Statue stand und zu dem nur Priester höchsten Ranges Einlaß hatten; dann kam ein Tempelbau, der die gewöhnlichen Priester aufnahm; dann ein heiliger Bezirk, der den eingeweihten Angehörigen der Glaubensgemeinschaft offenstand; schließlich ein Raum oder Bezirk, der für die breite Öffentlichkeit zugänglich war.

Andere Arten religiöser Bauwerke waren der »erhobene Platz« – eine natürliche oder künstlich angelegte Höhe, von der aus die Priester ihre Gebete an die Götter im Himmel richteten; der Schrein, der die Gebeine oder andere Reliquien eines Gottes oder Heiligen beherbergte, und der Versammlungsraum der Betenden. Oft vereinigte aber auch ein einziges Gebäude zwei oder noch mehr dieser Funktionen.

Zweieinhalb Kilometer nordöstlich des Tempels von Luxor und 500

Meter vom Fluß entfernt ist dann der Große Amon-Tempel bei Karnak von einer langen Reihe ägyptischer Könige gebaut worden. Nach dem Plan im wesentlichen rechteckig, ist er über 500 Meter lang und über 100 Meter breit. Obwohl er nicht gerade besonders schön ist — sein Grundriß ist zu unregelmäßig und er ist heute zu sehr beschädigt —, ist er doch eines der eindrucksvollsten Beispiele antiker sakraler Architektur. Allein seine Größe ermüdet den Besucher und macht es ihm schwer, den Gesamtplan zu verstehen. Seine komplizierte Architektur verwirrt den Beschreiber und läßt viele Wanderer sich in dieser Fülle von Ruinen verirren.

Der Große Amon-Tempel wurde nicht in einem Stück erbaut und dann erhalten, so wie er stand. Die Könige der 12. Dynastie begannen etwa im Jahr 2000 v. Chr. an diesem Platz kleine Tempel und Schreine zu errichten. Diese wurden allmählich zu einem eindrucksvollen Tempel mit einem umgebenden Hof umgebaut, den wir den Tempel des Mittleren Reiches nennen und der heute größtenteils zerstört ist. Im 16. Jahrhundert v. Chr. begannen die Könige der 18. Dynastie diesen bereits sehr geräumigen Tempel durch zusätzliche Anbauten zu erweitern. Eine Schilderung sämtlicher Höfe, Säulenreihen, Hallen, Räume, Reliefs, Statuen, Pylonen und Obelisken würde ein eigenes Buch füllen. Da diese Anbauten oft ohne Rücksicht auf den Gesamtplan vorgenommen wurden, wurde der Platz zu einem chaotischen Durcheinander von Strukturen. Die Anbauten setzten sich aber bis in die Zeit der kuschitischen Könige des 8. und 7. Jahrhunderts v. Chr. fort.

Das größte Paar von Pylonen — und das am besten erhaltene, obwohl sie nie ganz fertiggestellt wurden — war das von dem kuschitischen König Taharqa gebaute. Diese Pylonen und andere ähnliche sowie die dazugehörigen Mauern haben alle eine ausgesprochene Abschrägung — das heißt, beide lehnen sich nach hinten zurück, so daß die Mauer sich in der Höhe verjüngt. Beim Bau von Mauern aus weichen Lehmziegeln machten die Ägypter die Erfahrung, daß nach oben sich verjüngende Mauern nicht so schnell zusammenbrachen wie genau vertikal gebaute. Und da sie nach den ersten Dynastien ausgesprochen konservativ geworden waren, fuhren sie fort, sich verjüngende Mauern zu bauen, auch nachdem sie zum Steinbau übergegangen waren, obwohl dies für steinerne Mauern nicht notwendig war.

Der sehenswerteste Teil dieses Tempels ist jedoch die Große Säulenhalle, die nacheinander von den Königen der 19. Dynastie — Ramses I., Sethos I. und Ramses II. — gebaut wurde. Der Raum dieser Säulenhalle, 102 mal 51 Meter, könnte bequem die ganze Kathedrale von Notre Dame in Paris aufnehmen.

Von einem mit breiten Steinen gepflasterten Fußboden erhebt sich ein Wald der größten Steinsäulen der Welt. Wenn man aus dem Licht der starken ägyptischen Sonne in den Schatten dieser riesigen Steinmassen tritt, hat man das Gefühl, eine Art verzauberter Höhle zu betreten. Es gibt 134 dieser Säulen, die in 16 Reihen angeordnet sind. Von diesen sind die Säulen der beiden mittleren Reihen größer als die übrigen: 3,55 Meter im Durchmesser und 24 Meter hoch, eingerechnet die 3,30 Meter hohen, mit Papyros verzierten Kapitelle an ihrer Spitze. Massive Steinbalken quer durch die Spitzen der Kapitelle stützen ein Steindach, das in modernen Zeiten restauriert worden ist. Der Raum zwischen dem hohen Dach des Mittelschiffes und den niedrigeren Dächern auf beiden Seiten bildet ein Fenstergeschoß; dies wird durch ein steinernes Gitterwerk eingefaßt, von dem einige Teile erhalten sind und das genügend Licht hereinläßt.

Die mit gemalten Reliefs überreich verzierten Säulen sind nicht massiv. Nicht einmal die Römer, die 1500 Jahre später in Baalbek im Libanon 54 zwanzig Meter hohe massive Granitsäulen aufgebaut haben, hätten mit solchen Gewichten umgehen können, wenn diese Säulen massiv gewesen wären; noch weniger konnten es die Ägypter zur Zeit der 19. Dynastie. Die Säulen von Karnak wurden vielmehr aus jeweils zwei 105 cm dicken Halbscheiben zusammengesetzt.

Um so schwere Steine so hoch zu heben, hatten die Ägypter keine komplizierten Hebelwerkzeuge wie später die Römer. Da sie weder Zangen noch Flaschenzüge noch eiserne Werkzeuge kannten, benutzten sie vermutlich die mühsame, aber einfache Methode, mit der sie die Pyramiden gebaut hatten: Sie häuften sanft ansteigende Rampen aus Erde an, schleiften die Steine in reiner Handarbeit diese Rampen herauf und entfernten nachher die Erde.

Vom architektonischen Standpunkt aus war Karnak eine gewaltige Leistung; doch ist es in vieler Hinsicht ein unkomplizierter Bau. Die Reihen gewaltiger, eng zusammenstehender Säulen nahmen einen so großen Teil des Raums im Tempel ein, daß niemand in einem Teil der Halle sehen konnte, was im anderen vor sich ging. Erst in römischen Zeiten, als der Rundbogen, das Gewölbe und die Kuppel gebräuchlich wurden, hatten die Baumeister gelernt, einen so großen Innenraum ohne Dachstützen zu lassen.

Neben den Steinmassen des Großen Amon-Tempels gibt es noch kleinere Tempel, die sich auf beiden Seiten in die Ferne verlieren. Eine Reihe ummauerter Höfe, eingefaßt von vier Paaren hoher Pylonen, erstreckt sich vom Mittelstück des großen Tempels nach Südosten. Noch weiter südöstlich führt eine Allee mit steinernen Böcken auf beiden Seiten von diesem Komplex zu einem großen Tempel der Göttin Mut und zu einem kleineren Tempel von Ramses III.; noch weiter östlich steht ein kleiner Tempel des Gottes Khons. Im Nordwesten des Großen Tempels findet man einen Komplex von mehreren kleinen Tempeln, wieder mit Alleen von steinernen Böcken. Sämtliche Tempel, die großen wie die kleinen, haben ihre Hauptachse von Nordwesten nach Südosten und verlaufen nicht in einer der beiden Hauptrichtungen des Kompasses; der Grund ist, daß sie alle auf den Nil blicken, der hier von Südwesten nach Nordosten fließt.

So gewaltig ist die Masse sakraler Bauwerke und so vielgestaltig ist ihre Geschichte, daß ein Besuch von einem Tag nur einen kurzen, verwirrenden Einblick vermittelt. Erst wenn man eine Woche dort verbringt und das Gelände mit einem guten Reiseführer erkundet, beginnt man sich auszukennen. Für alle, die ernsthaft an der Geschichte, der Kunst, der Architektur und Archäologie dieser Gegend interessiert sind, gibt es nichts Gleichwertiges zu den alten Baedeker-Reiseführern (hier: Ägypten und der Sudan), die meist in den zwanziger Jahren veröffentlicht wurden und heute nur bei Antiquaren erhältlich sind.

Die Ruinen von Waset-Theben am Westufer sind weiter verstreut als die am Ostufer, und kein einzelnes Bauwerk übertrifft an Großartigkeit den Tempel von Luxor oder kann sich auch nur mit Karnak vergleichen. Dennoch finden sich am Westufer viele schöne und eindrucksvolle Bauten.

Wenn man vom Nordosten nach Südwesten geht, stößt man zuerst auf den Grabtempel Setis I. bei Qurna, der etwa um 1300 v. Chr. gebaut worden ist. Von ihm ist nicht viel erhalten, außer den halbzerstörten Mauern des zentralen Heiligtums und der hübschen Reihe von Säulen davor, mit Lotos-Ornamenten an der Spitze.

Nachdem man an mehreren kleineren Tempelruinen vorbeigegangen ist, kommt man zum großen Tempel von Dayr al-Bachri. Dies ist der Grabtempel von Königin Hatschepsut — jener energischen Dame, die nach dem Tode ihres Gatten und Halbbruders Thutmosis II., etwa 1490 v. Chr., zwanzig Jahre lang das Reich als Regentin für ihren Stiefsohn Thutmosis III. regierte. Als dieser Thutmosis dann endlich zur Regierung kam, verstümmelte er alle Denkmäler seiner Stiefmutter und befahl, ihr Bild aus allen Reliefs und Gemälden auszumerzen, in denen es vorkam.

Dieser Tempel — der sich cremeweiß gegen die gelbbraunen Klippen zerkrümelten Sandsteins abhebt — steht in einer Art Bucht am Fuße der Felsen, die vom Flußtal aufsteigen. Er besteht aus einer Reihe von Terrassen, die jede von einer Reihe einfacher viereckiger Säulen von ausgesprochen modernistischem Aussehen getragen werden und die von Rampen eingefaßt sind, die in neuerer Zeit wiederhergestellt wurden.

Das nächste größere Bauwerk, wenn wir nach Südosten weitergehen, ist das Ramesseum. Dies ist der Grabtempel von Ramses II., jenem fähigen, energischen, langlebigen und ungeheuerlich von sich eingenommenen König, der etwa um 1300 v. Chr. die beiden Länder regierte. Ramses besäte ganz Ägypten mit gigantischen Statuen seiner selbst, wobei er seinen schlanken Körperbau und seine lange Hakennase idealisiert darstellen ließ.

Von dem Ramesseum, ebenso wie von dem Grabtempel bei Qurna, ist nur das Herzstück des antiken Gebäudes erhalten. Aber obwohl die äußeren Teile (einschließlich einer Masse von Vorratshäusern aus Lehmziegeln) verschwunden sind, ergeben die erhaltenen Mauern und Säulen heute noch ein eindrucksvolles Gesamtbild. Die Mauern und Pylonen sind mit Reliefs verziert, die meist die Schlacht darstellen, die Ramses II. gegen die Hethiter bei Quadesch in Syrien schlug. Während Ramses diese Schlacht als einen glorreichen Sieg beschrieb, sind heutige Kriegshistoriker mehr der Ansicht, daß die Schlacht in Wirklichkeit unentschieden war und daß die Hethiter ebensoviel Schläge austeilten, wie sie einstecken mußten.

Der eindruckvollste Teil des Ramesseums ist interessant weniger wegen des egozentrischen Ramses als wegen des Gedichts, zu dem das Bauwerk über drei Jahrtausende später einen englischen Dichter inspirierte. Das Ramasseum enthielt mehrere Kolossalstatuen seines Erbauers; der Kopf einer Statue, aus schwarzem Granit, liegt heute im Sand neben den Ruinen des Tempels. Eine andere Statue stürzte schon in alten Zeiten und zerbrach in drei größere und eine Reihe kleinerer Stücke. Als sie noch intakt war, muß diese Statue etwa 1000 Tonnen gewogen haben. Heute liegt sie da mit entstelltem Gesicht, kaum noch als Überrest eines menschlichen Standbildes erkennbar. Dennoch besteht kein Zweifel über ihre Identität, weil der Name Ramses in den Fragmenten zu lesen ist.

Im ersten Jahrhundert nach Christus beschrieb der Historiker Diodoros aus Sizilien das Ramesseum als das »Grab des Osymandyas«. Dieser Name ist eine hellenistische Abwandlung eines der Namen von Ramses, User-ma-Ra. Diodoros' Erzählung, zusammen mit den Berichten späterer Reisender, inspirierte Percy Bysshe Shelley zu seinem berühmten Gedicht »Ozymandyas«. Zwar sieht der Platz, wo das Ramesseum steht, ganz und gar nicht wie die Szene aus, die Shelley beschreibt; aber, freilich, der Dichter war nie in Ägypten gewesen.

Fast einen Kilometer südlich des Ramesseums stehen zwei Kolossalstatuen des sitzenden Amenhotep III., die sogenannten »Memnonskolosse«. Memnon war ein sagenhafter äthiopischer Fürst, der ein Kontingent kuschitischer Krieger zum Entsatz der Stadt nach Troja führte, aber dort von Achilles geschlagen wurde. (Diese Geschichte findet sich nicht bei Homer, der Memnon nur ganz kurz erwähnt; aber sie taucht anderweitig im trojanischen Sagenzyklus auf). Als im 7. und 6. Jahrhundert v. Chr. die Könige der 26. Dynastie griechische Söldner anheuerten, versahen diese Soldaten, die von der wirklichen ägyptischen Geschichte nichts wußten und sich noch weniger darum kümmerten, diese Statuen mit dem Namen des einzigen homerischen Helden, der aus diesen südlichen Gegenden gekommen war und von dem sie gehört hatten. Sie erzählten auch eine Geschichte, daß die nördlichere der beiden Statuen einen Ton von sich gab, sobald die Strahlen der aufgehenden Sonne sie berührten. Auch andere antike Reisende haben diesen Ton bestätigt, aber niemand hat ihn in neuerer Zeit mehr gehört.

In alten Zeiten standen die beiden Kolosse vor einem gewaltigen Grabtempel Amenhoteps III. Doch dieser Tempel ist heute fast ganz verschwunden; daher ragen die Statuen jetzt für sich allein aus der Mitte einer weiten Ebene auf. Das Zerstörungswerk wurde zum größten Teil von späteren Königen durchgeführt, welche die Steine für ihre eigenen Bauvorhaben brauchten. Die Gesichter der Statuen sind verschwunden, ebenso auch Teile ihrer Körper und Gliedmaßen; aber sie bieten immer noch ein imposantes Bild. Die südlichere und größere Statue ist jetzt über 17 Meter hoch, eingerechnet die vier Meter des Sockels. Verschiedene kleinere Figuren, welche die Frauen des Königs im Hochrelief darstellten, standen neben oder zwischen seinen Knien.

Die letzte der großen Ruinen, wenn wir von Ramesseum aus parallel zum Nil weiter nach Südwesten gehen, ist der Tempel von Ramses III. bei Medina Habu, der in der Größe zwischen dem Tempel von Qurna und dem Ramesseum liegt, aber besser erhalten ist als beide.

Und dann kommen die Königsgräber. Tausend Jahre vor der 18. und 19. Dynastie hatten die ägyptischen Könige Pyramiden gebaut, in denen ihre Mumien und eine Auswahl ihrer Besitztümer aufbewahrt wurden. Aber alle Pyramiden wurden früher oder später ausgeraubt, zumal in Zeiten politischer Unruhe, und dies war zweifellos den späteren Königen bekannt. Diese gingen daher zu einem, wie sie hofften, sicheren System der Beerdigung über. Statt unter riesigen Kosten einen künstlichen Berg aufzubauen, ließen sie ihre Leute in einen wirklichen Berg einen Tunnel bohren und dort für sich selbst und ihre Schätze Grabkammern ausschachten – in der Hoffnung, ihre Diener würden es fertigbringen, den

Eingang unkenntlich zu machen, nachdem ihr Herr dort zur letzten Ruhe gelegt worden war.

Aber, ach, diese unterirdischen Gräber wurden ebenso prompt ausgeraubt wie die Gräber in den Pyramiden. Die Geheimhaltung glückte nur in einem Fall, bei Tutanchamon, dem Schwiegersohn und Nachfolger des ketzerischen Königs Echnaton.[7] Tutanchamon regierte nur kurz etwa um das Jahr 1360 v. Chr. Nachdem er begraben war, ließ ein späterer König, Ramses IV., sein Grab in denselben Hügel über dem Eingang zu Tutanchamons Grab anlegen, das somit durch die Böschung verdeckt und vergessen wurde, bis Howard Carter und Lord Carnarvon es im Jahr 1922 öffneten. Carter hat seine Gefühle beim Betreten der Grabkammer so beschrieben:

»Die Wirkung war bestürzend und überwältigend. Ich glaube, wir hatten uns noch nie eine genaue Vorstellung darüber gemacht, was wir zu sehen erwarteten oder hofften; doch gewiß hatten wir nie von etwas Derartigem geträumt, von einem ganzen Raum voller Gegenstände — es sah aus wie ein ganzes Museum —, von denen einige uns vertraut, aber andere noch nie in ähnlicher Art erblickt worden waren und die hier in scheinbar unbegrenzter Fülle aufeinander getürmt waren.

Allmählich wurde die Szenerie klarer, und wir konnten einzelne Gegenstände entdecken. Zunächst standen uns direkt gegenüber — wir hatten sie schon die ganze Zeit gespürt, aber noch nicht recht daran geglaubt — drei große vergoldete Sofas. Ihre Seitenwände waren in der Form monströser Tiere geschnitzt, die seltsam schlank waren, wie sie es sein mußten, um ihren Zweck zu erfüllen, deren Köpfe aber einen auffallenden Realismus aufwiesen. Zu jeder Zeit wären es Tiere gewesen, die ungemütlich anzuschauen waren; so wie wir sie sahen, mit glänzenden vergoldeten Oberflächen, die aus der Dunkelheit heraustraten dank unserer elektrischen Lampen, fast als sähe man sie im Scheinwerferlicht, warfen ihre Köpfe groteske verzerrte Schatten auf die Mauer dahinter, und ihr Anblick war geradezu erschreckend. Rechts daneben fesselten zwei Statuen unsere Aufmerksamkeit: zwei lebensgroße Figuren eines Königs ganz in schwarz, die einander wie Schildwachen gegenüberstanden mit goldenem Rock und goldenen Sandalen, in der Hand Szepter und Stab und auf der Stirn die heilige Kobra als Schutzgöttin.

Dies waren die wichtigsten Gegenstände, die uns zuerst ins Auge fielen. Zwischen ihnen, um sie herum und auf ihnen aufgetürmt waren zahllose andere — exquisit bemalte und eingelegte Kästen,

> Alabastervasen, einige von ihnen schön geschnitzt, seltsame schwarze Schreine, wobei aus der offenen Tür des einen eine große goldene Schlange herausguckte, ganze Buketts von Blumen oder Blättern, Betten, schön geschnitzte Stühle, ein mit Gold eingelegter Thron, ein Haufen seltsamer weißer eiförmiger Kästchen, Stäbe von allen möglichen Formen und Zeichnungen unter unseren Augen an der Schwelle der Kammer, ein schöner lotosförmiger Becher aus durchsichtigem Alabaster, zur Linken ein ungeordneter Haufen umgeworfener Vasen, die von Gold glitzerten, schließlich hinter ihnen hervortretend ein anderes Standbild des Königs.«[8]

Diese überwältigende Fülle von Kostbarkeiten wird seitdem im Museum von Kairo ausgestellt. Wenn eine unbedeutende königliche Null wie Tutanchamon, der mit etwa 18 Jahren starb, solche Reichtümer in sein Grab mitnehmen konnte, dann kann man sich die phantastischen Horte eines wirklich bedeutenden Königs, eines Senusert oder eines Amenhotep, wohl vorstellen.

Die Sitte der unterirdischen Gräber wurde im Neuen Reich fortgesetzt, bis alle Hügel westlich von Weset-Theben mit den Spuren zahlloser Ausschachtungen bedeckt waren, in denen die Mumien von Königen, Königinnen, Großen des Reiches und hohen Beamten ruhten. Die Gräber sind heute sämtlich leer, mit Ausnahme einiger weniger Särge; aber viele sind mit farbenfreudigen Gemälden geschmückt. Um zu vermeiden, daß die Flammen der Lampen während der Ausschmückung die Wände verrußten, arbeiteten die Künstler mit Sonnenlicht, das von außen durch Spiegel reflektiert wurde. Diese Methode war in dem glänzenden Sonnenlicht Oberägyptens möglich und wird heute noch von Reiseführern angewandt.

Als ich vor einigen Jahren mit meiner Frau Luxor besuchte, machten wir die Standard-Ausflüge zu den Tempeln von Luxor und Karnak, dem Tempel der Königin Hatschepsut, den Kolossen Amenhoteps III. und dem Grab Tutanchamons. Außerdem bat ich das Reisebüro um einen Wagen mit Fahrer, um auch Bauwerke abseits des touristischen Hauptstromes zu besichtigen: den Tempel Setis I. bei Qurna, das Ramesseum und den Tempel bei Medina Habu. Ich bat das Reisebüro, mir keinen Führer mitzugeben, weil ich mehr über die Dinge, die ich sehen wollte, wußte als die meisten Führer, die nur einige wohleingelernte Reden wiedergeben können.

Ich übernahm den Wagen am Westufer und fuhr los. Alle Augenblicke verschwand der Fahrer in der nächsten Lehmhütte und kam wieder mit einem anderen Fellachen, der mir Tee und Gebäck verkaufen wollte. Aus Gesundheitsgründen wollte ich dort keinen Tee und kein Gebäck zu mir nehmen und rettete mich elegant aus der Situation mit den Worten »Ana ramadhani« (ich beachte den Ramadan, den islamischen Fastenmonat). Dann lächelten sie alle voller Respekt und Sympathie.

Ich bezahlte den Fahrer, bestieg eine der Barken, die als Fähren über den Nil dienen, und hockte mich auf den Fußboden inmitten einer Menge von Einheimischen, von Kindern bis zu grauhaarigen Alten. Bald stellten sie mir Fragen über meine Frauen und Kinder, und ein junger Lehrer kam mir zu Hilfe, wenn mein Arabisch nicht ausreichte.

Schließlich fragte jemand, ob ich Moslem oder Kopte sei (ein Angehöriger der ägyptischen christlichen Kirche, die mit der griechisch-orthodoxen Kirche eng verbunden ist). Dies war eine heikle Frage, da in der Nähe von Luxor viele Kopten wohnen und zwischen den religiösen Gemeinschaften viel gegenseitige Feindschaft besteht. Ich zerbrach mir den Kopf wegen einer taktvollen Antwort. Als wir landeten, gab mir Allah eine Inspiration. Ich sagte »Fi fikri kull id-din kuwayyis« (nach meiner Ansicht sind alle Religionen gut). Wiederum Lächeln auf allen Gesichtern, und wir schieden als gute Freunde.

Die Stadt Theben erhob sich aus dem Dunkel der Geschichte während des Alten Reiches – dem Zeitalter der Pyramidenbauer – in den Jahrhunderten vor 2000 v. Chr. Am Ende der 6. Dynastie, etwa um 2200 v. Chr., löste sich das Alte Reich in einem feudalen Chaos auf; für mehr als ein Jahrhundert war Ägypten unter einer Vielzahl sich bekämpfender kleiner Potentaten aufgeteilt. Einer dieser Staaten regierte den größten Teil Ägyptens unter einer Dynastie, die man später die 11. nannte. Etwa um 2000 v. Chr. einigte Mentuhotep II.[9] aus dieser Dynastie Ägypten von neuem und gründete das Mittlere Reich, das drei Jahrhunderte dauerte. Unter den Königen dieses Reiches wurde Theben aus einem Dorf mit dem Namen Yat zu einer Stadt.

Für eine Hauptstadt war Theben nicht ideal gelegen. Es besaß keine natürliche Verteidigung. Als Handelsplatz war es unbedeutend, da es nicht an einer wichtigen Kreuzung von Handelswegen oder an einem Platz lag, wo Waren umgeladen wurden. Für Verwaltungszwecke war es unpraktisch weit von dem volkreichen Nildelta und der empfindlichen Grenze mit Palästina gelegen: Es war 23 Tagereisen von Memphis, der Hauptstadt des Alten Reiches, und über 30 Tagereisen vom Mittelmeer entfernt.

Dennoch blieb Waset-Theben mit kurzen Unterbrechungen Ägyptens

Hauptstadt mehrere Jahrhunderte lang. Antike Herrscher kümmerten sich wenig um die kommerziellen Vorzüge einer Lage: Kaufleute genossen wenig Ansehen, und von den Gesetzen des Wirtschaftslebens träumte man noch nicht einmal. Ein König pflegte sich mehr für die religiöse Heiligkeit eines Ortes oder für die Möglichkeit seiner Befestigung oder dafür zu interessieren, ob in der Nähe einheimische Grundbesitzer vorhanden waren, auf deren Unterstützung er zählen und deren Bauern er als Soldaten in seine Armee einreihen konnte.

Außerdem verbrachten auch die Könige, die Waset-Theben als ihre eigentliche Hauptstadt betrachteten, viel Zeit in anderen Teilen des Reiches. Memphis blieb weiterhin die zweite Hauptstadt. Der erste König der 12. Dynastie, Amenemhet I., baute dann eine neue Hauptstadt, Ithtowe, nördlich der Senke von Fayum, einer fruchtbaren Ebene, die westlich des Nils oberhalb von Memphis liegt.

Nach der 12. Dynastie kam wieder eine Zeit der Unruhe, mit zahlreichen kurzlebigen Königen. Etwa um 1750 v. Chr. wurde das Mittlere Reich von asiatischen Eindringlingen aus dem Nordosten unterworfen, welche die Ägypter Hyksos oder »fremde Fürsten« nannten. Man weiß nicht sicher, wer diese Hyksos waren. Nach einigen Theorien sind sie mit den pferdezähmenden Ariern identisch, die damals die indoeuropäischen Sprachen von Spanien bis nach Indien verbreiteten, nach anderen Theorien waren es nomadische Semiten aus der arabischen Wüste oder eine Mischung von beiden. Einige glauben, es seien Hurianer oder Mitannier aus Kleinasien gewesen.

Trotz der Tricks ägyptischer Zauberer — die Tonfiguren des Feindes herstellten und diese feierlich zerbrachen — eroberten die Hyksos den größten Teil Ägyptens. Sie schlugen ihre Hauptstadt bei Avaris[10] am östlichen Ende des Deltas auf. Sie brachten nach Ägypten das Pferd, den vertikalen Webstuhl und den Brunnenschwengel. Diese letztere Erfindung besteht aus einer Stange mit einem Gegengewicht, die beide auf einer von zwei Pfosten getragenen Achse angebracht sind, und aus einem Eimer, der von dem langen Ende der Stange herunterhängt.

Obwohl die Hyksos mit der Zeit weitgehend ägyptianisiert wurden, fanden sich die Ägypter niemals mit der Herrschaft dieser verachteten Fremdlinge ab. Die Hyksos konnten niemals ihre Herrschaft über ganz Ägypten wirklich festigen, und einheimische Herrscher blieben in Theben sitzen. Nach zwei Jahrhunderten der Hyksos-Herrschaft trieben die Könige aus Theben die Hyksos wieder nach Palästina zurück und gründeten die 18. Dynastie, die wegen ihrer imperialistischen Eroberungen berühmt ist. Der lange Kampf gegen fremde Herrscher hatte die Ägypter zu Soldaten gemacht und ihnen auch Geschmack an militärischen

Abenteuern im Ausland gegeben; daher der Name »Neues Reich« für die folgende Periode. Obwohl Palästina und Syrien nicht regelrecht annektiert wurden, waren die Könige dieser Länder doch tributpflichtige Satelliten der ägyptischen Herrscher geworden.

Während dieser Dynastie nahmen die ägyptischen Könige den Namen »per-ho« (großes Haus) an, woraus sich das moderne Wort »Pharao« entwickelt hat. Diese Sitte ist ähnlich wie der moderne journalistische Ausdruck »das Weiße Haus«, wenn man den Präsidenten der USA meint.

Unter Amenophis III., einem König der 18. Dynastie, erlebte Ägypten seine größte Glanzzeit. Amenophis kam im Jahr 1397 v. Chr. auf den Thron und regierte 37 Jahre. Ein lebensfroher Mann, liebte er besonders prunkvolle Bauten, die Jagd auf Löwen und Auerochsen und vor allem seine erste und Hauptfrau, die Königin Tiy. Außer einem Feldzug gegen die Nubier zu Beginn seiner Regierung blieb Amenophis III. zu Hause und überließ seinen Generalen die wenigen kriegerischen Aufgaben, die sich einstellten. Sein Reich erstreckte sich vom Oberlauf des Nil bis zum Oberlauf des Euphrat.

Da der Reichtum der Welt in seine Schatzkammern floß und die Könige von Babylonien, Assyrien und Mitanni (einem wichtigen Königreich im östlichen Syrien und südöstlichen Kleinasien) ihn hofierten, kann man diesen lebensfrohen Pharao kaum dafür tadeln, daß er das Leben leicht nahm. In jeder Hinsicht war Ägypten das erste Land der Welt. Im Osten war Babylon von seiner beherrschenden Stellung, die es vor einem halben Jahrtausend besaß, herabgesunken und war unter der Herrschaft der Kassiten, eines fremden Volkes, nur noch eine zweitrangige Macht. Die Zeit der assyrischen Großmacht stand noch bevor. Im Norden war Mitanni mit Ägypten verbunden, wenn auch durch die wachsende Macht von Chatti, dem Königreich der Hethiter, bedroht. Im Westen waren die ewig unruhigen Libyer jetzt friedlich. Im Süden wurden die schwarzhäutigen Nubier schnell ägyptianisiert.

Während dieses goldenen Zeitalters kamen die Produkte fast der ganzen zivilisierten Welt nach Ägypten. Die ältesten bekannten Glasschüsseln der Welt, damals seltene Kostbarkeiten, fand man in ägyptischen Gräbern. Umgekehrt breitete sich der ägyptische Einfluß in fremden Ländern aus; er zeigte sich sogar in der hochentwickelten Kunst Kretas. Und über all diesen Reichtum, diese Macht und dieses weite Land herrschte der heitere Kaiser, der dritte Amenophis.

Amenophis regierte von dem ungünstig gelegenen Theben aus, das zu seiner Zeit nicht eine einzige Stadt war, sondern aus zwei Städten bestand. Die Ansiedlungen auf den beiden Ufern des Nils waren voneinander unabhängig und besaßen weitgehende Selbstverwaltung. Jede hatte ihren eigenen Bürgermeister, ihre eigene Beamtenschaft und Polizei. Jeder Bürgermeister (ein vom König ernannter Vize-Wesir) konnte sich direkt an den Großwesir wenden, den mächtigsten Mann des Königreiches nach dem König selbst. Die beiden Städte machten sich gern übereinander lustig und erzählten abfällige Witze über die andere.

Die beiden Hälften Thebens waren stark voneinander unterschieden. Die Stadt am Ostufer war sehr ähnlich wie andere ägyptische Städte. Sie war um die monumentale, 2½ Kilometer lange Allee herumgebaut, durch die Amenophis die beiden großen Tempelkomplexe miteinander verband: Luxor, wo er zu bauen anfing, und Karnak, das bereits bestand. Amenophis legte auch entlang dieser Allee einen Park an und baute noch andere mit steinernen Böcken verzierte Alleen, um die verschiedenen Tempel miteinander zu verbinden. Weiter entfernt von dieser für Umzüge und Prozessionen geschaffenen Allee und den beiden Ansammlungen von Tempeln war Theben zweifellos sehr ähnlich wie alle anderen Städte, die in den letzten Jahrtausenden in diesem heißen und trockenen Landgürtel geblüht haben. Ich sage »zweifellos«, weil nichts erhalten ist, das uns den Straßenplan oder auch nur den Grundriß des alten Theben zeigen könnte. Obwohl die Anlage von Straßen nach einem gitterförmigen Stadtplan schon bald nach der Zeit des goldenen Kaisers begann, besteht kein Grund zu der Annahme, daß Theben schon so geplant wurde. Wir können daher ziemlich sicher sein, daß diese Stadt ein Gewirr von engen winkeligen Straßen war, an deren Seiten Lehmziegelhäuser mit weißen Mauern standen. Hier standen die komfortablen Häuser der Wohlhabenden und die Hütten der Armen.

Wahrscheinlich waren die Bürger nach Verwandtschaft und Berufen viel enger miteinander verbunden als in einer modernen Stadt. Daher war wohl ein bestimmter Häuserblock ausschließlich von einer Sippe oder Großfamilie bewohnt, und es gab eine Straße der Kupferschmiede, eine Straße der Weber und ähnliche. Da nun die Berufe viel mehr als heute sich bei bestimmten Familien konzentrierten, bedeuteten verwandtschaftliche Verbindungen auch berufliche Verbindungen und umgekehrt.

Es gibt jedoch keine im Charakter voneinander verschiedenen Wohnviertel. Das elegante Haus und die Lehmhütte stießen aneinander, und »Bruchbuden« lehnten sich an Tempel und Paläste an. Die Überfüllung, der Lärm, der Staub, die Fliegen und der Schmutz waren wahrscheinlich ziemlich gleich dem, was man noch in jüngster Zeit in diesem trockenen Landgürtel sehen konnte. Wegen der Hitze und der Trockenheit gab es jedoch in Waset-Theben wahrscheinlich weniger Gestank als in den mittelalterlichen Städten Europas, deren sanitäre Anlagen ebenso primitiv waren.

Die andere Hälfte von Waset-Theben — die Stadt der Toten am Westufer — war mehr eine Stadt besonderer Art. Sie diente als Wohnsitz der Götter, der Könige und der Adeligen — der lebenden und der toten — sowie von deren Gefolgsleuten und Dienern. Daher bestand sie aus Palästen, Tempeln, Gräbern und den Häusern der Menschen, die dort arbeiteten.

In der Zeit Amenophis III. war das Ramesseum noch nicht gebaut; aber die meisten der anderen Bauwerke, deren Ruinen uns heute in Erstaunen setzen, standen schon dort und sahen viel eindrucksvoller aus als heute. Wenn man heute ihre beschädigten Ruinen sieht, kostet es eine erhebliche Anstrengung, sich die Tempel vorzustellen, wie sie in den Tagen ihres Glanzes aussahen: die Außenseiten weiß von Kalk und Stuck, hell bemalte Reliefs auf allen Mauern und Säulen, vergoldete Statuen der Götter und Könige, Stelen (beschriebene monolitische Denkmäler), deren goldene Blätter und kostbare Edelsteine glitzerten — und die helle Sonne spiegelte sich in den kleinen Pyramiden, die mit Elektrum, einer Legierung von Gold und Silber verkleidet waren, und strahlte auf die Spitzen der Obelisken weiter. Neben den Tempeln standen die Amtsräume der Priester und die Vorratshäuser, in denen die Reichtümer gesammelt wurden, welche die Tempel aus ihren eigenen Ländereien und von den Gläubigen erhielten.

In der Nähe des Flusses erhoben sich der Palast Amenophis' und die Villen der Vornehmen. Für Königin Tiy baute Amenophis einen eigenen Palastflügel mit einem künstlichen See, der 1½ Kilometer lang und 400 Meter breit war. Auf diesem See segelten der König und sein Hof in verschiedenen Barken zur Freude des gewöhnlichen Volks, dessen Leben das ganze Jahr durch eine unablässige Reihe von fröhlichen, religiösen Festen, Zeremonien und Paraden aufgeheitert wurde.

Ein Besucher von Amenophis' Palast stieg vom Fluß aus eine mit steinernen Schakalen besetzte Allee hinauf. Nach einem Umweg um den großen Grabtempel herum, der damals im Bau war,

> »erschien der Palast des Königs, ein rechteckiger hölzerner Bau in hellen Farben, sehr leicht und luftig; über seinem Hauptportal stand ein gewaltiger überdachter Balkon mit hübschen Säulen, in dem der König sich gelegentlich seinen Getreuen zeigte. Unzählige Erzeugnisse der Kunsthandwerker, die heute die Museen Europas füllen, zeigen, mit welchem stilvollen Reichtum und welcher exquisiten Schönheit ein

solches königliches Schloß ausgestattet und geschmückt war. Wunderbare Gefäße in Gold und Silber mit Figuren von Menschen und Tieren, Pflanzen und Blumen glänzten an der Tafel des Königs zusammen mit kristallenen Bechern, Glasvasen (hergestellt von den Söhnen der Handwerker, welche die ältesten bekannten Gläser herstellten) und grauen glasierten Kugeln, die mit blaßblauen Ornamenten eingelegt waren. Die Wände waren bedeckt mit Tapisserien, welche die Fachleute als gleichwertig mit den besten modernen Arbeiten bezeichnet haben. Bemalte Fußböden schilderten Szenen aus dem Tierleben, und die Wände waren verziert mit blauen glasierten Ziegeln, deren lebhafte Farben durch exquisite Goldblatt-Ornamente hindurchschienen, während glasierte Figuren dazu dienten, größere Flächen zu verzieren. Die Decken stellten einen tiefblauen Himmel dar, an den in hellen Farben gemalte Vögel herumflogen. Decken, Wände und Fußböden vereinigten sich zu einer einheitlichen Farbwirkung ...«[11]

Die Häuser der Vornehmen, die am Westufer lagen, waren bescheidenere Nachahmungen des Königspalastes. Ebenso wie der König füllten auch die Magnaten, soweit es ihre Mittel erlaubten, ihre Häuser mit kostbaren Kunstgegenständen, einheimischen oder importierten. Aber alle diese schönen Häuser waren aus Holz und aus Lehmziegeln, ebenso wie die Hütten der Armen. In dem fast regenlosen Oberägypten hatten sich Holz und Lehmziegel besser als fast überall sonst auf der Welt. Dennoch sind alle die Tausende von Gebäuden, die in den Glanzzeiten Ägyptens daraus gebaut wurden, heute fast vollständig verschwunden.

Erhalten geblieben sind die Gräber (einschließlich der Pyramiden) und die Tempel, denn diese Bauwerke hatten die Ägypter aus Stein gebaut. Sie glaubten auch zu wissen, was sie taten: Ein Grab wurde »Haus der Ewigkeit« und ein Tempel »Haus von einer Million Jahren« genannt. Ein Privathaus, so rechneten sie, brauchte nur für die Lebenszeit eines Menschen stehenzubleiben; dem Besitzer wäre es gleichgültig, wenn es nach seinem Tode zusammenbrach. Jedoch Gräber und Tempel, die für die Ewigkeit bestimmt waren, mußten dauerhaft gebaut werden.

Außer den Tempeln, den Palästen und den vornehmen Häusern waren die Ebene am Westufer, auf der Theben stand, und die Hügel dahinter besät mit Hunderten von Gräbern. Nicht nur die Könige und ihre Gefolgsleute wurden dort begraben, sondern auch Ägypter geringeren Ranges ließen sich so beerdigen, in der Annahme, ihr Schicksal im späteren Leben wäre besser, wenn sie die magische Aura ausnutzten, die von den Gräbern der göttergleichen Könige ausstrahlte.

Außerdem gehörte aber auch zur Stadt der Toten eine Ansammlung von Dörfern aus Lehmhütten. Hier wohnte die Masse der Arbeiter, die für die Bedürfnisse der Götter und Priester, Könige und Magnaten – lebender oder toter – zu sorgen hatten. Es gab dort Tausende von Facharbeitern: Maurer, Ziegeleiarbeiter, Stukkateure, Zimmerleute, Schmiede, Juweliere, Maler, Bildhauer, Einbalsamierer und Angehörige aller anderen Berufe, die benötigt wurden, die Tempel, die Paläste und die Gräber zu bauen und instandzuhalten. Gewöhnlich zahlten die Könige diese Arbeiter mit Lebensmitteln und Kleidung. Wenn aber der König schlecht bei Kasse war, gerieten die Zahlungen in Rückstand, und die hungernden Arbeiter gingen dazu über, dieselben Gräber zu berauben, die sie oder ihre Vorfahren gebaut hatten.

Unterdessen ging auf der anderen Seite des Flusses im anderen Teil von Waset-Theben das Leben auf den staubigen, ungepflasterten, engen Straßen in derselben zeitlosen Weise weiter wie in jeder Stadt von der Zeit der alten Sumerer bis zum modernen Industriezeitalter. Schwitzende Menschenmengen mühten sich mit ihrem Gewerbe ab, erfreut durch die Abwechslung, welche die endlose Aufeinanderfolge religiöser Feste brachte. Die Menschen kauften und verkauften im Tauschgeschäft, intrigierten, um ihren Söhnen einen Platz in der Beamtenschaft zu beschaffen, und berührten sich mit den Nasen, statt sich zu küssen. Ohne Zweifel hatte Theben eine gut entwickelte Unterwelt, da schon von den ältesten Zeiten an das Verbrechen in den Städten floriert hat.

Die Armen liefen immer noch in einfachen Kitteln und Lendenschürzen umher, wie seit vielen Jahrhunderten. Wenn die Arbeit anstrengend war, gingen sie auch ganz nackt. Die alten Ägypter und Griechen, obwohl Angehörige eines hochzivilisierten Volkes, kannten nicht die jüdische Scheu vor der Nacktheit, die sich seitdem im Gefolge des Christentums und des Islam über den größten Teil der Welt verbreitet hat. Sie gingen daher nackt, wenn sie Lust dazu hatten.

Die Kleidung der Reichen jedoch hatte sich seit den Tagen des Alten Reiches verändert. Statt des einfachen Leinenkittels, der in den Tagen des Pyramidenbaus von allen Ägyptern vom König abwärts getragen wurde, trugen die wohlhabenden Ägypter jetzt eine ausgeklügelte Kombination von gefaltetem Hemd und einem Rock, gekrönt durch eine schulterlange Perücke über dem glattrasierten Schädel. Die Kleidung der Frauen war ebenfalls komplizierter geworden: Weitgehend üblich war ein langer enger Rock, der eine Brust oder beide freiließ.

Ausländische Moden hatten begonnen, zusammen mit ausländischen Waren und Ausländern selbst Ägypten zu erreichen. Ägypten war nicht mehr das von der Außenwelt abgeschlossene Königreich früherer Zeiten. Neben den Händlern und den Gastarbeitern, die während der 18. Dynastie aus Asien hereinkamen, hatten die Eroberungen von Thutmosis III. und Amenophis II. das Land mit asiatischen Gefangenen gefüllt.

Wenn auch in gewissem Ausmaß die Sklaverei in Ägypten immer bestanden hat, so hat diese Institution niemals – vielleicht mit Ausnahme einer kurzen Zeit während der 18. Dynastie – eine sehr große Rolle gespielt. Sicher gab es Zwangsarbeit, ebenso wie Kastenschranken und eine Konzentration des Reichtums in den Händen einer kleinen Oberschicht, aber kaum Sklaverei im engeren Sinne. Wir glauben heute, daß die ganze antike Welt nur auf der Arbeit von Sklaven beruht hat, weil die uns bekanntesten antiken Reiche, Athen und Rom, in der Tat zeitweise die Sklaverei in großem Umfang praktizierten. Dies brachte Karl Marx zu dem Irrtum, sämtliche antiken Gesellschaften als »Sklavenhaltergesellschaften« in einen Topf zu werfen.

Die Sklaverei war ursprünglich eine humane Institution. In prähistorischer Zeit wurden Kriegsgefangene normalerweise getötet, weil niemand wußte, was man sonst mit ihnen machen sollte, und weil sie für die Sieger gefährlich werden konnten, wenn man sie freiließ. Die Sklaverei gab dann den Siegern einen Grund, die Gefangenen am Leben und bei guter Gesundheit zu lassen.

Im Falle Ägyptens wurden die meisten Sklaven, die durch die Eroberungen der 18. Dynastie ins Land kamen, entweder in die Armee eingestellt oder auf die Magnaten als Leibeigene verteilt, auf dem Land angesiedelt und zur Feldarbeit eingesetzt, wie sie es auch zu Hause gewohnt waren. In wenigen Generationen waren sie assimiliert; aber ihre Zuwanderung machte Ägypten zu einem heterogeneren und kosmopolitischeren Land, als es in früheren Jahrhunderten gewesen war.

Eine andere Veränderung in der Klassenstruktur Ägyptens war eine gewisse Einebnung der Klassenschranken dank dem Wachstum des Reiches und der dadurch verursachten Vergrößerung der Regierung. Die soziale Mobilität wuchs, je mehr die Könige, die nicht genug fähige Adelige für diese Aufgaben fanden, wichtige Posten in der Bürokratie auch mit vielversprechenden Nichtadeligen besetzen. Das bedeutete keine Demokratie: Der König war höchstens noch absoluter als vorher, und in der Theorie gehörte alles Land entweder dem König oder den Tempeln. Aber es entstand doch eine gewisse Gleichheit unter seinen Untertanen.

Die Frauen nahmen in Ägypten einen besseren Platz ein als in den meisten antiken Gesellschaften. Eine Frau konnte auch Oberhaupt der Familie sein, mit allen dazugehörigen Rechten und Pflichten. Die ägyptischen Frauen kamen sogar der Gleichberechtigung mit den Männern so nahe wie keine anderen Frauen vor unserer Zeit.

Drei Besonderheiten des Lebens in Waset-Theben würden einem modernen Reisenden, der in der Zeit rückwärts reisen könnte, vor allem auffallen. Die eine ist das Fehlen des Geldes. Die Waren wurden zwar nach Gewichten von Gold, Silber, Kupfer oder Getreide ausgezeichnet; aber die meisten Käufe und Verkäufe erfolgten doch im Tauschhandel. Das Fehlen jedes genormten Wertmessers, zusammen mit dem primitiven Stand der Rechenkunst, muß jede geschäftliche Transaktion äußerst kompliziert, ermüdend und zeitraubend gemacht haben. Aber freilich hatte kein antikes Volk auch nur annähernd unser die Sekunden zählendes Zeitgefühl.

Eine andere Besonderheit ist das völlige Fehlen sanitärer Anlagen. Wir können vermuten, daß Waset-Theben den üblichen Dauerkonflikt kannte zwischen der Stadtverwaltung, die alle Bewohner dazu bringen wollte, ihren menschlichen Unrat an einem bestimmten Platz außerhalb der Stadt abzuladen, und den Bewohnern, die es bequemer fanden, ihn irgendwo in gewisser Entfernung von ihrem Haus von sich zu geben, wenn sie meinten, daß niemand zusah. Dieser Konflikt war ein regelmäßiger Zug des städtischen Lebens bis zur Entwicklung der modernen Kanalisation im 19. Jahrhundert.

Drittens war die Kenntnis des Lesens und Schreibens sehr beschränkt. Abgesehen von den Priestern und Adeligen war sie im wesentlichen begrenzt auf eine Klasse berufsmäßiger Schreiber, die dazu in Tempelschulen ausgebildet wurden. Schließlich gab es auch für den gewöhnlichen Sterblichen wenig zu lesen, selbst wenn er hätte lesen können. Es gab keine Straßenschilder, keine Zeitungen und Zeitschriften, keine Reklame – nicht einmal Inschriften über den Läden – und keine öffentlichen Bekanntmachungen. Außerhalb der Arbeit der Regierung und der Tempel muß das Briefschreiben sehr selten gewesen sein. Die meisten Leute lebten in einem kleinen statischen Kreis von Verwandten, Freunden und Arbeitskollegen, die in der Nähe wohnten. Da sie wenige oder überhaupt keine Menschen kannten, die in der Ferne lebten, hatten sie kaum Gelegenheit, ihnen zu schreiben. Wenn ein seltener Sonderfall es notwendig machte, einen Brief abzuschicken, dann konnte man einen Schreiber mieten, der den Brief schrieb, und der Empfänger konnte wiederum einen anderen Schreiber anstellen, der ihm den Brief vorlas.

Es wäre auch schwer gewesen, das Lesen und Schreiben in weiten Schichten zu verbreiten, selbst wenn jemand dies gewollt hätte. Die ägyptische Sprache hatte eine schwierige Schrift mit über 700 Schriftzeichen. Sie begann, wie die meisten Schriften, mit einfachen Bildern. Aber durch reine Bilderschrift kann man nur die allereinfachsten und konkretesten Mitteilungen ausdrücken, wie etwa »Hans fing einen Fisch«.

Mit der Zeit stellten dann manche Bilder bestimmte Konsonanten dar, entweder einzelne oder Gruppen. So konnten jetzt Bilder Worte auch für abstrakte Begriffe wie »Gedanken« oder »gut« oder auch Tätigkeitsworte wie »werden« darstellen.

Das lange i, a und u wurde durch die Zeichen für ähnliche Konsonanten ausgedrückt, so daß das Bild einer Feder einen Laut wie i oder j ausdrücken konnte. Aber ebenso wie im modernen Hebräischen und Arabischen wurden im Altägyptischen kurze Vokale nicht ausgedrückt. Daher ist die Aussprache altägyptischer Namen sehr ungewiß. Einige Wissenschaftler übersetzten das Ägyptische Buchstabe für Buchstabe; das ergibt so verwirrende Zusammenstellungen wie YMHTP und DHWTYMS. Andere fügen Vokale ein, wo es nötig ist, um die Namen aussprechen zu können: meist ein e, außer wo Grund zu der Annahme besteht, daß der Laut anders gewesen ist. Zum Beispiel läßt die Tatsache, daß YMHTP im Griechischen zu »Imouthes« geworden ist, darauf schließen, daß der ursprüngliche Name einen Vokal wie o oder u vor dem t und einen Vokal wie i oder e nach dem t gehabt hat; daher die heutige Schreibweise »Imhotep«.

Die moderne Aussprache ägyptischer Namen würde wahrscheinlich für einen alten Ägypter ähnlich klingen, wie das Englisch eines Ausländers, der nie ein Wort Englisch sprechen gehört hat und die Aussprache nur nach der Schreibweise rät, für englische Ohren klingen würde. Da im alten Ägypten viele lokale Dialekte gesprochen wurden und da sich die Aussprache von Jahrhundert zu Jahrhundert änderte, würde auch kaum ein System allen antiken Ägyptern gefallen, wenn sie noch lebten und es begutachten könnten. Daher habe ich für einige Könige die gebräuchlichere griechische Namensform gewählt und gebe in den Fußnoten oft abweichende Schreibweisen eines bestimmten Namens. J. B. Hurry führt in seinem Buch »Imhotep« (1928) nicht weniger als 34 verschiedene Schreibweisen des Namens seines Helden an!

Außerdem behielten viele der kleinen Bilder der Hieroglyphenschrift ihren Bilderwert bei. Um zwischen zweifelhaften Schreibweisen zu unterscheiden, wurden andere kleine Bilder, die sogenannten »Determinative«, vielen Worten hinzugesetzt, um sicher zu gehen, daß der Leser wußte, zu welcher Kategorie dieses Wort gehört. Da es bei normaler Handschrift nicht möglich war, alle diese hübschen kleinen Männchen, Tiere, Vögel, Insekten und andere Gegenstände zu zeichnen, aus denen die Hieroglyphenschrift besteht, erfanden die Schreiber der 1. Dynastie eine kursive Schrift, das Hieratische. Jedes Bild wurde nun durch einen Schnörkel dargestellt, der nur sehr vage an das ursprüngliche Bild erinnerte, aber schnell geschrieben werden konnte. Mehrere Jahrhunderte nach der Regierung Amenophis III. kam dann eine noch weniger bildergleiche Schrift, das Demotische, in Benutzung.

Das ganze Schriftsystem blieb äußerst kompliziert, zufallsbedingt und willkürlich, mit vielen Überschneidungen und Zweideutigkeiten — noch mehr sogar als die Schreibweise unseres heutigen Englischen. Vielleicht waren die Schreiber auch ganz zufrieden, daß dies so war. Wenn man das Schreiben vereinfacht hätte, dann hätte ja jeder es lernen können, und die Schreiber hätten nichts mehr zu verdienen gehabt.

Moderne Pseudowissenschaft und moderner Okkultismus haben oft versucht, die alten Ägypter zu einem Volk tiefgründiger und den Erhabenen zugwandter Mystiker zu machen, welche die Weisheit vergangener Zeiten oder des verschwundenen Erdteils Atlantis bewahrt hätten. Nach allem, was wir über sie erfahren können, waren sie jedoch nicht allzu verschieden von ihren heutigen Nachkommen.

Es ist natürlich gefährlich, ein ganzes Volk auf einen Nenner zu bringen, weil die einzelnen Individuen so sehr verschieden sind. Dies gilt um so mehr für das alte Ägypten, weil dessen Geschichte einen so gewaltigen Zeitraum einnahm, während dessen Sitten und Gebräuche, Kleidung und Technik, Anschauungen und Überzeugungen sich von Jahrhundert zu Jahrhundert wandelten. Mit einiger Sicherheit kann man jedoch sagen, daß, wenn es überhaupt so etwas wie einen typischen alten Ägypter gegeben hat, dieser ein lebenfsroher, materialistisch denkender und extrovertierter Mensch war, der das Bier, die Spiele, die Picknicks, die Scherze und die Feste liebte. Seine heutigen Nachkommen, was auch immer ihre Fehler sein mögen, haben vielleicht den ausgeprägtesten Sinn für Humor von allen Völkern der Welt, und genügend schriftliche Zeugnisse aus dem alten Ägypten sind uns überliefert, die andeuten, daß diese große Tugend in diesem Land Jahrtausende zurückreicht.

Etwa um das Jahr 1375 v. Chr. starb Amenophis III. Ihm folgte sein Sohn Amenophis IV., ein seltsam aussehender junger Mann mit dickem Bauch, spindeldürren Beinen, dicken Lippen und einem langen Kinn. Zuerst unter dem Daumen seiner Mutter, der Königin Tiy, und seiner schönen Frau Nofretete, stellte sich bald heraus, daß der junge König ein brennendes Interesse an Religion, aber kein Interesse für Kriegsführung oder Politik hatte. Schon nach wenigen Jahren fiel Amenophis IV. von Amon ab, dem obersten Gott des ägyptischen Pantheons, und wurde ein eifriger Parteigänger Atens, des Sonnengottes aus der Stadt Heliopolis.[12] Amenophis beförderte seinen Sonnengott nicht nur zum obersten aller Götter Ägyptens, sondern auch zum obersten Gott des Universums — eine Vorstellung, die für diese Zeit ganz überraschend war.

Im Monotheismus erzogen, haben die Judäo-Christen diesen König lange als den »ersten Monotheisten« gefeiert. Sie haben seine Religion als »reiner« oder »erhabener« bezeichnet als den Kultus eines ganzen Schwarms von Gottheiten. Man tut jedoch gut, daran zu erinnern, daß die Polytheisten selten oder nie jemanden wegen Ketzerei verbrannt haben — der Massenmord an »Ungläubigen« ist eine monotheistische Spezialität.

Auf jeden Fall suchte Amenophis IV. für seinen Sonnenkult ein Monopol des Supranaturalismus in Ägypten herzustellen. Als die Amon-Priester sich ihm entgegenstellten, ließ er alle Standbilder Amons verstümmeln und änderte seinen eigenen Namen in Echnaton zu Ehren der neuen Gottheit. Als er herausfand, daß er nicht stark genug war, den Amon-Kult in Theben völlig zu unterdrücken und seine Tempel sämtlich zu zerstören, erbaute er eine neue Hauptstadt, Achetaton (das heutige Tell el-Amarna) am Ostufer des Nils auf halber Strecke zwischen Theben und Memphis. Dort verbrachte er den Rest seiner Regierungszeit, in theologische Spekulationen versunken. Er ignorierte die verzweifelten Hilferufe seiner Beamten in den asiatischen Provinzen, die ihm schrieben, daß ihre Länder von Räubern aus der Wüste, die sich Chabiru nannten, überrannt wurden.

Einer von denen, die sich am lautesten beschwerten, war König Abdi-Chiba[13] von Urusalim, einer kleinen befestigten Stadt auf einem felsigen Gebirgszug im südlichen Palästina, uns besser bekannt als Jerusalem. Der Name bedeutete wahrscheinlich »gegründet von (dem Gott) Salim«. Abdi-Chiba klagte andere palästinensische Häuptlinge an, seine Karawanen zu berauben, sich gegen die ägyptische Herrschaft zu verschwören und mit den Chabiru gemeinsame Sache zu machen, und beteuerte gleichzeitig laut seine eigene Loyalität. Die anderen Scheichs erhoben aber ähnliche Klagen gegen Abdi-Chiba.

Seitdem diese Briefe in Form von Lehmtafeln, die in der akkadischen (assyro-babylonischen) Sprache geschrieben waren, im Jahre 1887 aus den Ruinen von Achetaten ausgegraben wurden, hat man Vermutungen darüber angestellt, ob diese Chabiru die Hebräer waren und ob diese Invasion die Eroberung Kanaans durch die Israeliten unter Josua bedeutete. Die Frage ist nicht leicht zu beantworten, aber verschiedene Tatsachen müssen berücksichtigt werden.

Die erste ist, daß das Wort »Hebräer« mit manchen Abwandlungen aus dem hebräischen »Cibhri« (von jenseits, d. h. von jenseits des Jordan) stammt. Dies klingt nicht ganz so ähnlich wie »Chabiru« als das heutige Wort »Hebräer«. Außerdem scheint »Cibhri« ursprünglich einen Mann aus einem der verschiedenen nördlichen Völker bezeichnet zu haben, die eine semitische Sprache hatten; dazu gehörten nicht nur die Israeliter, sondern auch die Ammoniter, die Moabiter und die Edomiter. Die Genesis zählt alle diese Völker, zusammen mit den Ismaelitern (Arabern), Aramäern (Syrern), Midiamitern und Chaldäern als Nachkommen von Eber (hebräisch »Ebher«) auf, dem Ahnherrn der Hebräer. Und was Josua betrifft, so scheint seine halb sagenhafte Eroberung, soweit man sie überhaupt als echte Geschichte ansehen kann, wenigstens ein Jahrhundert nach der Herrschaft Echnatons vor sich gegangen zu sein.

Nachdem Echnaton etwa um 1360 v. Chr. starb, gewannen die Amon-Priester ihre Macht zurück. Nach verschiedenen kurzen Regierungszeiten – darunter der des jugendlichen Königs Tutanchamon – eroberte ein General namens Horemheb, der sich zum König gemacht hatte, die verlorenen asiatischen Provinzen zurück. Theben wurde wiederum Hauptstadt. Dann folgte ein anderer General auf Horemheb als Ramses I. und gründete die 19. Dynastie. Danach verfiel Waset-Theben.

Eine Zeitlang regierte eine Dynastie, die 21., von Tanis[14] aus, während die wirkliche Macht im Süden in den Händen des Hohepriesters von Amon in Theben lag. Dann eroberten Libyer aus dem Westen Ägypten und regierten von Herakleopolis aus als die 22. Dynastie. Nach einer Zeit der Wirren, mit verschiedenen rivalisierenden Dynastien, kamen die schwarzhäutigen Kuschiten aus dem Land jenseits von Nubien und regierten als 25. Dynastie. Der letzte König dieser Dynastie, Taharqa, wurde von den schrecklichen Assyrern vertrieben, die im Jahr 663 v. Chr. Waset-Theben eroberten und plünderten. Sie massakrierten die Bevölkerung und schleppten zwei Obelisken fort.

Schwierigkeiten im Innern zwangen die Assyrer, wieder abzuziehen, wobei sie einen Ägypter namens Psammetich als ihren Schattenherrscher zurückließen. Aber sobald die Assyrer verschwunden waren, machte sich Psammetich zum König und begann die 26. Dynastie, die von Sais[15] im Nildelta aus regierte. Später wurde Ägypten nacheinander von den Persern, Makedoniern, Römern, Arabern, Türken, Franzosen und Briten erobert und erhielt erst im letzten Vierteljahrhundert seine Unabhängigkeit zurück.

Doch nach der äthiopischen Eroberung ist Theben nie mehr Hauptstadt geworden. Da es keine natürlichen Vorzüge hatte, erholte es sich auch als Stadt nicht mehr von der assyrischen Plünderung. Es verfiel langsam und verlor seine Bevölkerung; es wurde zu einer bloßen Ansammlung von Tempeln mit einigen in der Nähe verstreuten Dörfern.

In der späteren römischen Kaiserzeit verstümmelten christliche Mönche die Statuen und Reliefs der ägyptischen Götter und Könige mit der Begründung, es seien Bilder verabscheuungswürdiger Dämonen. Als die muselmanischen Araber im Jahr 641 n. Chr. Ägypten eroberten, setzten sie das Zerstörungswerk fort, da sie alle diese Kunstwerke für eingravierte Abbilder von Menschen hielten, wie sie Allah verboten hatte. Aber die Pharaonen des Neuen Reiches hatten in so gewaltigem Maßstab gebaut, daß nicht einmal die Bilderstürmerei von Generationen unwissender Fanatiker den Glanz ihrer Werke ganz und gar beseitigen konnte. So blieb Waset-Theben bis auf den heutigen Tag eine der großartigsten Schaustellungen der Wunder der antiken Welt.

3.
Ninive, die blutige Stadt

Einst lebte in der ionischen Stadt Knidos an der Südwestecke Kleinasiens ein Mann namens Ktesias. Etwa um das Jahr 415 v. Chr. ging er an den Hof des Königs Artaxerxes II. Memnon von Persien, um dort den in seiner Familie traditionellen Arztberuf auszuüben. Dort machte er sich bei dem jungen König so beliebt, daß dieser ihn zu seinem Leibarzt ernannte. Ktesias diente ihm in dieser Eigenschaft auch während des Aufstandes von Artaxerxes Bruder Kyros. Der Bürgerkrieg endete mit dem Tod des Kyros in der Schlacht von Kunaxa im Jahr 401 v. Chr. und dem von Xenophon beschriebenen epischen Rückzug der von Kyros als Söldner angeheuerten 10000 Griechen durch das heutige Kurdistan und Armenien bis zum Schwarzen Meer.

In den 17 Jahren, die er am persischen Hof verbrachte, sammelte Ktesias Daten über die Geschichte des Perserreiches, die er später zu einem Buch verarbeitete. Er sammelte außerdem Geschichten über Indien und über die Reiche, die dem persischen vorangegangen waren: das babylonische, das medische und das assyrische.

Ktesias war ein fleißiger, aber unkritischer Kompilator. Während seine Informationen über Persien, die aus den königlichen Archiven stammten, zum größten Teil vernünftig sind, enthielt sein Material über andere Länder die wildesten Märchen. Über Indien beispielsweise berichtet er Geschichten über eine Fontäne flüssigen Goldes und über ein Tier namens Martichora mit dem Gesicht eines Menschen und einem Schwanz, von dem es Stacheln wie Pfeile abschießen konnte.

Ktesias hatte auch gehört, daß das Assyrerreich von König Ninus gegründet worden war, der am Euphrat eine Stadt gleichen Namens gebaut hatte. Ninus heiratete die syrische Halbgöttin Semiramis, die seine Nachfolgerin wurde, Babylon gründete und Eroberungszüge nach Afrika und Indien unternommen habe. Der dreizehnte assyrische König nach Ninus sei ein verweichlichter Mann namens Sardanapal gewesen. Von den Medern geschlagen, habe sich Sardanapal in seinem Palast zusammen mit all seinen Konkubinen, Eunuchen und Schätzen selbst verbrannt.[1]

Jahrhundertelang schrieben die Historiker feierlich von Ninus und Semiramis und Sardanapal, als ob es sich um seriöse Geschichte handelte.

In Wahrheit war die assyrische Hauptstadt so vollständig vom Erdboden verschwunden, daß niemand ihre genaue Lage mehr wußte. Von ihren Erbauern Ninus und von den Hebräern Ninive genannt, hatte sie nicht am Euphrat, sondern am Tigris gelegen. Auf ihrem Marsch nach Nordwesten am linken Ufer des Tigris entlang passierten Xenophons 10 000 Griechen 32 Kilometer hinter dem Nebenfluß Zapatas (dem heutigen Zab) ein riesiges Ruinenfeld. Man sagte ihnen, dies sei die medische Stadt Mespila, und niemand vermutete, daß es in Wahrheit das einst so mächtige Ninive war.[2]

Über 2000 Jahre lang war Ninive praktisch dem Gedächtnis der Menschheit entschwunden – fast so völlig wie Platos Erdteil Atlantis, den es nie gegeben hat. Zwar wurde Ninive im Alten Testament und in den erhaltenen Bruchstücken von Ktesias' Buch »Persika« erwähnt. Aber Näheres war nicht genau bekannt.

In römischer Zeit entstand eine neue Stadt gegenüber dem Ruinenfeld am rechten Ufer des Tigris. Mespila genannt – diesen Namen hatte man ja Xenophon für das Ruinenfeld angegeben –, entwickelte sie sich zu dem mittelalterlichen und heutigen Mosul. Im 19. Jahrhundert hatte türkische Mißwirtschaft Mosul zu einem der am wenigsten angenehmen Plätze für Europäer gemacht. Ein britischer Reisender schrieb:

> »Mosul ist eine üble Stadt. Nachts streifen Räuber ungehindert von Haus zu Haus, und die Zeit der Dunkelheit und der Ruhe ist eine Zeit der Angst, dank dem Knallen von Pistolenschüssen und den verworrenen Schreien, die auf Kämpfe hindeuten. Tags ergibt man sich ganz offen der Trunkenheit und Ausschweifungen. Die Bevölkerung ist degeneriert durch üble Krankheiten, verdorben und impotent gemacht durch Alkohol, verdummt und verblödet durch das Laster ... Flüsternd erzählt man sich Geschichten von dunklen und scheußlichen Zaubereien ...«[3]

Die Wiederentdeckung Ninives begann im Jahr 1808, als ein junger Engländer mit großem Sprachtalent, Claudius James Rich, den Posten eines Residenten der Ostindischen Gesellschaft in Bagdad übernahm. In seiner Freizeit ritt Rich viel im Lande umher. Im Jahr 1811 verbrachte er zehn Tage auf dem Gelände des einstigen Babylon – das, im Gegensatz zu Ninive, nie ganz in Vergessenheit geraten war: Der Hügel, der die Lage der früheren Stadt markierte, hieß noch »Babil«, offensichtlich nach dem hebräischen Babel und dem griechischen Babylon.

Rich begann mit einigen versuchsweisen Ausgrabungen und veröffentlichte ein Jahr später ein Buch über seine Ergebnisse. Gut zwanzig Jahre später kam dieses Buch, zusammen mit einer von seiner Witwe veröffentlichten späteren ausführlicheren Schilderung von Richs Reisen, zur Kenntnis von Paul Emile Botta, einem französischen Naturforscher. Botta war bereits viel im Nahen und Mittleren Osten gereist. Er erkannte, daß hier ein ganz neues wissenschaftliches Feld auf einen unternehmungslustigen Mann wartete, und verstand es, zum französischen Konsul in Mosul ernannt zu werden.

Mosul liegt im nördlichen Teil des heutigen Staates Irak, der etwa die Form des Buchstabens Y hat. Der Stiel des Y erstreckt sich nach Südosten zum Persischen Golf; die linke Gabel führt durch die arabische Wüste und berührt das Königreich Jordanien; die rechte Gabel erstreckt sich nach Norden in die kurdischen Berge.

In ganz alten Zeiten wurde der südlichste Teil am Persischen Golf Sumer genannt; später hieß er Kaldi, in latinisiertem Griechisch Chaldäa. Der mittlere Teil um das heutige Bagdad herum war Babylonien. Weiter im Norden, in der Gegend des heutigen Mosul, lag Assyrien. Im Nordosten, wo sich das Land zu einer Reihe langer Gebirgsketten erhebt, die dem Stiel des Y parallel laufen, lag das Land Elam, das den heutigen iranischen Provinzen Luristan und Kuzistan entspricht.

Die beiden großen Flüsse, der Tigris und der Euphrat, entspringen in der Türkei und fließen nach Süden. Der östlichere, der Tigris, fließt direkt in den Irak; der westlichere, der Euphrat, durchschneidet erst Syrien, bevor er den Irak betritt. Beide Flüsse winden sich durch die große flache Ebene nach Südosten und nähern sich nördlich von Bagdad bis auf 30 Kilometer; dann entfernen sie sich voneinander für die nächsten 500 Kilometer ihres Laufes. Daher stammt der griechische Name für das heutige Irak: Mesopotamien »das Land zwischen den Flüssen«. Schließlich vereinigen sich die Flüsse und fließen noch 80 Kilometer zusammen bis in den Persischen Golf. Manche nehmen an, daß in alten Zeiten, als der Persische Golf noch weiter nach Nordwesten hineinreichte, die Flüsse getrennt in ihn gemündet sind und daß ihr Schlamm seitdem das Ufer des Golfs aufgefüllt hat.

Assyrien hat mehr Regen als der übrige Teil des heutigen Irak: 30 bis 38 cm im Jahr, genug, um auf den Hügeln ein bescheidenes Wachstum von Bäumen zu ermöglichen. Da es höher und weiter nördlich gelegen ist, kennt es auch nicht die brütende Hitze, die den übrigen Irak im Sommer mehr oder weniger lähmt. Und während Assyrien viel Steine hat, meist Kalkstein, ist der übrige Irak fast steinlos.

In den Hügeln nördlich von Mosul leben heute die Kurden. Diese Nachkommen der alten Meder sprechen eine Sprache, die dem Persischen sehr ähnlich ist. Obwohl sie einen besseren Anspruch auf eigene nationale Identität haben als manche anderen Volksgruppen, sind die Kurden heute aufgeteilt zwischen der Türkei, dem Irak und dem Iran und bilden in allen drei Ländern eine unruhige Minderheit. Man sieht sie oft in Bagdad – große stattliche Männer mit rötlicher Gesichtsfarbe, die eine Art sackförmigen Rock und einen großen Turban mit Fransen tragen.

Nachdem er sich in Mosul niedergelassen hatte, wo sollte Botta graben? Im Umkreis von 80 Kilometern gab es verschiedene, vielversprechende Plätze. Auf der anderen Seite des Tigris, von Mosul aus, erhoben sich die beiden Hügel Kuyunjik und Nabi Yunis. 22 Kilometer nördlich davon lag der Hügel Chorsabad. 40 Kilometer stromabwärts von Kuyunjik lag am linken Ufer Nimrud; in der gleichen Entfernung noch weiter südlich lag am rechten Ufer Kalat Scharkat. Botta grub im Jahr 1843 bei Kuyunjik. Da er nur magere Ergebnisse hatte, verlegte er seine Tätigkeit nach Chorsabad, wo er bald die Überreste eines großen Palastes ausgrub.

Zur gleichen Zeit wandte auch ein junger Engländer, Austen Henry Layard, seine Aufmerksamkeit den Ruinenfeldern Assyriens zu. Er hatte eine Landreise nach Indien unternommen; aber während seiner Reise durch den Irak und den Iran vergaß er sein eigentliches Ziel und verbrachte mehrere Jahre mit wilden Abenteuern unter den Stammeskriegern. Mehrmals wurde er überfallen und ausgeraubt und entkam nur knapp dem Tod durch Speere oder Pistolenschüsse.

Im Jahr 1845 arbeitete er dann in Istanbul auf einem untergeordneten diplomatischen Posten in der britischen Botschaft. Der Botschafter verschaffte ihm eine kleine Unterstützung, damit er anfangen könne, in den Hügeln der Gegend um Mosul zu graben. Layard freundete sich schnell mit Botta an, da beide unter dem türkischen Pascha von Mosul zu leiden hatten. Dies war ein kleiner dicker pockennarbiger Schuft mit einem Auge und einem Ohr, der seine Provinz mit der ganzen satanischen Bosheit eines orientalischen Potentaten früherer Romane regierte. Layard schrieb darüber:

> »Der Pascha war gewohnt, seinen Steuereinnehmern einen Befehl in drei Worten zu geben – ›geht, zerstört, freßt!‹ –, und seine Untergebenen waren im allgemeinen nicht faul, diese Anweisungen wörtlich zu befolgen. Die Stämme, die ausgeplündert wurden, hielten sich schadlos durch Angriffe auf Karawanen und Reisende oder verwüsteten die bebauten Landstriche der Provinz. Die Dörfer waren daher verödet, und die Straßen waren wenig benutzt und sehr unsicher.«[4]

In der Annahme, Layard sei auf der Suche nach einem Schatz, und entschlossen, als erster seine Hand darauf zu legen, befahl dieser Mohammed Keritli Oglu einmal seinen Leuten insgeheim, Grabsteine aus einem nahe gelegenen Friedhof zu entfernen und sie in der Gegend der Ausgrabungen zu versenken. Daher konnte er dann Layards Ausgrabungen mit der Begründung verbieten, daß dieser die Gräber der Gläubigen entweiht habe.

Nach dem Besuch von mehreren Ruinenfeldern entschloß sich Layard, bei Nimrud ernsthaft zu graben. Dort entdeckte er bald Standbilder von Ochsen mit Flügeln und Menschenköpfen — assyrisch-babylonische Schutzgeister — und andere Funde, die ebenso sensationell waren wie die Bottas bei Chorsabad. Er grub auch bei Kuyunjik und Kalat Scharkat.

Bald darauf mußte Botta nach Frankreich zurückgehen. Sein Nachfolger, Rouet, nahm gegenüber Layard eine Haltung nationalistischer Rivalität an. Diese wuchs sich in den nächsten Jahrzehnten zu einem unschönen Wettstreit der französischen und der britischen Archäologen aus, wer dem anderen zuvorkommen und ihn überlisten könne.

Im Jahr 1851 verließ Layard endgültig den Irak, um eine hervorragende politische und diplomatische Karriere zu beginnen. Sein Nachfolger war ein christlicher Einheimischer von Mosul, Hormudz Rassam, der seit mehreren Jahren Layards Assistent gewesen war. Rassam war ein interessanter Mann. Da er selbst aus dem Lande stammte, konnte er bei seinen Landsleuten Sachen erreichen, die einem Ausländer unmöglich gewesen wären. Andererseits hatte er mehr das Temperament eines Abenteurers als eines Wissenschaftlers.

Rassam spielte dieses nationalistische Spiel mit großem Eifer und gab den französischen Archäologen Place und de Sarzec Anlaß zu Beschwerden, er habe ihre Ausgrabung betreten, als sie gerade nicht da waren, und Funde weggeschleppt, die ihnen gehörten. Alle diese frühen Archäologen arbeiteten nach der Methode von Schatzgräbern mit wissenschaftlicher Fassade. Ein detaillierter Bericht über ihre Arbeiten dreht einem modernen Archäologen den Magen um: Sie trieben willkürlich Tunnels in Ruinenfelder hinein, ohne Rücksicht auf architektonische oder Straßenpläne, in der Hoffnung, einige nette transportable Stücke zu finden, die sich in einem Museum gut machen würden. So erschwerten sie die Aufgabe späterer wissenschaftlicher Archäologen, die versuchen, jedes kleinste Detail des Lebens der früheren Bewohner zu rekonstruieren, so schwer dies auch sein mag.

Gewiß haben diese frühen Ausgraber — die mit sengender Hitze und schneidender Kälte, mit Staub, Sandstürmen, Fliegen, Skorpionen und Vipern, mit korrupten Beamten, räuberischen Stammeskriegern, abergläubischen Arbeitern und mit Geldnöten zu kämpfen hatten – eine gewaltige Menge Antiquitäten ans Tageslicht gebracht. Aber viele andere gingen verloren, weil ohne die modernen Methoden der Konservierung die Funde in Stücke fielen, sobald sie der Luft ausgesetzt oder von unerfahrenen Grabern rauh angefaßt wurden. Viele Stücke wurden von den Einheimischen zerstört, entweder aus religiösem Fanatismus oder aus dem kindischen Vergnügen heraus, Dinge kaputt zu machen.

Viele Stücke gingen auch auf dem Transport verloren. Kisten, die Layard über Bombay nach England schicken wollte, wurden in Bombay von neugierigen Briten aufgebrochen, die stahlen, was ihnen gefiel, und das übrige in Unordnung brachten. Im Jahr 1855 schickten die Franzosen über 300 Kisten mit Material den Tigris abwärts in einem Geleitzug von Booten und Flößen. Bei Kurna, kurz vor dem Persischen Golf, wurde der Geleitzug von arabischen Banditen angehalten, die ihrer Enttäuschung, keine Beute, sondern nur Steine und Ziegel vorzufinden, dadurch Luft machten, daß sie die Boote umkippten und die gesamte Fracht in den Fluß versenkten.

In den achtziger Jahren, als die Einheimischen lernten, daß die Ungläubigen für diese Überreste aus den Tagen der Unwissenheit (wie die Moslems die Zeiten vor Mohammed nennen) viel Geld zahlten, entstand dann ein blühender Handel mit geschmuggelten Antiquitäten in dieser Gegend, und er blüht dort bis heute. Rassam, jetzt ein älterer Mann, aber immer noch die britischen Ausgrabungen leitend, setzte seine alte Plünderungstaktik fort. Er schickte mehrere Banden über das ganze Land aus und ließ sie monatelang unbeaufsichtigt, in der Hoffnung, die eine oder die andere würde einen neuen Platz finden, der reiche Beute versprach. Schließlich zog er sich mit seiner englischen Frau nach England zurück und verbrachte seine letzten Jahre mit dem Schreiben seiner Memoiren.

In dieser Zeit wurde die Archäologie endlich zu einer Wissenschaft, zum großen Teil dank der Entwicklung einer genauen Methodologie durch deutsche Forscher. Rassams unbeaufsichtigte Arbeiter aber stahlen einfach den größten Teil ihrer Funde und verkauften sie den Antiquitätenschmugglern. Die Archäologie war eben noch in den Kinderschuhen, und ihre Jünger mußten noch durch Erfahrungen lernen. Wenn diese ersten Ausgraber durch ihre Hast und ihre Ignoranz viele unwiederbringliche Informationen verlorengehen ließen, so gibt es doch einen Trost: Der Irak hat so viele Hügel, von denen jeder den Lageplatz einer früheren Stadt anzeigt, daß diese sämtliche Archäologen der Welt noch für Generationen beschäftigen können.

Unterdessen hatten einige Gelehrte, darunter der Professor Georg Friedrich Grotefend aus Göttingen und der furchtlose, abenteuerlustige britische »Empire-Builder« Major Henry Creswicke Rawlinson, das Geheimnis der Keilschrift der alten Bewohner Mesopotamiens gelöst. Um zu schreiben, ritzten die Menschen dort dünne Tafeln aus feuchtem Lehm mit den geschärften Enden von Rohr, bis diese so aussahen, als habe eine Schar kleiner Vögel darauf herumgetrampelt. Dann buken sie diese Tafeln, bis sie so hart waren wie Ziegel.

Ebenso wie in Ägypten begann diese Schrift als eine einfache Bildmalerei, entwickelte sich dann zu einem phonetischen System und blieb konstant, bevor diese Entwicklung beendet war. Daher blieb die akkadische Keilschrift eine verwirrende Mischung von Hunderten bildhafter und phonetischer Zeichen; die letzteren standen für ganze Silben. Später übernahmen die Ugariter in Syrien und die Perser die Keilschrift, aber entwarfen ein echtes Alphabet dazu, was die Zahl der Schriftzeichen auf wenig über 30 reduzierte.

Als daher im Laufe des 19. Jahrhunderts Tonnen von beschriebenen Lehmtafeln in den Museen Europas eintrafen, wurden sie dort gelesen und übersetzt. So konnte man alle Zweifel, welche antike Städte von welchen Hügeln bezeichnet wurden, bald lösen. Man kam dahinter, daß das alte Assyrien zu verschiedenen Zeiten vier verschiedene Hauptstädte gehabt hatte. Die älteste, Assur, wurde dargestellt durch den Hügel bei Kalat Scharkat etwa 80 Kilometer flußabwärts von Mosul. Layard hatte dort gegraben, aber wenig gefunden, da Assur – im Gegensatz zu den drei anderen Hauptstädten – in der steinlosen Ebene lag und daher fast ganz aus Ziegeln erbaut worden war; die damalige archäologische Technik konnte noch nicht den aufgeweichten, von der Sonne getrockneten Ziegel von dem ihn umgebenden Boden unterscheiden.

Eine andere Stadt, die unter verschiedenen assyrischen Königen gelegentlich Hauptstadt gewesen war, war Kalach (das Kalah der Genesis). Kalach lag weiter nördlich, wo sich heute der Hügel Nimrud erhebt. Ninive war gleichbedeutend mit Kuyunjik, von Mosul aus auf der anderen Seite des Tigris. Die Hauptstadt in der Nähe von Chorsabad war Dur Scharrukin, das Sargon[5] II. im 8. vorchristlichen Jahrhundert gebaut hatte.

Assur, die älteste assyrische Hauptstadt, geht mindestens auf das Jahr 3000 v. Chr. zurück. Zeitweise scheint sie unter sumerischer Herrschaft gestanden zu haben. Später, etwa um 2500 v. Chr., war sie ein unabhängiger Stadtstaat. Zu der Zeit wurden die Semiten, die ständig von der Wüste her einsickerten, zu dem beherrschenden Volk in Assyrien.

Rassisch gesehen, scheinen die Assyrer aber vorwiegend dem armenischen Typ der weißen Rasse angehört zu haben. Dieser Typ, der seit den ältesten geschichtlichen Zeiten bis heute in Kleinasien vorherrscht, ist untersetzt und muskulös, mit halbdunklem Teint, dichtem, dunklem und gewelltem Kopf- und Barthaar, einer großen Hakennase und einem breiten Schädel. Dies ist der Typ, den man bei assyrischen Skulpturen findet – freilich waren die Assyrer vermutlich nicht alle einander so ähnlich, wie die Reliefs sie zeigen.

Während des zweiten vorchristlichen Jahrtausends wuchs Assyrien zu einem mächtigen Königreich an, das dem kultivierteren und volkreicheren Babylonien oft die Herrschaft über Mesopotamien streitig machte, aber das noch häufiger Babylonien tributpflichtig war. Tiglatpileser[6] I., der etwa um 1100 v. Chr. regierte, eroberte sich zuerst ein Reich zusammen, das nach Westen bis zum Mittelmeer und nach Norden bis zum Wan-See reichte, dem Mittelpunkt des Königreichs Wan oder Urartu (in der Bibel Ararat).

Tiglatpilesers Reich dauerte jedoch nicht lange. Eine neue Welle semitischer Eindringlinge, die Aramäer, überrannte Syrien und eroberte einen großen Teil Babyloniens. Über ein Jahrhundert lang hatten die Assyrer genug damit zu tun, sich gegen die Invasoren zu behaupten.

Während dieser Zeit ist die Geschichte Assyriens nur bruchstückweise überliefert. Aber es scheint, daß die Assyrer, die seit jeher kriegerisch waren, die Invasion nur überleben konnten, indem sie die krassesten Militaristen ihrer Zeit wurden. Ende des 10. Jahrhunderts entstand Assyrien wieder als selbständige Macht; im Jahre 883 v. Chr. bestieg Assurnasirpal II. den Thron und setzte die Eroberungen fort. Er und seine Nachfolger berichteten stolz, was sie denen angetan hatten, die so verblendet waren, ihnen Widerstand zu leisten:

> »Ich vernichtete sie, riß die Mauer ein und verbrannte die Stadt mit Feuer; ich ergriff die Überlebenden und nagelte sie an Pfählen vor ihrer Stadt ... Hügel von Schädeln errichtete ich vor der Stadt ... Ich warf ihre Leichen, in kleine Stücke geschnitten, den Hunden, Schweinen und Geiern vor. Ich zog ihnen langsam die Haut ab ... Einigen schnitt ich Hände und Füße ab, anderen die Nasen, Ohren und Arme; vielen Soldaten stach ich die Augen aus ... Ich zog ihnen die Haut ab und bedeckte damit die Mauern der Stadt ... Die Köpfe ihrer Krieger schnitt ich ab und bildete daraus eine Säule über ihrer Stadt; ihre jungen Männer und Mädchen verbrannte ich im Feuer ... Ich verbrannte auch 3000 Gefangene; ich ließ nicht einen einzigen am Leben, der als Geisel dienen konnte.«[7]

Auch andere antike Könige benahmen sich sehr grausam, doch nicht ganz mit der gleichen sadistischen Freude. Die meisten ägyptischen und babylonischen Könige rühmten sich lieber ihrer Gerechtigkeit und Frömmigkeit und ihrer öffentlichen Werke als ihrer Grausamkeiten und Scheußlichkeiten.

Diese Einstellung machte die Assyrer bei ihren Untertanen natürlich nicht beliebt. Daher war der Tod eines assyrischen Königs meist das

Signal für einen verzweifelten Aufstand der unterworfenen Völker, und der neue König mußte die ersten Jahre seiner Regierung damit verbringen, die Besitzungen seines Vorgängers neu zu erobern. Um solchen Aufständen vorzubeugen, deportierten assyrische Könige auch Teile der aufsässigen Bevölkerung in andere Gegenden ihres Reiches. So wurden die führenden Schichten des Königreiches Israel an einem Nebenfluß des oberen Euphrat angesiedelt. Diese Politik hatte eine Zeitlang Erfolg.

Als König Schamschiadad IV. im Jahr 811 v. Chr. starb, regierte seine Witwe Sammuramat drei Jahre lang als Regentin für ihren Sohn Adadnirari III. Die Legenden um Semiramis, die Ktesias der griechischen Welt übermittelte, beruhen auf der Regentschaft dieser Sammuramat, die eine bedeutende Dame war, wenn sie auch niemals einen Eroberungszug nach Indien oder ähnliche phantastische Dinge unternommen hat, die man ihr zuschrieb.

Nach Adadnirari III. kamen mehrere Könige, unter denen die Aufständischen meist Erfolg hatten. Das Assyrerreich schrumpfte zusammen, bis im Jahr 744 v. Chr. ein neuer großer Eroberer auf den Thron kam. Dies war Tiglatpileser III., der das Königreich Damaskus eroberte, König Rezin tötete und die Damaszener deportierte. Nachdem Tiglatpileser das Reich im wesentlichen in seiner früheren Größe wiederhergestellt hatte, griff sein Sohn Salmanassar V. Israel an, dessen König Hosea rebelliert hatte. Salmanassar starb entweder während der Belagerung von Samaria oder kurz nach dessen Eroberung; entweder er oder sein Nachfolger Sargon II. deportierten dann die führenden Israeliter.

Sargon II. dehnte die assyrische Herrschaft bis weit in die arabische Wüste hinein aus und baute eine neue Hauptstadt nördlich von Ninive. Passenderweise nannte er sie nach sich selbst: Dûr Scharrukin oder Haus des Sargon. Doch die Nachwelt spielte ihm einen Streich, indem sie diese Stadt Chorsabad nannte, nach dem Perserkönig Chusrau[8] dem Großen, der 1250 Jahre später regierte.

Sargon fiel im Kampf mit Bergbewohnern des Nordens im Jahr 705 v. Chr.; ihm folgte sein Sohn Sanherib[9]. Der neue König gab Dûr Scharrukin auf, ausgenommen als militärische Garnisonsstadt, und zog nach Ninive zurück. Jahrhundertelang haben die Assyrerkönige ihre Hauptstadt ruhelos zwischen Assur, Kalach, Ninive und Dûr Scharrukin hin und her verlegt, haben überall Paläste gebaut und diese wieder aufgegeben, so daß sie verfielen.

Sanherib entschloß sich nun, Ninive zu einer richtigen kaiserlichen Hauptstadt für alle Zeiten zu machen, die es an Glanz mit Babylon aufnehmen könnte. Hier treten die anderen Seiten des assyrischen Charakters hervor: Wenn sie nicht damit beschäftigt waren, ihre besiegten Feinde zu verbrennen, zu blenden, zu köpfen oder ihnen die Haut abzuziehen, schufen sie beachtliche Kunstwerke. Die meisten von diesen sind in der Form von Reliefs in den königlichen Palästen entstanden, auf denen Kriegs- und Jagdszenen zu sehen sind. Außerdem produzierten sie eine bemerkenswerte Literatur.

Die Assyrer waren auch unternehmungslustige Kaufleute. Eine Reihe von Briefen auf Lehmtafeln, die in der Nähe des Wan-Sees gefunden wurden, stammen aus dem Archiv eines assyrischen Kaufmanns, der dort tätig war. Ein Brief stammt von der Frau des Mannes, die sich beklagt, sie habe mit ihrer Schwiegermutter Streit über die Größe der Opfergabe für den Tempel bekommen, und die Schwiegermutter habe sie daraufhin ausgesperrt; könnte der Gatte nicht sofort nach Hause zurückkehren?

Die Assyrer waren ferner begabte und energische Techniker und Erfinder. Sie waren bahnbrechend in der Kriegstechnik und mit die ersten, die solche Neuerungen wie Waffen aus Eisen und geschlossene Kavallerieformationen einführten. Sie erfanden auch Kriegsmaschinen auf Rädern wie den »Belfried«, den fahrbaren Belagerungsturm mit einem harten Rammbock in der unteren Etage und einem hohen Turm darüber. Dieser Turm wurde so hoch gebaut wie die Mauer, die angegriffen wurde, so daß, wenn er an die Mauer herangeführt worden war, die Angreifer auf Leitern den Turm hinaufklettern und auf die Mauerkrone überspringen konnten. Auch die älteste bekannte Darstellung eines Flaschenzuges findet sich auf einem assyrischen Relief etwa aus dem Jahr 1500 v. Chr., auf dem diese Vorrichtung dazu benutzt wird, aus einem Brunnen Wasser zu schöpfen.

Als Sanherib den Wiederaufbau Ninives[10] abgeschlossen hatte, war die Stadt von einer hohen, durch 15 Tore unterbrochenen Mauer umgeben. Diese Mauer schloß ein unregelmäßiges Rechteck ein, etwa 1,6 Kilometer von Osten nach Westen und fast fünf Kilometer von Norden nach Süden. In der Mitte dieses Rechtecks erhoben sich zwei Hügel, auf denen die Tempel und Paläste standen. Das übrige Gebiet wurde nicht nur durch die Häuser des gewöhnlichen Volks eingenommen, sondern auch durch die öffentlichen Gärten und privaten Blumengärten. Für seinen Privatgarten, in dem Störche klapperten und zahme Löwen umherwanderten, entwarf Sanherib einen verbesserten Brunnenaufzug mit einem kupfernen Eimer und Pfosten aus Holz statt aus getrocknetem Lehm. Für die Brunnen der Stadt entwarf er den rotierenden Kettenaufzug mit einer bronzenen Kette und einer regelmäßigen Reihe von Eimern, die an der Kette befestigt waren.

Um seine schönen Pflanzen zu bewässern, begann Sanherib ferner ein ausgedehntes Bewässerungssystem. Er bereiste persönlich die Gegend um Ninive, durchquerte Ebenen und bestieg Hügel, um den besten Platz für seine Konstruktionen ausfindig zu machen. 16 Kilometer nördlich von Ninive ließ er den Fluß Tebitu eindämmen[11], der aus dem Norden kam, direkt durch Ninive floß und dann in den Tigris mündete. Aus dem so geschaffenen Staubecken führte er einen Kanal bis zur Stadt. Da das Gefälle des Kanals geringer war als das des Flusses, kam sein Wasser in Ninive hoch genug an, um zur Bewässerung verwandt zu werden, ohne daß man Wasser aus der Tiefe schöpfen mußte.

Um aber während des Hochwassers im Frühjahr eine Überschwemmung zu vermeiden, legte Sanherib nordöstlich der Stadt eine städtische Pflanzung von Rohrdickicht an, so wie es sie auch in Babylonien gab. Wie in Ägypten und Babylonien wurde das Sumpfrohr oft als Baumaterial benutzt; ein Bündel davon diente als Säule zur Stütze eines leicht gebauten Hauses. Sanherib verwandelte dieses Sumpfland in ein Wildreservat und setzte Hirsche, Rehe, Wildschweine und Vögel aus, die sich dort vermehren konnten.

Außer der Anpflanzung von Rohr und von Bäumen importierte Sanherib aus Indien eine andere Neuigkeit: die Baumwollstaude. Eine Inschrift gab das mit folgenden Worten bekannt: »Den Maulbeerbaum und die Zypresse, die Obstbäume und die Rohrpflanzen in dem Sumpf schnitt ich ab und benutzte sie für den Bau meiner königlichen Paläste. Die Wolle tragenden Bäume wurden geschoren und die Wolle zu Kleidung verwoben.«[12]

Sanheribs erster Kanal genügte mehrere Jahre lang. Als die Stadt dann zu groß dafür wurde, ließ der König einen anderen Kanal im Nordwesten anlegen, der einen anderen Fluß anzapfte. Als Ninive auch immer größer wurde, begann Sanherib sein ehrgeizigstes Projekt. Er ging etwa 50 Kilometer von der Stadt entfernt zur Wasserscheide des Flusses Atrusch oder Gomal. Von dort wurde ein Kanal bis zum Oberlauf des Tebitu gegraben, der das Wasser dann weiter nach Ninive beförderte.

Wo dieser Kanal einen Nebenfluß des Atrusch überquerte, baute Sanherib einen Aquädukt. Dieser war für die damalige Zeit eine bemerkenswerte Konstruktion. Er war aus Steinquadern von etwa 50 cm Länge und Breite gebaut. In dem Kanal selbst verhinderte eine Schicht von Beton oder Mörtel unter der obersten Lage von Steinen ein Absickern des Wassers. Der Aquädukt überquerte den Fluß auf einer 28 Meter hohen Brücke mit fünf spitzen Bögen.

Sanherib rühmte sich, diesen Kanal und den Aquädukt in 15 Monaten vollendet zu haben. Als sich das Werk der Fertigstellung näherte, schickte er zwei Priester zum oberen Ende des Kanals, um dort bei der Eröffnung die notwendigen religiösen Handlungen vorzunehmen. Vor der Zeremonie passierte jedoch ein kleineres Mißgeschick: Ein Schleusentor am oberen Ende des Kanals gab nach, und das Wasser des Atrusch stürzte in den Kanal, ohne den Befehl des Königs abzuwarten. Der fromme Sanherib ließ sofort die geheime Bedeutung dieses Ereignisses erkunden und entschied, es sei ein gutes Omen: Die Götter seien so ungeduldig gewesen, den Kanal in Betrieb zu sehen, daß sie den Bruch im Schleusentor verursacht hätten. So begab sich König Sanherib zum Ausgangspunkt des Kanals, besichtigte den Schaden, gab Befehl zu seiner Reparatur und opferte den Göttern Ochsen und Schafe. »Jene Männer«, so schrieb er, »die den Kanal gebaut hatten, kleidete ich mit Leinen und hell gefärbten wollenen Gewändern. Goldene Ringe und Dolche aus Gold gab ich ihnen.«[12] Dies war ohne Zweifel eine erfreuliche Überraschung für die Ingenieure und Arbeiter, die vermutlich seit dem Mißgeschick in ihren Sandalen gezittert hatten, aus Angst, der große König würde befehlen, ihnen allen die Köpfe abzuschlagen. Er war auch dazu durchaus imstande ...

Wie alle großen mesopotamischen Städte jener Zeit hatte auch Ninive seine Prozessionsstraße – eine gerade breite Allee, die mit Stein- oder Ziegelplatten gepflastert war. Auf dieser Straße fuhren in den religiösen Prozessionen Wagen mit den Standbildern der Götter. In Assur hatte die Prozessionsstraße ein paar Rillen im Pflaster für die Räder der heiligen Wagen, um den Göttern eine sanfte und sichere Fahrt zu gewährleisten – dies könnte man die erste Eisenbahn der Welt nennen. Schließlich wäre es ja nicht gut, wenn der Wagen eines Gottes im Schlamm steckenblieb oder umfiel. Der Gott würde darüber nicht erfreut sein, und man kann sich kaum vorstellen, was ein verärgerter Gott alles anrichten würde!

Sanherib ließ entlang der Prozessionsstraße in Ninive Tafeln aufstellen mit der Inschrift: »KÖNIGLICHE STRASSE. NIEMAND DARF SIE SCHMÄLERN.« Außerdem befahl er, jeder, der diese Vorschrift übertrete, solle erschlagen und seine Leiche vor seinem Haus an einen Pfahl angebunden werden. Man ist versucht, diese Tafeln als das erste Parkverbot der Welt anzusehen; aber ihr wirklicher Sinn war wohl, die Hausbesitzer daran zu hindern, ihre Häuser zu weit in die Straße hineinzubauen. In mittelalterlichen Städten Europas pflegte aus dem gleichen Grund ein städtischer Beamter von Zeit zu Zeit durch die Straßen zu reiten, mit quer eingelegter Lanze, um festzustellen, daß kein Hausbesitzer das öffentliche Wegerecht mißachtet hatte.

Sanheribs Reich umfaßte Babylonien, Chaldäa, Syrien und Phönizien. Palästina war für gewöhnlich tributpflichtig. Sanherib führte zum mindesten einen Feldzug in Judäa: Er schlug eine ägyptische Armee und belagerte Jerusalem, aber ließ König Hezekia mit einem handfesten Tribut ungeschoren.

Auf diesem Feldzug ist irgend etwas passiert, das Sanheribs Pläne störte; aber man weiß nicht, was. Die Bibel sagt: »Und in derselben Nacht fuhr aus der Engel des Herrn und schlug im Lager von Assyrien 185 000 Mann. Und da sie sich des morgens früh aufmachten, siehe, da lag's alles eitel tote Leichname.«[13] Herodot berichtet, Mäuse hätten die Bögen, Köcher und Schildgriffe der Assyrer angefressen, so daß sie nicht mehr kämpfen konnten. Sanherib selbst berichtet nichts von irgendeinem Rückschlag, aber das war auch kaum zu erwarten. Einige nehmen an, eine Epidemie habe die Assyrer heimgesucht; andere, welche die widerspruchsvollen Geschichten miteinander vereinbaren wollten, haben vermutet, Sanherib habe zweimal einen Feldzug gegen Judäa geführt. Aber all dies sind bloße Mutmaßungen.

Wie seine Vorgänger regierte Sanherib den größeren Teil seiner unterworfenen Gebiete durch einheimische Könige, die von den Assyrern besiegt, aber im Amt gelassen wurden unter der Bedingung, Tribut zu zahlen und dem König der Könige Truppen zu stellen. Die assyrischen Könige versuchten, auch Babylonien durch solche Marionettenkönige zu regieren, da Babylon zu groß war, um es unmittelbar zu regieren, es sei denn, die Könige waren bereit, dorthin umzuziehen. Außerdem hatten die Assyrer einen ähnlichen widerwilligen Respekt für Babylonien, von dem sie größtenteils ihre Kultur bezogen hatten, wie später die Römer für Griechenland.

Diese Marionettenkönige revoltierten jedoch häufig. Um das Jahr 690 v. Chr. setzte Sanherib einen unbotmäßigen babylonischen König ab und ernannte an seiner Stelle einen seiner Söhne, Assurnadinsum. Die Führer der anti-assyrischen Partei flohen nach Süden in die Sümpfe von Chaldäa, wo sie, so glaubten sie, sicher wären. Sie rechneten jedoch nicht mit Sanheribs technischem Erfindungsgeist. Er forderte bei den tributpflichtigen phönizischen Städten Schiffe an. Diese Schiffe wurden in Teilen gebaut, über Land geschleppt und auf dem Euphrat zusammengesetzt. Sie fuhren dann flußabwärts bis Chaldäa, wo sie dazu beitrugen, die Anti-Assyrer zu unterwerfen.

Aber nicht für lange. Die Babylonier erhoben sich bald wieder und vertrieben Assurnadinsum. Als der zornige Sanherib im Jahr 689 v. Chr. Babylon wieder eroberte, massakrierte er die Bevölkerung und plünderte und brandschatzte die größte Stadt der Welt. Er ließ Kanäle durch die

Stadt anlegen, den Euphrat flußabwärts eindämmen und ließ dann den Fluß durch diese Kanäle fließen. Darauf ließ er die Tempel in die Kanäle werfen und machte aus der früheren Metropole einen riesigen schlammigen Morast. Später wurde Sanherib anderen Sinnes und begann, die Stadt wieder aufzubauen. Sein Sohn und sein Enkel setzten diese Arbeit fort, und mit der Zeit wurde Babylon wieder die größte Stadt der Welt.

In den 24 Jahren der Herrschaft Sanheribs ging es den Ninivern gut. Es gab immer viel Arbeit bei den großartigen Bauten und Wasserwerken des Königs, und das Leben wurde aufgeheitert durch religiöse Feste und durch das Schauspiel gefangener Könige, die im Umzug durch die Stadt geführt wurden, bevor man ihnen den Kopf abschlug. Die Assyrer zeigten die ersten Ansätze eines religiösen Fanatismus und machten aus der Hinrichtung von Gefangenen ein geheiligtes Ritual. Die assyrische Religion scheint im übrigen eine ziemlich düstere Form des Polytheismus gewesen zu sein. Ihr Pantheon war ziemlich das gleiche wie das der Babylonier — nur daß Assur, welcher der ersten Hauptstadt und dem ganzen Reich den Namen gab, anstelle Marduks der König der Götter war. Man glaubte, die ganze Welt sei erfüllt von bösen Geistern, und die Wissenschaft der Vorzeichen wurde eifrig studiert.

Die Könige praktizierten auch eine Art von Armenfürsorge. Verheiratete Frauen mußten verschleiert auf der Straße gehen, den unverheirateten war dies verboten. Die Abtreibung war ein Kapitalverbrechen, da sie den König eines strammen künftigen Soldaten berauben konnte.

Im Jahr 681 v. Chr. verschworen sich zwei Söhne Sanheribs gegen ihren Vater. Der große Ingenieur und König wurde in einen Tempel Ninives gelockt und dort mit kleinen Statuen der Götter erschlagen. Ein anderer Sohn, Esarhaddon[14], besiegte jedoch die Mörder, die nach Wan flohen, und nahm selbst den Thron ein. Als einer der grausamsten in einer Reihe außergewöhnlich harter Herrscher, begann Esarhaddon eine Inschrift: »Ich bin mächtig. Ich bin allmächtig. Ich bin ein Held. Ich bin ein Gigant. Ich bin ein Koloß.«[15] Er vergaß nur hinzuzufügen: »Ich bin auch bescheiden.« Esarhaddon baute Babylon wieder auf, fiel in Ägypten ein, schlug die Armeen, die sich ihm entgegenstellten, und trieb Taharqa, den letzten König der äthiopischen Dynastie, in sein angestammtes Land Kusch zurück. Obwohl Esarhaddon den Titel »König von Ägypten« annahm, zwangen ihn bald näherliegende Gefahren, die assyrische Armee aus Ägypten zurückzuziehen.

Denn die weiten Steppen, die sich von der Ukraine bis nach Turkestan hinziehen — ein Raum, der in der Antike vage als »Skythien« bekannt war — kochten wieder einmal über in einer ihrer regelmäßigen Eruptionen. Eine nomadische Horde, die Gimirrai oder Kimmerer, war schon während der Regierung Sargons II., der sie dann in einer großen Schlacht besiegte, nach Kleinasien eingebrochen. Die Kimmerer, die sich glatt rasierten und hoch aufragende Mützen trugen, wandten dann ihre Aufmerksamkeit nach Westen dem Königreich Lydien zu, das Assyrien zu Hilfe rief.

Esarhaddon starb auf einer zweiten Expedition nach Ägypten; ihm folgte sein Sohn Assurbanipal, der von neuem die Kuschiten aus Ägypten vertrieb. Assurbanipal war so zäh, energisch und grausam wie die meisten assyrischen Könige. Eines seiner Reliefs zeigt eine hübsche Szene, wie Assurbanipal und seine Königin sich auf einem Siegesbankett amüsieren, mit Musikern und Fächerwedlern, während der Kopf eines rebellischen elamitischen Königs von einem Baum in der Nähe herabhing.

Er war jedoch kultivierter und intellektueller als seine Vorgänger. Er sandte einen ganzen Schwarm von Schreibern aus, die in seinem ganzen Reich die Schriftstücke in den Tempelbüchereien kopieren und übersetzen sollten. So baute er eine königliche Bibliothek mit Zehntausenden von Lehmtafeln auf, die uns umfangreiche Aufzeichnungen über die Künste und Wissenschaften Babyloniens erhalten hat. Als Hornuzd Rassam 1853 in dem Hügel bei Kuyunjik auf diese Bibliothek stieß, war dies sein größter Fund, und er schickte 25 000 Tafeln in das Britische Museum. Layard hatte schon drei Jahre vorher einen anderen Teil der königlichen Archive bei Nimrud gefunden. Diesen beiden Glücksfällen verdanken wir einen großen Teil unserer heutigen Kenntnisse Assyriens und Babyloniens.

Nach der üblichen Praxis setzte Assurbanipal seinen Bruder Samaschumukin als König von Babylonien ein. Dieser rebellierte im Jahr 652; aber Assurbanipal besiegte ihn und schloß ihn in Babylon ein. Die Stadt mußte wegen Hungers kapitulieren; Samaschumukin legte Feuer in seinem Palast an und stürzte sich hinein. Der »Sardanapal« des Ktesias scheint eine Kombination von Assurbanipal, Samaschumukin und irgendeinem späteren assyrischen König zu sein, zu einer Figur zusammengezogen und großzügig mit Dichtung vermengt.

Assurbanipals Armeen schlugen auch die Elamiter und die Kimmerer. Die letzteren brachen als Volk auseinander, und einige von ihnen ließen sich im nordöstlichen Kleinasien nieder, wo ihre Nachkommen heute unter dem Namen Armenier leben. Zum mindesten entwickelte sich aus ihrer Sprache das Armenische, obwohl das Volk selbst sich sicher mit den Menschen vermischt hat, die schon vorher in Armenien wohnten, und als Volk eigenen Charakters verschwunden ist. An die Stelle der Kimmerer traten bald als neue barbarische Drohung die Skythen, ein nomadisches Volk, das mit den Medern und Persern verwandt war.

Assurbanipals letzte Jahre waren mit düsteren Vorahnungen erfüllt, wie sich aus einer bemerkenswerten Inschrift zeigt, die man ihm zuschreibt:

»Ich habe Gott und Menschen nur Gutes getan, toten und lebenden. Warum haben mich dann Krankheit, Elend und Mißgeschick befallen? Ich kann den Streit in meinem Lande und den Zwist in meiner Familie nicht mehr ertragen. Betrübliche Skandale lasten auf meiner Seele. Elend des Geistes und des Fleisches drücken mich nieder; mit Wehklagen bringe ich meine Tage zu Ende. Am Festtag des Stadtgottes war ich unglücklich; der Tod berührt mich schon und drückt mich nieder. Mit Klagen und Jammern verbringe ich Tag und Nacht, und ich seufze: O Gott, gewähre selbst einem Unfrommen, daß er das Licht sehen darf ...«[16]

Der arme alte Assurbanipal starb im Jahr 633 v. Chr. Es folgten mehrere kurze, unruhige Regierungszeiten unbedeutender Könige, die sich gegenseitig den Thron streitig machten, während sich die unterworfenen Völker eines nach dem anderen erhoben. Das assyrische Reich löste sich mit erstaunlicher Schnelligkeit auf.

Im Jahr 612 v. Chr. wurde Assyrien durch ein Bündnis von Skythen, Medern und Babyloniern besiegt. Als sie Ninive angriffen, nutzten die Meder eine Überschwemmung des Tigris aus, um Rammböcke auf Flößen zu befestigen und heranzubringen. Die Verbündeten nahmen die Hauptstadt ein und zerstörten sie. Ein wildes Triumphgeheul erschallte von den Opfern der assyrischen Herrschaft: »Wehe der mörderischen Stadt, die voll Lüge und Räuberei ist und von ihrem Rauben nicht lassen will! Ninive ist zerstört; wer will Mitleid mit ihr haben? ... Deine Hirten werden schlafen, o König zu Assur, deine Mächtigen werden sich legen, und dein Volk wird auf den Bergen zerstreut sein, und niemand wird sie versammeln.«[17]

Zwei Jahrhunderte später, als die 10 000 Griechen dort vorbeikamen, war Ninive nur noch ein Ruinenfeld, und die Erinnerung an die assyrische Geißel verblaßte im Gedächtnis der Menschen.

4.
Tyrus in der Mitte des Meeres

Ein Volk, das die Zeit in fast völlige Vergessenheit geraten ließ, sind die Phönizier – jene Kanaaniter, die in einer Kette von Stadtstaaten an der Küste zwischen dem Libanon-Gebirge und dem Mittelmeer wohnten. Obwohl sie einst eine beachtliche Literatur gehabt zu haben scheinen, sind nur einige wenige Fragmente davon uns überliefert, und auch nur dadurch, daß sie ins Griechische oder Lateinische übersetzt wurden. Nach diesen Fragmenten zu urteilen, scheint die phönizische Literatur nicht weither gewesen zu sein; aber sie sähe vielleicht eindrucksvoller aus, wenn wir mehr von ihr kennen würden. Josephus erzählt uns, daß die phönizischen Städte, insbesonders Tyrus, ausführliche historische Aufzeichnungen besessen hätten, und er zitiert kurz aus der phönizischen Geschichte, die zwei frühere griechische Historiker, Dios und Menandros, nach einem Studium dieser Aufzeichnungen verfaßt hatten.[1]

Diese Geschichte des Dios und Menandros ist im übrigen verlorengegangen, ebenso wie die vielen anderen lokalen Geschichten, die in klassischen Zeiten im Mittelmeerraum geschrieben wurden – mit wenigen Ausnahmen wie der »Athenischen Verfassung« des Aristoteles und der knappen Hälfte von Memnons Geschichte von Herakleia Pontika.

Auch die phönizische Religion ist nie zu einem so weitverbreiteten und langlebigen Kult geworden wie die jüdische. Ebensowenig wurde der phönizische Dialekt des Kanaanitischen zu einer allgemeinen Verkehrssprache wie das Griechische, so daß jeder Gebildete sie können mußte. Ohne solche äußeren Hilfen verschwanden die Aufzeichnungen und die Literatur der Phönizier für immer, als die phönizischen Städte untergingen: Sidon wurde 345 v. Chr. von den Persern zerstört, Tyrus im Jahr 332 von Alexander, Karthago im Jahr 146 von den Römern und Beirut im Jahr 140 von dem Seleukidenkönig Tryphon. So kennen wir von der phönizischen Geschichte nur das, was aus einigen wenigen Inschriften und gelegentlichen Erwähnungen in ägyptischen, hebräischen, mesopotamischen, griechischen und lateinischen Schriften zusammengestückelt werden kann.

Aus diesem dürftigen Material können wir eine einigermaßen kontinuierliche, wenn auch lückenhafte Geschichte der größten phönizischen Stadt in Kanaan – Tyrus – zusammenstellen. Die heutigen Arabisch sprechenden Bewohner nennen ihre Stadt Sur. Die antiken Bewohner nannten sie ebenfalls Sur oder Tsur. Die Griechen machten daraus Tyros, wovon unser moderner Name Tyrus stammt.

Die Archäologie liefert uns nur wenige Hinweise auf die Geschichte der Stadt. Der Grund ist einfach: Das Land bietet Kalkstein zum Häuserbau in großem Umfang; das Libanon-Gebirge ist praktisch eine große, 150 Kilometer lange Masse elefantengrauen Kalksteins. Daher sind seit ältesten Zeiten die Häuser dort aus diesem Material gebaut worden. Wenn ein Haus in Tyrus abgerissen oder durch irgendeine Katastrophe zerstört wurde, gingen die Steine, die ja weit dauerhafter waren als Lehmziegel, nicht verloren. Statt daß man sie als Fundamente für ein neues Haus dort liegen ließ, wie vielfach in den Ländern, wo die Ziegel überwogen, wurden sie aus Sparsamkeit aufgesammelt und für neue Mauern benutzt, nicht nur in Tyrus, sondern auch in anderen Städten wie Beirut. Daher enthält die heutige Stadt Tyrus einige Überreste aus römischer und mittelalterlicher Zeit, aber nichts, was als Überrest aus der Zeit König Hirams identifiziert werden könnte.

Die Archäologie war erfolgreicher bei der Rekonstruktion des Hafens des alten Tyrus, da hier die unter Wasser liegenden Steine nicht so leicht geborgen und wieder verwendet werden konnten. In den dreißiger Jahren hat ein französischer Priester, Antoine Poidebard, den Hafen erforscht. Père Poidebard kannte noch nicht die wissenschaftliche Ausrüstung der heutigen Unterwasser-Archäologie, wie zum Beispiel Aqualungen, Unterwasserboote und Unterwasser-Fernsehkameras; aber er machte das beste aus dem, was er hatte. Er machte Aufnahmen aus einem Flugzeug und schickte libanesische Schwammtaucher in die Tiefe. Die Hauptarbeit wurde von einem Taucher im damaligen Taucheranzug gemacht, mit Bronzehelm und bleibeschwerten Schuhen.

Poidebard überwachte die Arbeit, indem er von der Wasserfläche aus mit einer einfachen Taucherbrille in die Tiefe blickte. Eine große Schwierigkeit war, einen Techniker zu finden, der nicht an Seekrankheit litt: Poidebard brauchte einen Techniker zur Handhabung seines ganzen Apparats, und wenn man in der Mittelmeerbrandung in einem kleinen Boot herumläuft, macht das wohl jeden Menschen mit Ausnahme der zähesten Seebären seekrank.

Wie viele andere Völker behaupteten die alten Tyrer, ihre Stadt sei von den Göttern gegründet worden. Im ersten Jahrhundert nach Christus veröffentlichte ein hellenisierter Phönizier, Philon von Byblos, eine griechische Übersetzung der »Theologie« des Sanchuniathon von Berytus (dem heutigen Beirut). Sanchuniathon hatte lange vorher gelebt; einige sagten »zur Zeit des Trojanischen Krieges«, aber dies war nur eine Vermutung. Etwa um 300 n. Chr. nahm der christliche Gelehrte Eusebius in seiner »Vorbereitung des Evangeliums« Auszüge aus Philons Werk auf; daraus stammt größtenteils, was wir über die phönizische Urgeschichte kennen.

In Philons Bericht wurden einige kanaanitische Namen in ähnliche griechische übersetzt; einige wurden transskribiert und dabei mehr oder weniger verballhornt. Die Geschichte lautet:

»Genos, der Sohn des Aeon und Protogenos, zeugte wiederum sterbliche Kinder, die Phos, Pur und Phlox hießen. Diese erfanden die Methode, Feuer zu machen, indem sie Holz aneinander rieben, und lehrten dies die Menschen. Sie zeugten Söhne von hoher Größe und Kraft, deren Namen den Bergen ringsherum gegeben wurden. Daher heißen nach ihnen die Berge Cassius, Libanus, Antilibanus und Bratu. Diese Männer zeugten (durch Vereinigung mit ihren Müttern) den Memrumus und den Hypsuranius; die Frauen jener Zeiten hatten ohne Scham Verkehr mit jedem Mann, wie es sich traf. Hypsuranius lebte in Tyrus und erfand Hütten, die aus Rohr gebaut wurden, und ebenso den Papyrus. Er verfeindete sich mit seinem Bruder Usous, der zuerst die Kleidung für den menschlichen Körper aus den Fellen der wilden Tiere erfand ...«[2]

Und so geht es weiter, bis zur Erfindung der Schiffe, des Eisens, der Angelhaken, der Segel, der Ziegel und anderer nützlicher Dinge.

Herodot berichtet, die Phönizier hätten »in alten Zeiten am Roten Meer gewohnt«[3]; das würde heißen, in oder in der Nähe des Landes, das heute Negev heißt. Später, so sagte er, seien sie nach Kanaan ausgewandert. Einige moderne Forscher stimmen Herodot zu; aber da eine solche Wanderung stattgefunden haben muß, ehe die Phönizier schriftliche Aufzeichnungen kannten, gibt es Beweise weder dafür noch dagegen. Sicher wissen wir nur, daß um die Mitte des zweiten vorchristlichen Jahrtausends die Phönizier schon an der kanaanitischen Küste saßen, wo sie dann als Händler und Seefahrer tätig wurden. Der archäologische Fundort, der bisher die ältesten phönizischen Spuren enthält, ist Byblos[4], wo sie bis auf das Jahr 2000 v. Chr. zurückgehen.

Die Phönizier entwickelten außerdem aus der ägyptischen und vielleicht auch aus anderen im Nahen Osten gebräuchlichen Schriften ein eigenes neues Schriftsystem. Sie taten dabei einen entscheidenden Schritt vorwärts, indem sie die Zahl ihrer Zeichen auf je einen Buchstaben für einen Laut beschränkten. Mit anderen Worten, sie erfanden das Alphabet, wenn auch die Einzelheiten dieses Erfindungsprozesses unbekannt sind.[5]

Ebenso wie das heutige hebräische und arabische Alphabet[6], die aus dem phönizischen abgeleitet sind, stellte das phönizische Alphabet kurze Vokale nicht dar. Wegen der besonderen Struktur der semitischen Sprachen war dies kein großes Handicap. Aber wenn man nur noch etwas über zwanzig Zeichen lernen muß, statt der über 700 der ägyptischen Schrift, bedeutete dies, daß zum erstenmal die Kenntnis des Lesens und Schreibens sich auf breite Schichten ausdehnen konnte, statt das Monopol einer kleinen Klasse berufsmäßiger Schreiber zu sein.

Als die Griechen etwa um das Jahr 1000 v. Chr. das phönizische Alphabet übernahmen, genügten ihnen die Zeichen für die Konsonanten nicht, da ihre indoeuropäische Sprache eine andere Struktur hatte: Wenn ein Araber die Zeichen für K, T und B sieht, dann weiß er, daß das Wort etwas mit dem Schreiben zu tun hat, und kann die Vokale aus dem Zusammenhang erraten. Wie die meisten assyrischen Sprachen war jedoch das Phönizische viel reicher als das Griechische an den verschiedenen Kehllauten, die man »Gutturale« nennt. Daher benutzten die Griechen einige der bei ihnen überflüssigen phönizischen Buchstaben zur Bezeichnung ihrer Vokale.

Die ersten konkreten historischen Tatsachen, die wir über Tyrus wissen, stammen aus den sogenannten Tell-el-Amerna-Briefen, d. h. aus den Archiven König Echnatons von Ägypten, der von 1375–1360 v. Chr. regierte. Ägypten beherrschte damals das Land Kanaan, das ein Jahrhundert vorher von Thutmosis III. tributpflichtig gemacht worden war. Jetzt aber verlor Ägypten unter der unruhigen Herrschaft des visionären Echnaton immer mehr die Kontrolle über diese Provinz. Mindestens zwei Parteien, die beide ihre Treue zu Ägypten beteuerten, kämpften um die Vormacht in Phönizien. Abimilki, Gouverneur von Tyrus, schrieb dem König eine Reihe von Briefen, von denen sieben erhalten sind, in denen er um Hilfe bat gegen den Gouverneur Zinrida von Sidon und den amoritischen Abenteurer Aziru, die Führer der Gegenpartei. Ein Brief beginnt:

> »Dem König, meinem Herrn, meiner Sonne, meinem Gott, sagt Abimilki, Dein Diener: siebenmal und nochmals siebenmal werfe ich mich zu den Füßen des Königs, meines Herrn nieder. Ich bin der Staub unter den Füßen des Königs, meines Herrn, auf den er tritt. O mein König und mein Herr, Du bist wie der Gott Schamasch und der Gott Rimmon im Himmel. Möge der König seinem Diener guten Rat geben! Nun hat der König, mein Herr, mich zum Hüter der Stadt Tyrus, der königlichen Dienerin ernannt, und ich habe dem König, meinem Herrn, auf einer Tafel einen Bericht gesandt; aber ich habe bisher keine Antwort erhalten . . .«[7]

Ein moderner König, selbst ein so sehr von sich eingenommener wie Ludwig XIV. von Frankreich, würde denken, wenn man ihn so anspräche, der Schreiber sei arg überschwenglich; aber eine solche Sprache war zu Abimilkis Zeiten üblich. Abimilkis Briefe führten dann immer wieder aus, er brauche Holz, Wasser und Soldaten. Selbst 20 Soldaten wären schon eine Hilfe. Aber es scheint, daß keine Hilfe kam; denn ein späterer Brief von König Ribadda von Byblos berichtet, daß die Tyrer schließlich revoltierten und ihren Gouverneur vertrieben. Wenn der arme Abimilki das erste Opfer eines saumseligen Briefpartners war, so war er nicht das letzte.

Nach Abimilkis Sturz kennen wir die Namen einiger Könige von Tyrus, aber für die nächsten 400 Jahre praktisch keine gesicherten Tatsachen über die Geschichte der Stadt. Ende des 14. und im 13. Jahrhundert v. Chr., unter Setos I. und Ramses II., befestigte Ägypten seine Herrschaft über Kanaan von neuem. Dann jedoch verblaßte die ägyptische Herrschaft wieder, und in den nächsten Jahrhunderten nahm keine andere Großmacht ihren Platz ein.

Während dieser Jahrhunderte der Freiheit von fremder Herrschaft entwickelte sich in diesem Raum eine Anzahl kleiner unabhängiger Staaten: die Königreiche der Edomiter, Moabiter, Israeliter, Philister, Phönizier, Aramäer und andere. Das Land war in ständiger Bewegung durch Invasionen und Wanderungen: Israeliter und Aramäer stießen von Osten hinein, die Philister kamen über das Meer aus dem Westen.

Etwa um 970 v. Chr. kam Hiram, Sohn des Abibaal, in Tyrus auf den Thron und regierte mit großem Erfolg 34 Jahre lang. Wir kennen heute seine lange einträgliche Partnerschaft mit Salomo. Außer seiner Hilfe für Salomos Bauten baute er selbst die Tempel von Tyrus neu auf, ohne Zweifel in einem ähnlichem Stil, den seine Handwerker auch beim Bau von Salomos Tempel angewandt hatten. Er vergrößerte Tyrus durch neugewonnenes Land an der Ostseite der Hauptinsel und legte auf dieser neuen Fläche ein Forum an.

Wenn wir mehr über Hiram wüßten, könnte es gut sein, daß wir ihn für einen größeren König als Salomo halten würden. Acht Kilometer südwestlich von Tyrus steht in einem kleinen Tal ein großer einfacher Sarkophag (längst aufgebrochen und entleert) auf einem Unterbau von massivem Stein. Dieser heißt heute »Qabr Hiram«, das Grab des Hiram. Die Tradition, die dieses Grab nach Hiram nennt, mag ebenso unzuverlässig sein wie jene, die zahllose Plätze in Jerusalem nach Ereignissen aus der Bibel benennt. Immerhin ist die Möglichkeit nicht ausgeschlossen, daß Hiram in diesem Monument zur ewigen Ruhe gebettet wurde.

Nach Hiram blühte Tyrus noch weitere 400 Jahre als die größte und reichste der phönizischen Städte. Aus dieser Zeit wissen wir wieder die Namen der Könige, aber sonst sehr wenig über ihre Regierung. Die wenigen Informationen, die wir haben, stehen meist in Verbindung mit der Geschichte Israels und werden in der Bibel oder von Josephus erzählt.

Anfang des 9. Jahrhundert v. Chr. ermordete der Priester Ithobaal den König von Tyrus, einen Nachkommen Hirams, und setzte sich auf den Thron. Um seine brüchige Stellung zu stärken, verheiratete er seine Tochter Jezebel mit König Ahab von Israel. Jezebel betete den Hauptgott von Tyrus an, der Baal (Herr) oder Melkart[8] (Herrscher der Stadt) hieß – er mag auch noch einen »echten Namen« gehabt haben, der nur den Priestern bekannt war und daher der Nachwelt verlorenging.

Jezebel versuchte – aus religiösen oder aus politischen Gründen – den Kult Baals in Israel einzuführen. Die Jahwe-Priester jedoch waren entschlossen, auch nicht die geringste Konkurrenz zu ihrem Gott zuzulassen. Der arme Ahab befand sich in der Zwickmühle zwischen der willensstarken Königin auf der einen und den fanatischen Priestern, geführt vom Propheten Elia, auf der anderen Seite. Dieser Streit dauerte jahrelang, wobei die Gangster jeder Partei Angehörige der Gegenpartei mordeten, wenn sich die Gelegenheit bot.

Ahab, der staatsmännische Qualitäten gehabt zu haben scheint, hielt 22 Jahre einer unruhigen Regierung hindurch eine Art von Gleichgewicht. Im Jahre 853 v. Chr. wurde er in einem Kampf mit den Syrern tödlich verwundet; ihm folgte sein älterer Sohn und, als dieser jung starb sein jüngerer Sohn Jehoram. Unterdessen hatte Ahabs und Jezebels Tochter Athalia den König von Juda geheiratet; als dieser starb, regierte sie das Königreich durch ihren gefügigen Sohn Ahazia.

Als auch Jehoram von Israel in einer neuen Schlacht mit den Damaszenern verwundet wurde, usurpierte ein jahweistisch gesinnter General namens Jehu den Thron und ließ Jezebel aus einem Fenster des Palastes werfen. Die alte Dame trug noch Kosmetika auf, um zu zeigen, daß sie wie eine Königin sterben konnte.

Jehu lockte die beiden Könige, Jehoram und Ahazia, zu einer Zusammenkunft und ließ sie töten. Dann brachte er die Freunde und Anhänger des verstorbenen Königs Ahab um. In Juda versuchte die verwitwete Königin Athalia, an der Macht zu bleiben, indem sie alle männlichen Angehörigen des Hauses David umbrachte; aber nach einigen Jahren brachte der Priester Jojada eine Verschwörung zustande, um Athalia zu ermorden und Jehoasch, einen Prinzen, der ihrer Aufmerksamkeit entgangen war, an ihre Stelle zu setzen. Die Anhänger des Gottes Melkart wurden erschlagen oder vertrieben, und so endete der tyrische Einfluß in den israelitischen Königreichen.

Die kanaanitische Küste besitzt das typische Mittelmeerklima mit nassen windigen Wintern, in denen schwere Regenfälle mit langen Perioden klaren Wetters abwechseln. Dann kommt ein langer, heißer, trockener, wolkenloser Sommer mit nur schwachem Wind. Gewitter kommen nur selten vor; daher wurden in allen antiken Mittelmeerländern Blitz und Donner als göttliche Vorzeichen betrachtet – niemand würde aus Blitz und Donner so etwas herauslesen in Ländern, wo Gewitter an der Tagesordnung sind.

Wie ich schon ausführte, ist der ideale Platz für eine Handelsstadt entweder die Kreuzung zweier Handelswege oder ein Verladeplatz – ein Platz, wo Waren von einem Verkehrsmittel auf ein anderes umgeladen werden. Dies gilt, einerlei ob es sich bei den Verkehrsmitteln um Esel, Kamele, Lastwagen, Züge oder Schiffe handelt und ob diese Schiffe durch Segel oder durch Motoren bewegt werden.

Tyrus besaß beide Vorzüge. Es lag auf dem Handelsweg an der Küste, der von Ägypten nach Kleinasien führte; gleichzeitig war es der Verladeplatz für Waren, die zwischen Syrien und Zypern, Kreta, Rhodos sowie anderen Ländern des östlichen Mittelmeeres hin- und hergingen. Der Handelsweg von Damaskus zur Küste wand sich um das südliche Ende des Libanon-Gebirges herum, ging am Berg Hermon vorbei und folgte dann dem Fluß Litani, bis er wenige Kilometer nördlich von Tyrus zum Meer kam.

Tyrus jedoch entstand nicht an der Mündung des Litani, sondern weiter südlich, wo sich eine felsige Insel etwa 1000 Meter von der Küste aus dem glitzernden Meer erhob. Genauer gesagt, die ursprüngliche Stadt, später Palaityros (Alt-Tyrus) genannt, entstand an der Küste gegenüber der Insel. Die neue Stadt aber wurde auf der Insel gebaut, und der König zog mit allen wichtigen Leuten der Stadt bald dorthin um.

Als sie mit ihren Seefahrten begannen, lernten die Phönizier bald, daß der sicherste Platz zur Lagerung von Transitwaren ein befestigter Platz an der Küste war, nahe genug an der Küste, um eine Bootsfahrt leicht zu machen, aber weit genug von der Küste, damit eine feindliche Armee oder ein Rudel räuberischer Nomaden nicht herüberwaten konnte – wenn diese dafür Boote oder Flöße brauchten, konnte die Flotte der Insulaner diese leicht zerstören. Daher entstanden Handelsstädte auf Inseln, nicht nur Tyrus, sondern auch Arados[9], 180 Kilometer weiter nördlich am anderen Ende Phöniziens; hier liegt eine ähnliche Insel fast drei Kilometer vom Festland entfernt. Wo es keine Insel gab, genügte vielleicht auch ein vorspringendes Kap oder eine Halbinsel, wie bei Sidon[10] und Beirut.

Ein anderer Vorteil einer Insel in der Nähe der Küste war, daß die der Küste zugewandte Seite der Insel einen windstillen Ankerplatz bot. Die Küste Kanaans verläuft ziemlich gerade, nicht tief eingeschnitten wie die Küsten Griechenlands und Norwegens; sie besitzt daher nur wenige gute natürliche Häfen.

Die Insel Tyrus hatte die Form eines Trapezes, das etwa tausend Meter von Norden nach Süden und die Hälfte dieser Entfernung von Osten nach Westen reichte. Südlich der Hauptinsel befand sich eine Gruppe kleiner Inselchen; auf der größten von ihnen wurde der Tempel Melkarts gebaut. Eines von König Hirams großen Bauvorhaben war ein Damm, der dieses Inselchen mit der Hauptinsel verband. In Palaityros stand ein älterer Melkart-Tempel, der weiterhin benutzt wurde.

Die Hauptinsel war von einer massiven Steinmauer umgeben. Innerhalb der Stadt brachte die Platzenge die Architekten dazu, mehrere Stockwerke hohe Apartmenthäuser zu bauen. Der Geograph Strabon schrieb zu Beginn des christlichen Zeitalters, die Häuser von Tyrus seien noch höher als die in Rom, deren Höhe durch Gesetz auf 21 Meter begrenzt war.[11] Mehrfach in seiner Geschichte erlebte Tyrus Erdbeben, welche diese Wolkenkratzer mit furchtbarem Krach zum Einsturz brachten. Aber jedesmal gruben sich die Tyrer wieder aus den Ruinen heraus und bauten ihre Stadt neu auf.

Unter Verwendung des auf dem Festland in der Nähe gefundenen Puddingsteins bauten die Tyrer die Klippen in den Gewässern um die Stadt zu einem ausgeklügelten System von Wellenbrechern aus und verschafften so ihrer Stadt zwei gute, bei jedem Wetter benutzbare Häfen. Poidebard fand, daß die Steine dieser Wellenbrecher mit ihrer Längsachse quer zur Stadtmauer angelegt waren, um ihre Stärke noch mehr auszunutzen.

Im Einklang mit der damaligen Sitte wurden diese Häfen nach den fremden Städten und Ländern genannt, auf die sie blickten. So hieß der Hafen an der Nordostseite der Insel der Sidonische und der im Südosten der Ägyptische Hafen.

Tyrus war aber nicht nur ein Verladeplatz. Wie andere mediterrane Länder produzierte Phönizien Weizen, Gerste, Oliven und Wein, und in guten Jahren ergab sich ein Überschuß für den Export. Außerdem wurden Hafer, Bohnen, Klee, Feigen, Nüsse und Granatäpfel angepflanzt.

Wichtiger jedoch war das Holz. In jenen Tagen waren das Libanon-Gebirge und die anderen Hügel in der Nähe mit großen Zedernwäldern bedeckt. Dieser Baum, Cedrus libani, wächst zu enormer Höhe an, wenn man ihn einige hundert Jahre wachsen läßt, und sein Holz war für die großen Bauten in Ägypten und Mesopotamien, die selbst wenig gutes Bauholz hatten, sehr begehrt.

Infolge kurzsichtigen Abholzens in mehreren Jahrtausenden findet sich die libanesische Zeder heute in ihrem Heimatland nur noch in wenigen kleinen Gehölzen. Die Phönizier verkauften auch das Holz anderer Bäume, vor allem der Pinie, der Tanne und der Pistazie, ebenso wie das Pech, das von der Pinie gewonnen wurde, um Schiffe wasserfest zu machen.

Ein weiterer phönizischer Exportartikel waren die roten und purpurnen Farben. Der berühmte »Tyrus-Purpur« – ein dunkles Scharlachrot – wurde aus einer Art Muschelfisch gewonnen. Dies war ein Gastropode (d. h. ein Mollusk mit einer geschlossenen spiralenförmigen Muschel wie eine Schnecke) aus der Familie der Muricidae. Deren Besonderheit ist nicht nur eine rückgratförmige Muschel, sondern auch eine Art Sack im Innern, in dem sie die Chemikalie Muricin absondert, aus dem die Farbe gewonnen wird. Da diese Tiere nicht groß sind, liefern die gewöhnlichen »Stachelschnecken« nur einen guten Tropfen Farbe; aber mehrere produktivere Abarten, insbesondere die Purpura haemostoma, fanden sich in den kanaanitischen Küstengewässern. Die Phönizier schickten Taucher ins Meer, um diese zu fangen, kochten sie und schnitten den Sack heraus. Reisende beklagten sich, daß ganz Palaityros nach den Färbereien stank; aber Tyrus-Purpur färbte auch die Streifen auf der Tunica römischer Senatoren und Ritter.

Außerdem exportierten die Phönizier Textilien, die mit einem blasseren Rot gefärbt waren, das von Insekten stammte, die man auf einer bestimmten Eiche fand. Dies ist das »Scharlach« des Alten Testaments. Es gab damals nur wenige andere gute schnelle Färbemittel, und Gewänder mit lebhaften Farben waren teuer. Menschen, deren Vorstellungen von der Antike durch das Kino geformt worden sind, mögen sich eine antike Menschenmenge sehr bunt und farbig vorstellen. In Wirklichkeit sah eine solche Menschenmenge vermutlich ziemlich trist aus, und es überwogen ungefärbte Gewänder in natürlichem Weiß, Grau, Beige und Braun.

Trotz der gegenteiligen Aussage von Plinius dem Älteren[12] haben die Phönizier nicht das Glas erfunden. Glas war schon in Ägypten und in Mesopotamien seit über 1000 Jahren bekannt, ehe die Kanaaniter Anfang des ersten Jahrtausends v. Chr. seine Herstellung aufnahmen. Es wurde zuerst als eine Art gefärbter Paste hergestellt, mit der man Perlen umgab, damit sie wie wertvolle Edelsteine aussahen. Da die Glasindustrie noch in den Kinderschuhen steckte, müssen solche Perlen ziemlich kostspielig gewesen sein. Später begannen dann die Ägypter und Mesopotamier kleine Flaschen herzustellen, in denen sie ihre Kosmetika aufbewahrten, und hier und da auch größere Gefäße.

Schließlich übernahmen die Phönizier und ihre Nachbarn, die Syrer und die Israeliter, die Glasfabrikation. Insbesondere die Phönizier, die den ausgezeichneten Sand aus der Mündung des Belos-Flusses benutzen konnten, entwickelten die kommerzielle Herstellung von Schalen und anderen Gefäßen. Noch in den Zeiten des früheren Perserreiches war aber Glas so kostbar, daß nur der König der Könige und seine Großen sich leisten konnten, aus gläsernen Gefäßen zu trinken. Wenige Jahrhunderte später konnte dank den syrisch-phönizischen Glasherstellern fast jedermann sich diesen Luxus leisten, statt aus Metall- oder Tongefäßen zu trinken. Dieses Glas wurde noch vom Boden her aufgebaut und gedreht; die Glasbläserei wurde erst im ersten Jahrhundert v. Chr. erfunden.

Die Phönizier exportierten diese Dinge, um ihre Importe zu bezahlen: Silber, Eisen, Zinn und Blei aus Spanien, Sklaven und bronzene Gefäße aus Ionien, Leinen aus Ägypten, Schafe und Ziegen aus Arabien. Um diesen Handel in Schwung zu halten und die vielen Waren zu betreuen, für die sie als Verfrachter und Makler auftraten, errichteten die phönizischen Seeleute Handelsplätze an verschiedenen Stellen des Mittelmeers. Sie bevorzugten Inseln in der Nähe der Küste, wie bei Motya an der Westküste Siziliens und bei Gades[13] an der Mündung des Cilbus in Südwestspanien (oder, wie wir heute sagen würden, bei Cadiz an der Mündung des Guadalete). Oder aber sie suchten sich eine leicht zu verteidigende Halbinsel aus wie bei Karthago.

Mit der Zeit wuchsen viele dieser Handelsplätze zu Kolonien an. Die Phönizier kannten kaum eine Fremdenfeindschaft und hatten offenbar keine Einwendungen gegen Mischehen. Eine so tolerante Haltung förderte das Wachstum ihrer Kolonien. Dennoch waren sie klein an Zahl im Verhältnis zu den großen Gebieten, die sie betreuten: Ihre Schiffe fuhren bis in den Atlantik, wo sie nach Norden segelten, um britisches Zinn abzuholen, das mit Kupfer legiert Bronze ergab. Ob sie wirklich bis nach Britannien gekommen sind oder nur zu einem Austauschplatz auf halbem Wege, ist freilich eine Streitfrage.

Sie segelten auch nach Süden, um mit den Eingeborenen Schwarzafrikas Handel zu treiben. Da die Afrikaner verständlicherweise Angst hatten, als Sklaven gefangengenommen zu werden, entwickelten die Phönizier eine Methode stummen Tauschgeschäfts, um sie zu beruhigen. Herodot beschreibt dies so:

»Nach den Erzählungen der Karthager setzt sich das bewohnte Libyen noch über die Säule des Herakles hinaus fort. Wenn sie dorthin fahren, laden sie ihre Waren aus und legen sie nebeneinander an den Strand. Dann steigen sie wieder in die Schiffe und zünden ein Feuer an. Sobald die Eingeborenen den Rauch sehen, kommen sie ans Meer, legen als Preis für die Waren Gold hin und ziehen sich wieder weit zurück. Nun steigen die Karthager aus, um nachzuschauen, und wenn das Gold dem Werte der Waren gleichkommt, nehmen sie es und fahren ab. Wenn es aber nicht genug ist, steigen sie wieder in die Schiffe und warten. Die Eingeborenen kommen dann wieder und legen Gold dazu, bis jene zufriedengestellt sind. Keiner schädigt den anderen: Die Karthager rühren das Gold nicht eher an, als bis es den Waren gleichwertig ist, und jene rühren die Waren nicht eher an, bis die Karthager das Gold genommen haben.«[14]

Die Phönizier entwickelten die Kunst des Tauschhandels in so hohem Grade, daß sie daran festhielten, auch nachdem das Geld in allgemeinen Gebrauch gekommen war. Dieser Konservatismus kostete sie schließlich ihre kommerzielle Vormachtstellung.

Die größte tyrische Kolonie entstand infolge eines Familienstreits. Nach einer alten Tradition, die wahr sein kann oder auch nicht, wurde Karthago im Jahr 814 v. Chr. von Tyrus aus gegründet. König Pygmalion[15] von Tyrus hatte eine Schwester Elissa, die mit ihrem Onkel, einem reichen aristokratischen Melkart-Priester namens Acherbas verheiratet war — sie war eine Großnichte Jezebels, die einst König Ahab von Israel geheiratet hatte. Pygmalion ließ Acherbas ermorden, um sein Vermögen zu erben; Elissa floh daraufhin nach Westen mit mehreren Schiffen voll von ihren Parteigängern, darunter dem Hohepriester der Astarte und 80 Jungfrauen, die zur Tempelprostitution bestimmt worden waren. Mit einer so großen Startgruppe wuchs dann Karthago schnell und überschattete mit der Zeit seine Vaterstadt.

Die phönizische Religion war ähnlich wie die anderen westsemitischen Polytheismen: Ein Hauptgott regierte eine Bürokratie von Nebengöttern, die für ein bestimmtes Ressort zuständig waren. Dazu gehörten Rescheph, der Gott des Blitzes; Aschera, die Göttin des Meeres; Eschmun, der Gott der Heilkunst, und Astarte[16], die Göttin der Fruchtbarkeit. Astarte war die westliche Version der mesopotamischen Ischtar. Es gab auch noch eine Gruppe kleinerer Götter, welche die Schiffe und ihre Fahrt beschützten; ihre Statuetten waren an phönizischen Schiffsrümpfen angebracht.

Neben der üblichen Runde von Festen und den Tieropfern gehörten zu den religiösen Praktiken der Phönizier auch Sitten, die uns fremd sind, aber in der antiken Welt sehr häufig waren. Die eine war die Tempelprostitution. Junge Mädchen (auch junge Männer für Kunden, deren Geschmack in diese Richtung ging) mußten in Erfüllung einer frommen Pflicht eine gewisse Zeit in einem Tempel verbringen und dort allen Besuchern gefügig sein. Wir können annehmen, daß der Tempel das von ihnen verdiente Geld behielt; wir können sogar mutmaßen, daß dieses Einkommen der Hauptgrund für diese Sitte war, welche theologischen Begründungen die Priester auch dafür angegeben haben. In späteren Zeiten konnten Mädchen von diesem Dienst befreit werden, wenn sie sich dafür ihr Kopfhaar abschneiden ließen.

Der andere besondere Zug punischen Gottesdienstes war das Opfern von Kindern in Zeiten der Gefahr. Als beispielsweise Karthago von 310—307 v. Chr. von den sizilianischen Griechen unter dem Tyrannen Agathokles belagert wurde, meinten die Karthager, die Götter bestraften sie für die Vernachlässigung ihrer religiösen Pflichten.

> »In ihrem Eifer, für ihre Unterlassung Abbuße zu leisten, wählten sie 200 der vornehmsten Kinder aus und opferten sie öffentlich; andere, an Zahl nicht weniger als 300, die in dem Verdacht standen, früheren Opfern listig entgangen zu sein, opferten sich selbst freiwillig. In ihrer Stadt gab es ein großes Bronzestandbild des Kronos (Baal Hammon), der seine Hände ausstreckte, die Handflächen nach oben und die Hände nach unten geneigt, so daß ein Kind, das darauf gelegt wurde, herunterrollte und in eine Art Grube fiel, wo ein Feuer brannte.«[17]

Diese Geschichte ist durch archäologische Forschungen in Karthago bestätigt worden. Im Jahre 1920 wurden in einem Stadtteil, der nach der Heldin von Flauberts Roman »Salammbo« genannt war, Tausende von Urnen mit verkohlten Kinderknochen gefunden. Die Punier dachten so: Wie kann man besser die Götter von der eigenen unbedingten Ergebenheit überzeugen, als indem man ihnen den teuersten Besitz überläßt?

Kein konkreter Beweis, weder ein literarischer noch ein archäologischer, hat sich dafür gefunden, daß solche Opfer auch in Tyrus geschahen. Es wäre aber überraschend, wenn dies nicht der Fall gewesen wäre, da solche Kindesopfer bei anderen Phöniziern üblich waren und in der tyrischen Kolonie Karthago bis in die römische Zeit hinein praktiziert wurden. Die Römer verabscheuten die Phönizier wegen dieser Sitte und merzten sie allmählich aus, nachdem sie das punische Afrika erobert hatten. Doch angesichts der römischen Vorstellungen über öffentliche Spiele, mit denen man den Pöbel amüsieren konnte, wird man ihnen heute nicht allzuviel moralische Überlegenheit über die verachteten Punier zubilligen.

So gedieh Tyrus. Den bäuerlichen Israelitern, die von ihren unfruchtbaren Hügeln mit Staunen und Neid auf die Stadt herabblickten, schien

Tyrus ein glitzerndes Juwel von Reichtum, Schönheit, Luxus, verfeinertem Kunsthandwerk und kaufmännischer Spürnase. Der Prophet Hesekiel schwärmte, selbst während er die Niederlage von Tyrus im Kampf gegen Nebuchadnezars Babylonier voraussagte:

»Und sprich zu Tyrus, die da liegt vorn am Meer und mit vielen Inseln der Völker handelt! So spricht der Herr Gott: O Tyrus, du sprichst, ich bin die Allerschönste. Deine Grenzen sind mitten im Meer und deine Bauleute haben dich aufs allerschönste zugerichtet. Sie haben all dein Tafelwerk aus Zypressenholz vom Senir gemacht und die Zedern von dem Libanon führen lassen und deine Mastbäume daraus gemacht, und deine Ruder von Eichen aus Basan und deine Bänke von Elfenbein, gefaßt in Buchsbaumholz aus den Inseln der Chittiter. Dein Segel war von gestickter köstlicher Leinwand aus Ägypten, daß es dein Panier wäre, und deine Decken von blauem und rotem Purpur aus den Inseln Elisa.«[18]

Die Periode der Unabhängigkeit für die kleinen Staaten Kanaans, die mit dem Zusammenbruch der ägyptischen Macht in diesem Land um das Jahr 1200 v. Chr. begann und mit der Regierung von Salomo und Hiram ihren Höhepunkt erreichte, dauerte nicht allzulange. Im Jahr 876 machte der mächtige und unbarmherzige Assurnasirpal von Assyrien seine große Reise durch die westlichen Länder und erpreßte von allen Staaten auf seinem Weg Tribute, auch von Tyrus. Seine Nachfolger trieben weiterhin diesen Tribut ein – es war die Zeit, als Elissa vor ihrem Bruder floh und Karthago gründete.

Im nächsten Jahrhundert, dem achten v. Chr., waren Tyrus und Sidon einige Jahrzehnte unter einem Herrscher vereinigt. Ein energischer König namens Luli oder Eluleus regierte nicht nur Tyrus und Sidon, sondern auch Zypern. Da sie Luli nicht unterwürfig genug fanden, belagerten der Reihe nach Salmanassar V., Sargon II. und schließlich Sanherib Tyrus; keiner von ihnen konnte jedoch die Stadt einnehmen.

Um ihre Verteidigung zu stärken, hatten die Phönizier kurz vorher einen neuen Kriegsschiffstyp erfunden, der stärker war als alle Schiffe, die dagegen kämpfen wollten: die Diere oder Bireme. Während die früheren Galeeren nur übergroße Ruderboote gewesen waren, mit etwa 25 Rudern in einer einzigen Reihe auf jeder Seite, hatte das neue Schiff paarweise übereinander angebrachte Ruderbänke. Das Schiff hatte ferner einen Rammbock am Bug, eine starke Befestigung, um selbst dem Rammstoß besser begegnen zu können, und über den Köpfen der Ruderer ein festes Deck für die Seeleute und Marinesoldaten. Da dieses

Schiff für jeden Meter Länge die doppelte Muskelkraft einsetzen konnte, war es weit schneller als die älteren Kriegsschiffe mit je einer Ruderbank.

Obwohl nicht besonders kriegerisch – sie waren Kaufleute und keine Soldaten –, verteidigten die Phönizier ihre Städte doch mit fanatischer Tapferkeit und Hartnäckigkeit. Diese Qualitäten, ebenso wie ihre maritime Stärke, ermöglichte es den Tyrern, sich gegen das assyrische Heer, das stärkste seiner Zeit, zu behaupten. Am Ende der Belagerung Sanheribs scheint Luli jedoch den Anspruch auf die Herrschaft über Tyrus und Sidon aufgegeben und sich nach Zypern zurückgezogen zu haben, während die Assyrer einen Gouverneur für die phönizischen Städte ernannten.

Sanheribs Tod führte zu der üblichen Revolte der unterworfenen Provinzen des Assyrerreiches. Im Zuge der Wiederherstellung seiner Herrschaft griff König Esarhaddon sowohl Tyrus wie Sidon an. Tyrus hielt aus; aber Sidon, das nicht auf einer Insel lag, war nicht so glücklich. Esarhaddon nahm die Stadt ein; er ließ dem gefangenen König Abimilkut und einem anderen kleinen lokalen König, Sanduerri, den Kopf abschneiden und führte eine Anzahl prominenter Gefangener im Triumph durch Ninive, während die Köpfe der getöteten Könige an Stricken von ihrem Hals herabhingen.

Assurbanipal, der letzte starke Assyrerkönig, belagerte Tyrus im Jahr 668 v. Chr., aber konnte es nicht einnehmen; schließlich gaben die Tyrer nach, zahlten Tribut und stellten Geiseln. Assyrien ging unter, aber an seine Stelle trat das Neubabylonische Reich. Dreizehn Jahre lang, von 585 bis 572 v. Chr., belagerte Nebuchadnezar Tyrus, bis es schließlich unter Bedingungen kapitulierte, die ähnlich waren wie bei Assurbanipal. Eine so lange Belagerung schädigte jedoch schwer den Handel von Tyrus, so daß Sidon jetzt seinen Platz als die führende phönizische Stadt einnahm.

Während dieser Zeit der Depression setzten die Tyrer ihren König ab und errichteten eine Republik ähnlich jenen, mit denen die griechischen Stadtstaaten schon seit zwei Jahrhunderten experimentierten. Diese dauerte jedoch nur sieben oder acht Jahre; dann bekam die royalistische Partei wieder Oberwasser und setzte wieder einen König ein. Bald darauf wurde Babylon von Kyros erobert, und Phönizien wurde die 5. Satrapie des Perserreiches. Die phönizischen Könige wurden zu bloßen Marionetten ohne wirkliche Macht, von den meisten sind nicht einmal die Namen bekannt.

Im großen und ganzen ging es den phönizischen Städten unter der persischen Herrschaft gut. Das Perserreich war weder so schlecht, wie griechische Historiker es darstellten, noch so gut, wie einige seiner heutigen Verteidiger behaupten; aber es war auf jeden Fall in mehrfacher Hinsicht ein entschiedener Fortschritt gegenüber seinen Vorgängern. Phönizische Schiffe bildeten das Rückgrat der persischen Flotte im Mittelmeer und nahmen an den persischen Kriegen gegen die Griechen teil; die phönizischen Städte waren geschädigt, als diese Flotte geschlagen wurde. Im Jahr 352 v. Chr. revoltierten die Phönizier gegen die harte Herrschaft des fähigen, aber grausamen und düsteren Artaxerxes III. Ochos. Von ihrem eigenen König verraten und den sicheren Fall ihrer Stadt vor Augen, gaben die Bewohner Sidons sich und ihren Familien selbst den Feuertod.

Die Zerstörung Sidons hatte einen Wiederaufschwung von Tyrus zur Folge. Dieser hielt an, bis Alexander der Große im Zuge seiner Eroberung des Perserreiches im Jahr 332 Tyrus angriff. Er wollte Tyrus in der Hand haben, um seinen Rücken gegen die phönizisch-persische Flotte zu sichern, ehe er in die unendlichen Entfernungen Asiens aufbrach. Die Tyrer sandten ihm Geschenke und boten eine bedingte Unterwerfung von der Art an, mit der sie bei den assyrischen und babylonischen Königen durchgekommen waren. Als sie jedoch hörten, daß Alexander darauf bestand, mit seinem Heer in die Stadt einzuziehen, trotzten sie ihm.

Es ist charakteristisch für Alexander, daß er bei der Belagerung viel mehr Originalität bewies als alle Könige vorher. Er zerstörte Palaityros und warf den Bauschutt ins Meer, um einen Damm zur Insel zu bauen. Die sechsmonatige Belagerung war eine gewaltige Operation, bei der beide Seiten viel Erfindungsreichtum und Tapferkeit bewiesen. Als dann die Stadt fiel, ließ Alexander zur Vergeltung für die Ermordung seiner Herolde 2 000 junge Tyrer kreuzigen und etwa 30 000 Menschen als Sklaven abführen. 8 000 waren bei der Belagerung umgekommen; einige weitere Tausende waren nach Karthago geflohen oder erhielten Zuflucht auf den Schiffen der Sidonier, die unter Alexander dienten. Diese Zahlen lassen auf eine Gesamtbevölkerung von etwa 100 000 schließen.

Da jetzt der Damm Tyrus mit dem Festland verband, besaß die Stadt nicht mehr die Vorzüge der Insellage. Stürme und Meeresströmungen schwemmten auf beiden Seiten des Dammes Sand an, so daß Tyrus nun zu einer Halbinsel wurde, etwa 1½ Kilometer in der Grundlinie. Die Stadt blühte wieder auf, als wieder Menschen zuzogen – Fremde und einige, die vor Alexander geflohen waren.

Aber es war nicht mehr das Tyrus von Hiram. Während der persischen Herrschaft war der besondere phönizische Volkscharakter verwischt worden. Auch der phönizische Dialekt des Kanaanitischen war ausgestorben und durch das verwandte Aramäische ersetzt worden, das auch in Judäa an die Stelle des Hebräischen trat. Gleichzeitig begann jetzt die griechische Kultur die Phönizier zu beeinflussen, ebenso wie alle anderen Völker des Nahen Ostens. Nach und nach übernahmen die Phönizier immer mehr hellenisches Kulturgut und wurden zu einer Art halb hellenisierter Syrer wie die benachbarten Völker.

Selbst die kommerzielle Überlegenheit der Phönizier schwand dahin. Griechenlands Kunst, Handwerk und Handel machten schnelle Fortschritte und vertrieben die punischen Händler aus dem östlichen Mittelmeer. Sie konnten nicht mit dem neuen schönen griechischen Kunsthandwerk konkurrieren. Sie konnten sich auch in einer vom Geld beherrschten Wirtschaft nicht mehr behaupten. Sie konnten nur noch billige Kopien griechischer und ägyptischer Kunstgegenstände in Massen produzieren und diesen Tand an die unwissenden Barbaren am Rande der damaligen Welt verkaufen, von Skythien bis Portugal und von Britannien bis zum Senegal. Im Lauf der hellenistischen und römischen Zeit verschwand allmählich sogar der Name »Phönizier«.

Während der hellenistischen Zeit war Tyrus ein Zankapfel zwischen den Seleukiden und den Ptolemäern. In der römischen Zeit entfaltete sich in Tyrus ein beachtliches geistiges Leben. Aus der Stadt stammten mehrere Philosophen und der bekannte Geograph Marinus, auf den sich dann der berühmtere Claudius Ptolemäus stützte. Als im Jahr 193 n. Chr. Septimus Severus und Pescennius Niger um den römischen Kaiserthron kämpften, schlugen sich die Tyrer auf die Seite des Severus und wurden in großer Menge von Nigers Truppen massakriert; doch am Ende wurde Niger besiegt und erschlagen.

Mit dem Beginn des christlichen Zeitalters kamen religiöser Richtungsstreit und theologischer Fanatismus zu den anderen Kriegsursachen dazu. Religiösen Streit hatte es schon vorher gegeben, wie in Israel zwischen den Anhängern Jahwes und Melkarts, im Iran zwischen den Anhängern des Zoroaster und des Mithras, in Indien zwischen Hinduisten und Buddhisten. Aber solche Konflikte waren doch meist begrenzt. Erst das Christentum leitete dann eine Zeit »heiliger Kriege« ein, welche die Welt für anderthalb Jahrtausende in Unruhe stürzten.

Anfang des 7. Jahrhunderts erlebte Tyrus beispielsweise einen wilden Streit zwischen Juden und Christen, da die Juden die Christen als verabscheuungswürdige Ketzer betrachteten, während sie selbst für die Christen die Mörder ihres Gottes waren. Die Juden belagerten die Stadt und zerstörten die Kirchen außerhalb der Stadtmauern, während drinnen die Christen den Juden die Köpfe abschlugen und diese über die Mauer warfen, 100 Köpfe für eine Kirche.

Einige Jahre später kam die Stadt unter die Herrschaft von Mohammeds Arabern. Zuerst behandelten die siegreichen Araber ihre jüdischen und christlichen Untertanen sehr tolerant. Später auferlegten sie den Ungläubigen viele kleinliche Schikanen und Demütigungen; so mußten sie besondere Kleidung tragen, durften nicht zu Pferde reiten und konnten kein verantwortliches Amt in der Regierung bekleiden. Daher nahmen die meisten der »Kafirin« (Ungläubigen) mit der Zeit die islamische Religion an.

Die Kreuzfahrer unter König Balduin von Jerusalem belagerten im Jahr 1111/12 Tyrus vergeblich; als die Verteidiger eines Nachts die Belagerungsmaschinen durch Brandgeschosse zerstörten, floh das westliche Heer panikartig bis nach Acron, trotz Balduins Bemühungen, es wieder in die Hand zu bekommen. Im Jahr 1124 wurde es nochmals versucht, und diesmal verstand sich die Stadt zu einer bedingten Kapitulation. Ein sarazenischer General, Tuktagin von Damaskus, hatte vergeblich versucht, die Belagerten zu entsetzen; jetzt kam er, um die Bedingungen auszuhandeln. Treu ihren alten Traditionen schlossen die Tyrer das beste Geschäft ab, das nach den Umständen möglich war: Wer abziehen wollte, konnte dies tun und seinen beweglichen Besitz mitnehmen; die anderen durften gegen Zahlung eines Lösegelds bleiben. Um sicher zu gehen, daß die Bedingungen eingehalten wurden, stellten sich das christliche und das islamische Heer in zwei langen Linien einander gegenüber auf und ließen die Tyrer dazwischen abziehen.

Im Jahr 1187/88 belagerte dann Sultan Saladin das christlich beherrschte Tyrus ohne Erfolg. Erst im Jahr 1291 wurde die Stadt von Chalil, dem Sohn des Sultans Kalaun von Ägypten, erobert. Chalil zerstörte die Stadt noch gründlicher als einst Alexander.

In den nächsten 500 Jahren lag Tyrus, fast unbewohnt, in Trümmern. Erst im 19. Jahrhundert erfolgte eine Wiederbelebung in kleinerem Umfang. Doch die Eisenbahn Damaskus-Beirut, die direkt über den Sattel des Libanon-Gebirges führt statt um das südliche Ende des Gebirges herum, bedeutete das Ende von Tyrus als größerem Hafen. Heute ist es nur eine prosaische kleine libanesische Küstenstadt mit einer Bevölkerung von etwa 10 000. Als ich 1960 dort war, gab es nicht viel zu sehen, außer einigen ausgegrabenen Grundmauern aus römischer und byzantinischer Zeit, da fast das ganze antike überirdische Baumaterial verschwunden oder zu anderen Zwecken verwandt worden war.

Außerdem durfte man keine Aufnahmen machen: nur 25 Kilometer von der israelischen Grenze entfernt, gehörte Tyrus zum »militärischen Sperrgebiet«. Der historisch interessierte Besucher hätte Sidon vorgezogen, das wenigstens sichtbare Überreste des antiken Hafens und die

Ruinen eines Schlosses aus dem 13. Jahrhundert besitzt, des Kalat al-Bahr, in dessen Mauern die marmornen Trommeln klassischer Säulen hineingebaut worden sind.

In den letzten zwölf Jahren haben jedoch die Ausgrabungen des libanesischen Archäologischen Dienstes einen großen Teil der antiken Stadt freigelegt. Das römische Hippodrom wurde ausgegraben, und dort fand kürzlich ein Wagenrennen zu wohltätigen Zwecken statt. Libanesische Soldaten in römischen Kostümen führten Rennwagen mit einem Pferd davor, statt der zwei oder vier Pferde in der klassischen Zeit – aber gut ausgebildete Rennpferde sind heute eben sehr selten und teuer.

Wenn jemals dieser Teil der Welt Frieden finden sollte und wenn die Ausgrabungen weitergehen, könnte Tyrus sehr wohl zu einer Ephesus vergleichbaren touristischen Attraktion werden. Auf jeden Fall wird aber Tyrus als Symbol für den friedlichen und zivilisatorischen Einfluß des Handels in der Literatur und in der Erinnerung weiterleben, solange es Menschen gibt, die mit Waren lieber Handel treiben als sie durch Gewalt oder Betrug an sich reißen wollen.

5.
Babylon, das Tor der Götter

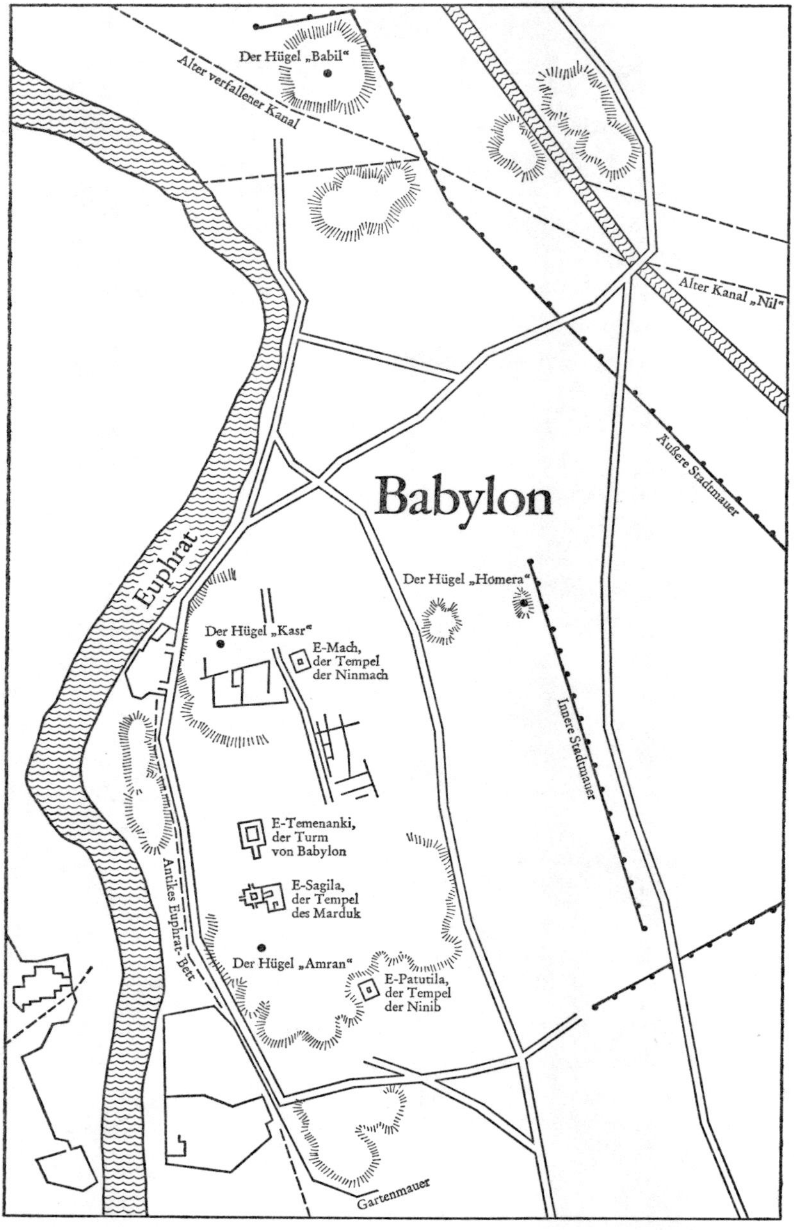
Der Hügel „Babil“
Alter verfallener Kanal
Alter Kanal „Nil“
Äußere Stadtmauer
Babylon
Euphrat
Der Hügel „Homera“
Der Hügel „Kasr“
E-Mach,
der Tempel
der Ninmach
Innere Stadtmauer
E-Temenanki,
der Turm
von Babylon
E-Sagila,
der Tempel
des Marduk
Antikes Euphrat-Bett
Der Hügel „Amran“
E-Patutila,
der Tempel
der Ninib
Gartenmauer

Wenn die Lage einer Stadt genügend natürliche Vorteile bietet, dann ist die Stadt, die dort entsteht, praktisch unsterblich. Einerlei wie oft und wie gründlich sie zerstört wird, stets wird sie wiederauferstehen, entweder genau am gleichen Platz oder in nächster Nähe. Babylon ist ein Beispiel dafür.

Ein französischer Schriftsteller hat einmal den mittleren Irak — das antike Babylonien — »das beige Land« genannt.[1] Das stimmt auch: Das Land ist weit und flach, und überall findet sich dasselbe triste Beige oder Dunkelbraun oder Rotbraun. Selbst die Häuser, die aus den dort hergestellten Ziegeln gebaut sind, zeigen dieselbe eintönige Farbe. In alten Zeiten, ehe moderne Bauten und Kraftfahrzeuge in das Land eindrangen, muß diese Monotonie noch ausgeprägter gewesen sein.

Diese triste gesichtslose Ebene ist nicht völlig flach. Abgesehen von den zwei großen Flüssen, die sie durchfließen, wird sie in breiten Abständen von Höhen oder Hügeln unterbrochen, die anzeigen, wo früher eine Stadt stand. In früheren Zeiten, als es noch keine Abwässerbeseitigung und keine städtische Müllabfuhr gab, pflegte eine Stadt mit den Jahrhunderten immer höher zu werden, weil stets mehr Material in sie hinein- als herausgebracht wurde. Dieses Material vermischte sich mit dem Schmutz der Straßen, die infolgedessen immer höher wurden. Noch im vergangenen Jahrhundert konnte man im Irak das Alter eines Hauses nach seiner Höhe raten: Wenn das Erdgeschoß auf der Höhe der Straße oder noch höher lag, war es neu. Je älter es wurde, desto höher wurde dann die Straße vor dem Haus, so daß man schließlich die Eingangstür nur über herabführende Stufen erreichen konnte. Mit der Zeit würde es dann abgerissen und ein neues und höheres Haus auf dem Bauschutt errichtet werden. Wenn die ganze Stadt aufgegeben wurde, blieb die Erhebung bestehen, wie ein künstlicher Hügel. In den Arabisch sprechenden Ländern nennt man eine solche Erhebung »tell«.

Abgesehen davon wurde die Ebene einst (und wird sie bis zu einem gewissen Grade heute noch) hier und dort durchquert durch einen Kanal zwischen künstlichen Ufern, der das Wasser des Euphrat oder Tigris zur Bewässerung des großen Schachbretts von Bauernhöfen heranführt. Entlang dieser Ufer wuchsen Dattelpalmen in endlosen Reihen. Die Bauern leiteten das Wasser aus den Kanälen zu ihren Feldern durch Schöpfräder und Schöpfeimer.

Auch bei sorgfältigster Pflege bleibt ein solcher Kanal nicht mehr als etwa tausend Jahre benutzbar. Die Ebene wurde daher durchkreuzt durch die Überreste aufgegebener Kanäle, markiert durch ein Paar niedriger paralleler Einschnitte, die von den ursprünglichen Uferanlagen übriggeblieben waren. Spuren davon kann man bis zum heutigen Tage sehen.

Das Land ist fast völlig ohne Stein, außer einigen Felsen bei Uruk im Süden, die einen geringwertigen Kalkstein liefern. Daher mußten die Könige für Dinge wie Statuen oder Türfüllungen Stein mit erheblichen Mühen importieren.

Wie die meisten anderen Länder des heißen trockenen Gürtels hat Babylonien eine kurze Regenzeit im Winter mit gewöhnlich milden Temperaturen. Schnee und Frost kommen gelegentlich vor, aber selten. Der beigefarbene Boden besteht aus feinem Staub, der bei Nässe zu dem schlüpfrigsten und klebrigsten Schlamm wird, den man sich vorstellen kann. Nachdem ich selbst durch diesen Schlamm geschlittert und gewatet bin, kann ich mir vorstellen, wie die tapferen Soldaten von Kyros, Alexander oder Trajan dort kämpften.

Das übrige Jahr ist heiß und trocken, und der Boden trocknet zu einem feinen Staub aus, der durch das tückische Wetter eines babylonischen Frühlings leicht aufgewirbelt wird. Dann kann man eine Mischung von Staub, Regen oder Hagel erleben, die den Himmel verfinstert. Im Jahr 1836 sandte die britische Regierung zwei Raddampfer, die »Tigris« und die »Euphrates«, den Euphrat zu einer Forschungsexpedition hinauf. An einem hellen und ruhigen Tag zog sich plötzlich im Südwesten eine große schwarze Wolke zusammen. Ein Überlebender beschrieb, was dann kam:

> »Als sich die Wolke näherte, nahm der Himmel ein Aussehen an, das wir nie zuvor erlebt hatten, furchtbar und schreckenerregend bis zum äußersten. Ein dichter schwarzer Bogen bedeckte den ganzen Horizont, und der Raum unterhalb des Bogens war von einer dichten Staubwolke ausgefüllt, von bräunlicher und orangener Farbe, die sich um sich selbst drehte und gleichzeitig mit furchtbarer Schnelligkeit auf uns zukam ... In diesem Moment erfaßte uns der Wirbelsturm — ein warmer trockener Wind erfüllt von dem Duft der aromatischen Pflanzen der Wüste, dem wenige Augenblicke später ein gewaltiger Windstoß mit großen Regentropfen folgte. Das ganze brach wie eine Artillerie des Himmels auf uns herein, und es schien, als wolle der Wirbelsturm beide Schiffe gleichzeitig auf den Boden des schäumenden Flusses schicken.«[2]

In der Tat brachte der Sandsturm die »Tigris« zum Kentern, und zwanzig Menschen ertranken.

Im Sommer steigt die Temperatur in Babylonien täglich auf etwa 40 Grad Celsius. Onesikritos, ein Gelehrter, der mit Alexander nach Indien zog, bemerkte, daß in Susa, nordöstlich von Babylon, »wenn die Sonne mittags am heißesten ist, die Eidechsen und die Schnecken nicht schnell genug die Straßen der Stadt überqueren konnten, ohne mitten auf der Straße zu verbrennen« und daß »Gerste, die in der Sonne ausgebreitet wird, wie im Ofen getrocknete Gerste platzt«.[3]

Das Klima und der Boden wirkten zusammen, um die Menschen in der »Ebene von Schinar«, wie sie in alten Zeiten hieß, unkriegerisch zu machen. Im Sommer war es zu heiß zum Kämpfen, im Winter war der Schlamm zu schlüpfrig. Im Frühling mußten die Männer ihren Weizen und ihre Gerste ernten, im Herbst waren sie mit dem Pflücken von Datteln beschäftigt. Außerdem mußten die Kanäle ständig instandgehalten werden, damit sie nicht versandeten oder ihr Bett änderten. Es gab also nur kurze Zeiten im Frühjahr und im Herbst, in denen das Kriegführen gut möglich war. Daher wurden die Babylonier mangels Übung in dieser blutigen Kunst nie zu großen Kriegern.

Zwar bekämpften sich in den ältesten Zeiten, als das Land unter kleine Stadtstaaten aufgeteilt war, diese oft genug; aber im Kampf mit Kriegern von außerhalb wurden die Babylonier meist zweite Sieger. In zwei oder drei kurzen Perioden unter außergewöhnlichen Königen wurden die Menschen dieser Ebene die Herren eines großen Reiches. Diese Reiche jedoch erwiesen sich als kurzlebig, und im größten Teil der letzten vier Jahrtausende war das Land zwischen den Flüssen von Ausländern regiert – Elamitern, Kassitern, Persern, Makedoniern, Parthern, Römern, Arabern, Türken und Briten.

In der Mitte der Ebene von Schinar stand über 3 000 Jahre lang eine der berühmtesten Städte der ganzen Welt und eine der größten der Antike. Dies war Bab-ilu[4], das Tor der Götter, die Stadt, die wir (nach den Griechen) Babylon nennen.

Nachdem Nebuchadnezar die Juden weggeschleppt hatte, verdammten die hebräischen Propheten Babylon mit starken Worten und machten sich ein Vergnügen daraus, seinen Untergang zu prophezeien:

> »Also soll Babel, das schönste unter den Königreichen, die herrliche Pracht der Chaldäer, umgekehrt werden von Gott wie Sodom und Gomorra. Daß man hinfort nicht mehr da wohne ... sondern Wüstentiere werden sich da lagern und ihre Häuser voll Eulen sein, und Strauße werden da wohnen und Feldgeister werden da hüpfen und wilde Hunde in ihren Palästen heulen und Schakale in den lustigen Schlössern ... Und ich will Babel machen zum Erbe der Igel und zum Wassersumpf, und will sie mit einem Besen des Verderbens kehren, spricht der Herr.«[5]

In Wirklichkeit ist nicht bekannt, daß Babylon schlimmer gewesen wäre als andere große Städte, und die babylonische Gefangenschaft scheint milder gewesen zu sein als die assyrische. Im Gegensatz zu den »verlorenen zehn Stämmen Israels« durften die Judäer wenigstens ihre nationale Identität bewahren. Dennoch wurde in den hebräischen Schriften »Babylon« zu einem Symbol für moralische Verderbtheit. Als der Autor der Offenbarung Johannes das Rom Neros verdammen wollte, ohne ein Märtyrertum zu provozieren, tat er so, als schmähe er Babylon: »Sie ist gefallen, sie ist gefallen, Babylon, die große Stadt; denn sie hat mit dem Wein ihrer Hurerei getränkt alle Heiligen«.[6]

In der Mitte des fünften Jahrhunderts vor Christus besuchte Herodot die Stadt, die damals unter persischer Herrschaft stand. Gut dreißig Jahre vorher hatte König Xerxes Babylon für einen Aufstand streng bestraft; aber es war immer noch »die größte und volkreichste Stadt der ganzen Welt – und ganz aus Lehmziegeln gebaut, ohne Marmor oder Stein«.[7] Herodot gab eine klare, wenn auch manchmal ungenaue Beschreibung:

»Babylon ist folgendermaßen gebaut: Es liegt in einer weiten Ebene und bildet ein Viereck; jede Seite ist 120 Stadien (ca. 24 Kilometer) lang. So beträgt der Gesamtumfang aller vier Seiten der Stadt 480 Stadien. Aber Babylon war nicht nur eine recht große, sondern auch die schönste Stadt unter allen, von denen wir wissen. Ringsherum läuft zunächst ein tiefer, breiter, mit Wasser gefüllter Graben; dann folgt die Mauer, die 50 königlich persische Ellen breit und 200 hoch ist ... (1 Elle ist ca. 0,5 m)

Die Stadt selber zerfällt in zwei Teile. Mitten hindurch fließt nämlich der Strom, der den Namen Euphrat trägt und in Armenien entspringt, ein großer, tiefer, reißender Strom. Er mündet in das Rote Meer. Auf beiden Seiten ist die Mauer bis an den Fluß geführt, von dort aus zieht sich an beiden Flußufern eine Ziegelsteinmauer entlang. Die Stadt selber hat durchweg dreistöckige und vierstöckige Häuser und wird von gradlinigen Straßen durchzogen, die teils in der Richtung des Stromes, teils quer auf den Fluß zulaufen. Jede dieser Querstraßen mündet in ein Tor in der Backsteinmauer längs des Flusses, so daß die Zahl dieser Tore gleich der der Querstraßen ist. Auch diese Tore waren aus Erz und führten an den Strom hinab.

Diese Außenmauern sind gleichsam der Panzer der Stadt. Innen läuft aber noch eine zweite Mauer herum, die nicht wesentlich schwächer, aber von geringerer Ausdehnung ist. In der Mitte jeder Stadthälfte steht ein gewaltiges Gebäude, in der einen der Königspalast, von einer hohen starken Mauer umgeben, in der anderen der Tempel des Zeus Belos mit ehernen Toren, der sich bis auf unsere Zeit erhalten hat. Der Tempelbezirk ist viereckig, jede Seite zwei Stadien lang. Mitten in diesem heiligen Bezirk ist ein fester Turm errichtet, ein Stadion lang und breit, und auf diesem Turm steht wiederum ein Turm und dann noch einer, im ganzen acht Türme übereinander. Alle diese Türme kann man ersteigen auf einer außen herumführenden Treppe. Auf mittlerer Höhe sind Ruhebänke angebracht, auf die sich der Hinaufsteigende setzen kann, um sich zu erholen. In dem höchsten Turm steht erst das eigentliche große Tempelhaus. Und in dem Tempelhaus steht ein großes Ruhebett, mit schönen Decken belegt, und daneben ein goldener Tisch. Kein Götterbild findet man dort aufgestellt, auch nächtigt kein Mensch in dem Tempel, bloß eine einzige aus Babylon stammende Frau, die sich der Gott unter allen Frauen des Landes erwählt, wie wenigstens die Chaldäer, die Priester dieses Gottes, behaupten.

Diese Priester erzählen auch — was mir jedoch nicht glaubhaft ist —, der Gott komme in Person in den Tempel und schlafe auf dem Ruhebett . . .

Im heiligen Bezirk, unten, steht noch ein zweiter Tempel. Darin befindet sich ein großes, goldenes sitzendes Bild des Zeus, und dabei steht ein großer goldener Tisch. Fußschemel und Stuhl sind ebenfalls von Gold. Wie die Chaldäer sagen, enthält das ganze 800 Talente Goldes. Vor dem Tempel steht ein goldener Altar. Es ist noch ein anderer größerer Altar da, auf dem die ausgewachsenen Tiere geopfert werden; auf dem goldenen Altar dürfen nämlich nur Tiere geopfert werden, die noch gesäugt werden. Auf dem anderen verbrennen die Chaldäer außerdem für tausend Talente Weihrauch jährlich, und zwar zur Zeit, wo sie das Fest dieses Gottes feiern. Zu der Zeit, von der wir sprechen, stand in dem heiligen Bezirk außerdem noch eine zwölf Ellen hohe Götterstatue aus lauterem Golde. Ich habe sie nicht gesehen, sondern berichte nur, was die Chaldäer erzählen. Auf diese Bildsäule hatte Darius, der Sohn des Hystaspes, ein Auge geworfen, wagte aber nicht, sie zu entführen. Xerxes, Darius' Sohn, dagegen entführte sie und ließ den Priester töten, der nicht dulden wollte, daß die Bildsäule von der Stelle bewegt wurde.

So reich ausgeschmückt ist dieser heilige Bezirk in Babylon, in dem sich noch viele kleinere Weihegeschenke befinden.«[8]

Im 19. Jahrhundert gruben Layard, Rassam und mehrere französische Archäologen versuchsweise in den riesigen Ruinen Babylons, aber fanden wenig Interessantes. Ernsthafte und produktive Arbeit begann dort erst mit den methodischen Ausgrabungen der Deutschen Orientgesellschaft von 1899 bis 1912. Leiter dieser Gruppe war Robert Koldewey, ein fröhlicher extrovertierter Wissenschaftler. Dank seinen und späteren Ausgrabungen wurde es möglich, in manchen Dingen Herodot zu bestätigen, in manchen ihn zu korrigieren.

Das »Tor der Götter« reicht weit in die Nebel vorgeschichtlicher Zeiten zurück, als die Landbewohner noch Werkzeuge aus Feuerstein benutzten und ihre Häuser aus Bündeln von Rohr bauten, wie es die Araber im sumpfigen südlichen Irak heute noch tun. Dieser Rohrbau erklärt die sonst rätselhafte Anweisung, die Utnapischtim, der babylonische Noah, von Enki, dem Gott der Weisheit, erhielt, der ihn vor der bevorstehenden Sintflut warnte. Enki befahl Utnapischtim, sein Haus abzureißen und aus dem Material ein Floß zu bauen. Dies wäre bei einem Haus aus Ziegelsteinen nicht möglich; aber wenn das Haus aus Bündeln von Rohr bestand, gibt es einen Sinn.

Die erste bekannte Erwähnung Babylons findet sich in einer Inschrift König Sargons von Akkad im 24. Jahrhundert v. Chr. – die Archäologie hat aber gezeigt, daß der Platz schon Tausende von Jahren vor Sargons Zeit bewohnt war. Babylon gehörte zu Sargons kurzlebigem Reich. Danach wurde es wieder eine der vielen kleinen unabhängigen Stadtstaaten in der Ebene Schinar.

Die drei mächtigsten dieser Städte waren damals Babylon, Isin und Larsa. Babylons frühe und sich über Jahrtausende haltende Bedeutung stammt aus seiner Lage genau an dem Punkt am Euphrat, wo die beiden Flüsse einander am nächsten kommen, ehe sie wieder auseinanderlaufen. Waren, die auf dem einen Fluß transportiert wurden und einen Bestimmungsort am anderen Fluß hatten, gingen natürlich durch Babylon, vor oder nach dem Überlandtransport, der zu ihrer Reise gehörte.

Etwa um das Jahr 1800 v. Chr. versuchte der eroberungslustige König von Larsa, Rimsin, wieder ein mächtiges Reich zu gründen. Aber ein ebenso fähiger König, Hammurabi[9], regierte in Babylon. Durch geschickte Kriegskunst und politische Schlauheit gelang es Hammurabi, Rimsin zu schlagen, große Eroberungen in allen Richtungen zu machen und auch Assyrien durch einen Marionettenkönig zu regieren. Seine Herrschaft reichte vom Persischen Golf bis zum oberen Euphrat. Daß er wenigstens einmal in Syrien oder Palästina Krieg führte, läßt sich aus der kurzen unklaren Anspielung in der Genesis (XIV, 1) auf »Amraphel, König von Schinar« (vermutlich Hammurabi von Babylon) schließen, der in den sagenhaften Zeiten Abrahams mit einigen verbündeten Königen gegen Sodom und Gomorra Krieg geführt habe.

Hammurabi baute auch eifrig neue Tempel und restaurierte alte. Er schrieb unablässig Briefe an seine Gouverneure über die Pflege der Bewässerungskanäle:

> »Zu Gouverneur Sididdinam sage ich: So sagt Hammurabi. Du sollst die Männer aufrufen, die an den Ufern des Damanum-Kanals Land besitzen, damit sie den Damanum-Kanal säubern. Noch in diesem Monat sollen sie diese Arbeit fertigstellen . . .«[10]

Er veranlaßte ferner, daß das 33. Jahr seiner Regierung als das Jahr bekannt wurde, in dem er »den Kanal wiederherstellte, der Hammurabi-verschafft-seinem-Volk-Überfluß-Kanal genannt wurde. Mit diesem Kanal verschaffte er den Städten Nippur, Eridu, Ur, Larsa, Uruk und Isin eine ständige reichliche Wasserversorgung[11], nachdem diese durch das Niedrigwasser des Euphrat vom Ruin bedroht waren.

In den ersten Jahren dieses Jahrhunderts wurde Hammurabi als Gesetzgeber berühmt. Im Jahr 1901 wurde eine 1,80 Meter hohe Säule, auf der seine Gesetzessammlung eingemeißelt war, in Susa gefunden, wohin sie in späteren Zeiten von elamitischen Räubern verschleppt worden war. Spätere mesopotamische Funde zeigten freilich, daß Hammurabi keineswegs der erste König war, der die Gesetze des Landes kodifizierte; sein Kodex war nur ausführlicher und durchdachter als die früheren.

Er enthält manche Bestimmungen, die auch einem heutigen Menschen als aufgeklärt erscheinen: beispielsweise daß ein Beraubter, wenn die Räuber nicht gefangen wurden, von den Behörden Entschädigung verlangen konnte, weil sie ihn nicht beschützt hatten. Für ein bestimmtes Verbrechen wurde ein Adeliger schwerer bestraft als ein einfacher Mann; schließlich hätte er es ja besser wissen müssen. Dies ist das Gegenteil des Rechtssystems im Frankenreich der Merowinger, wo bei sonst gleicher Sachlage die Strafen milder wurden, je höher der Rang des Übeltäters, und strenger, je höher der Rang des Opfers war.

Andererseits zeigen viele der Bestimmungen Hammurabis auch ein primitives Stammesdenken. Es heißt zum Beispiel, wenn jemand den Sohn oder die Tochter eines anderen getötet habe, solle dafür sein eigenes Kind erschlagen werden. Für verschiedene Vergehen, darunter die Zauberei, sollte der Fall durch eine Wasserprobe entschieden werden: Der Beschuldigte wurde in den Euphrat geworfen und für schuldlos erklärt, wenn er mit dem Leben davonkam. Dies war immerhin besser als die Wasserprobe in den Hexenprozessen Europas, bei der der Beschuldigte ertrinken mußte, um seine Unschuld zu beweisen.

In Hammurabis Gesetzbuch wurde die Todesstrafe großzügig verhängt, nicht nur für zugegebenermaßen schwere Verbrechen wie Räuberei und Kindesentführung, sondern auch für Vergehen wie das, eine nachlässige und verschwenderische Ehefrau zu sein. Hammurabis Gesetze erinnern einen an die Großbritanniens im 18. Jahrhundert, welche die Todesstrafe für über 200 Vergehen vorsahen, darunter so seltsame wie die Assoziierung mit Zigeunern oder das Betreten fremder Grundstücke mit der Absicht, Kaninchen zu jagen. Da wir den Grund hinter der Grausamkeit der damaligen britischen Gesetze kennen, können wir den Grund für die Grausamkeit von Hammurabis Gesetzen zum mindesten ahnen: Das damalige Großbritannien hatte praktisch keine Polizei – nur ein paar schlecht bezahlte Konstabler und Nachtwächter oder den wertlosen Ersatz, den die Bürger selbst dafür anheuerten. Da die Furcht vor einer königlichen Tyrannei die Briten eine reguläre Polizeitruppe ablehnen ließ, suchte die Regierung deren Fehlen durch grausame Strafen auszugleichen. Ob die Strafe vom Verbrechen abschreckt, ist eine Frage, über die es viel hitzige und emotionale Diskussionen gegeben hat, über die wir aber wenig Konkretes wissen. Wir können jedoch sicher sein, daß keine Strafe viel Wirkung hat, wenn sie nicht konsequent angewandt wird. Im England des 18. Jahrhunderts wurde nur ein kleiner Bruchteil der Verbrecher jemals gefaßt; die übrigen, die wußten, daß die Gefahr, aufgehängt zu werden, nicht größer war als viele andere Gefahren des täglichen Lebens, setzten ungerührt ihre Tätigkeit fort.

Wir können vermuten, daß es in Babylon ähnlich war. Denn das Verbrechen ist ein normaler Bestandteil des städtischen Lebens; zum mindesten war es dies früher. Um eine Gesellschaft ohne Verbrechen zu finden, muß man ein rückständiges Bauerndorf suchen, in dem die Bevölkerung und die Sitten seit Generationen unverändert geblieben sind. Dort braucht man keine Polizei, weil jeder jeden kennt und beobachtet. Wenn ein junger Mann über die Stränge schlägt, bringen ihn seine Angehörigen bald zur Raison. Wenn er sich als unverbesserlicher Übeltäter erweist, wird er entweder aus der Gemeinschaft ausgestoßen oder getötet.

Die Herrscher der frühen Städte suchten auf die gleiche Weise Ordnung zu halten, mit Hilfe der öffentlichen Meinung und der Familiendisziplin. Doch je größer die Städte wurden, desto schwerer wurde dies. Während ein Dorfbewohner fast jeden kennt, den er im Laufe des Tages sieht, ist man in einer großen Stadt von Fremden umgeben. In einer solchen Menge ist es leicht für einen Übeltäter, unterzutauchen. Außerdem gibt es in einer Stadt mehr Gegenstände, die sich zu stehlen lohnen.

Daher sind in einer Stadt sowohl die Gelegenheit als auch die Versuchung zu Verbrechen größer als in einem Dorf.

Bei dem Fehlen einer Straßenbeleuchtung und der geringen Möglichkeit, dem Gesetz Respekt zu verschaffen, waren vermutlich alle großen antiken Städte von Verbrechern heimgesucht in einem Maße, das die moderne amerikanische Riesenstadt wie ein Paradies von Recht und Ordnung erscheinen läßt. Nachts mieteten sich reiche Leute, die reisen mußten, eigene Leibwächter, die Waffen und Fackeln oder Laternen trugen, während andere anständige Bürger hinter verrammelten Türen zu Hause blieben. Daß Babylon eine Art von Polizei hatte, zeigt sich in einem Lehmziegelbrief aus Hammurabis Zeit, den ein gewisser Etilpimarduk einem Scheich namens Schumma-Anum schrieb:

»Idinischtar, der Chef der Polizei, hat so gesprochen: Etirum von der Polizei meines Hauses ist desertiert und lebt jetzt in Dilbat mit Schumma-Anum, dem Schafhirten. Ich habe einen Mann ausgeschickt, diesen Etirum zu verhaften; aber Schumma-Anum, der Schafhirte, hat diesen Etirum meinem Mann nicht ausgeliefert.«[12]

Wir können daraus schließen, daß Idinischtar der Polizeichef von ganz Babylonien war. Nähere Details über seine Truppe — wie viele es waren, wie sie bezahlt wurden und welche Pflichten sie hatten — sind uns nicht bekannt geworden.

Wie andere kurzlebige Reiche jener Zeit war auch Hammurabis Königreich eine Ein-Mann-Angelegenheit, und nur Hammurabi konnte es mit außergewöhnlicher Intelligenz und Energie zusammenhalten. Als er gestorben war, brach sein Reich in Ermangelung eines ebenso fähigen Nachfolgers bald zusammen. Die unterworfenen Stadtstaaten erhoben sich wieder; im Jahr 1595 v. Chr. führte König Mursilis von Chatti — dem Hethiterreich — einen großen Raubzug durch das ganze Euphrattal, bei dem er Babylon einnahm und plünderte. Danach eroberte ein barbarisches Reitervolk aus den Bergen im Osten, die Kassiter, Babylon und herrschte dort über 400 Jahre.

Dann wurden die Kassiter von den Elamitern vertrieben, und eine nationale Wiederbelebung bei den Babyloniern vertrieb die Elamiter. Eine Zeitlang kämpften die Könige von Babylonien mit den Königen von Assyrien um die Hegemonie im Zwischenstromland. Dann aber wurden beide Nationen im 11. und 10. Jahrhundert v. Chr. von der großen aramäischen Invasion heimgesucht.

Als Babylon sich davon erholt hatte, fiel es unter die Herrschaft

Assyriens, das damals seine Zeit machtvoller und gnadenloser Herrschaft über alle Völker weit und breit begann. Der Assyrerkönig Sanherib bestrafte den babylonischen Aufstand von 689 v. Chr. durch die vollständige Zerstörung der Stadt. Infolgedessen haben die Ausgrabungen Koldeweys und seiner Kollegen sehr wenig vom Babylon Hammurabis zutage gefördert. Das riesige Ruinenfeld, das heute seine Lage anzeigt, besteht fast ausschließlich aus den Überresten späterer Perioden — nach dem Wiederaufbau der Stadt durch Esarhaddon und Assurbanipal und dem kurzen goldenen Zeitalter, das dem Fall Assyriens folgte.

Nabopolassar[13], der Gründer der letzten und bedeutendsten babylonischen Dynastie, war ein Chaldäer — d. h. er kam aus dem Süden, aus der Nähe des Persischen Golfes. Der letzte König von Assyrien, Sinschariskun, hatte ihn zum Gouverneur der südlichen Provinzen ernannt. Einige Jahre lang vertrat Nabopolassar die assyrischen Interessen im Süden. Dann wurde die Schwäche des zusammenbrechenden Assyrerreiches so offenkundig, daß er im Jahr 627 v. Chr. seine Unabhängigkeit erklärte und Babylon in seine Gewalt brachte.

Einige weitere Jahre wurde zwischen Assyrern und Babyloniern ein unentschiedener Krieg geführt. Dann erhielt Nabopolassar die Hilfe der Meder und der Skythen. Sinschariskun — der kein schwacher »Sardanapal« war — kämpfte tapfer, aber die Übermacht war zu groß. Im Jahr 612 nahmen die Verbündeten Ninive ein und zerstörten es; Sinschariskun kam dabei ums Leben. Einige Assyrer flohen westwärts nach Harran in Syrien, wo sie mit ägyptischer Hilfe sich einige Jahre hielten. Als aber Nabopolassar und sein Sohn Nebuchadnezar II. die Ägypter aus Syrien und Palästina vertrieben, verschwanden diese assyrischen Überreste aus der Geschichte.

Nabopolassar und seine Dynastie regierten also im wesentlichen denselben Raum wie das frühere Assyrerreich. Dieses neue Reich wird manchmal das Neubabylonische Reich genannt, weil Babylon seine Hauptstadt war, und manchmal wegen der Herkunft seines Herrscherhauses das Chaldäische Reich. Als Usurpator war Nabopalassar bemüht, sich mit der mächtigen Priesterschaft gut zu stellen, damit sie keine Aufstände gegen ihn anzettelte, und Nebuchadnezar folgte dem väterlichen Beispiel. Daher gaben sie große Summen für Tempelbauten aus, in Babylon und anderen Städten. Unter der energischen Herrschaft Nabopolassars und Nebuchadnezars erreichte Babylon seine größte Ausdehnung und höchste Blüte.

Wir können die Einwohnerzahl einer antiken Stadt nur annähernd schätzen. Wenn wir auch oft nach den Überresten ihrer Mauern ziemlich genau die Größe des Stadtgebietes kennen, so war doch die Bevölkerungsdichte in diesem Gebiet sehr unterschiedlich. Ein Grundstück konnte vom Privathaus eines wohlhabenden Bürgers bedeckt gewesen sein — mit seiner Familie und den Dienern lebten dann dort vielleicht zehn oder zwanzig Menschen. Das gleiche Grundstück konnte aber auch ein Mietshaus von vielen Stockwerken getragen haben, in dem Hunderte wohnten. Oder dasselbe Grundstück konnte in einer Generation ein Haus der einen und in der nächsten ein Haus der anderen Art tragen.

Wenn man die Schätzungen der Bevölkerung antiker Großstädte vergleicht, stellt man jedoch eine Besonderheit fest: Vor dem christlichen Zeitalter scheinen auch die größten Städte wie Babylon über 200 000 bis 300 000 Menschen nicht hinausgekommen zu sein.[14] Dies ist begreiflich, wenn man an die Faktoren denkt, die damals die Größe einer Stadt in Grenzen hielten. Eine solche Stadt mußte ernährt werden, und es gab keine Eisenbahn mit Kühlwagen, die Lebensmittel über Hunderte von Kilometern heranbrachten. Alles mußte aus der näheren Umgebung mit Ochsenkarren oder auf Eselsrücken herangeschafft werden. Je größer eine Stadt wurde, desto weiter mußte man die Lebensmittel transportieren, und desto teurer wurden sie. Mit der Zeit wurde dann ein Punkt erreicht, da ein am Hungertuch nagender ungelernter Arbeiter zu der Ansicht kam, es würde ihm besser in seinem früheren Heimatdorf gehen, und infolgedessen wieder dorthin zurückkehrte. Wenn eine große Zahl der Armen dies tat, dann stabilisierte sich die Bevölkerung wieder.

Außerdem: Selbst wenn die Lebensmittelversorgung einer Stadt so gut war, daß sie eine Viertelmillion überschreiten konnte, und wenn kein Feind sie plünderte und die Bevölkerung massakrierte, gab es zwei andere Faktoren, die regelmäßig von Zeit zu Zeit die Bevölkerung reduzierten: Epidemien und große Brände. Jede antike Großstadt erlebte eines von beiden, meist sogar beides, mindestens einmal in einem Jahrhundert. Eine Epidemie tötete oft ein Zehntel oder gar ein Viertel der Bevölkerung (die große Pest von London im Jahr 1666 tötete etwa ein Siebentel); weitere Tausende flohen wieder auf das Land in die Dörfer, wo sie Verwandte hatten, bis das große Sterben aufhörte. Und ein Krieg konnte einen erheblichen Teil der Stadt zerstören und einen großen Exodus derer verursachen, denen der Lebensunterhalt genommen worden war.

Nabopolassar war bereits ein reifer Mann, als er gegen seine assyrischen Oberherrn revoltierte. Er starb im Jahr 605 auf der Höhe seines Lebens und seines Ruhmes. Sein Sohn Nebuchadnezar, der dann 43 Jahre regierte, war der hervorragendste Soldat, Staatsmann und Baumeister seiner Zeit. Die unerfreulichen Geschichten, die im Buch Daniel der Bibel von ihm erzählt werden — daß er von seinen Weisen die Deutung eines Traumes verlangt habe, den er vergessen hatte, und daß er schließlich verrückt wurde und Gras aß — sollten nicht ernst genommen werden. Sie waren die Rache der jüdischen Schreiber an dem Mann, der dreimal Jerusalem geplündert und Tausende von Juden nach Babylonien verschleppt hatte.

Im Babylon Nebuchadnezars war die Innenstadt ein leicht verzerrtes Rechteck. $2^1/_2$ Kilometer in ost-westlicher und $1^1/_2$ Kilometer in nord-südlicher Richtung. Der Euphrat floß diagonal von Norden nach Süden durch die Stadt; er teilte sie in die größere Altstadt im Osten und die kleinere Neustadt im Westen. Wassergräben führten die zerteilten Gewässer des Euphrat um die Innenstadt herum und machten aus ihr zwei dreieckige Inseln.

Eine riesige doppelte Ziegelmauer umgab die Innenstadt. Zunächst führte entlang der Wassergräben eine Ufermauer aus gebrannten Ziegeln, welche die eigentlichen Mauern davor schützte, vom Wasser unterspült zu werden. Hinter dieser Ufermauer erhob sich eine etwa acht Meter dicke äußere Mauer, ebenfalls aus gebrannten Ziegeln. Die Höhe dieser Mauer ist nicht genau bekannt, da nur die Grundsteine erhalten geblieben sind; aber sie war vermutlich zweimal oder dreimal so hoch wie breit. Hinter der äußeren Mauer lag ein Zwischenraum von zwölf Meter Breite, und dann kam eine andere Mauer aus Lehmziegel. Diese innere Mauer war dünner (etwa sieben Meter), aber höher. Quadratische Türme, jede Seite $8^1/_2$ Meter lang, unterbrachen die innere Mauer. Sie standen in Zwischenräumen von etwa 43,5 Metern (52 Meter von Mittelpunkt zu Mittelpunkt der Türme gemessen). Auch die äußere Mauer hatte vermutlich solche Türme; aber wenn sie solche hatte, sind ihre Überreste nicht erhalten.

Koldewey fand, daß der Raum zwischen den beiden Mauern bis zur durchschnittlichen Höhe der Ruinen zur Zeit seiner Ausgrabungen mit Bauschutt ausgefüllt war. Wie hoch einst dieser Bauschutt reichte, ist ungewiß. Einige haben seltsamerweise angenommen, der Zwischenraum sei bis zur Höhe der äußeren Mauer damit ausgefüllt gewesen. Es ist aber viel wahrscheinlicher, daß der Bauschutt kaum höher war als der Erdboden, da es sonst für Angreifer leichter gewesen wäre, die Innenmauer zu erklettern. Mittelalterliche befestigte Städte mit doppelter Mauer, wie Carcassonne in Südfrankreich, ließen den Zwischenraum auf Erdbodenhöhe. Dieser Zwischenraum wurde ein beliebter Platz für ritterliche Turniere.

Nebuchadnezars Mauern waren von der gleichen Bauart wie die der

Städte und Burgen von vielen Jahrhunderten vorher und, mit geringen Veränderungen, zwei Jahrtausenden nachher bis zur Erfindung der Feuergeschütze. Die Form der Mauern wurde bestimmt durch das Vorhandensein von Stein und Ziegel auf der einen und durch die Zahl der Verteidiger der Mauer auf der anderen Seite.

Die Hauptmauer war massiv gebaut, so daß die Angreifer sie nicht leicht zum Einsturz bringen konnten, während die Verteidiger oben auf der Höhe bequem umhergehen konnten. Am äußeren Rand der Hauptmauer entlang führte eine viel kleinere Mauer, das sogenannte Parapet. Diese war nur etwa 50 cm dick und zwei Meter hoch. Ihr oberer Rand bildete die sogenannte Brustwehr mit zickzackförmigen quadratischen Einschnitten. Diese Einschnitte in der Brustwehr oder Schießscharten waren niedrig und breit genug, daß ein Bogenschütze auf Feinde am Fuß der Mauer schießen konnte; die Mauerzacken, zahnähnliche Vorbauten, waren hoch und breit genug, daß sich der Bogenschütze hinter ihnen verstecken konnte, wenn er nicht gerade schoß.

Am Ostufer des Euphrat bildeten mehrere Quadratkilometer von Vororten ein großes Dreieck, das die Innenstadt umgab. Eine mit Zinnen bewehrte Doppelmauer schützte auch dieses Gebiet, zu dem auch Nebuchadnezars Sommerpalast am Nordende der Stadt gehörte. Offenbar wurde die äußere Ummauerung nicht fortgesetzt, um auf der Westseite des Flusses ein geschlossenes Rechteck zu bilden, obwohl Herodot dies annahm. Das ist wahrscheinlich der Grund, weshalb er die Gesamtlänge der Mauern Babylons fünfmal so lang angab wie die tatsächliche Länge der Hauptmauer – der Mauer der Innenstadt –, die 18 bis 20 Kilometer betrug. Da er seinen Bericht erst viele Jahre nach seinem Besuch der Stadt schrieb, ist es nicht überraschend, daß er bei so vielen Mauern mit den Maßen etwas durcheinander kam.

Weitere Mauern umgaben die Ufer des Flusses und die befestigten Teile der Altstadt. Außerdem erstreckte sich 120 Kilometer nordwestlich von Babylon die große, 110 Kilometer lange »Medische Mauer« vom Tigris bis zum Euphrat. Alles in allem war Babylon also so uneinnehmbar, wenn es von einer kampfbereiten Garnison verteidigt wurde, wie eine Stadt mit der damaligen Technik überhaupt gemacht werden konnte.

Acht befestigte Tore unterbrachen die Doppelmauer, welche die Innenstadt umgab. Das Mitteltor an der Nordseite war das berühmte Ischtar-Tor, das großartigste Bauwerk dieser Art, das je gebaut wurde. Dieser kolossale Eingang bestand aus einem rechteckigen Turm aus Ziegeln. An seiner Längsachse, quer zur Mauer, maß er etwa 47 Meter; parallel zur

Mauer war er etwa halb so lang. Seine Höhe ist nicht genau bekannt, da die oberen Teile schon ziemlich bald verfielen; aber nach Bildern ähnlicher Tore können wir vermuten, daß er etwa 20 Meter hoch war.

In diesen Turm eingeschnitten war ein hoher gewölbter Durchgang, der durch hohe Holztüren verschlossen werden konnte. An der Nordseite des eigentlichen Tores, zu beiden Seiten des Zuganges, standen zwei hohe schmale Türme. Nördlich davon, als erste Verteidigungslinie, standen noch zwei andere kleine Türme.

Es gibt zwei Nachbildungen des Ischtar-Tores, die uns eine Idee vermitteln, wie es ausgesehen hat, als es noch neu war. Die eine steht im Vorderasiatischen Museum in Berlin, die andere am Zugang zu dem Ruinenfeld des alten Babylon im heutigen Irak. Der Betrachter sollte aber nicht vergessen, daß beides eher große Modelle als genaue Nachbildungen sind, da sie nur etwa zwei Drittel so hoch sind wie das Original. Außerdem gehören dazu nur die beiden nördlichsten Türme und der gewölbte Torbogen, der diese verbindet. Daher stellen diese Nachbildungen nur einen Teil des ganzen Bauwerkes dar.

Das ganze Ischtar-Tor war bedeckt mit glasierten Ziegeln, blau an den Türmen, grün und rosa an den verbindenden Mauern. An jedem Turm fand sich im Flachrelief eine Anzahl hell gefärbter Stiere und Drachen, die mit ihrem drohenden Blick böse Geister vertreiben sollten. Sie wechselten ab: eine horizontale Reihe von Stieren, dann eine von Drachen, wieder eine von Stieren und so weiter. Ursprünglich lagen die Fundamente des Tores mit den sechs untersten Reihen von Abbildungen unter der Erdoberfläche. Während der Regierungszeit Nebuchadnezars wurde jedoch das Niveau der Straße mindestens zweimal erhöht, so daß vier weitere Reihen mit Stieren und Drachen der Sicht entzogen waren. Die deutschen Ausgrabungen drangen bis zum Fuß des Bauwerks vor, so daß der heutige Tourist auch zahlreiche Tierbilder sieht, die zu Nebuchadnezars Zeiten ganz unter der Erde lagen.

Der Stier war das symbolische Tier des Wettergottes Ada, der Drache oder »Sirrusch« das des Marduk, des babylonischen Jupiter. Der Sirrusch war ein zusammengesetztes Tier mit dem Rumpf und den Vorderbeinen eines Leoparden, dem Kopf und Hals einer Schlange und den Hinterbeinen eines Adlers oder ähnlichen Raubvogels. Der Kopf trug einen gekräuselten Kamm und anderen Zierrat.[15]

Die Entdeckung dieser lebensnahen Reliefs führte Anfang dieses Jahrhunderts zu Spekulationen, der Sirrusch sei vielleicht die babylonische Vorstellung von einem Dinosaurier gewesen, der damals noch im tropischen Afrika oder einer ähnlichen angemessenen Umwelt lebte. Diese Theorie ist dann durch unsere bessere Kenntnis sowohl der

Dinosaurier als auch Afrikas erledigt worden. Koldewey vermutete aufgrund der Geschichte von Bel und dem Drachen in dem apokryphen Buch Daniel, die Priester hätten vielleicht eine große Echse in einem Käfig gehalten und sie den unkritischen Gläubigen als einen Baby-Sirrusch vorgestellt.

Ein Reisender, der sich dem Ischtar-Tor von Norden näherte und am Ostufer des Euphrat entlang nach Süden ging, befand sich auf Babylons großer Prozessionsstraße, die mit massiven, von Asphalt eingefaßten Steinblöcken gepflastert war. Auf beiden Seiten der Straße erhob sich die hohe Ziegelmauer einer äußeren Befestigung. Die Gebäude dort dienten vermutlich als Räume für die Torwache; es waren aber auch Museen, in denen die Statuen und Inschriften aus anderen Ländern zusammengetragen waren, welche die Babylonier in ihren Kriegen im Ausland weggeschleppt hatten. Auf beiden Seiten waren diese Ziegelmauern mit lebensgroßen Löwen in hellem glasierten Relief dekoriert. Es gab 60 Löwen auf jeder Seite; gelbe Löwen mit roter Mähne wechselten mit weißen Löwen mit gelben Mähnen ab. Der Löwe war das symbolische Tier Ischtars, der Göttin der Liebe.

Die Prozessionsstraße – ihr eigentlicher Name war »Straße, auf der kein Feind jemals gehen möge« – ging nach dem Ischtar-Tor weiter nach Süden und führte bis zur Innenstadt. Wenn der Reisende das Ischtar-Tor passiert hatte, gelangte er zur Linken zum Tempel der Ninmach, der Göttin der Unterwelt. Gleichzeitig konnte er über die Mauer zu seiner Rechten einen Blick auf weite Grünflächen werfen. Denn hier standen die berühmten »Hängenden Gärten«, die von späteren griechischen Schriftstellern als eines der sieben Weltwunder bezeichnet wurden (manchmal wurden auch die Mauern Babylons zu den Weltwundern gerechnet). Diese »Hängenden Gärten« waren in Wirklichkeit ein wunderbarer Dachgarten mit Bäumen und Sträuchern über einem fürstlichen Lustschloß. Das Dach, das den Garten trug, war durch eine Lage Asphalt und durch Bleiplatten wasserdicht gemacht worden. Das Wort »hängend«, das die antiken Schriftsteller verwandten[16], gibt uns den falschen Eindruck, die Gärten seien irgendwie aufgehängt gewesen, etwa durch Kabel befestigt. »Erhoben« oder »hochgelegen« wäre ein wirklichkeitsnäherer Ausdruck.

Einige dieser Schriftsteller schrieben diese Gärten der sagenhaften Königin Semiramis zu. Das ist Unsinn. Es mag jedoch eine reale Grundlage für die Erzählung geben, daß Nebuchadnezar diese Gärten angelegt habe, um seiner Lieblingsfrau Amytis einen Gefallen zu tun, die sich in der flachen Euphrat-Ebene nach den Hügeln ihres heimischen Medien sehnte. Die gleichen Schriftsteller behaupteten außerdem, vor allem Semiramis habe Babylon gebaut, und sie habe sogar einen Fußgängertunnel unter den Euphrat anlegen lassen, der ihre Paläste zu beiden Seiten des Flusses verband[17]. Diese Geschichte ist reine Erfindung; denn selbst wenn man zu Semiramis' Zeiten einen solchen Tunnel hätte bauen können, konnte man ihn vor der Erfindung von Pumpen nicht vor dem Einsickern von Wasser schützen.

Von Nebuchadnezars stattlichem Lustschloß ist nur das Erdgeschoß erhalten geblieben; so weiß niemand wirklich, wie die »Hängenden Gärten« einst ausgesehen haben. Als Koldewey das Erdgeschoß ausgrub, fand er die Überreste von 14 großen Steingewölben. Der gewölbte Bogen war schon seit Jahrhunderten in Babylonien und Ägypten bekannt, aber bisher nur wenig verwandt worden, vor allem für Gräber und Bewässerungsanlagen. Soweit bekannt, war Nebuchadnezar der erste, der ihn im großen Stil für größere Gebäude verwandt hat. Der Zweck dieser Gewölbe, die sehr sorgfältig aus teurem importierten Stein gebaut waren, ist nicht bekannt. Sie mögen der Haltung von Vorräten im Fall einer Belagerung gedient haben, oder als Empfangsräume und Banketthallen im heißen Sommer – da sie zum Teil unter der Erde lagen, waren sie sicher kühler als die meisten anderen Räume.

Im Erdgeschoß fand Koldewey eine besondere Vorrichtung:

> »... einen Brunnen, der sich von allen anderen aus Babylon oder anderswo in der antiken Welt bekannten Brunnen unterschied. Er hatte drei Schächte, die nahe beieinander angebracht waren: einen viereckigen in der Mitte und rechteckige auf beiden Seiten. Ich kann für dieses Arrangement keine andere Erklärung finden als die, daß dort eine mechanische hydraulische Pumpe stand, die nach demselben Grundsatz arbeitete wie unsere Kettenpumpe, bei der Gefäße an einer Kette festgemacht sind, die sich über ein Rad bewegt, das oberhalb des Brunnens angebracht ist und das endlos rotiert. Diese Vorrichtung, die noch heute in dieser Gegend verwandt wird und ›dolab‹ genannt wird, diente dazu, einen ständigen Fluß des Wassers sicherzustellen.«[18]

Wenn Koldewey Recht hat, dann lief diese Kette, welche die Eimer trug, durch das ganze Gebäude bis auf den Dachgarten. Diener, welche diese Winde in Bewegung hielten, sorgten dafür, daß das Wasser aus dem Brunnen bis zu den kostbaren Pflanzen des Königs gelangte.

Westlich der Hängenden Gärten, den Raum zwischen diesen und dem Fluß ausfüllend, stand ein Gebäude mit Ziegelmauern, die außergewöhnlich dick waren, nämlich 21 Meter. Dies war offensichtlich eine Festung, die einem letzten Widerstand bis zum äußersten dienen sollte.

Wenn unser Reisender auf der Prozessionsstraße weiter nach Süden ging, passierte er zu seiner Linken Wohnhäuser bis zu vier Stockwerken Höhe. Zu seiner Rechten erhob sich das bemerkenswerteste Bauwerk Babylons: der hohe, regenbogenfarbige Ziggurat[19] Etemenanki, der »Eckstein des Universums«.

Seit langem waren die Mesopotamier dazu übergegangen, ihre Tempel auf pyramidenförmigen Plattformen aus Ziegeln aufzubauen, damit sie eindrucksvoller aussahen und die Reinigung erleichtert wurde. Diese Pyramiden wurden mit der Zeit immer höher, bis sich zwei verschiedene Typen von Bauwerken entwickelten. Der eine war der eigentliche Tempel: eine massiv gebaute, von Säulen getragene Halle, die auf dem Erdboden oder auf einer niedrigen Plattform ruhte. Der andere war der Ziggurat: eine hohe Pyramide aus Ziegeln, mit Treppen und sich verjüngenden Absätzen und einem Altar auf der Spitze. Der einzige Ziggurat, der annähernd in seiner ursprünglichen Form erhalten ist, steht weiter südlich bei Ur in einer — heute — ganz öden und leeren Landschaft. Wenn ein Ziggurat zu verfallen begann, dann vergrößerte ihn ein frommer Herrscher oft einfach, indem er von außen eine neue Ziegelschicht hinzufügte.

Es gibt mehrere Theorien über den Zweck der Ziggurats: daß es Absteigeplätze für die Götter auf ihren irdischen Besuchen waren und ähnliches. Die Theorie, die mich am meisten überzeugt, ist, daß diese Türme dem gleichen Zweck dienten wie die in der Bibel erwähnten »Hohen Plätze« in Palästina oder die großen Holzsäulen syrischer Tempel. In Syrien pflegte ein Priester eine solche Säule hinaufzuklettern, um von dort seine Gebete an die Götter zu rufen: Die Säule brachte ihn dem Himmel näher, so daß die Götter ihn besser hören konnten.[20] Ich vermute, daß auch die Ziggurats den Priestern einen erhöhten Standort bieten sollten, von dem aus sie die höheren Mächte mit der nötigen Vernehmbarkeit ansprechen konnten.

Der berühmteste Ziggurat war der in Babylon zu Ehren des Gottes Marduk errichtete. Die Genesis nennt ihn, in der Legende von der babylonischen Sprachenverwirrung, den Turmbau von Babel. Die Babylonier glaubten, er sei von den Göttern selbst gebaut worden.

Nach mehreren Zerstörungen und Neuaufbauten begann Nabopolassar in den letzten Jahren seiner Regierung mit dem Bau der endgültigen Form des Etemenanki. Er ließ seine Söhne wie einfache Arbeiter Ziegel herbeischleppen, um ihre Frömmigkeit zu beweisen. Wenn er jünger gewesen wäre, hätte er wahrscheinlich selbst einige herbeigeschleppt, wie es der Assyrerkönig Assurbanipal beim Beginn des Wiederaufbaus von Esagila getan hatte: Ein Relief zeigt ihn in der unköniglichen Pose, wie er einen Korb mit Ziegeln auf seinem Kopf trägt, so wie auch sein Vorgänger im dritten Jahrtausend vor Chr., der Sumererkönig Ur-Nansche von Lagasch, abgebildet wurde. Die moderne Zeremonie des ersten Spatenstichs für einen öffentlichen Bau, der von einem eitlen Politiker ausgeführt wird, stammt in gerader Linie von diesen königlichen Ziegelschleppern des alten Mesopotamien.

Der Etemenanki erreichte seine endgültige Form etwa um 600 v. Chr. unter Nebuchadnezar dem Großen. Dann erhob er sich fast 90 Meter in die Höhe und war mit glasierten Ziegeln mit farbigen Mustern bedeckt; er sah aus, als sei er mit der Haut irgendeines Reptils bekleidet.

Wie andere Städte, die aus Dörfern entstanden sind, begann Babylon vermutlich mit dem üblichen Gewirr gewundener Gassen. Spätestens seit Hammurabi hatten jedoch die Könige versucht, Ordnung zu schaffen, indem sie breite Alleen, die sich rechtwinklig kreuzten, durch das Gewirr hindurchschlugen. Wie in allen so verbesserten Städten war dann das Ergebnis, daß innerhalb der durch diese Alleen gebildeten großen Rechtecke die kleinen Straßen ihren alten Plan behielten. Da wir keinen vollständigen Straßenplan Babylons mehr kennen, sind wir (trotz Herodots Erzählung von einer gitterförmigen Straßenführung) über die Anlage der Straßen nicht sicher. Nach allem, was wir wissen, scheint es, daß die Stadt einige gerade rechtwinklige Alleen hatte, nach den Göttern Marduk-Straße, Schamasch-Straße, Adad-Straße genannt, und ein Gewirr von Sträßchen dazwischen.

Nach rechts auf die Adad-Straße einbiegend, wo sie die Prozessionsstraße kreuzte, und sich wieder dem Flusse nähernd, befand sich unser imaginärer Spaziergänger zwischen zwei sakralen Bauwerken: dem Etemenanki, dem großen Ziggurat, auf der Rechten und Esaglia, dem Tempel Marduks, auf der Linken. Von den Chaldäerkönigen vergrößert und neuaufgebaut, war dieser Tempel ein Gebäude in L-Form, das eine Fläche von 150 Metern auf jeder Seite einnahm.

Dieser Tempel enthielt eine 5½ Meter hohe goldene Statue des Gottes Marduk. Obwohl Herodot berichtet, sie sei aus massivem Gold, dürfen wir dies wohl bezweifeln. Solche Standbilder waren dazu bestimmt, bei religiösen Festen auf Wagen durch die Stadt getragen zu werden, und eine massive Goldstatue dieser Größe hätte über 50 Tonnen gewogen. Sie wäre völlig unbeweglich gewesen und hätte in heutigem Geld etwa 100 Millionen Dollar gekostet. Es ist unwahrscheinlich, daß soviel Gold für solche Zwecke verfügbar war; vermutlich war die Statue aus Holz und mit Goldplatten bedeckt.

Nach den vielen Abbildungen in der babylonischen Kunst können wir uns eine Vorstellung von diesem Standbild machen. Der bärtige, wohlwollend blickende König der Götter trug ein langes Gewand und eine hohe Krone mit einem Federkranz an der Spitze, ähnlich etwa dem Kriegshelm der Sioux-Indianer. In seiner Linken hielt er ein Szepter und einen Ring, in seiner Rechten eine Art Krummsäbel. Zu seinen Füßen lag sein Lieblings-Sirrusch.

Die beiden großen Heiligtümer Marduks enthielten außer dem Tempel und dem Turm noch viele andere Gebäude: Wohnräume für die Priester und für Pilger von außerhalb, Ställe für die Opfertiere und ähnliches.

Zwischen diesen beiden Sakralbauten hindurchgehend und dann ein befestigtes Tor am Fluß passierend, erreichte der Spaziergänger ein anderes Wunderwerk des alten Babylon: die Brücke über den Euphrat. Abgesehen von Sanheribs Aquädukt bei Eriwan war dies die älteste Steinbrücke der Welt, von der wir wissen. Aber während Sanherib nur einen Sumpf überqueren mußte, überspannte Nabupolassars Brücke einen der großen Ströme der Welt. Gebaut zu einer Zeit, als die wenigen Brücken, die es gab, noch wackelige Konstruktionen aus Baumstämmen, Rohr und aufgeblähten Ziegenfellen waren, wurde diese Brücke in der ganzen Antike fast ebenso berühmt wie die Hängenden Gärten. Noch jahrhundertelang war sie das einzige Bauwerk dieser Art in der Welt.

Da der Euphrat längst sein Bett westwärts verlegt hat und heute die frühere Neustadt Babylons durchfließt, konnte Koldewey die Fundamente der Brückenpfeiler ausgraben. Damals war die Brücke etwa 120 Meter lang und ruhte auf sieben bootsförmigen Pfeilern aus gebrannten Ziegeln, Stein und Holz. Der Oberbau war aus Holz. Nach Herodot war es eine Zugbrücke: Eine der hölzernen Plattformen, die von Pfeiler zu Pfeiler reichten, wurde jede Nacht aufgezogen, um Diebe daran zu hindern, über die Brücke zu entkommen. Dies mag sein; aber ein anderer Grund für diese Vorrichtung war wohl die Notwendigkeit, Schiffe hindurchfahren zu lassen.

Die Euphrat-Brücke hatte einen Mangel, den die meisten großen antiken Brücken hatten: Die massiven Pfeiler nahmen die halbe Breite des Flusses ein und behinderten so ernsthaft die Strömung. Bei Hochwasser bestand die Gefahr, daß die schnelle Strömung, noch verstärkt durch diese Behinderung, das Flußbett um die Pfeiler herum aushöhlte, bis diese einstürzten, oder daß mitgeschwemmte Bäume und Pflanzen sich vor den Pfeilern stauten. Dennoch kann diese Brücke als die bemerkenswerteste technologische Leistung des Neubabylonischen Reiches bezeichnet werden.

In ihrer äußeren Erscheinung waren die Babylonier vermutlich ähnlich den heutigen Bewohnern des Landes: von vorwiegend mediterranem Typ, mit schwarzen Haaren und Augen und meist schmächtiger als die Assyrer, denen sie sonst ähnlich sahen. Ihre Hautfarbe variierte, wenn sie von der Sonne beschützt war, von blaß bis dunkel, wie die der heutigen Südeuropäer; in der Sonne verwandelte sie sich schnell in ein bronzefarbenes Tiefbraun.

Die Bewohner Babylons führten ein ähnliches Leben wie die Bewohner anderer großen antiken Städte: Kinder zeugend, ihren Geschäften nachgehend, mit ihren Verwandten streitend, sich für Feste und Vergnügungen Zeit nehmend, ihre Freunde bewirtend und sich bewirten lassend, nach Möglichkeiten Ausschau haltend, ihren Wohlstand zu mehren und in der sozialen Stufenleiter aufzusteigen, Schwierigkeiten aus dem Wege gehend und sich beklagend, daß es ihre Kinder an Manieren und an Moral fehlen lassen – wie Aristophanes etwas später schrieb:

> »Hört nun von den guten alten Tagen, als die Kinder, kaum zu glauben, nicht zu hören waren und ein einfaches Leben führten – kurz, als sie noch gut erzogen waren.«[21]

Die Reichen lebten in Häusern mit Innenhöfen, die Armen in fensterlosen kleinen Lehmhütten. Leute, die es sich leisten konnten und den äußeren Anschein wahren wollten, strichen vermutlich ihre Häuser weiß an, wie heute noch im Irak. Da es ein Hauptzweck des mesopotamischen Hauses war, die drückende Hitze fernzuhalten, wären Fenster mehr ein Nachteil als ein Vorteil gewesen. Im Sommer schliefen die Leute vermutlich auf dem Dach. Die Architektur der von Herodot erwähnten drei oder vier Stockwerke hohen Mietshäuser ist nicht bekannt; sie ähnelte vermutlich derjenigen der Hochhäuser, die heute aus Lehmziegeln in Hadramaut an der Südostküste Arabiens gebaut werden. In den Palästen gab es Klosetts, die durch Abwässerleitungen mit dem Fluß oder mit Sickergruben verbunden waren, und Wasserkrüge zur Spülung nach dem Gebrauch; gewöhnliche Privathäuser kannten solche Annehmlichkeiten nicht.

Bei Hitze trugen die Männer kurze Röcke und knielange Tuniken mit kurzen Ärmeln. Bei kaltem Wetter trugen sie über der Tunika knöchellange Gewänder ähnlich einem modernen Bademantel und in der Mitte geknickte Mützen mit wippenden Schwänzen. Die Kleider der Frauen waren schlicht und einfach. Wenn man einen Freund begrüßte, berührte man dessen Nase mit dem Ende des Spazierstocks.

Gerste in der Form von Brot, Zwieback, Kuchen und Bier stellte den größten Teil der Nahrung Babylons. Die Babylonier hatten aber auch eine ziemlich große Auswahl von Gemüsen und Früchten: Zwiebeln, Linsen, Erbsen, Bohnen, Gurken, Kohl, Salat, Äpfel, Granatäpfel, Feigen, Aprikosen, Datteln und Quitten. Die Datteln wurden auch zu Dattelwein verarbeitet. Das notwendige Protein bekamen sie in Form von Fisch und Hammelfleisch, aber manchmal gab es auch Rindfleisch, Ziegenfleisch und Schweinefleisch. Bier und Wein wurden durch ein Rohr gesaugt, um die festen Bestandteile fernzuhalten, die offenbar in größeren Mengen enthalten waren.

Geld in Form von Münzen war noch nicht erfunden; aber man zahlte größere Rechnungen mit Stücken von Silber mit standardisiertem Gewicht und kleinere Rechnungen mit Gerste. Das Bankwesen war gut entwickelt, und die Tempel scheinen als Banken fungiert zu haben. Aus der persischen Zeit, ein Jahrhundert nach der Regierung Nebuchadnezars, kennen wir die umfangreichen Geschäftsbücher der Bankfirma Muraschu Söhne. Dies war eine jüdische Familie, die sich in Nippur niedergelassen hatte, zu Wohlstand gekommen und auch nach der großen Heimkehr dort geblieben waren.

Wenn sie nicht damit beschäftigt waren, sich auf mehr oder weniger ehrliche Weise ihren Lebensunterhalt zu verdienen, erfreuten sich die Babylonier an den vielen religiösen Festen. Diese scheinen ihr Hauptvergnügen gewesen zu sein, obwohl es auch öffentliche Boxkämpfe gab. Das Neujahrsfest zum Beispiel fand im März oder April statt, je nach den Launen des Mondkalenders. Die Bilder der Götter wurden dann auf die bootsförmigen heiligen Wagen verladen und die Prozessionsstraße entlanggeführt.

Zuerst kam Marduk. Hinter ihm fuhr der König in seinem Streitwagen, mit einem Fahrer und einem Mann, der den königlichen Sonnenschirm trug. Dann kam der Wagen von Marduks Ehefrau, der Göttin Sarpanitum, dann der Sonnengott Schamasch und die anderen. Wenn sie den nördlichen Stadtrand erreicht hatten, wurden die Standbilder auf Boote verladen und flußaufwärts zum Gartentempel gefahren. Hier wurde die Vollziehung der Ehe von Marduk und Sarpanitum gefeiert, und zehn Tage später kehrte die ganze Prozession nach Babylon zurück.

Die Ostsemiten wie die Babylonier scheinen zum mindesten in der Zeit, von der ich spreche, keine Menschenopfer gekannt zu haben wie ihre westlichen Verwandten im Lande Kanaan. Wenn sie nicht mit religiösem Ritual, Bankgeschäften oder politischen Intrigen beschäftigt waren, versuchten sich die glattrasierten Priester Babylons in den Naturwissenschaften. Wir verdanken beispielsweise unsere Sitte, die Stunde in 60 Minuten einzuteilen, der babylonischen Methode der Einteilung eines Kreises. Sie studierten die Sterne und erfanden die Sternbilder und den Tierkreis. Gewiß war ihr Interesse an den Himmelskörpern nicht wissenschaftlich im heutigen Sinne, da es mit Vorzeichen und Voraussagungen verquickt war. Aber immerhin entstanden daraus wissenschaftliche Entdeckungen. So scheint ein Babylonier späterer Zeiten, Kidinnu[22] aus Sippar, im 4. Jahrhundert v. Chr. das Vorrücken der Tag- und Nachtgleiche entdeckt zu haben.

Eng verquickt mit der babylonischen Astronomie war eine andere, weniger erfreuliche Erbschaft, die Babylon uns hinterlassen hat: die Astrologie. Die Babylonier machten keinen Unterschied, für sie war beides gleichermaßen Wissenschaft von den Sternen. Ihre Astrologie war jedoch eine streng geheime Staatsaffäre, die mit Königen, ihren Familien und ihren Reichen zu tun hatte. Die Stellung von Horoskopen für Privatpersonen war vermutlich eine Idee irgendeines späteren individualistisch eingestellten Griechen.

Da sie keine astronomischen Instrumente und nur primitive Vorstellungen von der Form des Universums hatten (für sie war die Erde eine Insel, die von einer sich drehenden Himmelskugel umgeben war), gab es für diese Priester-Astrologen immer neue Überraschungen. Wenn Wolken den Mond verdeckten, galt dies als eine Mondfinsternis. Der Astrologe Balasi berichtete traurig:

> »Man sieht den Mond außerhalb seiner Jahreszeit, so wird die Ernte schlecht sein.
>
> Am zwölften Tag sieht man den Mond zusammen mit der Sonne; und anders als zur berechneten Zeit erscheinen Mond und Sonne zusammen: so wird ein mächtiger Feind das Land verwüsten.«[23]

Die Astrologie beruhte auf zwei babylonischen Vorstellungen: dem Tierkreis und der Göttlichkeit der Himmelskörper. Der Tierkreis war ursprünglich nichts anderes als die Sternbilder, welche die Sonne im Lauf eines Jahres durchlief. Das Sternbild Taurus, das die Sonne zur Zeit der Frühjahrs-Tag- und Nachtgleiche durchlief, hieß »Mulmullu« (Stier) und war vielleicht ein Symbol für Feldbestellung im Frühjahr oder für Fruchtbarkeit. Die anderen Teile des Tierkreises hießen nach ähnlichen

Analogien und gedanklichen Assoziationen: die Zwillinge nach den hellen Sternen Castor und Pollux, der Schütze nach der Jagdsaison, der Fisch und der Wassermann nach den nassen Wintermonaten.

Der Tierkreis bestand aus rechteckigen Abschnitten des Himmels, von 18 bis 30 Grad, die von den Sternbildern eingenommen wurden, die den einzelnen Teilen den Namen gaben. In den letzten 2 000 Jahren hat die Verschiebung der Tag- und Nachtgleiche alle Sternbilder in die danebenliegenden Teile des Tierkreises verschoben.

Im Jahr 562 v. Chr. starb der große Nebuchadnezar, und es folgten mehrere kurze Regierungszeiten von Königen, die eines gewaltsamen Todes starben. Im Jahr 556 einigten sich Armee und Priesterschaft auf einen gelehrten syrischen Herrn mit militärischen und diplomatischen Erfahrungen, Nabuna'id oder Nabonidus, und machten ihn zum König. Er eroberte Syrien von den Medern zurück, aber bereitete dann seinen babylonischen Anhängern einige unangenehme Überraschungen. Er versuchte den syrischen Mondgott Sin auf Kosten Marduks zum obersten Gott zu machen. Er eroberte die Oase Tema[24], eine wichtige Karawanen-Zwischenstation in der arabischen Wüste, und begann sie anstelle Babylons zur Hauptstadt aufzubauen. Eine Reihe von Jahren hielt er sich in Tema auf und ergab sich seinen Neigungen zu religiösen Spekulationen und zur Archäologie; er rühmte sich einer Sammlung von Inschriften, die bis in die sumerische Zeit zurückreichten. Inzwischen ließ er seinen Sohn Belsazar[25] Babylon regieren.

Unterdessen hatte sich aber die politische Lage im Norden entscheidend verändert. Eines der unterworfenen Völker des Mederreiches, die den Medern verwandten Perser, hatten einen fähigen und aggressiven jungen König namens Kyros.[26] Zuerst mit Nabuna'id verbündet, stürzte Kyros das Mederreich und eroberte anschließend ganz Kleinasien. Seine Macht wuchs in erstaunlichem Tempo, und im Jahr 539 griff er Babylonien an. Babylon, von seinem syrischen Gelehrten-König im Stich gelassen, ergab sich nach nur symbolischem Widerstand, und Babylonien wurde ein Teil des riesigen Perserreiches.

Von da an verfiel die mächtige Stadt langsam, aber sicher. Sie bestand freilich noch einige Jahrhunderte – unter der persischen Herrschaft machten babylonische Gelehrte sogar einige ihrer größten Fortschritte auf dem Gebiet der Astronomie und Mathematik.

Im Jahr 482 erhob sich Babylon gegen König Xerxes. Der Perserkönig schickte seinen besten General, der die Stadt bald zurückeroberte und einen Teil der Mauern Nebuchadnezars abreißen ließ, um sie für die Verteidigung nutzlos zu machen. Xerxes ließ das 5½ Meter hohe

Standbild Marduks abtransportieren und das Gold für seine Schatzkammer einschmelzen. Angeblich soll er auch die Tempel zerstört haben: Spätere Historiker bezeichneten den Tempel Esagila und den Ziggurat Etemenanki als Ruinen und tadelten dafür Xerxes.

Als aber Herodot etwa 30 Jahre nach dem Aufstand Babylon besuchte, standen Esagila und Etemenanki beide noch. So hatte der spätere Historiker Diodoros vermutlich Recht, wenn er schrieb, die Perser hätten die Tempel nur ihrer goldenen Verzierungen und Kultgegenstände beraubt, und der Verfall der Gebäude sei auf den Zahn der Zeit zurückzuführen. Wahrscheinlich hat Xerxes keinen Tempel zerstört – den Ziggurat abzureißen wäre sehr kostspielig gewesen, und die Perserkönige waren eine sparsame Gesellschaft –, sondern nur alles vorhandene Gold beschlagnahmt. Später aber, als die erdrückende persische Besteuerung Babylon ruinierte, konnten die Priester die Bauwerke nicht mehr instandhalten. Daraufhin lösten sich diese langsam in ihre Bestandteile auf.

Als anderthalb Jahrhunderte nach Xerxes Alexander der Große Babylon betrat, »befahl er den Babyloniern, alle Tempel wieder aufzubauen, die Xerxes zerstört hatte«.[27] Alexander glaubte zweifellos selbst, daß Xerxes Esagila und Etemenanki zerstört hatte, da es bei den Hellenen Mode geworden war, Xerxes, ihren großen Feind, nicht nur für seine wirklichen Missetaten zu tadeln, sondern auch für solche, die er nicht begangen hatte. Alexander befahl, die gewaltigen Ziegelhaufen, die der zusammenbrechende Etemenanki hinterlassen hatte, abzuräumen, um für einen Neubau Platz zu machen. Dies geschah auch; aber dann starb Alexander, und die Arbeit wurde ein für allemal eingestellt.

Während der Diadochenkriege nach Alexanders Tod wurde Babylon im Jahr 311 von Demetrios, dem Sohn des Antigonos, den man später Poliorketes, den »Städteeroberer« nannte, erobert und geplündert. Seleukos, der Diadoche, der das Seleukidenreich gründete, gab es auf, das verfallende Babylon wieder herzustellen, und baute sich statt dessen eine neue Hauptstadt Seleukia am rechten Ufer des Tigris. Je mehr Seleukia wuchs, desto mehr verfiel Babylon. Zu Beginn des christlichen Zeitalters war Babylon verlassen, abgesehen von einigen kleinen Dörfern in der Nähe der Ruinen, in denen die Bauern die alten Ziegel Hammurabis und Nebuchadnezars aufsammelten, um daraus ihre Hütten zu bauen.

Als dann die Parther die Seleukiden aus Babylonien vertrieben, bauten sie ihre eigene Hauptstadt, Ktesiphon, auf der Seleukia gegenüberliegenden Seite des Tigris. Nun verfiel Seleukia, je mehr Ktesiphon wuchs. Noch später bauten die arabischen Kalifen ihre neue Hauptstadt in Bagdad auf, das in der Antike nur eine Kleinstadt gewesen war, einige Kilometer von Ktesiphon den Tigris flußaufwärts.

Obwohl die Poeten den Untergang der Stadt beklagten,

> »Der Wüstenwind seufzt und flüstert, wie die goldene Stadt, der Liebling der Götter, einst in Rauch und Feuer unterging. Und heute sonnen sich Echsen auf ihren Säulen, die Dichter singen von goldenen Zeiten, längst vergangen, aber Babylon ist mit der Dämmerung versunken«[28]

kann man also sagen, daß Babylon niemals wirklich gestorben ist, sondern in mehreren neuen Körpern nacheinander wiedergeboren wurde. Denn jede der Nachfolgestädte erfüllte die gleiche Funktion: die des Verladeplatzes für Waren, die von einem der beiden Ströme stammten und für einen Ort an dem anderen Strom bestimmt waren. In diesem Sinne wird es stets ein »Babylon« geben.

6.
Athen mit der lila Krone

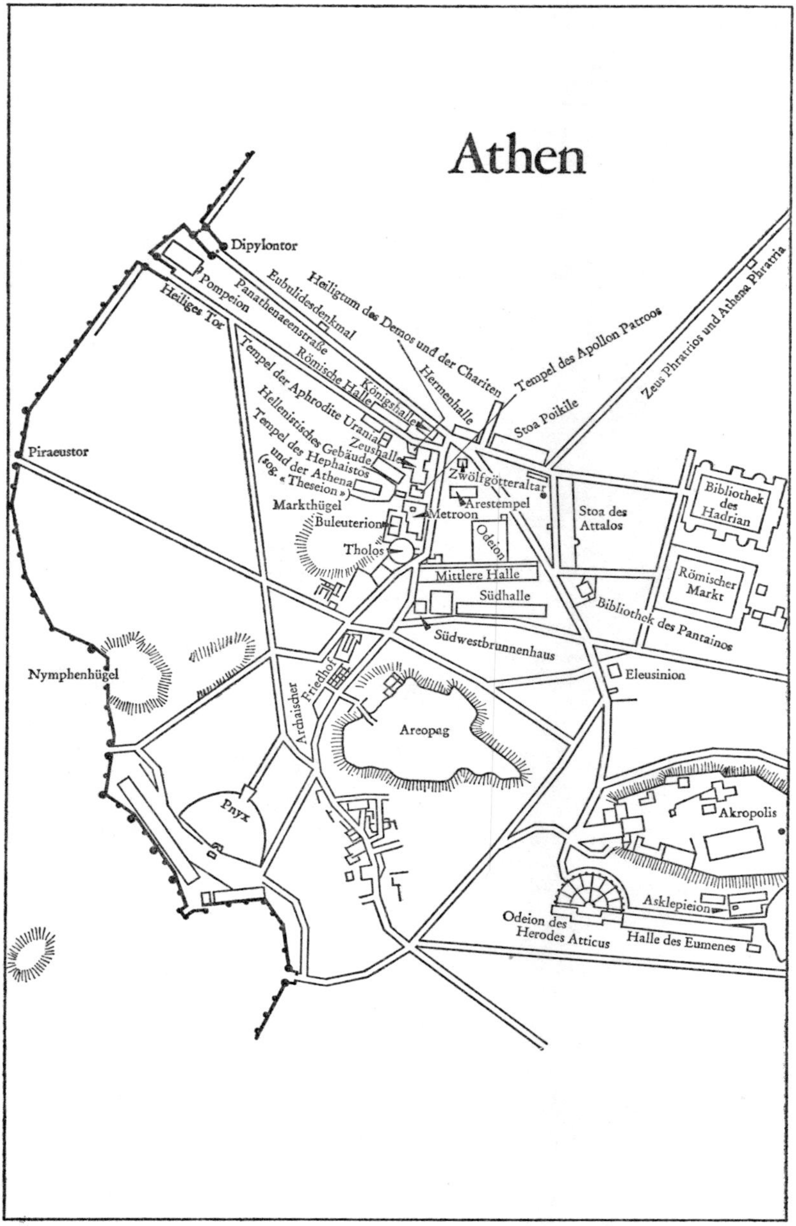
Athen
Dipylontor
Eubulidesdenkmal
Heiligtum des Demos und der Chariten
Panathenaeenstraße
Pompeion
Heiliges Tor
Tempel des Apollon Patroos
Zeus Phratrios und Athena Phratria
Hermenhalle
Römische Halle
Königshalle
Tempel der Aphrodite Urania
Hellenistisches Gebäude
Zeushalle
Tempel des Hephaistos
und der Athena
(sog. «Theseion»)
Stoa Poikile
Zwölfgötteraltar
Arestempel
Markthügel
Metroon
Buleuterion
Tholos
Odeion
Stoa des Attalos
Bibliothek des Hadrian
Römischer Markt
Mittlere Halle
Südhalle
Bibliothek des Pantainos
Südwestbrunnenhaus
Piraeustor
Nymphenhügel
Archaischer Friedhof
Eleusinion
Areopag
Pnyx
Akropolis
Asklepieion
Odeion des Herodes Atticus
Halle des Eumenes

Wie die der meisten antiken Städte beginnt auch die Geschichte von Athen (auf griechisch: »hai Athenai«, die Athenen) in einem Nebel von Sagen und Legenden. Die Athener glaubten, Attika sei einst von dem Helden Theseus vereinigt worden — dieser ist jedoch vermutlich ebensowenig historisch wie sein Zeitgenosse Herakles. Die Geschichten von Theseus erzählen uns, daß er ein Sohn des Königs Ägeus von Athen und der Tochter des Königs von Troizen war, wo er aufgezogen wurde. Als er groß geworden war, zog er mit dem Schwert und den Sandalen des Ägeus nach Athen und erschlug auf dem Weg Räuber und sagenhafte Ungeheuer. Durch diese beiden Beweismittel bewog er den König, ihn als Sohn anzuerkennen. Seine Stiefmutter Medea — die Prinzessin aus Kolchos, die mit Jason nach Griechenland gekommen war — versuchte ohne Erfolg, ihn zu vergiften.

Später kam Theseus nach Kreta, erschlug dort den Minotauros und entführte König Minos' Tochter Ariadne, die er aber bald darauf verließ. Durch einen Irrtum glaubte Ägeus, sein Sohn Theseus sei bei dem Unternehmen umgekommen, und nahm sich das Leben. Theseus folgte ihm als König und einigte Attika. Er fand Zeit, gegen die Amazonen Krieg zu führen und ihre Königin Antiope gefangenzunehmen, die Argonauten nach Kolchis zu begleiten (an der verworrenen Chronologie darf man sich nicht stören), an anderen heroischen Unternehmen teilzunehmen und mit seinen vielen Frauen zahlreiche Kinder zu zeugen.

Später suchte ein König Kodros von Athen im Kampf gegen die Dorer (einen der griechischen Hauptstämme) freiwillig den Tod, weil ein Orakel verkündet hatte, nur dadurch könnten die Eindringline vertrieben werden. Kodros war ein so guter Mensch, hieß es, daß die Athener nach ihm keinen König mehr haben wollten und statt dessen einen Archonten (Regenten) mit beschränkten Machtbefugnissen wählten.

Ob Kodros im Kern eine historische Figur war oder nicht, jedenfalls wird der Nebel der Legende im 7. Jahrhundert v. Chr. langsam dünner. Attika war jetzt bereits vereinigt; dies war aber wohl eher mit Gewalt geschehen als, wie die Theseus-Sage berichtet, durch Überredung.

Als die belegte Geschichte Athens beginnt, war Attika eine aristokratische oligarchische Republik. Der König war auf die Stellung eines gewählten Beamten mit beschränkten Befugnissen reduziert worden. Das einflußreichste Organ war die »Boulê«, der Rat des Areopag, so genannt, weil er auf dem Hügel Areospagos zusammentrat. Es war ein Rat der Alten, der aus den Häuptern der reichsten landbesitzenden Familien bestand. Diese Schicht von Landedelleuten monopolisierte alle wichtigen öffentlichen Ämter.

Aus den Reihen der Boule wurden jährlich die drei wichtigsten Beamten gewählt: der König, der für die Religion und für einige Rechtsfälle zuständig war, der Polemarchos, der die Armee befehligte und bestimmte andere Rechtsfälle entschied, und der Archont, bei dem die übrige richterliche Gewalt lag. Es gab noch sechs andere Beamte, die zusammen mit den drei erwähnten die neun Archonten bildeten. Die alten Athener hatten noch keine Vorstellung von einer klaren Trennung der legislativen, exekutiven und judikativen Regierungsgewalt.

Das Volk war in Familien, Sippen und Stämme gegliedert. Als dann im Lauf des 7. Jahrhunderts v. Chr. jene revolutionäre Neuerung, das Geld, in allgemeinen Gebrauch kam und im Handel Vermögen gemacht wurden, wurden die »Eupatridai« (die »guten Väter«, d. h. die Adeligen) gezwungen, Angehörige der reich gewordenen nicht-landbesitzenden Bourgeoisie in ihre Reihen aufzunehmen. Das Volk wurde nach dem Vermögen in Klassen eingeteilt, wobei die kleinste, aber reichste Klasse an der Regierung blieb.

Dann entstanden aber Konflikte zwischen der Aristokratie und den unteren Klassen, da die Aristokraten nicht nur den Reichtum des Gemeinwesens immer fester in ihre Hand bekamen, sondern durch die Institution der Schuldknechtschaft auch die Personen der Armen. Ein Bürgerkrieg wurde aber durch eine Reihe von Reformen vermieden. Zunächst wurde im Jahr 621 Drakon beauftragt, die Gesetze schriftlich festzulegen, damit ein Adeliger nicht mehr nach Gutdünken einen Gemeinen vor Gericht bringen und nach einem eigens für den Fall gemachten Gesetz verurteilen lassen konnte.

Dreißig Jahre nach dem Kodex des Drakon kam es zu neuen Klassenkämpfen. Dann wurde Solon, ein erfolgreicher Kaufmann und hervorragender Dichter und Intellektueller, zum Archonten gewählt mit dem Auftrag, auch die Staatsverfassung schriftlich festzulegen. Bis dahin gab es nur eine ungeschriebene Verfassung, ähnlich wie in Großbritannien — wenn es zu einem Streit kam, ob irgendein Akt verfassungsgemäß war oder nicht, beriefen sich die Streitenden auf gegensätzliche »Traditionen«, und oft genug wurde der Fall durch Gewalt oder durch Korruption entschieden.

Solon führte genügend Reformen ein, um die Reichen zu verärgern, aber nicht genug, um die Armen zufriedenzustellen. Er führte eine allgemeine Streichung der Schulden durch, schaffte die Schuldknechtschaft ab und schränkte die Macht der Boule ein. Er behielt die Einteilung der Bevölkerung in Klassen nach den finanziellen Verhältnissen bei; aber er dehnte die politischen Rechte nach unten aus und öffnete manche Ämter auch für Angehörige unterer Schichten. Auch die Angehörigen der ärmsten Klasse, die bisher praktisch keinerlei Rechte hatten, wurden als Bürger anerkannt und erhielten begrenzte politische Befugnisse.

Nach und nach machte aber auch die »demokratia« (von »demos« Volk, und »kratein«, herrschen) stetige Fortschritte. Als die Einteilung des Volkes in Reiche und Arme wieder einmal unerträglich geworden war, machte sich ein erfolgreicher General namens Peisistratos zum Diktator (auf Griechisch »tyrannos«) mit Unterstützung der Armen, an die er den Reichen weggenommenes Land verteilte. Nachdem er bereits die Insel Salamis erobert hatte, besetzte er auch ein Gebiet am nördlichen Ausgang des Ägäischen Meeres auf beiden Seiten des Hellespont (der heutigen Dardanellen) und gründete so das Athenische Reich.

Peisistratos war ein fähiger, energischer, frommer und liebenswerter Mann — er baute Wasserwerke und förderte die Entwicklung des frühen griechischen Dramas — und konnte sich über dreißig Jahre lang an seiner illegalen Macht behaupten. Nach seinem Tode regierten seine beiden Söhne, bis der eine von den beiden Jünglingen Harmodios und Aristogeiton ermordet wurden. Später feierten die Athener die beiden Mörder als heroische Tyrannentöter und errichteten ihnen Standbilder; aber der eigentliche Anlaß für den Mord war ein homosexuelles Liebesdreieck. Wenn eine tolerante Haltung gegenüber sexuellen Abartigkeiten schon lange alle Völker des östlichen Mittelmeerraumes auszeichnete, so gingen die Griechen darin noch weiter als die meisten anderen — obwohl man, um gerecht zu sein, in der griechischen Literatur auch viele Beispiele für eine Mißbilligung solcher Sitten finden kann.[1] Der überlebende Bruder regierte mit harter Hand, bis eine ins Exil vertriebene aristokratische Familie die Spartaner überredete, im Jahr 510 eine Armee zu entsenden, um den Tyrannen zu vertreiben. Nach weiteren Unruhen führte dann ein fähiger demokratischer Führer namens Kleisthenes weitere Reformen durch.

Eine Quelle ständiger Unruhen war auch der Streit unter den vornehmen Familien selbst mit ihren zahlreichen Verwandten und Anhängern. Diese Sippen führten ihre Kämpfe im Stil der Montague und Capulet durch. Kleisthenes machte dem ein Ende, indem er das Volk nicht nach der primitiven Grundlage der Verwandtschaft, sondern nach dem Wohnsitz einteilte. Er teilte die Stadt in Wohnviertel (demoi) und Bezirke (trittyes) ein und bildete aus den Bewohnern willkürlich zusammengestellter Bezirke zehn neue Stämme. Ein neuer Rat der Fünfhundert, durch das Los aus den Angehörigen der neuen Stämme zusammengestellt, war jetzt das wichtigste politische Organ, und Ausschüsse dieses Rates waren für die täglichen Regierungsgeschäfte zuständig.

Obwohl diese neue athenische Verfassung uns rückschauend recht schwerfällig und unlogisch zu sein scheint, funktionierte sie doch hundert Jahre lang.

Kriegerisch gestählt durch den ständigen Kampf zwischen den einzelnen Stadtstaaten, kamen einige der europäischen Griechen den griechischen Städten in Kleinasien zu Hilfe, als sich diese gegen die persische Herrschaft erhoben. Nachdem der Perserkönig diesen Aufstand niedergeschlagen hatte, blickte er Darius – der mit Recht »der Große« genannt wird – unwillig über das Ägäische Meer auf jene, die in seinen Augen die Unruhestifter waren. Er hatte bereits im Jahr 512 Thrazien erobert und Makedonien zu einem Vasallenstaat gemacht.

Im Jahr 490 schickte Darius über das Meer ein Expeditionsheer gegen die Athener aus, die er für die Rädelsführer des griechischen Widerstands hielt. Die Perser landeten bei Marathon, 28 Kilometer nordöstlich von Athen am Ufer der bergigen Halbinsel Attika. Unter Miltiades, einem der zehn athenischen Strategen, kamen die Athener mit bangem Herzen anmarschiert. Denn die persische Streitmacht, obwohl relativ klein, war den Athenern zahlenmäßig überlegen; die Perser waren die berühmtesten Krieger der Welt, und die versprochene Hilfe aus Sparta war nicht eingetroffen.

Doch Glück und Technik kamen den Athenern zu Hilfe. Den Kern des persischen Heeres bildeten die Bogenschützen zu Fuß und die Reiter. Die Bogenschützen, die hinter einem Schutzwall von Schilden aus Weidengeflecht ihre Pfeile abschossen, dezimierten zuerst den Feind; dann schwärmten die Reiter aus und schlugen ihn zusammen. Aber infolge einer logistischen Panne waren die persischen Pferde nicht rechtzeitig angekommen. So mußte die beste Kavallerie der Welt zu Fuß angreifen.

Außerdem hatten die griechischen Bronzeschmiede für die griechischen schwerbewaffneten Infanteristen, die »hoplites«, eine neue Panzerrüstung erdacht: Ein bronzener Helm mit Verlängerungen zum Schutz von Nase, Backen und Hals bedeckte seinen Kopf, und ein bronzener Küraß, nach Maß gearbeitet, umschloß seinen Rumpf. Ein Rock aus Lederstreifen mit bronzenen Knöpfen umgab seine Schenkel, und bronzene Schienen schützten seine Beine. Sein runder Schild aus Holz und Leder, manchmal mit dünnem Bronzeüberzug, hatte einen Durchmesser von fast einem Meter. Die Hauptangriffswaffe des griechischen Soldaten war ein kurzer Speer zum Stechen; er benutzte sein kurzes breites Schwert nur, wenn sein Speer zerbrochen oder verloren war.

Die Perser hatten keine so gute Rüstung, wenn sie auch bald darauf Hemden mit Schuppenpanzern zu tragen begannen. Damals zogen vermutlich die Soldaten des Darius meist in den Kampf mit ihren uniformähnlichen Hüten, Röcken und Hosen, mit Speer und Schild bewaffnet.

Zudem hatten die Griechen den infanteristischen Drill stärker entwickelt als alle anderen Völker, außer vielleicht die Assyrer auf dem Höhepunkt ihrer Macht. Statt in ungeordneten Haufen vorwärts zu stürmen, wobei jeder Offizier seine eigene kleine Gruppe führte, hatten die Griechen gelernt, in geschlossener Reihe zur Musik von Flöten vorzurücken und sich dabei genau auszurichten, so daß eine Kompanie wie eine vorwärtsrückende Hecke von Speeren und Schildern wirkte — vielleicht sind sie sogar im Gleichschritt marschiert. Mit dieser Ausrüstung und Ausbildung konnten sie die Angriffe feindlicher Reiter abwehren. Die griechischen Reiter — meist Angehörige der Aristokratie, da sie ihre Pferde selbst stellen mußten — konnten keine schwere Panzerung tragen, da ihre Pferde für ein solches Gewicht zu klein waren, und sie konnten auch keinen Angriff führen, da sie keine Steigbügel kannten und somit bei jedem plötzlichen Schock leicht vom Pferde fielen. Daher war ihre Hauptaufgabe die Erkundung, das Speerwerfen auf große Entfernung und die Verfolgung von Flüchtigen nach gewonnener Schlacht.

Als die athenischen Linien vorrückten, schossen die persischen Bogenschützen ihre Salven ab. Die Athener schritten unbeirrt weiter, und die Pfeile hingen von ihren bronzenen Schilden und Kürassen. Dann griffen sie selbst an, und im Nahkampf waren sie ihren schlechter bewaffneten Feinden klar überlegen. In der Mitte schlugen die Perser durch das Schwergewicht ihrer Zahl in hartem Kampf die Hellenen in ihren Austernschalen zurück. Aber die beiden athenischen Flügel, bei denen Miltiades seine Stärke konzentriert hatte, umfaßten den Feind. Der Kampf wurde zu einem Blutbad, und die Perser flohen auf ihre Schiffe, wobei sie über 6000 Mann auf dem Kampfplatz zurückließen. Die persischen Befehlshaber fuhren mit ihren Schiffen noch um die Halbinsel herum bis Phaleron in Sichtweite von Athen; aber sie gaben die Absicht auf, dort zu landen, als sie sahen, daß das athenische Heer bereits zu ihrer Abwehr aufgestellt war, und als sie erfuhren, daß die Spartaner in Eilmärschen vom Isthmus von Korinth heranrückten, um den Athenern zu helfen.

Für die Perser war dies ein unbedeutendes Gefecht an der Reichsgrenze. Für die Griechen aber war es ein Ereignis von größter Bedeutung; denn es gab ihnen den Mut, zehn Jahre später dem großen Heerbann entgegenzutreten, den König Xerxes nach Griechenland führte.

Xerxes, der Sohn des Darius, war ein fähiger Mann, aber doch wohl weniger bedeutend als sein Vater. Im Jahr 480 beschloß er, dem Ärger mit diesen kriegerischen Leuten im Westen ein für allemal ein Ende zu machen. Er wollte seine Herrschaft über das europäische Griechenland ausdehnen und diesen unruhigen Gegenden die Segnungen persischer Ordnung und Gerechtigkeit zugute kommen lassen.

So führte er eine große Armee auf einer Floßbrücke über den Hellespont. Sie umfaßte drei der sechs Divisionen des persischen Reichsheeres, jede etwa 50–60 000 Mann stark. Mit ihnen zog eine noch größere Zahl von Nichtkämpfern. Später haben griechische Historiker Xerxes eine Armee von einer oder zwei Millionen Mann angedichtet, aber das sollte man nicht ernst nehmen. Die wirkliche Große Armee der Perser war eindrucksvoll genug, zumal da in alten Zeiten jedes Heer über 50 000 Mann schon durch seine Zahl in einer schwierigen Lage war: Es war gefährdet durch die Schwierigkeit, genügend Lebensmittel aus der Landschaft herbeizuschaffen, um die Männer zu ernähren. Wenn dabei irgend etwas nicht klappte, begannen die Soldaten bald zu hungern, und dann desertierten sie oder meuterten.

Eine kleine griechische Selbstmordeinheit hielt die Perser kurze Zeit am Thermopylen-Paß auf. Das war für die Perser nur ein geringfügiges Ärgernis; aber es lieferte den Griechen eine heroische Legende, die sie noch lange pflegten. Die Athener flohen dann auf die Insel Salamis und ließen die Stadt leer den Persern zurück, die sie einäscherten. Jeder zweite der griechischen Stadtstaaten in Europa war schon zu den Persern übergegangen, und es sah aus, als ob nichts die Einverleibung der ganzen Halbinsel in das Perserreich mehr hindern könne. Dies wäre vielleicht nicht die Katastrophe für die westliche Zivilisation geworden, wie man manchmal gemeint hat: Die Perser waren ein zivilisiertes Volk, und ihr Reich, obwohl auch ein ausbeuterischer Despotismus, wurde in aufgeklärterer Weise regiert als frühere Großreiche. Immerhin hätte aber diese Eroberung den späteren Lauf der Geschichte drastisch verändert.

Die persische Flotte (d. h. eine von den phönizischen und griechisch-kleinasiatischen Städten unter persischer Herrschaft gestellte Flotte) glaubte die griechische Flotte in der Bucht von Eleusis, westlich von Piräus, zwischen der Insel Salamis und dem Festland in einer Falle gefangen zu haben. Als sie aber in geschlossener Ordnung durch die östliche Zufahrt in die Bucht fuhr, umzingelten die griechischen Schiffe die Spitze der Kolonne und zerstörten ein Drittel der persischen Flotte. Voller Wut beschuldigte Xerxes einige der phönizischen Kapitäne der Feigheit und ließ ihnen den Kopf abschlagen, worauf das übrige phönizische Kontingent desertierte.

Obwohl er noch starke Land- und Seestreitkräfte in Griechenland stehen hatte, beschloß Xerxes, mit einer seiner drei Divisionen nach Asien zurückzukehren. Herodots Erzählung, Xerxes habe Angst bekommen, ist wohl reine patriotische Propaganda. Wahrscheinlich hatte Xerxes Meldungen über drohende Aufstände erhalten – die ionischen Griechen in Kleinasien und die Babylonier waren zu jener Zeit oft unruhig.

Außerdem war wohl die Schwierigkeit der Ernährung einer so großen Armee immer akuter geworden.

Xerxes führte seinen Rückzug in geordneter Form durch und ließ zwei seiner drei Divisionen in Griechenland. Im nächsten Jahr wurde nach manchen Verzögerungen und kleinlichen Streitigkeiten eine große griechische Armee unter dem Befehl des Königs Pausanias von Sparta zum Kampf gegen die Perser aufgestellt. Diese Armee stellte sich einer der beiden persischen Divisionen bei Platäa zu einer verworrenen und blutigen Schlacht. Der persische General Mardonius fiel, während er einen Reiterangriff anführte, und die Griechen besiegten die persische Armee und erschlugen die Flüchtlinge.

Einige Tage später besiegte eine athenische Flottenexpedition auch eine persische Flotte, die bei Kap Mykale in Kleinasien am Ufer lag, und zersprengte einen in der Nähe stehenden persischen Heeresverband. Die zweite persische Division war auf dem ganzen Weg zwischen Athen und dem Hellespont verstreut. Als er von der doppelten Niederlage bei Platäa und bei Mykale hörte, glaubte ihr General Artabanus keine andere Wahl zu haben, als seine Truppen nach Asien zurückzuführen: Die Lebensmittelversorgung war endgültig zusammengebrochen, so daß viele seiner Soldaten auf dem Rückzug verhungerten.

Nach dem Rückzug der Perser machten sich die Athener, mit Ruhm bedeckt, an den Wiederaufbau ihrer zerstörten Stadt. Eine Zeitlang war Themistokles, der athenische Führer in diesem Kampf, der einflußreichste Mann. Auf seine Veranlassung bauten die Athener eine neue größere Mauer um die Stadt. Sie bauten ihre Flotte weiter aus und legten im Piräus einen neuen Hafen und einen befestigten Flottenstützpunkt an. Ferner bildeten sie eine Konföderation mit den anderen griechischen Seestädten, die Schiffe und Mannschaften zur Fortsetzung des Krieges mit Persien stellen mußten, der sich noch dreißig Jahre lang müde hinschleppte. Stadtstaaten, die zu klein waren, um Schiffe zu stellen, zahlten Geld in einen Schatz ein, der auf der Insel Delos aufbewahrt wurde; daher hieß die Konföderation auch der Delische Bund.

Wenn auch Athen und Piräus jetzt neu befestigt waren, so waren sie doch sechs Kilometer voneinander entfernt und konnte Athen leicht von der See abgeschnitten werden. Daher machten die Griechen etwas, was schon in dem benachbarten Megara ausprobiert worden war: Sie verbanden die Hauptstadt mit ihrem Hafen durch zwei parallele Mauern[2], die sogenannten Langen Mauern. Obwohl dies wegen der Länge der zu verteidigenden Mauer unpraktisch erscheinen mag, rettete es später Athen im Peleponnesischen Krieg. Es bewährte sich, weil die fortgeschrittene Belagerungstechnik der Assyrer mit ihren Belagerungstürmen auf Rädern und Rammböcken in deren unteren Stockwerken damals in Griechenland unbekannt war.

Die Athener begannen auch den Wiederaufbau der Tempel auf der Akropolis, der »Hohen Stadt«. Dieser Felsen hatte früher als Zitadelle gedient, war aber dann, als die Stadt größer wurde, in einen Tempelbezirk verwandelt worden. Die Perser hatten den alten Tempel der Athene — den Hekatompedon oder »Hundertfüßler« — zerstört, und man weiß nicht genau, wie weit er wieder hergestellt wurde. Auf jeden Fall beschlossen die Athener, dicht dabei einen neuen größeren Tempel zu bauen, der unter dem Namen Parthenon bekannt wurde.

Während dies vor sich ging, verlor Themistokles seine Machtstellung. Er wurde angeklagt, Bestechungsgelder angenommen zu haben. Vielleicht hatte er dies auch, da es bei griechischen Staatsmännern nicht unüblich war. Die Athener ostrazisierten ihn — d. h. sie beschlossen, ihn für zehn Jahre aus dem Lande zu verbannen. Nachdem er Athen verlassen hatte, wurde er auch des Hochverrats angeklagt und floh an den persischen Hof, wo Xerxes gerade ermordet worden war. Als viele Perser, die bei dem griechischen Feldzug Verwandte verloren hatten, seinen Tod forderten, überredete Themistokles den neuen König Artaxerxes, ihm ein Jahr Zeit zu lassen, um die persische Sprache und persische Sitten zu lernen, damit er sich nach besten Kräften verteidigen könne. Als dieses Jahr verstrichen war, redete er sich so gut heraus, daß Artaxerxes ihm einen kleineren Gouverneursposten gab, den er bis zum Ende seines Lebens behielt.

Eine Zeitlang führte ein konservativer, sparta-freundlicher General namens Kimon Athen; aber dann wurde auch er im Jahr 461 v. Chr. in die Verbannung geschickt. In seine Fußstapfen trat ein aufstrebender junger Politiker von aristokratischer Herkunft, aber demokratischen Neigungen: Perikles, Sohn des Xanthippos, der sich den Namen eines der größten Staatsmänner der Geschichte verdiente. In seinem Charme und seinem Mut, seiner Menschlichkeit und seiner Vielseitigkeit, seiner politischen Schlauheit nicht ausschließenden idealistischen Gesinnung und seiner mit Extravaganz und Großspurigkeit gepaarten Weisheit erinnert er einen an Heinrich IV. von Frankreich und an Franklin D. Roosevelt. Obwohl er persönlich ziemlich reserviert und zurückhaltend war, besaß er Lenins Begabung, seine Gedanken in so einfacher, klarer, logischer und zwingender Form vorzutragen, daß er nicht zu den üblichen demagogischen Tricks seine Zuflucht nehmen mußte, um seine Gefolgschaft zusammenzuhalten. Fast dreißig Jahre lang war er der führende Mann Athens und wurde gewählt und immer wieder gewählt, meist zu dem Amt des »Strategos Dekatos Autos«.

Perikles beschloß, sein geliebtes Athen zur schönsten Stadt der Erde zu machen, ebenso wie zur Hauptstadt der Künste und Wissenschaften in der ganzen Welt. Zu diesem Zweck stellte er ein Programm des rücksichtslosen Imperialismus auf, was zur damaligen Zeit keineswegs als verwerflich galt. Die Athener hatten bereits begonnen, den Delischen Bund zu einem Athenischen Reich umzuwandeln: So wurde die Stadt Karystos erobert und gezwungen, dem Bund beizutreten, und als Naxos austreten wollte, wurde es von der Flotte des Bundes blockiert, bis es diesen Gedanken aufgab.

Das »Recht« der Sezession ist ein altes und unlösbares Problem. Wenn eine Föderation gebildet wird, dann klammert man diese Frage meist aus. Denn würde man ein Recht auf Sezession formell anerkennen, dann wäre die Föderation zu schwach, um wirklich lebensfähig zu sein; würde man dieses Recht ausdrücklich ausschließen, dann würden viele Staaten sich weigern, der Föderation beizutreten. Wenn dann die Frage später auftaucht, wird sie meist durch Gewalt entschieden, wie im amerikanischen Bürgerkrieg.

Zu Beginn der Herrschaft des Perikles schickten die Athener eine Expeditionsarmee nach Ägypten. Dort hatte Inaros einen Aufstand gegen die Perser unternommen. Eine Zeitlang konnte er das ganze Land regieren, mit Ausnahme des Weißen Schlosses in Memphis, wo eine persische Garnison aushielt. Aber Artaxerxes sandte eine Armee und eine Flotte nach Ägypten, die Inaros mit seinen griechischen Verbündeten besiegte und gefangennahm. Die einfachen Soldaten durften sich wieder in ihre Heimat durchschlagen; Inaros und die athenischen Generale wurden, obwohl man ihnen ihr Leben versprochen hatte, auf Drängen der alten Königin-Mutter Amestris hingerichtet, einer der zahlreichen blutdürstigen Königinnen, mit denen das persische Achämenidenreich gestraft war.

Der Verlust von Männern und Schiffen in Ägypten gab Perikles einen Vorwand, den Bundesschatz von Delos nach Athen zu verlagern. Dort, so sagte er, wäre er vor den Persern sicherer. Die Athener überredeten oder zwangen außerdem die meisten anderen Mitglieder des Bundes, einen nach dem anderen, an Athen eine jährliche Summe zu zahlen, statt Männer und Schiffe zu stellen. Daraufhin konnte Perikles die Gelder des Bundesschatzes für ein Bauprogramm zur Verschönerung Athens verwenden.

Die anderen Mitglieder des Bundes protestierten, und auch manche Athener meinten, dies ginge wohl etwas zu weit. Aber Perikles entgegnete, solange Athen die anderen Mitglieder des Bundes beschütze, ginge es sie nichts an, was mit dem Geld gemacht würde. Und da die Flotte des Bundes nun fast ausschließlich eine athenische Flotte war, geschah das, was Athen wollte. Auch einige andere Territorien außerhalb des Bundes wurden unter athenische Herrschaft gebracht, während Bundesmitglieder, die revoltierten oder auszutreten versuchten, von Athen angegriffen und wieder unterworfen wurden. Die Athener beraubten sogar die fügsameren Bundesmitglieder eines Teils ihrer Selbstbestimmung, indem sie darauf bestanden, daß bestimmte Rechtsfälle nur vor athenischen Gerichten verhandelt werden könnten.

So wurde aus dem Delischen Bund das Athenische Reich. Etwa für zehn Jahre unterwarf Athen um das Jahr 450 auch einige benachbarte Festlandsstädte; aber diese machten sich bald wieder selbständig, da es Athen an Menschen fehlte, um sie ständig unter Kontrolle zu halten. Danach verzichtete Perikles auf das Herrschaftsgebiet zu Lande und konzentrierte sich auf die Seemacht. Zynisch rechtfertigte er seinen Imperialismus vor den Athenern:

> »Ihr dürft auch ja nicht meinen, daß es sich in diesem Krieg bloß um eines, um den Verlust eurer Unabhängigkeit handele. Nein, es handelt sich darum, daß ihr eure Machtstellung einbüßt und euch der Gefahr eines verhaßt gewordenen Gebieters aussetzt. Diese Stellung aufzugeben steht auch gar nicht mehr in eurer Macht, selbst wenn jemand in der jetzigen Lage aus Furcht die Tatenlosigkeit als die Tugend des Biedermannes hinstellt; denn eure Stellung ist bereits die einer Tyrannis geworden, die in Besitz zu nehmen vielleicht ungerecht war, die aber wieder preiszugeben gefährlich wäre.«[3]

Während er so die Machtstellung Athens nach außen verstärkte, demokratisierte er weiterhin die Verfassung im Innern. Die Wahl von Beamten durch das Los statt durch Abstimmung wurde ausgedehnt, und zum erstenmal wurden Männer für öffentliche Ämter bezahlt. Der Sinn dieser Bezahlung war, daß sonst nur die Reichen sich leisten konnten, sich für öffentliche Ämter zur Verfügung zu stellen; die anderen konnten nicht so lange von ihrer Arbeit fernbleiben, und daher wirkte sich die demokratische Verfassung in der Praxis doch aristokratisch aus.

Auch die Arbeit an den Gerichten wurde zum erstenmal bezahlt. Die Athener hatten ein seltsames Gerichtssystem, wenn auch bestimmte Fälle weiterhin in der Zuständigkeit der Archonten verblieben. Die meisten Fälle wurden von einer Bank von »dikastai« verhandelt — Richter und Geschworene zusammen, die aus der Zahl der Bürger durch das Los bestimmt wurden. Diese Gerichte hatten von 201 bis zu 2501 »dikastai« – Zweck der ungeraden Zahlen war es, eine Stimmengleichheit zu vermeiden. Die Verhandlung vor einer so riesigen Richterbank bewog natürlich die Parteien oft, offenkundig unsachliche und demagogische Argumente vorzubringen, etwa daß ein Angeklagter freigesprochen werden solle, weil er in irgendeiner Schlacht gekämpft hatte.

Die Besetzung von öffentlichen Ämtern durch das Los mag uns bizarr vorkommen. Aber die alten Griechen glaubten, bei einer solchen Auswahl würden die Götter dafür sorgen, daß das Los nur auf würdige Männer fiel. Selbst zu Perikles' Zeiten, als schon Skepsis über das Interesse der Götter am Schicksal der einzelnen Menschen aufgekommen war, glaubte man noch, daß jeder Mann mit gesundem Menschenverstand imstande sei, jedes öffentliche Amt auszufüllen.

Athen zur Zeit des Perikles kam dem Grundsatz der »direkten Demokratie« näher, als man ihm jemals in der Geschichte gekommen ist. Es war eine Regierung von Amateuren. Freilich war nicht die gesamte erwachsene Bevölkerung wahlberechtigt. Die Frauen hatten kein Stimmrecht; aber schließlich bekamen sie es auch bei uns erst Anfang des 20. Jahrhunderts. Etwa ein Drittel der Bevölkerung bestand aus Sklaven, die keinerlei politische Rechte hatten. Schließlich gab es noch die Metöken, die fest ansässigen Fremden, die Steuern zahlten und den Gesetzen Athens unterworfen waren, aber keine politische Vertretung und keine Möglichkeit hatten, Bürger zu werden. Immerhin war aber die politische Macht auf breitere Schultern verteilt als irgendwo sonst in der antiken Welt.

Diese direkte Demokratie funktionierte eine Zeitlang recht gut. Wenn ihre Schwächen zu ihrem schließlichen Zusammenbruch führten, so kann man das gleiche auch von Regierungen anderer Art sagen. Eine offenkundige Schwäche war, daß dieses System einen Perikles brauchte, um gut zu funktionieren, und daß solche Männer selten sind.

Eine andere Schwäche war ein altes und bis heute unlösbares Problem: Es ist gut und schön, die »Herrschaft durch das Volk« zu rühmen – aber wenn nun das Volk Dinge tut, die man bei einem einzelnen als Unehrlichkeit, Verrat, Diebstahl oder Mord bezeichnen würde? Welchen Grund hat man für den Glauben, daß ein Volk kollektiv für Verbrechen und Torheiten weniger anfällig ist als ein einzelner? In Wirklichkeit kann sich »das Volk« ebenso irren wie jeder einzelne, und alle Regierungen haben grundsätzlich die Neigung, undankbar, unzuverlässig und perfide zu sein. Einerlei was für Versprechen eine Regierung abgibt, eine spätere Regierung glaubt sich immer befugt, sie zu brechen unter dem Vorwand »Salus populi suprema lex esto«.[4]

Ein Beispiel: Gegen Ende des Peloponnesischen Krieges errang die athenische Flotte in einer schweren Seeschlacht bei Arginousai einen Sieg; aber ein Sturm verhinderte die Rettung der Mannschaften von 25 beim Kampf untergegangenen athenischen Schiffen. Die Verwandten der Ertrunkenen machten einen großen Skandal; Demagogen wiegelten die Volksversammlung auf und brachten sie dazu, die acht Befehlshaber der Flotte zu verurteilen. Als einige – darunter Sokrates, der damals ein untergeordnetes Amt innehatte – die Rechtmäßigkeit des Verfahrens anzweifelten, »rief die Mehrheit, es sei ungeheuerlich, wenn das Volk von einem x-beliebigen einzelnen daran gehindert werden solle, das zu tun, was es für Recht hielte«.[5]

So töteten die Athener die in ihrer Hand befindlichen sechs der acht Befehlshaber, darunter den Sohn des Perikles. Später bereuten sie dies und stellten die Demagogen unter Anklage, die dann aus Athen flohen; aber das machte die toten Befehlshaber nicht wieder lebendig. Von da an war die militärische Führung der Athener im Kriege ausgesprochen stupide, und dies führte zur schließlichen Niederlage: Der Tod der sechs Männer hat zweifellos vorsichtige Mitbürger davon abgehalten, sich um solche Posten zu bewerben. Ein Zweck der amerikanischen »Bill of Rights« und der langsamen und schwierigen Verfahren zur Abänderung der Verfassung, die in vielen Ländern eingeführt wurden, ist es, solche aus zeitweiligen Verirrungen des Demos entstehenden Mißgriffe zu verhindern.

Eine andere Seite der antiken griechischen Demokratie war die eifersüchtige Engherzigkeit der Stadtstaaten und Athens im besonderen in der Frage der Bürgerrechte. Perikles selbst brachte ein Gesetz ein, das die Bürgerrechte auf diejenigen beschränkte, deren beide Eltern athenische Vollbürger gewesen waren, und das Mischehen zwischen Bürgern und Nichtbürgern verbot. Dies wurde später für Perikles selbst ärgerlich, als er seine langjährige Geliebte Aspasia – eine hochbegabte Frau, die ihm bei seinen Reden half – heiraten wollte, aber nicht durfte, weil sie aus Milet in Kleinasien stammte. Ein besonderer Beschluß der Volksversammlung war erforderlich, um einen Ausländer zu naturalisieren, und dieser kam selten zustande.

Eine solche Exklusivität hatte eine religiöse Grundlage. Die Griechen einer Polis glaubten, die speziellen Götter ihrer Stadt könnten nur von den Nachkommen der Stadtgründer verehrt werden und seien beleidigt, wenn Außenseiter zu ihren Riten zugelassen würden. Dieser Glaube bildete auch ein kräftiges Argument für alle, die – auch wenn sie selbst die Götter nicht so sehr ernst nahmen – gegen den Zusammenschluß mit einer anderen Polis waren.

Dieses engherzige Vorurteil bewog die Athener, den Delischen Bund in ein ausbeuterisches Empire zu verwandeln, in dem die Ressentiments der unterworfenen Städte ein Element der Instabilität bildeten. Wenn auch die demokratische Polis-Verfassung ihre Vorteile hatte in bezug auf freie Bahn für alle Talente und Weckung des Interesses für öffentliche Angelegenheiten, so versagte sie, wenn sie auf ein größeres Gebiet als eine einzelne Stadt und ihre Umgebung übertragen wurde. Bürger, die weiter als einige Kilometer von der Stadt entfernt wohnten, konnten nicht täglich in die Stadt gehen, um an den öffentlichen Angelegenheiten teilzunehmen, und die Menschen der Antike erfaßten niemals den Gedanken der repräsentativen (im Gegensatz zur direkten) Demokratie. Wenn ein Staat über ein gewisses Maß hinauswuchs, brach er entweder auseinander oder die Demokratie wurde durch eine autokratische Herrschaft ersetzt. Dieser Prozeß wiederholte sich einige Jahrhunderte später in noch weit größerem Ausmaß in Rom.

Wie man auch über die moralische Rechtfertigung der Verwendung des Bundesschatzes durch Perikles denken mag, die daraus entstandenen Bauten und Kunstwerke erweckten die Bewunderung vieler Generationen. Gegen Ende der Amtszeit des Perikles kletterte ein Besucher der Akropolis den Zickzackweg zum westlichen Ende des Hügels hinauf und passierte die Propyläen. Ein Flügel der Propyläen beherbergte die städtische Gemäldesammlung, und ihre marmornen Deckenbalken waren von schmiedeeisernen Stangen verstärkt — eine griechische Bauweise, die ihrer Zeit um Jahrhunderte voraus war.

Von der Öffnung der Propyläen aus konnte man vor sich das Parthenon sehen, das im strengen dorischen Stil von den Architekten Iktinos und Kallikrates gebaut worden war. Diese Architekten arbeiteten mit seltsamen optischen Illusionen: Viele Linien, von denen man annehmen würde, sie seien gerade, sind es nicht; die Säulen haben eine leichte Ausbuchtung in der Mitte und verjüngen sich dann leicht nach oben. Die den Tempel umgebenden Stufen sind in der Mitte leicht nach oben gewölbt; die Säulen an den vier Ecken sind ein wenig dicker als die anderen, damit sie nicht dünner erscheinen, da sie nur den Himmel hinter sich haben.

Die heutigen Betrachter sind sich über den Zweck dieser Unregelmäßigkeiten nicht einig. Mir erscheint die plausibelste Erklärung die, daß sie dazu dienten, durch Verstärkung der natürlichen Perspektiven den Tempel noch großartiger erscheinen zu lassen, als er war.

Mit den Standbildern des Parthenon beauftragte Perikles Phidias, den führenden Bildhauer seiner Zeit. Phidias hatte bereits die neun Meter hohe bronzene Kolossalstatue der Athene Polias (oder Athene Promachos) geschaffen, die etwa 30 Meter von den Propyläen entfernt stand. Für die Haupthalle des Parthenon schuf er jetzt eine große Statue der Göttin aus Gold und Elfenbein; für die Giebel an den Enden des Daches stellte er zwei Gruppen von Standbildern her, die Szenen aus der Athene-Sage darstellten. Er schuf ferner Reliefs für den Fries, der die Hauptmauer umgibt, und für die Metopen an dem Gesims (dem Zwischenraum zwischen den Spitzen der Säulen und dem Dach).

Später wurde Phidias von Perikles' politischen Gegnern angeklagt, Gold gestohlen zu haben, das für die Statue der Athene bestimmt war, und sein eigenes Gesicht einem der Krieger des Reliefs gegeben zu haben. Nach Plutarch (dessen Schilderung die plausibelste zu sein scheint) wurde der Bildhauer ins Gefängnis geworfen, wo ihn eine Krankheit bald hinwegraffte.

Fast tausend Jahre lang verlieh das Parthenon der Stadt Athen Ruhm und Glanz. Dann wurde es, wie viele andere Tempel, in eine christliche Kirche verwandelt. Dies bedeutete, daß die Standbilder entfernt, Türen durch die Mauern gebrochen und die Zwischenräume zwischen den Säulen zugemauert wurden, um neue Mauern zu bilden. Die goldene und elfenbeinerne Athene verschwand, so daß wir heute nur noch raten können, wie sie aussah.

In der Türkenzeit wurde das Parthenon eine Moschee; aber es war noch bis zum Jahr 1687 leidlich gut erhalten. Damals lagerten die Türken, die gerade mit der Republik Venedig Krieg führten, Munition in dem Tempel; ein deutscher Geschützmeister in der die Stadt belagernden venezianischen Flotte ließ ein Schiffsgeschütz einen Schuß durch das Dach abgeben, der die gelagerte Munition in Brand setzte und so das ganze Mittelstück des Tempels zerstörte. Nachdem die Stad erobert worden war, versuchte der kunstliebende venezianische Befehlshaber Francesco Morosini den Wagen der Athene vom westlichen Giebel zu entfernen. An eine solche Aufgabe nicht gewohnt, ließen die Arbeiter die Skulptur fallen, die restlos zerbrach.

Als im Jahr 1801 der Earl of Elgin britischer Botschafter in Konstantinopel war, stellte er fest, daß die Athener dieser wenig kunstliebenden Zeit mit den übriggebliebenen Skulpturen ihre Kalköfen fütterten. Mit Erlaubnis der türkischen Regierung, die sich um diese Dinge nicht kümmerte, ließ Elgin die meisten der erhaltenen Skulpturen abholen und verschiffte sie nach England. Als das Schiff, das den vielen Marmor transportierte, in der Nähe von Kythera auf einen Felsen lief und sank, heuerte Elgin Taucher an, welche die Skulpturen an die Oberfläche brachten, und so kamen sie schließlich an ihrem Bestimmungsort an. Er verkaufte sie an das Britische Museum für 36 000 Pfund Sterling – wenig mehr als die Hälfte dessen, was die ganze Sache ihn gekostet hatte. Dreißig Jahre später, als Griechenland unabhängig wurde, verlangte die griechische Regierung die Kunstwerke zurück; aber die »Elgin Marbles« stehen bis zum heutigen Tage in London.

Erst im 20. Jahrhundert begannen die Griechen mit Hilfe amerikanischer Gelder die Ruinen des Parthenon wieder zusammenzustückeln. Der Wiederaufbau und die Restaurierung auf der Akropolis gehen seitdem langsam, aber stetig weiter. Der Reisende, der einen unzerstörten griechischen Tempel sehen will, täte jedoch besser, sich den Tempel des Hephaistos (das sogenannte »Theseion«) etwa 500 Meter nordwestlich der Akropolis anzuschauen. Dieser Tempel wurde, wie manche andere, durch die Umwandlung in eine christliche Kirche vor der Zerstörung bewahrt.

Ich kann nicht alle klassischen Bauwerke Athens beschreiben, wie etwa das Theater des Dionysos und das kleine halbkreisförmige Odeion (oder Musikhalle) im Südosten der Akropolis. Viele Bücher sind diesen Bauwerken gewidmet worden. Viele Bücher sind auch über das tägliche Leben im Athen des Perikles geschrieben worden – es ist uns in reichen Einzelheiten gut bekannt, weil so viel Literatur des 5. und 4. Jahrhunderts v. Chr. später wegen ihrer Qualitäten bewundert und daher der Nachwelt überliefert wurde. Dies gilt nicht für das übrige Griechenland und auch nicht für das Athen anderer Perioden, erst recht nicht für die übrige antike Welt – es sei denn die letzten Jahrzehnte der römischen Republik.

In der goldenen Zeit der Regierung des Perikles wuchs und blühte Athen, nicht nur aufgrund der Reichtümer, die den unterworfenen Städten abgepreßt wurden, sondern auch dank der Silberminen von Laurion an der äußersten Spitze der Halbinsel Attika und dank eines lebhaften Exportgeschäfts mit bemalten Töpferwaren und Olivenöl. Als die Bevölkerung zu groß wurde, um sich aus den Weizenfeldern Attikas zu ernähren, wurde Getreide unter anderem aus den Ländern der Skythen an der Nordküste des Schwarzen Meeres importiert.

Wie ich schon einmal erklärt habe, ist die Bevölkerung einer antiken Stadt schwer zu berechnen. Die Schätzungen über die Größe des perikleischen Athen schwanken zwischen 155 000 und 350 000; vermutlich betrug sie 250–300 000 Menschen. Dies machte Athen zu einer der größten Städte der damaligen Welt, in der gleichen Größenordnung wie Babylon und Memphis. Wie ich schon erwähnte, war die Größe antiker Städte durch das Problem des Lebensmitteltransportes begrenzt. Aber schon zur Zeit der Perserkriege betrug die Bevölkerung Athens vermutlich nicht viel weniger als zur Zeit des Perikles. Daher sollten wir, statt sentimentale Reden über den Sieg des »armen kleinen Athen« über das »mächtige Persien« zu führen, daran denken, daß Athen eine große, volkreiche, gut bewaffnete Stadt mit einer kriegerischen und stolzen Bevölkerung war. Für jeden Feind wäre sie eine harte Nuß gewesen.

Der Ruhm der perikleischen Zeit als eines goldenen Zeitalters beruht aber nicht nur auf materiellem Wohlstand und künstlerischen Leistungen, sondern auch auf dem geistigen Aufschwung, die damals stattfand. Zum Beispiel sind die meisten der heute noch bestehenden Literaturgattungen von den Griechen der klassischen Zeit erfunden worden, und meist haben sie sich im damaligen Athen entwickelt, oder jedenfalls kurz vorher oder nachher. Wir sehen dies schon an folgenden Worten griechischen Ursprungs: Poesie, Epos, Drama, Tragödie, Komödie, Historie, Monographie, Biographie, These, Thema, Mythos, Hymnus und manchen anderen.

Das Drama hat sich sehr rasch entwickelt. Vor der Zeit des Peisistratos bestand es aus nicht viel mehr als einem Darsteller, der zum Klang seiner Leier eine Geschichte in Versen vortrug, während ihn ein Chor begleitete. Aber zur Zeit des Perikles überschnitt sich das schöpferische Leben der drei großen griechischen Tragödiendichter Äschylos, Sophokles und Euripides; der erste der drei starb, als Perikles an die Macht kam. Die spritzigen Komödien des Aristophanes am Ende dieses Jahrhunderts zeigen, welche außerordentliche Freiheit der Rede damals in Athen herrschte. Auf dem Höhepunkt des Peloponnesischen Krieges brachte er seine »Lysistrata« heraus, die von einem imaginären athenisch-spartanischen Krieg handelte und auf den wirklichen Krieg von damals sowie auf alle, die ihn bis zum bitteren Ende durchkämpfen wollten, boshaften Spott ausgoß.

Aristophanes war ein Konservativer; ihm lagen die Interessen der adeligen Grundbesitzer am Herzen, und er lehnte die in Athen kursierenden neuen Ideen ab. Heute halten wir die Konservativen für Imperialisten und umgekehrt; aber in Athen war gerade das Gegenteil der Fall: Die Reichen waren gegen auswärtige Abenteuer, während die Armen – insbesondere die Seeleute und Ruderer von Piräus – für die Ausweitung des Reiches waren, weil sie sich davon persönlichen Vorteil versprachen.

In seiner Komödie »Die Wolken« nahm sich Aristophanes seinen Zeitgenossen, den Philosophen Sokrates, zur Zielscheibe und behandelte ihn mit seinem üblichen bissigen Humor. Er machte beispielsweise einen Scherz über eine Eidechse, die sich auf Sokrates' Kopf erleichterte und dadurch »den Verlust eines erhabenen Gedankens«[6] verursachte. Aristophanes würde gut zum modernen Theater passen, dessen Autoren oft mehr darauf aus sind, ihr Publikum durch aufreizende Sprache und Szenen zu provozieren als durch gut gebaute dramatische Handlungen zu unterhalten.

Aristophanes stellte Sokrates fälschlich als einen verrückten Naturwissenschaftler hin, ähnlich denen, die in manchen »Science fiction«-Romanen der neueren Zeit auftreten. Aber er schoß eben auf alles Neumodische und pries stets die guten alten Zeiten. Soweit wir wissen, ähnelte Sokrates nicht im geringsten der Karikatur des Aristophanes. Zwar hören wir von seinem Schüler Xenophon, daß Sokrates nicht ganz so ein Tugendheld war, wie er in den Dialogen seines anderen Schülers Plato[7] erscheint: Er konnte alle anderen unter den Tisch trinken und den wilden Kordax tanzen wie kaum ein anderer. Zwar lenkte er als einer der ersten die Aufmerksamkeit der Menschen auf die Wichtigkeit exakter Begriffsbestimmungen. Aber er war kein Wissenschaftler, weder ein verrückter noch ein nichtverrückter. Wenn überhaupt, so war er eher anti-naturwissenschaftlich eingestellt und rühmte sich, »sich nicht für solche Sachen zu interessieren und die Ansicht zu vertreten, die Probleme der Natur seien entweder zu schwierig für den Menschen zu erfassen oder für das menschliche Leben bedeutungslos«.[8]

Die wissenschaftliche Spekulation hatte im Jahrhundert vorher bei den Griechen in Kleinasien und in Sizilien begonnen. Männer wie Thales, Pythagoras und Empedokles entwickelten Theorien über die Gestalt der Erde, die Natur der Materie und den Ursprung des Lebens. Da sie nur wenige Tatsachen zur Verfügung und nur geringe Ahnung von wissenschaftlichen Versuchen hatten, rieten sie meistens daneben; aber sie stellten so viele Theorien auf, daß einige davon richtig sein mußten. Zum mindesten suchten sie rationale Antworten auf die Probleme der Natur, statt sich an Träume, Orakel und andere übernatürliche Eingebungen zu halten. Sie waren, soweit wir wissen, die ersten weltlichen Intellektuellen der Welt, die zu lernen suchten nur aus Freude am Wissen und nicht des Geldes, der Macht, des eigenen Ruhms oder des Ruhmes der Götter willen.

Ein späterer ionischer Philosoph, Anaxagoras aus Klazomenai, zog nach Athen und wurde ein Lehrer des jungen Perikles. Er lehrte, die Sonne sei »eine Masse rotglühenden Metalls ... größer als der Peloponnes« und »auf dem Mond gibt es Häuser und außerdem Hügel und Schluchten«.[9] Wegen dieser Lehren wurde Anaxagoras gegen Ende der Regierung des Perikles von dessen Feinden der Gottlosigkeit angeklagt. Perikles rettete ihm das Leben; aber der alte Anaxagoras mußte eine erdrückende Geldstrafe zahlen und Athen verlassen.

Obwohl Perikles selbst alle Intellektuellen beschützte, sowohl die Naturwissenschaftler als auch die anderen, war sein goldenes Zeitalter doch eine Zeit anti-wissenschaftlicher Reaktionen in Athen. Es gab zwar einige naturwissenschaftlich denkende Philosophen wie den Astronomen Meton und den »Atomphysiker« Demokritos; aber die Sophisten, die »weisen Männer«, (wir würden sie heute Professoren nennen) waren zahlreicher. Diese Sophisten beschäftigten sich weniger mit Naturwissenschaften als mit Politik, Moralphilosophie, Grammatik und Rhetorik. Sie verdienten sich ihren Lebensunterhalt als Lehrer in den Schulen, als Hauslehrer in reichen Familien und durch Vorträge. Sokrates, der bescheiden von den Einnahmen aus einem kleinen Besitz lebte, der ihm gehörte, verspottete die Sophisten, weil sie für ihre Lehren vulgäres Geld nahmen — dies, sagte er, würde ihre Philosophie entwerten. Als er davon hörte, bemerkte der Philosoph Protagoras, er sehe keinen Grund, weshalb Philosophen nicht ebensoviel Recht hätten, zu essen, wie andere Menschen.

Das Wachstum des Athenischen Reiches erweckte Beunruhigung in den anderen Teilen Griechenlands, besonders in Sparta (oder Lakedämon oder Lakonia) im südlichen Teil des Peloponnes. Die griechischen Stadtstaaten waren in ihrer Kultur stark verschieden. Die Spartaner waren bekannt für einen strengen Militarismus, die Korinther für ihren Handel und ihren Luxus, die Thebaner für ihre bäuerliche Solidität und die Athener für ihren Intellekt. (Natürlich waren die einzelnen Menschen verschieden wie überall und immer; aber dies waren die kulturellen Normen, denen sich alle »Konformisten« anzupassen suchten).

Ein größerer Gegensatz zwischen den Kulturen Spartas und Athens ist schwer zu finden. Die Athener waren schwatzhaft, die Spartaner schweigsam. Die Athener hatten geschäftlichen Unternehmungsgeist, die Spartaner mißtrauten dem Handel und führten eiserne Münzen ein, die durch ihr schieres Gewicht eine weitergehende Verwendung ausschlossen. Die Athener schlossen ihre Frauen in fast orientalischer Manier von der Außenwelt ab, die Spartaner gaben ihnen weitgehende Freiheit. Athen nahm Ausländer auf, Sparta vertrieb sie von Zeit zu Zeit wieder. Die Athener rühmten sich ihrer Vielseitigkeit; die Spartaner dachten mit grimmiger Konzentration nur daran, ihre militärische Vorherrschaft und ihre Kasteneinteilung aufrechtzuerhalten.

Schon sehr früh hatten die Vorfahren der damaligen Spartaner ihre Nachbarn unterworfen und ihnen eine Leibeigenschaft besonders harter Form auferlegt. Zwischen den herrschenden Spartiaten und dessen Leibeigenen, den Heloten, gab es noch eine Zwischenklasse, die Periöken, die ähnlich den Metöken in Athen frei waren, aber keine politischen Rechte besaßen. Die Heloten wurden von den Spartiaten mit krassem Terror unterdrückt: es hieß, jeder junge Spartiate müsse im Zuge seiner Ausbildung einen Heloten umbringen. Jeder Helote, der besondere Fähigkeiten und Anlagen zeigte, wurde getötet, um die übrigen abzuschrecken. Das Helotentum währte etwa bis 200 v. Chr., als ein militanter quasi-kommunistischer Diktator, Nabis, sich erhob, die herrschende Kaste massakrierte und das Land neu verteilte.

Über die Athener besitzen wir zwei literarische Schilderungen, die eine aus ihrem eigenen Lager und die andere von ihren Feinden. Im Jahr 431, als der Peloponnesische Krieg begonnen hatte, hielt Perikles eine große Grabrede für die ersten gefallenen Athener. Er sagte dabei (oder Thukydides legte ihm diese Worte in den Mund):

»Wir leben in einer Staatsverfassung, die nicht die Gesetze der Nachbarn nachahmt, sondern wir sind eher das Vorbild für andere als deren Nachahmer. Ihr Name ist Demokratie, weil sie nicht auf einer Minderzahl, sondern auf der Mehrzahl der Bürger beruht. Vor dem Gesetz sind bei persönlichen Rechtsstreitigkeiten alle Bürger gleich, das Ansehen jedoch, das einer genießt, richtet sich im Blick auf das Gemeinwesen weniger nach seiner Zugehörigkeit zu einer bestimmten Volksklasse, sondern er wird nach seinen persönlichen Leistungen bevorzugt. Auch dem Armen ist, wenn er für den Staat etwas zu leisten vermag, der Weg nicht durch die Unscheinbarkeit seines Standes versperrt. Und wie in unserem Staatsleben die Freiheit herrscht, so halten wir uns auch in unserem Privatleben fern davon, das tägliche Tun und Treiben des Nachbarn mit Argwohn zu verfolgen. Wir vergen es niemandem, wenn er tut, was ihm gefällt, und setzen auch nicht jene kränkende Miene auf, die ihm zwar nichts zuleide tut, aber doch widerwärtig ist ...

Und auch zur Erholung des Geistes von der Arbeit haben wir die besten Vorkehrungen getroffen. Wir feiern nämlich Kampfspiele und Opferfeste, die über das ganze Jahr verteilt sind; wir richten unsere Wohnungen stattlich und schön her und haben unsere tägliche Freude daran, durch die Gram und Mißstimmung verscheucht werden. Und weil unsere Stadt groß ist, kommen die Erzeugnisse der ganzen Welt zu uns, und wir genießen die Erzeugnisse unserer Heimat genauso wie die Güter der anderen Völker.

Auch in den Kriegsvorbereitungen unterscheiden wir uns von unseren Gegnern. Denn unsere Stadt ist jedermann offen, und es gibt keine Fremdenausweisungen, durch die wir jemanden hindern, sich zu unterrichten und zu schauen, mag auch ein Feind Nutzen aus dem Verzicht auf die Verheimlichung ziehen. Wir bauen nicht in erster Linie auf Rüstungen und listige Künste, sondern auf unseren persönlichen Mut zur Tat. Und auch in der Erziehung wollen jene durch harte, mühevolle Übungen schon bei den Kindern männliche Gesinnung pflanzen; wir dagegen leben ungebunden und gehen trotzdem mit gleicher Tapferkeit einem ebenbürtigen Feinde entgegen ...

Wir lieben die Schönheit und bleiben doch einfach; wir lieben die Weisheit und werden doch nicht schlaff und weichlich. Unser Reichtum dient wirklichen Zwecken, nicht der prahlenden Rede; was die Armut betrifft, so bringt es niemandem Schande, seine Armut zu bekennen, wohl aber, sich ihr nicht durch Arbeit zu entwinden. Dieselben Menschen, die sich dem Staat widmen, gehen auch ihren persönlichen Geschäften nach, und auch wer sich auf sein Gewerbe beschränkt, kennt die öffentlichen Angelegenheiten. Wir sind die einzigen, die einen Bürger, der keinen Sinn für den Staat hat, nicht für ein ruhiges, sondern für ein unnützes Mitglied halten. Unser Volk selber trifft die Entscheidungen oder sucht das rechte Urteil über die Dinge zu gewinnen, und wir sind der Meinung, daß Worte die Taten nicht beeinträchtigen, daß es vielmehr ein Fehler ist, wenn man sich nicht durch Worte belehren und unterrichten läßt, bevor man, wenn nötig, zur Tat schreitet. Denn auch das ist ein Vorzug unserer Natur, daß wir den höchsten Wagemut mit sorgfältigster Überlegung vereinigen, während sonst Tatkraft eine Folge der Unwissenheit, Zaghaftigkeit eine Folge langen Erwägens zu sein pflegt ...

Um es kurz zu sagen: Unsere Stadt in ihrer Gesamtheit ist eine Bildungs- und Erziehungsstätte für Hellas, und es scheint mir, daß jeder einzelne Mann bei uns sich wohl in den mannigfaltigsten Formen und mit Anmut in höchster Gewandtheit zu einer unabhängigen Persönlichkeit ausbildet ...«[10]

Kurz vorher hatte auf einer Konferenz von Abgesandten Spartas und seiner Verbündeten ein korinthischer Delegierter den Spartanern seine Meinung über die Athener gesagt. Wenn diese auch weniger schmeichelhaft ist als die dem Perikles zugeschriebene, so widersprechen sich die beiden Bilder nicht:

»Aber es scheint, daß ihr keine Augen dafür habt und nicht im geringsten daran denkt, wer denn diese Athener sind, mit denen ihr um den Sieg zu ringen haben werdet, wie völlig anders sie sind als ihr. Die Athener suchen immer etwas Neues, sie sind schnell im Entwerfen

Oben: Der Hatschepsut-Tempel liegt nicht weit von dem berühmten Tal der Könige bei Theben entfernt. *Bildnachweis: H. W. Silvester, Bavaria (67/105)*

Unten: Eine lange Reihe von Sphinxplastiken begleitet die Allee zum Karnak-Tempel bei Luxor. *Bildnachweis: Paul Almasy, Bavaria (67/157)*

Mächtige Toranlagen, wie das Nergal-Tor, schirmten die Ausfallstraßen Ninives gegen das Umland ab. *Bildnachweis: Zeitbild, Bavaria (105)*

Aus der Zeit der Phönizier in Karthago ist wenig erhalten. Die Thermen des Antonius entstammen der römischen Besiedlung. *Bildnachweis: Inge Morath, Magnum, laenderpress*

Durch die mächtigen Propyläen betritt man hoch über Athen die Akropolis
mit den vielen, gut erhaltenen Tempelruinen der klassischen Zeit Griechenlands.
Bildnachweis: Dr. Kreft, Bavaria (36/19)

Über die heute noch gut erhaltene Via Flaminia erreicht man von Norden kommend das Forum Tullium mitten in Rom. *Bildnachweis: Ciganovic, laenderpress (3462)*

Die Hagia Sophia, die Kaiser Justinian im 6. Jahrhundert als christliche Kirche erbauen ließ, ist wohl das interessanteste Bauwerk byzantinischer Architektur.
Bildnachweis: Erich Lessing, Magnum, laenderpress

von Plänen und schnell in der Ausführung dessen, was sie als richtig erkannt haben. Ihr dagegen wollt alles Bestehende erhalten, macht gar keine Pläne und bringt nicht einmal das unumgänglich Nötige zur Ausführung. Und weiter: Jene sind verwegen ohne Rücksicht auf ihre Kraft, waghalsig ohne Rücksicht auf die Vernunft, noch im Unglück voller Hoffnung; eure Art dagegen ist es, weniger zu leisten, als ihr könnt, ängstlich zu sein auch bei den vernünftigsten und sichersten Unternehmungen und im Unglück jede Hoffnung auf Rettung zu verlieren. Sie sind sprungbereit, ihr seid Zauderer; sie lieben nichts so sehr, wie in die Ferne zu schweifen, ihr liebt nichts mehr, als zu Hause zu sitzen. Denn sie glauben in der Ferne Glück und Reichtum zu finden; ihr fürchtet durch äußere Unternehmungen, was ihr besitzt, noch zu verlieren. Ihre Siege wissen sie bis aufs letzte auszunutzen, durch ihre Niederlagen lassen sie sich ganz und gar nicht zu Boden werfen. Ihr Leben ist ihnen, wenn es das Vaterland gilt, gleichgültig und fremd; die Vernunft ist, wenn sie für das Vaterland arbeiten, ihre trauteste Freundin. Und wenn sie einen Plan gefaßt, aber nicht durchgeführt haben, meinen sie, etwas verloren zu haben, was schon ihr eigen war; haben sie aber erfolgreich gehandelt, glauben sie wenig im Vergleich zu dem, was die Zukunft noch bringen werde, getan zu haben. Mißlingt ihnen etwas, so ersetzen sie den Schaden durch die Hoffnung auf anderes. Sie sind das einzige Volk, bei dem Haben und Erhoffen dessen, worauf ihr Sinn sich richtet, eins ist — so schnell führen sie aus, was sie beschlossen haben.

Und um all das mühen sie sich von der Wiege bis zum Grabe unter Sorgen und Gefahren und genießen fast gar nichts von dem, was sie haben, weil sie immer nur arbeiten und keine andere Festfreude kennen, als ihre Pflicht zu tun; denn tatenlose Ruhe ist in ihren Augen ein größeres Unglück als mühselige Tätigkeit. Daher wäre es nicht ganz unrichtig, wenn man die Athener zusammenfassend mit dem Satze kennzeichnet: Sie sind dazu da, keine Ruhe zu halten und auch den anderen Menschen keine Ruhe zu lassen.«[11]

Sparta und Athen wurden mehr durch ihre kriegslustigen Verbündeten als durch eine unversöhnliche Feindschaft zwischen den beiden Staaten selbst in den Krieg hineingezogen. Ein Konflikt war entstanden zwischen Korinth und seiner Kolonie Korkyra (oder Kerkyra, das heutige Korfu). Da Korinth mit Sparta verbündet war, verbündeten sich die Korkyrer mit Athen. Als der Krieg drohte, kam es zu einem Austausch von Gesandtschaften zwischen Athen und Sparta und zahlreichen Vorschlägen für eine friedliche Regelung. Es kam sogar zu einer ergebnislosen Abrüstungskonferenz: Die Spartaner, deren eigene Stadt keine Mauern hatte, schlugen vor, daß alle anderen griechischen Stadtmauern abgerissen werden sollten, aber fanden keine Gegenliebe. Wie Edward Gibbon in einem anderen Zusammenhang schrieb: »Dem Krieg gingen, nach der Praxis zivilisierter Nationen, höchst feierliche Beteuerungen voraus, daß jede Seite ehrlich den Frieden wolle.«[12] Die Schwierigkeit war nur, daß – wie bei vielen politischen Konflikten neuerer Zeit – jede Seite Frieden wollte zu einem Preis, den die andere Seite nicht zu zahlen bereit war.

Eigentlich war es nicht ein Krieg, sondern zwei. Zuerst kam der Archidamische Krieg von 431–421 v. Chr. Jahr für Jahr verwüsteten die Spartaner die Halbinsel Attika, während die Athener, sicher hinter ihren Langen Mauern sitzend, ihnen eine lange Nase machten. Unterdessen beherrschte die athenische Flotte das Meer, griff immer wieder die Küsten Spartas und seiner Verbündeten an und eroberte einzelne Inseln. Es war ein Kampf zwischen dem Löwen und dem Walfisch, bei dem keiner den anderen tödlich treffen konnte.

Im zweiten Jahr des Krieges wurde Athen von einer Epidemie heimgesucht. Man glaubt, es seien die Masern (oder vielleicht die Blattern) gewesen, die damals gefährlicher waren als heute, weil es eine neue Krankheit war, gegen die die Menschen noch keine Widerstandsfähigkeit entwickelt hatten. Perikles, dessen Macht immer mehr zurückging, starb daran im nächsten Jahr und brauchte so nicht mehr zu sehen, was für einen schrecklichen Fehler er gemacht hatte, als er Athen in den Krieg treiben ließ. Zu Ende ging Athens große Zeit, denn kein zweiter Perikles tauchte auf.

Statt dessen wurde Kleon der führende Mann, ein skrupelloser Demagoge. Immer wenn einer der Verbündeten Athens abzuspringen versuchte, befürwortete Kleon, die Stadt auszuradieren – die Männer zu töten, die Frauen und Kinder in die Sklaverei zu verkaufen. Manchmal geschah dies auch. Schließlich wurde Kleon zum Befehlshaber gewählt und errang auch einige Siege. Dann wurde er bei einer voreiligen Operation in die Falle gelockt und erschlagen. Athen und Sparta unterschrieben einen Friedensvertrag, den Frieden des Nikias, und einige Jahre lang herrschte Frieden.

Dann aber trat ein anderer Demagoge auf, der brillante und charmante Alkibiades. Er »hatte fast alle Qualitäten eines großen demokratischen Politikers außer der wichtigsten – den Charakter«.[13] Da er einen Krieg wollte, um dort persönlichen Ruhm zu erringen, überredete er die Athener, eine Expedition nach Sizilien zu schicken.

Segesta, eine mit Athen verbündete sizilianische Stadt, stritt mit Selinus, einer anderen Stadt, die mit dem mächtigen Syrakus verbündet war. Dies gab den Athenern einen Vorwand, Syrakus anzugreifen. Sobald Syrakus in ihrer Hand war, meinten die zynischeren athenischen Politiker, könnten sie ganz Sizilien und von dort aus das karthagische Reich erobern, und damit würde Athen zur Herrin des Mittelmeers werden.

Wahrscheinlich gab es auch wirtschaftliche Beweggründe. Die athenischen Führer suchten Athens Lebensmittelversorgung zu sichern, indem sie eines der Länder, aus denen sie Weizen importierten, unter ihre politische Kontrolle brachten. Skythien war zu weit entfernt und zu wild und barbarisch, und der Weg dorthin war von der Gnade des Perserreiches abhängig. Die athenische Intervention in Ägypten vor 45 Jahren war gescheitert. So blieb nur Sizilien übrig.

Wenn auch die Parteien in Athen über das genaue Ziel des Abenteuers verschiedener Ansicht waren, so hat doch niemand moralische Bedenken geäußert. Für einen alten Griechen und überhaupt für jeden Menschen der Antike wären solche Skrupel auch ganz unverständlich gewesen.

Als die Expedition im Jahr 415 abfuhr, war sie eindrucksvoll anzusehen; aber sie war ebenso erbärmlich schlecht organisiert und geführt wie die britische Expedition zu den Dardanellen im Jahr 1915. Sie bestand aus 25—30 000 kämpfenden Soldaten, begleitet von einer großen Horde von Nichtkombattanten. Athen stellte nur einen kleineren Teil der Soldaten, die meisten kamen aus verbündeten Städten oder waren angeworbene Söldner; der Hauptbeitrag Athens bestand in den Schiffen und ihren Mannschaften. Offenbar hofften einige athenische Führer, ihr Ziel durch Bluff und Diplomatie ohne harten Kampf zu erreichen.

Alkibiades war einer der drei kommandierenden Generale; aber kaum war er abgefahren, als seine Gegner die Volksversammlung dazu brachten, ihn aufgrund aufgebauschter Anklagen wegen Gotteslästerung zurückzurufen. Daraufhin floh er nach Sparta; die Spartaner schickten einen befähigten General, Gylippos, nach Sizilien, und die Athener wurden vernichtend geschlagen. Die Überlebenden wurden zu Sklaven, und nur einige wenige kehrten Jahre später tropfenweise nach Hause zurück.

Während noch der Krieg in Sizilien andauerte, begann Sparta von neuem den eigentlichen Peloponnesischen Krieg, den Krieg in der Heimat. Athen wurde von politischen Umstürzen heimgesucht, die abwechselnd von der oligarchischen und der demokratischen Seite kamen. Die spartanischen Landratten ließen sich endlich dazu überreden, eine richtige Flotte zu bauen. Nach mehreren unentschiedenen Seegefechten überraschten sie unter ihrem Befehlshaber Lysandros die athenische Flotte im Jahr 405 bei Aigospotamoi und zerstörten sie, ähnlich wie es die Athener 74 Jahre vorher mit der persischen Flotte bei Mykale gemacht hatten. Athen war endlich geschlagen.

Der Peloponnesische Krieg war ein kleinerer Krieg als viele andere, die weniger gut bekannt sind. Aber er hat die Historiker lange fasziniert, weil sein Verlauf von Thukydides beschrieben wurde, einem der größten Historiker der Antike. Thukydides hatte im Archidamischen Krieg als athenischer Befehlshaber gedient, aber war abberufen worden, weil er eine belagerte Stadt nicht rechtzeitig genug erreicht hatte, um ihre Kapitulation zu verhindern. Im Exil machte er sich daran, eine genaue und objektive Geschichte des Krieges zu schreiben. Schon das Streben nach absoluter Genauigkeit machte ihn zu einer einzigartigen Figur unter den Schriftstellern seiner Zeit und auch der späteren Jahrhunderte. Die einzige Ausnahme sind die Reden, die er dem Perikles und anderen Führern in den Mund legte: Wie er selbst zugab, waren dies keine stenographischen Aufnahmen der wirklichen Reden; bestenfalls gaben sie den allgemeinen Tenor des Gesagten wieder.

Thukydides hatte eine kühl-pessimistische, man könnte sagen machiavellistische Ansicht über die Menschen, und die Motive, die er ihnen unterschob, sind, wie man sehen kann, auch in ganz anderen Zeiten und Räumen als im alten Griechenland wirksam gewesen. Seine große Erzählung, leider nicht vollendet, ist eine Art Mikroskop, unter dem man ein ziemlich typisches Exemplar des Homo sapiens im Kriege beobachten kann, so wie er wirklich ist und nicht so, wie Prediger, Philosophen und Idealisten meist behaupten, daß er sei:

> »Später wurde ja, man kann sagen, ganz Hellas von einem Taumel ergriffen, und in jeder Stadt bildeten sich zwei feindliche Parteien: Die Führer der Volkspartei begünstigten die Athener, die Oligarchen die Lakedämonier. Solange Friede war, hätten wohl diese Mächte keinen Vorwand gehabt, sich in die Händel anderer Städte einzumischen, und die Parteien hätten nicht gewagt, sie herbeizurufen. Als aber die beiden Mächte im Krieg miteinander lagen, gewährte jede derjenigen Partei, die die Stadtverfassung umstürzen wollte, gern ihre bundesgenössische Hilfe, um den Gegnern zu schaden und sich selbst dadurch zu stärken ...
>
> Die Städte also wurden von Parteikämpfen erschüttert, und das Vorbild derer, die den Anfang machten, trieb die Nachfolgenden zu immer größeren Ausschweifungen und zu ganz unerhörten Mitteln listiger Parteiumtriebe und grausamer Rachebefriedigung. Auch die

ursprüngliche Bedeutung der Begriffe und Bezeichnungen wurde je nach den Umständen abgeändert: Tollkühnheit hieß jetzt opfermutiges Eintreten für die Freunde, weise Zurückhaltung hieß verkleidete Feigheit; wer Maß hielt, galt für weibisch, wer grundsätzlich die Vernunft zu Rate zog, für grundsätzlich faul und bequem; aber wer sinnlos dreinschlug, war ein echter Mann. Wenn man einen Plan vorsichtig durchdenken wollte, wurde einem vorgeworfen, man wolle ihn unter einem Vorwand ablehnen. Wer wild drauflos schlug, fand stets Glauben; wer widersprach, machte sich verdächtig ...

Wenn man in der Not einen Vergleich schloß und ihn durch Eide bekräftigte, so behielt derselbe nur so lange Kraft, bis man von anderer Seite Verstärkungen erhielt; bei der ersten Gelegenheit, wenn der Gegner eine Blöße sehen ließ, brach die zuerst zu Kräften kommende Partei den Eid. Man zog einen solchen Vertrauensbruch sogar dem offenen Angriff vor, nicht nur weil er weniger Gefahr bot, sondern weil man für die größere Hinterlist, die man bewies, auch als Sieger in der Klugheit gepriesen wurde. Die meisten Menschen wollen lieber schlaue Bösewichte als einfältige Ehrenmänner heißen; dieses Titels schämen sie sich, auf jenen sind sie stolz.

Schuld an dem allen aber war die Herrschsucht, die nur nach Macht und Ehre dürstete. Daraus entsprang die Leidenschaftlichkeit, mit der die Streitigkeiten ausgefochten wurden. Die zur Führerstellung Gelangten führten die schönsten Worte im Mund: Die einen sprachen von der politischen Gleichberechtigung aller Bürger, die anderen von der maßvollen Herrschaft der Edelsten; aber in Wahrheit war ihnen das Gemeinwohl nur eine Zielscheibe ihres persönlichen Eigennutzes. Mit jedem Mittel kämpften sie untereinander um den Vorrang und schreckten dabei vor nichts zurück. Noch blutiger war ihre Rache. Sie machten nicht an der Grenze des Rechts und des Gemeinwohls halt, sondern gingen so weit, wie es ihnen gerade genehm war; es kostete sie nichts, durch einen ungerechten Prozeß oder durch offene Gewalt ihrem Ehrgeiz Genüge zu tun ...

So hatten die Parteikämpfe in jedem Sinne eine Verschlechterung des hellenischen Charakters im Gefolge. Der gerade, einfältige Sinn, der mit allem Edlen eng verwandt ist, wurde lächerlich und verschwand; die feindselige und mißtrauische Gesinnung gegeneinander aber gewann weit und breit die Oberhand. Davon fühlte man sich weder durch bindende Versicherungen noch durch furchtbare Schwüre des anderen befreit; alle Stärkeren dachten nur daran, sich bei der völligen Unzuverlässigkeit von Wort und Eid durch Klugheit vor Schaden zu bewahren; denn Vertrauen vermochten sie nicht zu fassen.

> Die geistig Beschränktesten brachten es daher am weitesten; denn in ihrer Furcht vor den eigenen Schwächen und vor den Ränken des Gegners schritten sie unbedenklich zur Tat, um nicht der Beredsamkeit des Gegners zu erliegen und durch seinen erfinderischen Geist überlistet zu werden, ehe sie sich noch wehren konnten. Und die Klügeren, die dies verachteten und es rechtzeitig zu merken glaubten, gingen nicht selten zugrunde, weil man, wie sie sagten, nicht mit der Faust ausmachen dürfe, was sich mit dem Geiste durchfechten ließe, und sie sich daher nicht genügend schützten.«[14]

Die Griechen hatten zwei verschiedene Worte für die Stadt: »asty« hieß der unbeseelte Teil – die Straßen, Häuser, Mauern und ähnliches –, »polis« bedeutete das Volk auf seine Institutionen. Nach der Schlacht von Aigospotamoi lebte die »asty« Athens fast unbeschädigt noch viele Jahrhunderte; es kamen sogar neue öffentliche Gebäude, Denkmäler und Standbilder dazu. Aber die Geschichte der »polis« Athen seit 405 v. Chr. ist die Geschichte eines langsamen Niederganges.

Obwohl der Peloponnesische Krieg Griechenland schwer mitgenommen hatte, ist es eine Übertreibung, wenn man oft sagt, er habe Griechenland »ruiniert«. Griechenland erholte sich bald von den Folgen des Krieges, und sein jetzt beginnender langsamer Niedergang läßt sich auf andere Ursachen – wirtschaftliche, demographische und politische – zurückführen, die auch ohne den Peloponnesischen Krieg wirksam wurden. Die wichtigste Ursache von allem war vielleicht, daß die Staatsform der Polis zwar menschliche Talente in überwältigender Fülle zur Entfaltung brachte, aber gleichzeitig es den einzelnen Städten unmöglich machte, sich zusammenzuschließen und so die Angriffe fremder Militärmächte abzuwehren. Ein Grieche des 4. vorchristlichen Jahrhunderts hätte sicher entgegnet: »Nun, wir haben die mächtigen Perser geschlagen, oder nicht?« Aber es bildeten sich Kräfte, die noch stärker waren als das achämenidische Perserreich.

Die siegreichen Spartaner befahlen den Athenern, ihre Mauern niederzureißen – die jedoch bald wieder aufgebaut wurden. Dann ergriff eine oligarchische Verschwörung, die 30 Tyrannen, die Macht und regierte durch Terror, bis die demokratische Partei ein Heer aufstellte und sie stürzte. Eine der ersten Handlungen der wiederhergestellten Demokratie war die Verurteilung des alten Sokrates aufgrund vager Anklagen der Gottlosigkeit und der Verderbnis der Jugend. Was man ihm wirklich übelnahm, war, daß er ein Freund des schuftigen Alkibiades und des Kritias, des Führers der schrecklichen Dreißig, gewesen war. Außerdem betrachteten ihn viele als einen Schädling wegen seiner ewigen Infragestellung angeblich ewiger Wahrheiten. Schließlich wollten die Athener wohl irgend jemanden, ganz gleich wen, für den Verlust des Krieges bestrafen. Wenn Sokrates um Gnade gebeten hätte, hätten sie ihn vielleicht laufen lassen; aber der starrköpfige Alte provozierte sie bis zum äußersten, und so schickten sie ihn zum Tode.

Im Lauf des 4. Jahrhunderts v. Chr. spielte Athen, obwohl es sich schnell vom Kriege erholte, nur noch eine verminderte Rolle in der griechischen Politik. Eine Zeit lang waren die Spartaner obenauf und regierten die anderen griechischen Staaten durch ihre »harmostai« oder Gouverneure. Jedoch diese Harmosten erwiesen sich als höchst anfällig für jede Art von Korruption, da sie in ihrem streng reglementierten Heimatland solchen Versuchungen nie ausgesetzt worden waren, und die spartanische Hegemonie wurde im Jahr 371 von den Thebanern in der Schlacht von Leuktra gebrochen.

In diesem Jahrhundert führte Athen noch einige kleinere Kriege: mit Theben gegen Sparta, mit Sparta gegen Theben, und einen Seekrieg gegen den Fürsten Mausolos von Karien in Kleinasien. Athen verbündete sich mit Theben gegen die wachsende Macht Makedoniens; aber beide Staaten wurden von König Philipp und seinem Sohn Alexander bei Chaironeia im Jahr 338 vernichtend geschlagen. Danach mußte sich Athen auf friedliche Ziele beschränken, während Alexander das Perserreich eroberte und einen dünnen Schleier des Hellenismus von Ägypten bis nach Indien ausbreitete.

Während dieses Jahrhunderts, in dem das Interesse der Athener an Innen- und Außenpolitik nachließ, blühten die Künste und Wissenschaften in Athen so stark wie je. Praxiteles leitete die realistischere Bildhauerkunst der hellenistischen Zeit ein; die Standbilder begannen jetzt, wie die Menschen auszusehen, die sie darstellen sollten, und waren nicht mehr die ausdruckslosen Idealfiguren, die Phidias und seine Kollegen geschaffen hatten. Menandros entwickelte die neue Komödie: das humoristische Spiel, das auf einer ausgefallenen Situation beruhte — etwa daß ein Paar ganz ähnlicher Zwillinge, die in frühester Kindheit getrennt wurden, ohne ihr Wissen ständig miteinander verwechselt werden. Die Philosophenschulen der Zyniker, Stoiker und Epikureer entstanden. Einige radikale Denker bezweifelten sogar die moralische Berechtigung der Sklaverei, wenn auch diese Institution nirgends abgeschafft wurde.

In der ersten Hälfte des Jahrhunderts führte Sokrates' Schüler Plato seine Ein-Mann-Schule — gewissermaßen die erste Universität der Welt — in dem vorstädtischen Park und der Turnhalle Akademeia. Platos Schüler Aristoteles von Stageira war der Lehrer des jungen Alexander

(der später »der Große« genannt wurde); dann kehrte er nach Athen zurück und errichtete in einem andern Park, dem Lykeion, eine Konkurrenzschule. Daher stammen die heutigen Ausdrücke Akademie und Lyzeum. Aristoteles, einer der größten Geister aller Zeiten, trug mehr als jeder andere zur Entwicklung der wissenschaftlichen Denkmethode bei. Sein Nachfolger als Leiter der Schule war der bahnbrechende Botaniker Theophrastos. Danach verlagerte sich freilich das Zentrum der wissenschaftlichen Tätigkeit nach Alexandria.

In den folgenden Jahrhunderten kam Athen unter die Herrschaft eines Eroberers nach dem anderen, zuerst der Makedonier und dann der Römer. Meist ließen sie aus Respekt vor ihrer ruhmreichen Vergangenheit die Stadt in Ruhe und erlaubten ihr ein gewisses Maß von Selbstregierung. Nicht mehr imstande, ihnen mit Waffengewalt Widerstand zu leisten, versuchten die Athener, ihre Oberherren durch unschöne Kriecherei zu zähmen. Die einzige Ausnahme war das Jahr 87 v. Chr., als Mithridates, der König von Pontus in Kleinasien, die Athener bewog, sich seinem Krieg gegen Rom anzuschließen, und der römische General Sulla dann die Stadt plünderte.

Ganz Griechenland erlebte in der hellenistischen und in der römischen Zeit einen Niedergang, teils infolge ungünstiger wirtschaftlicher Entwicklungen und teils infolge Entvölkerung, verursacht durch Auswanderung und durch die weitverbreitete Sitte der Tötung neugeborener weiblicher Kinder. Mit Ausnahme der Plünderung durch Sulla führte Athen jedoch seine ruhige und wirtschaftlich gesicherte Existenz als Sitz der Wissenschaften fort. Verschiedene große Wohltäter ließen neue schöne Gebäude errichten. Im ersten Jahrhundert vor Christus baute Andronikos von Kyrrha eine ausgeklügelte Standuhr: das Horologium oder Turm der Winde, das heute noch einige Häuserblocks nördlich der Akropolis steht. Es ist ein kleiner Bau mit acht Seiten, mit einem Standbild auf jeder Seite, das einen der Winde verkörpert. Ursprünglich befand sich ein Uhrzeiger an jeder Seite, mit einer Reihe von Markierungen, an denen man die Zeit ablesen konnte. Im Innern befand sich auch eine Wasseruhr, und auf dem Dach stand eine Wetterfahne in Form einer bronzenen Triton-Figur.

Etwa um 130 n. Chr. vollendete der römische Kaiser Hadrian den Tempel des olympischen Zeus in Athen. Dieser Bau war schon zur Zeit des Tyrannen Peisistratos im 6. Jahrhundert v. Chr. begonnen und war dann aufgegeben und mehrmals wiederaufgenommen worden — jedesmal mit einem großartigeren Bauplan, aber jedesmal nur für kurze Zeit, weil das Geld ausging. Als er endlich von Hadrian vollendet worden war, bildete er den größten Tempel Griechenlands und einen der größten der Antike mit 104 17 Meter hohen korinthischen Säulen. 16 dieser Säulen existieren noch. 15 davon stehen, etwa 500 Meter südöstlich der Akropolis; die sechzehnte wurde 1852 von einem Sturm umgeworfen und liegt heute mit ihren hohen Trommeln an die nächste angelehnt – wie eine Reihe fallender Dominosteine. Noch im 15. Jahrhundert standen 21 Säulen; aber im Jahr 1760 verbrannten die Türken eine, um Mörtel für den Bau einer Moschee zu gewinnen, und vermutlich haben die anderen ein ähnliches Schicksal erlebt.

In der römischen Zeit kamen noch immer die Menschen nach Athen, um dort eine fortschrittliche und aufgeklärte Bildung zu erhalten. Aber das Christentum machte mit dieser Quelle von Prestige und Einkommen ein Ende. Der christliche Kaiser Theodosius I. beschränkte die Freiheit der Philosophenschulen, und der oströmische Kaiser Justinian schloß sie im Jahr 529 endgültig. Sieben ihrer Professoren flohen nach Persien, wo sie gehört hatten, daß ein Philosoph im Sinne Platos König sein sollte. Ach, welche Illusionen! »Sie waren erstaunt über die Entdeckung, daß Persien allen anderen Ländern der Welt ähnelte, daß König Chosroes, der sich den Namen eines Philosophen zulegte, ein eitler, grausamer und ehrgeiziger Mann war, daß Bigotterie und Intoleranz bei den Magiern vorherrschte, daß die Adeligen hochmütig, die Höflinge servil und die Richter ungerecht waren, daß die Schuldigen manchmal ungeschoren blieben und die Unschuldigen oft bestraft wurden. Die Enttäuschung der Philosophen brachte sie dazu, die echten Tugenden der Perser zu übersehen . . .«[15] Die Philosophen kehrten bald in das Oströmische Reich zurück, nachdem der Schah großzügigerweise Justinian gebeten hatte, die weltfremden Gelehrten von der allgemeinen Verfolgung der Heiden auszunehmen.

Danach sank Athen zu einer Provinzstadt des Byzantinischen Reiches mit wenig besonderen Eigenschaften herab. Als im Jahr 1204 die Kreuzfahrer Konstantinopel eroberten und das Byzantinische Reich in mehrere feudale Besitzungen aufteilten, kam Athen unter die Herrschaft einer Reihe französischer, spanischer und italienischer Abenteurer, die als »Herzöge von Athen« – man denke an Shakespeares »Sommernachtstraum« – regierten. Im Jahr 1458 rundete dann der osmanische Sultan Mehmed II. seine Eroberung Griechenlands ab, annektierte Attika und ließ den letzten Herzog Franco erdrosseln. Unter der türkischen Herrschaft war die Stadt wenig mehr als ein schmutziges Dorf, zu Füßen der Akropolis hingekauert. Athens Denkmäler erlitten in den nächsten drei Jahrhunderten schwere Schäden, da sowohl die Türken wie die Venezianer, die mehrere Einfälle machten, sie abrissen, um die Steine zu Befestigungen zu verwenden.

Als die Griechen im Jahr 1832 die türkische Herrschaft abschüttelten, wählten sie bald wieder Athen zur Hauptstadt. Aus besonderen politischen Gründen beschlossen die europäischen Mächte, Griechenland solle eine Monarchie sein, und empfahlen der neuen Nation als König einen Prinzen Otto von Bayern.

Seitdem hat Griechenland ständig zwischen absoluter Monarchie, konstitutioneller Monarchie, Republik und militärischer Diktatur geschwankt. Athen ist in dieser Zeit wieder eine der größten Hafenstädte des Mittelmeers geworden, mit rund zwei Millionen Einwohnern und einer Untergrundbahn.

Ein seltsamer Aspekt der modernen griechischen Geschichte ist die Landessprache. Als 1832 die Unabhängigkeit errungen wurde, traten einige griechische Intellektuelle zusammen, um zu entscheiden, was die amtliche Sprache sein solle: Damals sprachen die Griechen im östlichen Mittelmeerraum eine Vielzahl lokaler Dialekte, die unter sich stark verschieden waren und sich zum klassischen Griechisch verhielten wie etwa das moderne Englisch zum Englisch von Chaucer. Die Gelehrten kamen zu der Ansicht, das Griechische habe seine höchste Vollendung in den Schriften von Platos Zeitgenossen Xenophon erreicht. Sie empfahlen daher, das Griechisch Xenophons, leicht modernisiert, solle die offizielle Landessprache werden – die Schriftsprache natürlich. Sie versuchten freilich nicht, auch die Aussprache der klassischen Zeit wiederherzustellen, die man ohnehin nur raten kann.

Nach den üblichen linguistischen Gesetzen wurde die Umgangssprache von Athen die Umgangssprache des ganzen Landes. Daher werden im heutigen Griechenland zwei Sprachen gesprochen: das »katharevousa« oder das »reine« Griechisch, die in den dreißiger Jahren des vorigen Jahrhunderts künstlich geschaffene archaische Sprache, und das »dimotiki« oder »volkstümliche« Griechisch, die Umgangssprache des Atheners. Für die Gesetze und die Debatten im Parlament (wenn Griechenland ein Parlament hat) und für die Fachliteratur benutzt man das »katharevousa«; in der leichten Literatur, im Journalismus und im Alltag das »dimotiki«. Auch die Politik hat auf die Sprache abgefärbt. Griechenland ist das einzige Land, wo man die politische Einstellung einer Zeitung nach ihrer Grammatik feststellen kann: Wenn sie häufig den Dativ benutzt, ist sie konservativ.

Jedoch trotz des Niederganges und trotz aller Entehrungen, die Athen in späteren Jahrhunderten erdulden mußte, ist die Geschichte des perikleischen Athen – wie es Thukydides von seiner Geschichtsschreibung hoffte – »ein Besitz von dauerndem Wert«[16] geblieben.

7.
Syrakus und die Quelle der Arethusa

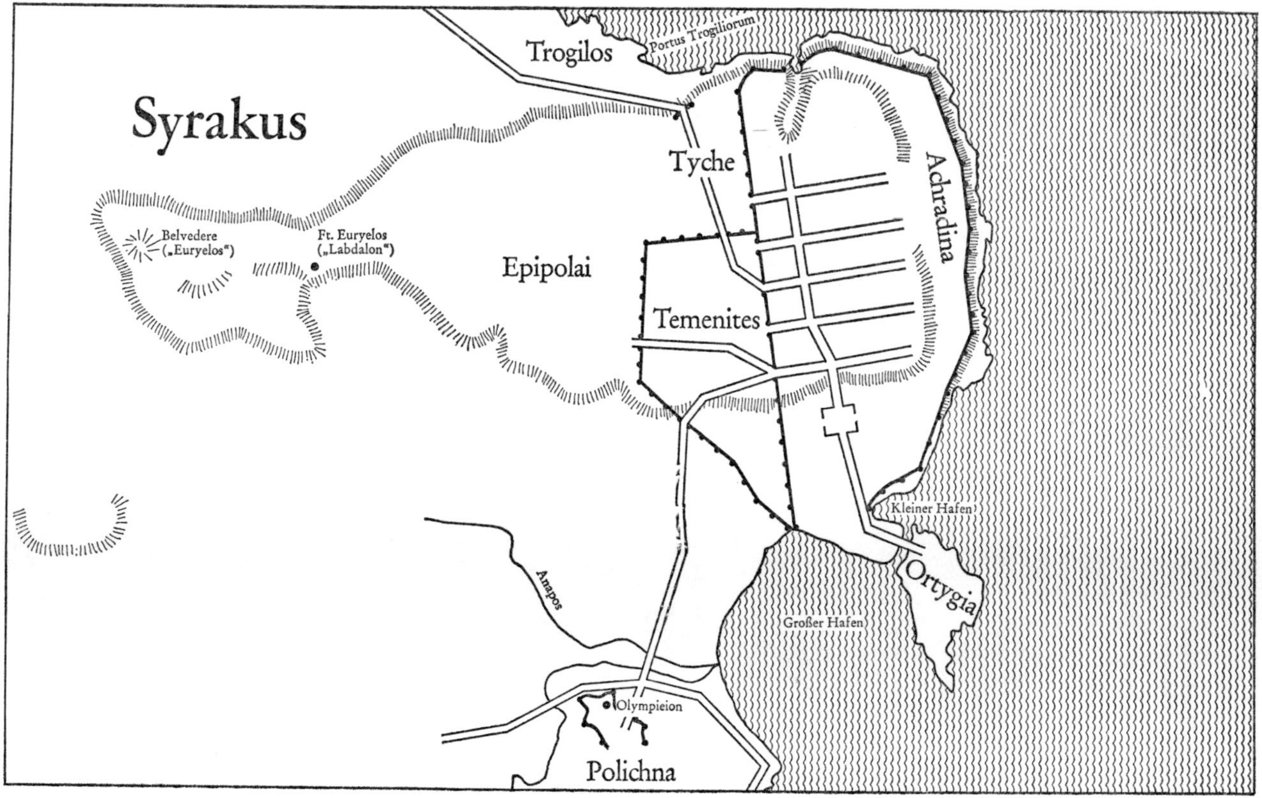
Syrakus
Trogilos
Portus Trogiliorum
Tyche
Achradina
Belvedere
(„Euryelos“)
Ft. Euryelos
(„Labdalon“)
Epipolai
Temenites
Kleiner Hafen
Ortygia
Anapos
Großer Hafen
Olympieion
Polichna

Im Jahr 70 v. Chr. erhob der ehrenwerte römische Senator Marcus Tullius Cicero vor dem Senat Anklage gegen Gaius Verres. Verres war einer der schlimmsten Schurken des Senates. Er hatte als Quästor (Schatzmeister und stellvertretender Gouverneur) unter dem Prätor (Gouverneur) Cornelius Dolabella in Kilikien amtiert. Als Dolabella wegen Erpressung seiner Untertanen angeklagt wurde, sagte Verres offiziell gegen seinen Vorgesetzten aus. Dann verschaffte er sich mit dem Geld, das er während seiner Amtszeit zusammengerafft hatte, durch Bestechungen das Amt des Prätors von Sizilien. Er suchte die unglücklichen Sizilianer heim wie eine Landplage, ließ viele Menschen foltern und töten und stahl alles, was nicht niet- und nagelfest war.

Seine Tätigkeit wurde von Cicero mit folgenden Worten beschrieben:

»Ihr habt oft gehört, daß Syrakus die größte aller griechischen Städte und die schönste aller Städte sei. So ist es in der Tat. Denn es ist sowohl stark durch seine natürliche Lage als auch wundervoll anzusehen, von welcher Seite auch immer man sich der Stadt nähert, zu Lande oder von der See her. Die Stadt hat zwei Häfen, die sozusagen in die Gebäude der Stadt eingeschlossen sind, als ob sie sich in jeder Hinsicht mit ihr vereinigen wollten; die Häfen haben zwei verschiedene getrennte Eingänge, stoßen aber an ihrem anderen Ende zusammen. Die Vereinigung der beiden Häfen trennt vom Festland den Stadtteil ab, der die Insel genannt wird; aber diese ist mit dem Festland durch eine Brücke über den dazwischenliegenden schmalen Meeresarm verbunden.

So groß ist die Stadt, daß man sagen kann, sie besteht aus vier Städten, die jede für sich schon sehr groß sind. Die eine ist die, welche ich schon erwähnt habe: die Insel, die von den zwei Häfen umgeben ist, während sie sich zum Eingang jedes Hafens hin erstreckt. Dort steht der Palast König Hierons, der jetzt der Amtssitz unserer Prätoren ist. Die Insel hat auch mehrere sakrale Gebäude, vor allem zwei, die alle anderen weit übertreffen: einen Tempel der Diana und einen der Minerva, der vor der Ankunft des Verres reich ausgestattet war. Am Ende dieser Insel befindet sich eine Quelle mit frischem Wasser, die den Namen der Arethusa trägt, von unwahrscheinlicher Größe und voller Fische; diese würde von den Wellen des Meeres ganz überflutet werden, wäre sie nicht vom Meer durch eine starke Felswand getrennt.

Die zweite Stadt von Syrakus ist die, welche Achradina heißt; sie hat ein Forum von sehr großen Ausmaßen, mit schönen Säulenhallen, einer geräumigen Curie und einem großartigen Tempel des Jupiter Olympius – nicht zu sprechen von den anderen Teilen der Stadt, die von Privathäusern eingenommen sind. Dieser Stadtteil wird von einer breiten Straße in ganzer Länge durchzogen, mit vielen Querstraßen. Die dritte Stadt heißt Tychia, weil sich in ihr ein sehr alter Tempel der Fortuna (Tyche) befindet; dort stehen auch ein sehr geräumiges Gymnasium und viele sakrale Gebäude, und es ist der am dichtesten bevölkerte Teil von Syrakus. Die vierte Stadt heißt, weil sie zuletzt gebaut wurde, Neapolis, an ihrer höchsten Stelle liegt ein sehr großes Theater, und daneben stehen auch zwei herrliche Tempel, der eine der Ceres und der andere der Libra, ebenso wie eine Statue des Apollo, die von Temenites geschaffen wurde, sehr groß und von großer Schönheit – Verres hätte nicht gezögert, sie fortzuschleppen, wäre er imstande gewesen, sie zu bewegen.«[1]

Cicero argumentierte so überzeugend und führte eine solche Menge von Zeugen und eidesstattlichen Aussagen vor, daß sich der Senat ausnahmsweise verpflichtet fühlte, die Gerechtigkeit über die Klassensolidarität zu stellen und Verres zu verurteilen, zum mindesten zu einem Schlag auf die Finger. Mit den meisten seiner unrechtmäßig erworbenen Reichtümer ging Verres nach Massilia, dem heutigen Marseille, ins Exil. Dort lebte er behaglich, bis er auf Befehl eines noch größeren Diebes getötet wurde, des Triumvirn Marcus Antonius, der die zahlreichen Kunstgegenstände begehrte, die Verres in Sizilien gestohlen hatte.

Nach der Legende wurde Syrakus (auf Griechisch: Syrakousai, auf Italienisch: Siracusa) im Jahr 734 v. Chr. von Archias aus Korinth gegründet. Archias hatte versehentlich seinen Lieblingsknaben in einem Kampf mit einem Rivalen um die Gunst des Jungen getötet, und daraufhin wurde Korinth von einer Epidemie heimgesucht. Als Archias das Delphische Orakel befragte, antwortete dieses: »Eine Insel, Ortygia, liegt im schäumenden Ozean an der Küste Trinakrias, wo die Mündung des Alpheios sprudelt und ihr Wasser mit der Quelle der Arethusa vermischt«. Ortygia heißt »Wachtel«, Trinakria oder »die Dreieckige« ist ein poetischer Name für Sizilien, der sich auf dessen Dreiecksgestalt bezieht.

Der Alpheios wiederum war ein Flüßchen im westlichen Griechenland. Nach einer Legende tauchte er unter die Adria und kam auf Ortygia wieder zum Vorschein, sein Wasser mit dem Wasser der Arethusa-Quelle vermischend. Der Flußgott Alpheios soll nämlich die Nymphe Arethusa verfolgt haben, die, um seinen Belästigungen zu entgehen, sich in die sizilianische Quelle verwandelte (oder von der Göttin Artemis verwandelt wurde); so groß aber war des Alpheios Liebe, daß er seinen

Fluß unter das Meer tauchen ließ, um endlich in dieser wässerigen Form mit seiner Geliebten vereinigt zu werden.

Wenn wir annehmen, daß die Gründung von Syrakus so stattgefunden hat, dann landete Archias auf Ortygia, das seitdem der Kern der Stadt geblieben ist. Ich habe bereits von den Vorzügen einer küstennahen Insel als Ort für eine städtische Siedlung gesprochen. Ortygia hatte den zusätzlichen Vorzug einer reichlichen Wasserversorgung, eben von der Quelle der Arethusa. Diese war ein natürlicher artesischer Brunnen, durch den Wasser aus dem sizilianischen Festland unter dem Meeresboden auf die Insel und dort an die Oberfläche gelangte, so wie es nach der Legende der Fluß Alpheios tat. Die Legende war also nur eine phantasievolle Ausschmückung eines geologischen Phänomens.

Die Insel liegt an der Südostküste Siziliens, wo mehrere kleine Halbinseln aus der sonst hafenlosen Küste herausragen. Zwei dieser Halbinseln, Achradina und Plemmyrion[2], umschließen eine geräumige Bucht, den großen Hafen von Syrakus. Die Insel Ortygia, 1½ Kilometer lang und gut 500 Meter breit, schließt im Süden an die südöstliche Spitze der Halbinsel Achradina an und versperrt teilweise den Eingang in die Bucht.

Jenseits der schmalen Meerenge, die Ortygia vom Festland trennt, liegt eine flache Ebene. Wenn ein Reisender der klassischen Zeit von der Bucht aus nach links weiterging, wurde dieses Flachland zu einem Sumpf, durch den der Fluß Anapos sich langsam wand. Dieser Sumpf hieß Syrako, daher stammt der Name Syrakus.

Nördlich des Anapos-Tales erhob sich ein dreieckiges steil ansteigendes Plateau, das sich von der Halbinsel Achradina etwa sieben Kilometer landeinwärts erstreckt. Dieses Plateau hieß Epipolai. Als Syrakus größer wurde, dehnte sich die Stadt auf die Ortygia benachbarte Ebene aus; von dort kroch sie weiter nach Norden zum östlichen Teil von Epipolai und nach Westen am Fuß der Felsen entlang, die das Plateau begrenzten.

Die ersten griechischen Siedler in Sizilien fanden ein mäßig gebirgiges Land vor, dessen Erhebungen in dem 3200 Meter hohen Vulkan Ätna an der Ostküste gipfelten, die aber sonst kaum mehr als 1500 Meter über dem Meeresspiegel lagen. Die Abhänge der Berge waren lang und sanft, mit Gras und Gestrüpp bedeckt. In den Tälern gab es dichte Wälder, vermutlich weit mehr als heute: In Sizilien, wie auch anderwärts im Mittelmeerraum, haben drei Jahrtausende gedankenlosen Abholzens, zusammen mit den die Schößlinge fressenden Hausziegen, weite Gebiete entwaldet und einst grüne Landschaften in Steppe oder Halbwüste verwandelt. Sizilien besaß aber auch breite Täler und flache Ebenen, die für die Weizen anbauenden Griechen gutes Ackerland abgaben.

Wie die anderen griechischen Einwanderer in Sizilien, mußten auch die Kolonisten von Syrakus erst die vorherigen Bewohner vertreiben, deren leichte Bewaffnung und primitive Stammesorganisation den gepanzerten, militärisch gut gedrillten Neuankömmlingen nicht gewachsen war. Diese Einheimischen waren die »Sikeloi« (griechisch) oder »Siculi« (lateinisch), ein Volk italischen Ursprungs, das von stärkeren Nachbarn aus Italien vertrieben worden war. Sie hatten ihrerseits die noch früheren Bewohner Siziliens verdrängt, die Sikaner, offenbar ein den Iberern verwandtes Volk. Die Sikuler hatten die Sikaner in den westlichen Teil Siziliens zurückgedrängt, wo sie damals noch lebten.

Am westlichen Ende Siziliens hatten sich die Phönizier niedergelassen. Sie gründeten Handelsstädte wie Panormus (das heutige Palermo) und Motya auf einer der Küste vorgelagerten Insel an der Westspitze Siziliens. Die Phönizier hatten die Sikaner von der Küste ins Innere gedrängt, ebenso wie es die Griechen mit den Sikulern taten. Bis zur Eroberung durch die Römer lebten Sikuler und Sikaner noch im bergigen Landesinnern, manchmal im Kampf gegen die Städte an der Küste und manchmal halb widerwillig deren Kultur übernehmend, wie es die Israeliter mit den Philistern getan hatten. Im 5. Jahrhundert v. Chr. einigte einmal ein sikulischer Häuptling namens Duketius die Sikuler gegen die Griechen; aber nachdem die Syrakusaner ihn geschlagen hatten, lief seine Gefolgschaft auseinander, und er konnte danach sein Ziel nicht mehr erreichen.

Zwei Jahrhunderte lang lebten die Griechen und Phönizier in Sizilien friedlich nebeneinander. da ihre Gebiete weit genug voneinander entfernt waren und sich nicht überschnitten. Als jedoch die Bevölkerung wuchs und immer mehr Städte gegründet wurden, kam es zum Konflikt. Nun ist das Mittelmeer an der Südwestküste Siziliens nur etwa 140 Kilometer breit; auf der anderen Seite liegt die herausragende tunesische Landspitze Nordafrikas. Hier gab es andere phönizische Städte, darunter die mächtigste von allen: Karthago. Und an Karthago richteten die phönizischen Städte Siziliens jetzt einen Hilferuf.

Nach Herodot kam es zur karthagischen Intervention, als der Tyrann von Himera durch einen anderen Abenteurer aus seiner Stadt vertrieben wurde. Der Vertriebene überredete seinen Freund, den karthagischen General Hamilkar, ihn mit Waffengewalt wieder einzusetzen. Herodot berichtet, dies sei »eine Armee von 300 000 Mann gewesen, Phönizier, Libyer, Iberer, Ligurer, Helisykier, Sardinier und Korsen«.[3] Dies klingt natürlich mehr wie eine Streitmacht zur Eroberung ganz Siziliens als zur Wiedereinsetzung eines lokalen Diktators. Aber vielleicht haben die Griechen, wie beim Heer des Xerxes, die Stärke des Feindes maßlos übertrieben, indem sie alle Nichtkombattanten mitzählten und dann die Gesamtzahl noch ein- oder zweimal verdoppelten.

Mehrere griechische Städte in Sizilien verbündeten sich nun und stellten eine Armee auf, welche den heterogenen karthagischen Heerhaufen in einer blutigen Schlacht schlugen; Hamilkar selbst kam mit den meisten seiner Soldaten um. Gelon, der Tyrann von Syrakus, hatte die Griechen befehligt. Als nun die Griechen im Heimatland kurz darauf eine Delegation zu ihm schickten, die ihn um Hilfeleistung gegen Xerxes und seine Perser bat, warf er ihnen vor, ihm gegen Hamilkar jede Hilfe verweigert zu haben; er sei jedoch bereit, Schiffe und Soldaten zu stellen, wenn er die gesamte griechische Streitmacht befehligen würde. Die Spartaner aber bestanden darauf, die verbündete Armee, und die Athener, die verbündete Flotte zu kommandieren. Gelon bemerkte trocken: »Ihr habt, so scheint es, keinen Mangel an Befehlshabern; aber es fehlt euch wohl an Soldaten, welche die Befehle ausführen«[4] – oder, wie man in Amerika sagte: »Zu viele Chefs und nicht genug Indianer.«

So fuhren die Abgesandten enttäuscht nach Hause. Gelon schickte einen Vertrauten namens Kadmos aus mit einem Tribut, den er dem Xerxes zahlen sollte, wenn die Perser gewannen. Als dann die Perser geschlagen wurden, kehrte Kadmos nach Syrakus zurück und gab Gelon sein Geld wieder – Herodot war erstaunt, daß jemand so ehrlich sein konnte, wenn er sich so leicht mit soviel Geld hätte aus dem Staube machen können.

Einige Jahrhunderte lang kam es immer wieder zu Kriegen zwischen den Griechen und Phöniziern in Sizilien, die meist mit großer Wildheit und Grausamkeit ausgefochten wurden. Beide Seiten machten große Anstrengungen, um die andere von der Insel überhaupt zu vertreiben; aber beide konnten niemals so viel Kraft aufbringen.

Die griechischen Städte in Sizilien entwickelten sich politisch ähnlich wie die Städte im griechischen Heimatland. Was von der frühen Geschichte Siziliens bekannt ist, zeigt uns, daß die Stadtstaaten von den Oligarchien der »geomoroi[5], der Grundbesitzer, regiert wurden, welche die ganze Macht in der Hand behielten, indem sie religiöse Vorrechte in Anspruch nahmen und die ungeschriebenen Gesetze nach Gutdünken manipulierten. Mit der Zeit erhob sich dann überall der Demos und vertrieb die Aristokraten. Danach schwankte die Verfassung überall zwischen Demokratie und Diktatur.

Im großen und ganzen aber entwickelte sich die Demokratie in Sizilien weniger gut als in Griechenland selbst. Die sizilianischen Tyrannen erinnern einen an die Fürsten der Renaissance: ehrgeizig, begabt, wendig, brutal und völlig skrupellos. Sie wirken wie eine Verkörperung des zynischen Standpunktes, den Thukydides den Athenern in den Mund legte. Als die Bevölkerung von Melos sich über die Ungerechtigkeit und die Unterdrückung durch die Athener beschwerte, sollen diese erwidert haben: »Nach unserer Meinung über die Götter und nach unserer Kenntnis der Menschen sind wir zu dem Schluß gekommen, daß es ein allgemeines und zwangsläufiges Gesetz der Natur ist, daß wir herrschen, wo wir können.«[6]

Diese Götter, von denen die Athener sprachen, waren natürlich die des olympischen Pantheon. Es war eine fröhliche Gesellschaft von Gottheiten, aber nicht gerade moralisch erhebend, da sie meist damit beschäftigt waren, sich gegenseitig die Frauen wegzunehmen und sich zu raufen wie eine Bande betrunkener Barbaren.

In Syrakus fand die Revolution gegen die »geomoroi« im Jahr 485 statt. Die vertriebenen Grundbesitzer riefen Gelon, den Tyrannen von Gela, zu Hilfe. Gelon führte seine Armee nach Syrakus und besetzte die Stadt. Dann aber, statt die Grundbesitzer wieder in ihre Macht einzusetzen, hielt er es für amüsanter, die Stadt selbst zu regieren, da sie größer und reicher war als Gela. Er regierte erfolgreich sechs oder sieben Jahre. Um Syrakus zu vergrößern, nahm er die Bewohner benachbarter Städte gefangen und zwang sie, nach Syrakus umzuziehen. Als zwei Städte, Megara und Euböa (nicht zu verwechseln mit den gleichnamigen Städten in Griechenland), sich widersetzten, hungerte er sie aus, bis sie kapitulierten. Dann brachte er die Reichen, die erwartet hatten, als Anführer des Widerstandes getötet zu werden, nach Syrakus und siedelte sie dort als Vollbürger an. Die einfachen Leute, auf die er weniger Wert legte, wurden in die Sklaverei verkauft.

Einige Jahre nach seinem Sieg über die Karthager starb Gelon an Wassersucht, betrauert von vielen Syrakusanern. Sein Bruder Hieron I. folgte ihm, regierte streng und zog führende Literaten seiner Zeit an seinen Hof, darunter den Dramatiker Äschylos und den Dichter Pindar. Nach seinem Tode versuchte ein dritter Bruder die Alleinherrschaft fortzusetzen, wurde aber bald vertrieben.

Als dann die Demokratie wiederhergestellt war, entstand in der Stadt ein typisch griechischer Konflikt: Die Söldner, die Gelon und seinen Brüdern gedient hatten, verlangten volle Bürgerrechte; aber die Bürger bestanden darauf, sie von allen öffentlichen Ämtern auszuschließen. Schließlich marschierten die Söldner weiter nach Norden bis Messana — dem heutigen Messina — und ließen sich dort nieder.

Die syrakusanische Demokratie dauerte über fünfzig Jahre. Das wichtigste Ereignis dieser Periode war die große Belagerung durch die

Athener von 415—413 v. Chr. Die athenische Armada kam unter zweien der ursprünglichen drei Befehlshaber, Nikias und Lamachos, in Sizilien an. Nikias, der ranghöhere, war ein reicher älterer Herr, kränklich, bigott und abergläubisch. Ein tüchtiger Soldat in seiner Jugend, war er jetzt ängstlich und entschlußlos geworden; obendrein war er von Anfang an gegen das sizilianische Abenteuer gewesen. Die Athener schifften sich bei Rhegion an der Fußspitze des italienischen Stiefels aus. Sie verbrachten fast ein Jahr damit, langsam in Sizilien vorzurücken, ihre Stärke zur Schau stellend und um Bundesgenossen werbend, ehe sie an die Belagerung von Syrakus selbst gingen.

Als diese schließlich begann, bauten sie eine Mauer quer durch das Plateau von Epipolai, die der Stadtmauer gegenüberlag und größtenteils parallel zu ihr verlief. Die Syrakusaner begannen mit dem Bau einer Gegenmauer, die sich von ihrer Stadt rechtwinkelig bis zur athenischen Mauer erstreckte. Als die Athener die Mauerbauer in die Stadt zurückjagten und den begonnenen Bau einrissen, fingen die Syrakusaner mit einer neuen Mauer an. Monatelang setzte sich der Bau und das Einreißen von Mauern fort, mit kleinen Scharmützeln und Nachtangriffen. In einem dieser Gefechte fiel der fähige Lamachos, und die Athener unterstanden jetzt allein dem schlaffen Nikias.

Kurz darauf kam ein fähiger spartanischer General, Gylippos, mit sizilianischen Verstärkungen den Syrakusanern zu Hilfe. Er setzte den Bau von Mauern und Befestigungen energisch fort, um die Athener einzuschließen. Obwohl auch sie Verstärkungen erhalten hatten, sahen sich die Athener bald in der Rolle der Belagerten statt in der der Belagerer, wenn auch keine Seite imstande war, die andere völlig von der Außenwelt abzuschließen.

Nachdem es ihnen nicht gelang, aus der Umklammerung auszubrechen, entschlossen sich die Athener zum Rückzug; aber dann kam eine Mondfinsternis, und die Wahrsager erklärten, dies sei ein göttliches Zeichen, daß man noch einen Monat warten solle. Während der fromme Nikias wartete, schlugen die Syrakusaner zweimal die athenische Flotte im Großen Hafen. Endlich flohen jetzt die Athener und versuchten, in die sizilianischen Hügel zu entkommen; doch die Syrakusaner versperrten die Straßen und Pässe, erschlugen Hunderte und nahmen Tausende gefangen. Nikias und sein Kollege Demosthenes, der die athenischen Verstärkungen nach Syrakus geführt hatte, wurden dabei getötet.

7000 überlebende Athener wurden Staatssklaven und mußten in den Steinbrüchen arbeiten. Diese »Latomien« waren an der Südseite des Plateaus von Epipolai in den Felsen hineingehauen worden. Nach einem halben Jahr härtester Arbeit dort wurden die Überlebenden als Sklaven weiterverkauft.

Diese Steinbrüche sind heute eine große touristische Attraktion von Syrakus. Ein besonders geformter Steinbruch, genannt das Ohr des Dionys, enthält einen Tunnel, der in einer Kurve weit nach unten verläuft. Nach der Legende hatte er eine solche Akustik, daß der Tyrann Dionysios I. dort politische Gegner arbeiten ließ und von oben ihre Gespräche mithören konnte. Aber dies ist nur eine von Fremdenführern erfundene Fabel, die aus dem 15. Jahrhundert stammt.

Obwohl der Sieg über die Athener ein Triumph für die syrakusanische Demokratie war, überlebte sie diesen Sieg nicht lange. Dann trat ein neuer Demagoge auf. Sohn einer eher kleinbürgerlichen Familie, erhielt Dionysios eine Stellung als Schreiber in einem Staatsamt und trat der Partei des Hermokrates bei, der die Syrakusaner im Kampf gegen die Athener geführt hatte. Nach dem Krieg fanden die Syrakusaner, Hermokrates sei zu mächtig geworden, und schickten ihn in die Verbannung. Als er mit Gewalt seine Rückkehr erzwingen wollte, wurde er im Straßenkampf getötet; Dionysios wurde verwundet und blieb scheintot liegen.

Als sich die Dinge wieder beruhigt hatten, trat Dionysios, der die Tochter des Hermokrates geheiratet hatte, als volkstümlicher Führer auf. Er überredete die Bürger, den Ausschuß der Befehlshaber abzulösen und einen neuen einzusetzen, dem er selbst angehörte. Dann wandte er einen Trick an, der auch bei anderen Tyrannen beliebt war: Zunächst fingierte er ein Attentat auf sich selbst, und danach verlangte er, daß man ihm, dem Liebling der Massen, eine Leibgarde zum Schutz vor reaktionären Mordanschlägen stellen solle. Sobald er dann sein Bataillon gut bewaffneter Leibwächter hatte, war es für ihn leicht, die öffentlichen Gebäude zu besetzen, sich zum Führer zu proklamieren und alle politischen Gegner zu töten. Seine beliebteste Hinrichtungsmethode war das Ertränken, das sauberer und hygienischer war als andere Todesarten.

Als er die Macht in Händen hatte, führte Dionysios unentschiedene Kriege gegen die Phönizier in Sizilien und in Karthago. Zuerst wurde er besiegt, als er versuchte, das von den Karthagern belagerte Gela zu entsetzen. Bei dem Rückzug kam die aristokratische Reiterei als erste nach Syrakus und machte ihrem Mißvergnügen über ihren General Luft durch eine Massenvergewaltigung der Frau des Dionysios; sie starb dabei oder nahm sich das Leben. Dionysios, der mit seinen Söldnern dicht dahinter kam, überraschte aber die Meuterer und nahm blutige Rache.

Dann verbrachte er mehrere Jahre damit, seine Position zu festigen. Er befestigte die Insel Ortygia, errichtete dort öffentliche Gebäude und erlaubte nur seinen Anhängern und seinen Söldnern, in diesem Stadtteil zu leben. Er baute den Hafen aus und errichtete eine gewaltige Festung, den Euryalos, am Westende von Epipolai.

Obwohl ein mutiger Anführer im Krieg, wurde Dionysios im Privatleben krankhaft mißtrauisch; er trug eine eiserne Weste unter seinem Gewand und ließ keinen Barbier mit einem scharfen Messer an sich heran. Ein Aufstand der Bürger wurde mit Hilfe seiner Söldner niedergeschlagen, aber die Besiegten milde behandelt. Dionysios war großzügig in der Verleihung von Bürgerrechten an Ausländer und frühere Sklaven.

Bei der Behandlung anderer sizilianischer Städte entwurzelte er die Bewohner rücksichtslos und verpflanzte sie, ob sie wollten oder nicht, nach Syrakus oder anderswohin. Syrakus wuchs, bis es die größte aller griechischen Städte war. Man hat es das »New York der griechischen Welt« genannt. Seine Bevölkerung muß über 250 000 betragen haben, und eine Schätzung geht sogar auf 400 000.[7] Dies hätte Syrakus möglicherweise zur größten Stadt der damaligen Welt gemacht.

Obwohl die Griechen sonst monogam waren, wollte sich Dionysios durch solche Konventionen nicht einengen lassen. Nach dem Tode seiner ersten Frau heiratete er gleichzeitig zwei Mädchen aus gutem Hause und hatte dann von beiden Kinder.

Im Jahr 399 plante Dionysios einen Feldzug gegen die phönizischen Städte in Westsizilien. Um sich die Überlegenheit zu sichern,

> ». . . zog er Facharbeiter zusammen, die er in den von ihm beherrschten Städten aushob oder durch hohe Löhne aus Italien und Griechenland, ja, selbst in karthagischem Gebiet anwarb . . . Er teilte sie nach ihren Fachkenntnissen in Gruppen ein und unterstellte diese Gruppen den dazu geeignetsten Bürgern, wobei er jeder, die neue Waffen lieferte, große Belohnungen versprach[8]«.

Dies war das erste Heereswaffenamt der Welt. Es war auch das erste bekannte Beispiel dafür, daß eine Regierung Männer zum Erfinden anstellte. Diejenigen, die sich heute über den »militärisch-industriellen Komplex« ärgern, wird es interessieren, daß dieser schon mit Dionysios dem Älteren begann.

Eine der Aufgaben von Dionysios' Erfindergruppen war die Entwicklung größerer Kriegsschiffe, als sie damals üblich waren. Das Standardkriegsschiff der Zeit war damals die Triere oder Trireme. Die Ruder ihrer drei Ruderbänke, obwohl aus verschiedenen Höhen arbeitend, waren dank einer ausgeklügelten kreuzweisen Anordnung der Ruderer fast alle gleich lang. Dionysios wollte »Waffen in großer Zahl und Wurfgeschosse jeder Art herstellen und außerdem Tetreren (Schiffe mit vier Ruderbänken) und Penteren (mit fünf Ruderbänken) ... Er war der erste, der an den Bau solcher Schiffe dachte[9].«

Wir wissen keine Einzelheiten über diese Schiffe; aber wir können vermuten, daß der erste Schritt der Bau von größeren Trieren war, nur mit Rudern in vier oder fünf Bänken statt in drei. Aber dann entstanden Schwierigkeiten, da die Ruder der oberen Bänke größer sein mußten als die der unteren und es schwer war, eine solche verwirrende Menge verschiedener Ruder im Gleichmaß zu halten. Daher bürgerten sich die Schiffe des neuen Typs zunächst nur langsam ein. Dann, so können wir vermuten, dachte irgendein genialer Kopf daran, ein Schiff mit einer einzigen Bank ganz großer Ruder zu bauen, die von vier oder fünf Männern bewegt wurden.

Im Mittelalter und in der Renaissance wurden dann Schiffe mit Rudern verschiedener Länge und verschiedener Zahl von Ruderern in mehreren Kombinationen ausprobiert. Man stellte fest, daß für alle Schiffe, die größer waren als die Triere, eine einzelne Bank mit großen Rudern, jedes von vier oder noch mehr Ruderern bewegt, das Zweckmäßigste war. In der hellenistischen Zeit waren »Zehner«, »Sechzehner« und ähnliche Schiffe gebaut worden; aber diese Namen beziehen sich auf die Zahl der Ruderer – oder vielleicht auf die Zahl der Ruderer auf einem oberen und einem unteren Ruder eines Schiffs mit zwei Ruderbänken.

Eine andere der Gruppen des Dionysios erfand das Katapult. Das erste Katapult war im wesentlichen nur eine übergroße Armbrust, die auf einem festen Unterbau montiert war und große Pfeile von anderthalb bis zwei Meter Länge abschoß.

Zwei Jahre später setzte Dionysios seine neuen Waffen bei der Belagerung von Motya ein. Als der karthagische Befehlshaber Himilkon eine Flotte aus Afrika heranführte, um den Motyanern zu helfen, drang er in den Hafen ein und stellte fest, daß die syrakusanischen Schiffe an Land gezogen waren:

»Himilkon griff die ersten Schiffe an, aber wurde durch einen Regen von Geschossen zurückgeschlagen; denn Dionysios hatte die Schiffe mit zahlreichen Bogenschützen und Schleuderern bemannt, und die Syrakusaner erschlugen viele ihrer Feinde, indem sie von Land aus die Katapulte einsetzten, die scharfgespitzte Pfeile abschossen. Diese Waffe verursachte große Verwirrung beim Feind, da sie eine neue Erfindung war. Infolgedessen konnte Himilkon seine Absicht nicht ausführen und kehrte nach Libyen zurück.«[10]

Damit begann die Geschichte der Artillerie. Indem er seine Katapulte benutzte, um die Mauern von Motya von Menschen frei zu fegen, und sie dann mit Rammböcken und beweglichen Belagerungstürmen des assyrisch-phönizischen Typs angriff, erzwang sich Dionysios den Einzug in die Stadt. Obwohl die Bewohner mit zäher Tapferkeit kämpften, überwältigten die Griechen ihren Widerstand und begannen sie in Massen zu erschlagen. Dionysios stoppte das Blutbad, weniger aus Mitleid als aus Sparsamkeit; denn er wollte die Motyaner als Sklaven verkaufen, um das Geld für die Kriegführung wieder hereinzubekommen. Immerhin befriedigte er den Blutdurst seiner Männer durch die Kreuzigung der griechischen Söldner, die für Motya gekämpft hatten.

Ebenso wie es bei den Tetreren und Penteren der Fall war, verbreitete sich die Kenntnis der Katapulte nur langsam im Mittelmeerraum. Noch einige Jahrzehnte nach der Belagerung von Motya brachte jemand einen Katapultpfeil von fast zwei Meter Länge als eine Kuriosität nach Sparta. Als König Archidamos III. ihn sah, rief er aus: »O Herakles, mit der Tapferkeit der Männer ist es zu Ende!«[11]

Dies war der erste bekannte Protest gegen die Mechanisierung des Krieges, und solche Proteste hat es seitdem immer wieder gegeben; aber nie wurden sie beachtet. Als ein halbes Jahrhundert später Alexanders Stern aufging, waren die Katapulte schon allgemein bekannt. Es gab kleine Katapulte, um Pfeile auf Menschen zu schießen; ein bewegliches Ein-Mann-Katapult entwickelte sich später zur Armbrust. Es gab auch große Katapulte, um Stein- oder Ziegelkugeln von fünf bis 90 Kilo Gewicht auf Schiffe oder auf Belagerungstürme abzuschießen. Heute kann man in der Nähe des Ohrs des Dionys einen Haufen steinerne Katapultkugeln von 30 cm Durchmesser sehen, die 30 bis 35 Kilo wiegen.

Die schnellen Fortschritte in der Kunst der Städtebelagerung und -eroberung im 4. Jahrhundert v. Chr. brachten auch Änderungen im Städtebau mit sich. Städte, die bisher durch Mauern aus Ziegeln oder aus Stein, Ziegeln und Holz gemischt ausreichend beschützt waren, bauten jetzt massive Steinmauern, um den neuen Belagerungsmaschinen standzuhalten. Die Assyrer hatten diese Maschinen erfunden, die Phönizier hatten sie im ganzen Mittelmeerraum verbreitet, und die Griechen verbesserten sie noch weiter. Außer den schweren Katapulten, die eine Mauer aus großer Entfernung beschießen konnten, gehörten zu diesen Maschinen die »Schildkröte«, ein Schutzschild auf Rädern, das die Pioniere beschützte, während sie den Graben ausfüllten und die Mauer unterminierten; die »Ramm-Schildkröte«, ein ähnlicher Schild mit einem Rammbock, der an Ketten innen aufgehängt war; schließlich der »Belfried« oder Belagerungsturm auf Rädern, der oft mit einem Rammbock oder mit Katapulten kombiniert war, die durch kleine Schlitze ihre Pfeile abschossen.

Um eine Stadt zu schützen, wurde nicht nur die Mauer verstärkt, sondern es wurden auch mehrere zusätzliche Verteidigungslinien vor der Mauer angelegt. Dazu gehörten einfache Gräben und Wallgräben, getarnte Gruben, in welche die vorrückenden Belagerungsmaschinen einsinken sollten, und mehrere Linien von »Hirschgeweihen« – Baumzweige, die scharf angespitzt und in die Erde eingegraben wurden, um eine ähnliche Funktion zu erfüllen wie ein moderner Stacheldrahtverhau.

Dionysios erfreute sich nicht lange seiner Eroberung Motyas; denn die Karthager rüsteten eine große Expedition gegen ihn aus. Ihre Armee landete im Jahr 396 im westlichen Sizilien, marschierte an der Nordküste entlang und brandschatzte Messana. Dionysios wurde nach Syrakus zurückgedrängt, wo er eine ebenso ernste Belagerung erdulden mußte wie einst die Belagerung durch die Athener. Doch eine Epidemie brach bei den Karthagern aus, die in der Nähe des Sumpfes von Syrako ihr Lager aufgeschlagen hatten, und Dionysios schlug sie in einem kühnen Ausfall. Dann ließ er gegen eine hohe Bestechungssumme die karthagischen Soldaten entkommen, die ihre Söldner und ihre sizilianischen Verbündeten im Stich ließen. Man argwöhnte, er habe Himilkon entkommen lassen und die Karthager nicht allzu hart schlagen wollen, da er sie als eine ständige Drohung brauchte, um seine eigene Herrschaft über Syrakus zu befestigen.

Seine Regierung dauerte noch weitere zwanzig Jahre bis 367 v. Chr. Er führte noch einige kleinere Feldzüge gegen die Karthager; ferner kämpfte er mit anderen sizilianischen oder italischen Griechen und verleibte ihre Städte eine nach der anderen seinem Reich ein. Bei seinem Tode herrschte er über ein größeres Gebiet und mehr Untertanen als jeder andere Grieche vor Alexander. Dionysios führte auch einen Seefeldzug gegen etruskische Piraten im Tyrrhenischen Meer, weitete seinen Einfluß durch Handelsbeziehungen und Bündnispolitik bis in die Adria aus und sandte einmal eine Schiffsladung Weizen an einen kleineren, aber aufstrebenden italischen Stadtstaat namens Rom, als dort eine Hungersnot herrschte.

Dionysios errichtete öffentliche Bauten und war ein Gönner des Sports und der Literatur. Er hatte auch persönlich literarische Ambitionen und offenbar etwas Talent; denn nach manchen vergeblichen Versuchen gewann er in Athen einen Preis mit einem Drama unter dem Titel »Hektors Lösegeld«. Er gab ein großes Fest, um diesen Erfolg zu feiern, und starb einige Tage darauf. Seine Feinde sagten, er sei gestorben, weil er bei der Party zuviel getrunken habe; aber das kann auch böswilliges Geschwätz sein. Er war schon Mitte der Sechzig, und beim damaligen Stand der medizinischen Wissenschaft konnte er in diesem Alter von jeder beliebigen Krankheit hinweggerafft werden.

Auf Dionysios folgte etwa ein Jahrhundert kurzlebiger demokratischer Versuche und neuer Tyrannen, unter denen Agathokles der grausamste war. Etwa ein Jahrzehnt nach dem Tode des Agathokles verlief das Leben in Syrakus ziemlich ereignislos. Dann, bedroht durch eine neue karthagische Invasion, riefen die Syrakusaner König Pyrrhos von Epirus, einen der Diadochen Alexanders, zu Hilfe. Pyrrhos, der neben anderen Frauen eine Tochter des Agathokles geheiratet hatte, kämpfte gerade in Italien gegen die Römer; ein mutiger Kriegsführer und Besitzer einer Truppe indischer Kriegselefanten, war er von der Stadt Tarent nach Italien geholt worden, um ihr gegen Rom beizustehen. Jetzt schloß er einen Waffenstillstand mit Rom und vertrieb die Karthager aus fast ganz Sizilien. Es gelang ihm jedoch nicht, ihren Stützpunkt Lilybaion im Westen zu nehmen, und er überwarf sich mit seinen sizilianischen Verbündeten, worauf er nach Italien zurückkehrte, um den Krieg mit Rom wiederaufzunehmen.

Nach seinem Abzug wurde einer seiner Offiziere, der Syrakusaner Hieron, zum Befehlshaber von Syrakus gewählt. Er bewährte sich so gut, daß er einige Jahre später als Hieron II. zum König proklamiert wurde, obwohl er nie großen Wert auf seine Königswürde legte. Als im Jahr 264 der Erste Punische Krieg ausbrach, ergriff er zunächst die Partei der Karthager; als der Krieg für diese nicht so gut verlief, schloß er einen Sonderfrieden mit Rom, dessen treuer Verbündeter er für den Rest seines langen Lebens blieb. Er starb im Jahr 215, über 90 Jahre alt.

Unter der Regierung Hierons II. lebte in Syrakus einer der größten Geister der Antike: Archimedes, der bahnbrechende Ingenieur und Erfinder der hellenistischen Zeit. Er hatte in Alexandria studiert, wo er mit mehreren führenden Forschern bekannt geworden war; dann kehrte er nach Syrakus zurück, wo er den Rest seines Lebens verbrachte. Obwohl er nicht reich war, sicherte ihm die Tatsache, daß er ein Verwandter König Hierons war, Muße zum Denken und Experimentieren.

Archimedes machte viele einzigartige mathematische Entdeckungen, wie das Verhältnis der Oberfläche eines gleichförmigen runden Zylinders zu dem von dem Zylinder eingeschlossenen Raum oder die, bis dahin noch ungenaue, Berechnung des Verhältnisses zwischen dem Umfang eines Kreises und seinem Durchmesser (die Zahl π). Er begründete die Wissenschaft der Hydrostatik und entdeckte das »archimedische Gesetz«: daß ein im Wasser versenkter Körper entsprechend dem Gewicht der verdrängten Flüssigkeit an Gewicht verliert. Diese Entdeckung kam so zustande:

»Hieron beschloß nach seinen Siegen in einem bestimmten Tempel eine den unsterblichen Göttern geweihte Krone aufzustellen. Er vergab die Ausführung an einen Unternehmer und wog diesem das Gold genau vor. Zum festgesetzten Termin präsentierte der Mann das Werk, kunstvoll gearbeitet, dem König, und es hatte den Anschein, als habe er das genaue Gewicht der Krone in Gold abgeliefert. Es war jedoch durchgesickert, daß dabei Gold unterschlagen und eine entsprechende Menge Silber bei der Herstellung der Krone beigemischt worden war. Hieron war ungehalten, daß man ihn übers Ohr gehauen hatte; da er aber nicht wußte, wie der den Diebstahl nachweisen sollte, beauftragte er Archimedes mit der Untersuchung. Während dieser noch über das Problem nachdachte, ging er zufällig ins Bad. Als er in den Badebottich hineinstieg, bemerkte er, daß die Menge des Wassers, das über den Rand des Bottichs überfloß, gleich dem Umfang seines Körpers war, den er hineingetaucht hatte. Da diese Tatsache einen Fingerzeig zur Aufhellung der Angelegenheit bot, zögerte er nicht, sondern sprang eilends aus dem Bad, lief nackt nach Hause und rief dabei laut, er habe genau das gefunden, was er suchte — auf Griechisch hieß dies »heureka, heureka!«

Dann, seine Entdeckung ausnutzend, soll er je eine Menge Gold und Silber vom gleichen Gewicht wie die Krone genommen haben. Danach füllte er ein großes Gefäß bis zum Rand mit Wasser und warf das Silber hinein, so daß das Wasser überfloß. Danach holte er das Silber wieder heraus und füllte genau nach Maß die Menge Wasser wieder nach, die notwendig war, um das Gefäß wieder bis zum Rand zu füllen. Dadurch stellte er fest, welches Gewicht von Silber einer bestimmten Menge Wasser entsprach.

Als zweites warf er ebenso das Gold in das volle Gefäß und nahm es wieder heraus. Wieder goß er Wasser genau nach Maß dazu, und jetzt entdeckte er, daß nicht so viel Wasser verdrängt worden war; dies entsprach der geringeren Quantität des Goldes verglichen mit der Quantität des Silbers vom gleichen Gewicht. Archimedes warf dann die Krone selbst ins Wasser und stellte fest, daß mehr Wasser nötig war, um den durch die Krone eingenommenen Raum wieder zu füllen, als nötig war, um den durch das Gold gleichen Gewichts eingenommenen Raum zu füllen. Aus der Tatsache, daß die Krone im Vergleich zum Gold gleichen Gewichts mehr Wasser verdrängte, konnte er jetzt die vorgenommene Mischung von Silber und Gold berechnen und den Betrug des Unternehmers nachweisen.«[12]

Archimedes entdeckte ferner das Gesetz des Hebels und der mechanischen Hebelkraft. Vor seinem Vetter, dem König Hieron, rühmte er sich: »Gib mir einen Platz, wo ich stehen kann, und dann werde ich die ganze Erde mit einem Hebel bewegen.«[13]

Der König forderte ihn auf, das zu beweisen. Archimedes tat dies, indem er eines der größten Schiffe der Welt, das damals auf einer Werft in Syrakus im Bau war, in die Höhe hob: Er verwandte dabei eine Hebelwinde, die mit dem Schiff durch eine Reihe miteinander verbundener Flaschenzüge verknüpft war. Möglicherweise hat er auch die Pumpe erfunden, die Wasser aus der Erde schöpfte und heute noch manchmal die »Archimedische Schraube« genannt wird.

Außerdem baute er einen Apparat, um die Bewegungen der Himmelskörper zu demonstrieren: ein »Planetarium« im ursprünglichen Sinne des Wortes, wie es benutzt wurde, bevor das optische Planetarium von Zeiss erfunden war und die Wunder des Himmels dem breiten Publikum um den Preis einer Genickstarre nahebrachte. Das ältere Instrumentarium wird auch »Orrery« genannt, seitdem der vierte Earl of Orrery etwa um das Jahr 1700 ein solches für seinen Privatgebrauch hergestellt hatte. Nach allem, was wir wissen, war Archimdes' »Orrery« eine Maschine, bei der, wenn man an einem Rad drehte, Zeiger, Kugeln oder Scheiben, welche die Sonne, den Mond und die Planeten darstellten, sich um eine Kugel aus Bronze drehten, welche die Erde darstellte. Wir wissen jedenfalls, daß spätere Techniker der Antike einen solchen Apparat hergestellt haben: Im Jahr 1900 wurden die Reste eines solchen, die einer etwa 40 cm hohen Tischuhr ähnelten, mit über 20 bronzenen Rädern und vielen Zeigern, von Tauchern aus einem Schiff geborgen, das etwa um das Jahr 65 v. Chr. in der Nähe der Insel Antikythera unterging.

Als Hieron II. im Jahr 215 v. Chr. starb, erlebte Syrakus in schneller Aufeinanderfolge mehrere Aspiranten auf die Tyrannis. Der Zweite Punische Krieg war ausgebrochen, und die Machthaber von Syrakus schlugen sich von der römischen auf die karthagische Seite. Infolgedessen wurde Syrakus im Jahr 213 von den Römern belagert; Appius Claudius Pulcher befehligte das römische Heer und Marcus Claudius Marcellus die römische Flotte.

Noch vor seinem Tode hatte Hieron den Archimedes als seinen

Rüstungschef angestellt. Infolgedessen stießen die Römer auf die damals fortgeschrittenste Artillerie der Welt. Pulcher griff die Mauern vom Land her mit Belagerungsleitern und Schutzschilden auf Rädern an, welche die Sappeure schützen sollten. Aber bald wichen seine Männer vor einem Sturm von Pfeilen, geschleuderten Kugeln, Armbrustbolzen, katapultierten Pfeilen und Kugeln zurück, die ihre Reihen lichteten.

Marcellus, der von See her angriff, hatte vier neue Maschinen gebaut, die jede auf einem Paar zusammengebundener Ruderboote montiert waren. Auf der Plattform über den beiden Schiffen hatte er einen Mast und einen Aufzug angebracht. Mit diesem Aufzug wurde eine »Harfe« oder »sambuka« in Stellung gebracht; dies war eine große Leiter oder Treppe mit Seitenwänden und einem Dach zum Schutz der Soldaten. Am oberen Ende war eine Gangway, auf der vier Soldaten, von Weidenschilden beschützt, alle Feinde abwehrten, welche die Operation stören wollten. Die Angreifer manöverierten die »sambuka« so, daß die Gangway über der Mauer zu stehen kam und die Soldaten in die Verteidigungsstellung des Feindes einbrechen konnten. Jedoch als sich diese Belagerungsmaschinen näherten, wurden sie durch eine Reihe von 300 Kilo schweren Steinen und Bleigewichten, die von der Mauer aus durch Kräne abgeworfen wurden, in Stücke gehauen.[14]

Ein anderer Trick des Archimedes war, von einem Kran aus einen Enterhaken herunterzulassen, damit den Bug eines kleinen römischen Schiffes zu fassen und dann hochzuwinden, bis das Schiff vertikal in die Höhe ragte und die Mannschaft ins Wasser abrutschte. Dann wurde das Seil losgelassen, das Schiff fiel herunter und bohrte sich in den Grund. In späteren Jahrhunderten erzählte man sich außerdem, daß Archimedes

> »einen sechseckigen Spiegel erfand und in genau berechneter Entfernung davon kleine viereckige Spiegel des gleichen Typs aufstellte, die durch Metallplatten und Scharniere in die richtige Stellung gebracht werden konnten. Diese Vorrichtung baute er auf, um über Mittag, sowohl im Sommer wie im Winter, die vollen Sonnenstrahlen einzufangen; durch die Spiegelung der Sonnenstrahlen wurde in den feindlichen Schiffen eine furchtbare Hitze erzeugt, und aus der Entfernung eines Pfeilschusses setzte er die Schiffe dadurch in Brand.«[15]

Dies ist eine sehr farbige Erzählung, aber nicht sehr wahrscheinlich. Forscher, die mit durch Sonnenergie betriebenen Dampfmaschinen experimentiert haben, mußten feststellen, daß ein Spiegel von 20 bis 30 Quadratmetern nötig ist, um Energie für eine kleine Maschine von 1 PS zu erzeugen. Archimedes hätte für seine Zwecke einen noch viel größeren Apparat von Spiegeln aufbauen müssen, und ich bezweifle, ob er dies mit der damaligen Technik hätte tun können. Außerdem hätte das aufs Korn genommene Schiff sich geraume Zeit nicht bewegen dürfen, wenn diese Brenngläser eine Wirkung haben sollten.

Die Belagerung dauerte über zwei Jahre. Die Römer durchbrachen die Verteidigung um Epipolai herum, überranten das Plateau westlich von Achradina und nahmen die Festung Euryalos ein. Versuche der Karthager, die Belagerung zu entsetzen, wurden abgeschlagen. Schließlich nahm Marcellus mit Hilfe von Verrat die Stadt durch einen Überraschungsangriff an einem schwach verteidigten Turm, während die Bürger gerade ein religiöses Fest feierten. Er befahl seinen Soldaten, die freien Syrakusaner nicht zu belästigen; aber er konnte ihnen nicht verbieten zu plündern, weil ein antiker General, der dies nach einer langwierigen Belagerung befohlen hätte, womöglich von seinen eigenen Leuten getötet worden wäre.

Während der Plünderung näherte sich ein römischer Legionär dem 75jährigen Archimedes, der gerade geometrische Figuren in den Sand zeichnete. Vertieft in seine Mathematik, rief Archimedes: »Störe meine Kreise nicht!«, und der verärgerte Soldat tötete ihn. Zum mindesten ist dies die bekannteste Geschichte. Es gibt auch andere über seinen Tod, und sie alle, oder auch keine von ihnen, könnten wahr sein. Marcellus bedauerte den Tod des Archimedes, aber nahm sein Planetarium mit nach Rom, wo es noch hundert Jahre später zu sehen war. Einige Jahre darauf wurde auch Marcellus bei einem Gefecht mit karthagischen Soldaten getötet.

Unter römischer Herrschaft sank Syrakus zu einer von vielen Provinzhauptstädten herab. Ende des zweiten Jahrhunderts v. Chr. erlebte Sizilien zwei große Sklavenaufstände im Abstand von 30 Jahren, ähnlich dem bekannteren Aufstand der italischen Sklaven unter Spartakus einige Jahrzehnte später. Die Aufständischen zählten annähernd 200 000 Mann und schlugen mehrere römische Heere, ehe sie überwältigt wurden.

Der verbliebene Reichtum Siziliens wurde dann von Verres und Leuten seines Schlages weggeschleppt. Während der römischen Bürgerkriege nahm Sextus Pompejus, der Sohn des großen Pompejus, bei seinem Krieg gegen Antonius und Octavianus Sizilien in Besitz und plünderte Syrakus. Als das Römische Reich unter Augustus zur Ruhe kam, war Syrakus von der »größten aller griechischen Städte« zu einer Kleinstadt zusammengeschrumpft. Die römische Garnison besetzte Ortygia, und die Syrakusaner bewohnten den anschließenden niedrig gelegenen Teil der Achradina. Der übrige Teil der Stadt war menschenleer und verfiel.

Augustus sandte zwar im Jahr 21 v. Chr. Kolonisten nach Syrakus, um die Stadt wieder aufzufüllen; doch sie blieb in der ganzen römischen Kaiserzeit von bescheidener Größe und ohne besondere Kennzeichen.

Ende des 3. nachchristlichen Jahrhunderts wurde Syrakus von Seeräubern geplündert, welche die meisten Einwohner umbrachten. Beim Zusammenbruch des Weströmischen Reiches Ende des 5. Jahrhunderts kam Syrakus unter die Herrschaft der Ostgoten; dann wurde es im Jahr 535 von Belisar für das Oströmische Reich erobert, und im Jahr 878 fiel es nach der mörderischsten Belagerung von allen in die Hand der Araber.

Die arabische Eroberung Siziliens begann im Jahr 827 und war erst 965 abgeschlossen. Der arabischen Herrschaft verdankte das Land wenig, außer der Einführung der Papyruspflanze, die bis heute in der Gegend der Quelle der Arethusa wächst: Syrakus ist der einzige Ort in Europa, der warm genug für diese Pflanze ist. Die Araber machten Palermo zu ihrer Hauptstadt; daher ist der arabische Einfluß im westlichen Sizilien spürbarer als in der Gegend von Syrakus.

Nach einer erfolglosen byzantinischen Invasion Siziliens, etwa um das Jahr 1040, begannen die Normannen 1060 ihre dreißig Jahre währende Eroberung Süditaliens und Siziliens. Diese normannische Eroberung im Süden war, an Land und Menschen gemessen, bedeutender als die gleichzeitige in England. Zu Beginn der zwei Jahrhunderte normannischer Herrschaft waren die Hauptsprachen Siziliens Griechisch und Arabisch, wozu dann das normannische Französisch kam. In den nächsten Jahrhunderten wurden diese Sprachen infolge starker italienischer Einwanderung nach Sizilien durch einen italienischen Dialekt verdrängt; wenn auch aus Sizilien das Griechische ganz verschwunden ist, so hat es sich doch in einigen isolierten Bergdörfern Kalabriens und Apuliens, der Spitze und dem Absatz des italienischen Stiefels, noch erhalten.

Später wurde Sizilien zwischen seinen französischen und spanischen Oberherren hin- und hergeschoben, bis es schließlich von Garibaldi im Jahr 1860/61 mit dem neuen Königreich Italien vereinigt wurde. Damals hatte Syrakus nur 14 000 Einwohner — weniger als im antiken griechischen Theater Platz fanden. Sie lebten alle in Ortygia. Seitdem ist Syrakus wieder angewachsen und zählt heute etwas über 60 000 Menschen. Ortygia ist immer noch das Geschäftszentrum, wenn auch Hotels und Wohnviertel sich über den niedrigeren Teil der Achradina und bis auf das Plateau hinauf ausgedehnt haben.

Wahrzeichen Ortygias ist heute ein Schloß aus dem Mittelalter und der Renaissance, das Castello Maniace. Es heißt nach einem fähigen byzantinischen General, Georgios Maniakes, der im 11. Jahrhundert das Heer befehligte, das Sizilien von den Arabern zurückerobern wollte, und

Befestigungen in dieser Gegend anlegte. Die inneren Räume des Schlosses, die um das Jahr 1239 herum erbaut wurden, stammen von Friedrich II., dem hochbegabten deutsch-normannischen König von Sizilien, Deutschland und Jerusalem. Die äußeren Befestigungen, mit Schießscharten für Geschütze, stammen von Kaiser Karl V. aus dem 16. Jahrhundert, und der ganze Bau ist mehrfach verändert und modernisiert worden.

Die antiken Syrakusaner hatten am höchstgelegenen Platz Ortygias einen großen dorischen Athene-Tempel gebaut, der von Cicero erwähnt wird. Im 7. Jahrhundert wurde dieser Tempel, der möglicherweise auf Gelon zurückgeht, wie das Parthenon in Athen in eine christliche Kirche verwandelt. Er wurde zu einer Kathedrale bestimmt, erlebte zahlreiche Umbauten und erhielt im 17. Jahrhundert eine Barockfassade. Alles, was in diesem hybriden Bau vom ursprünglichen Tempel übriggeblieben ist, sind zwei Dutzend dorische Säulen, die halb in die Mauer eingelassen wurden, und Teile der ursprünglichen Außenmauer zwischen den Rundbögen, die später durchgebrochen wurden.

Von den Tempeln des Apollo in Ortygia nahe der Brücke zum Festland und des olympischen Zeus, drei Kilometer südwestlich der Stadt am anderen Ufer des Anapos, sind nur wenige Säulen erhalten. Das Theater Hierons II. mit 24 000 Sitzplätzen am nordwestlichen Stadtrand ist gut erhalten, ebenso wie das römische Amphitheater in der Nähe. In der gleichen Gegend hatte Hieron II. einen riesigen Opferaltar gebaut; aber die Spanier demolierten ihn im Mittelalter und benutzten ihn als Steinbruch.

Es gibt noch andere Sehenswürdigkeiten: die Steinbrüche; die vielen Gräber, die in die Kalksteinabhänge am Rande von Epipolai hineingehauen wurden und deren Weihinschriften für Museen oder andere Sammlungen herausgemeißelt worden sind; die verschiedenen christlichen Kirchen, Krypten und Katakomben.

Unter den buschigen Stengeln des faserigen Papyrus sprudelt die Quelle der Arethusa heute noch, und frisches Wasser aus dem Festland kommt in diesem natürlichen arthesischen Brunnen zum Vorschein. Aber das Wasser der Quelle ist nicht mehr rein: Ein Erdbeben (wahrscheinlich das von 1693, das den größten Teil der Stadt zerstörte) hat den Felsen eingerissen, der die Quelle vom Meer trennte, und dadurch Salzwasser eingelassen. So vermischt sich heute das Wasser der Arethusa, nicht wie in der Legende mit dem des Flusses Alpheios, sondern mit dem Poseidons.

8.
Karthago und der treulose Held

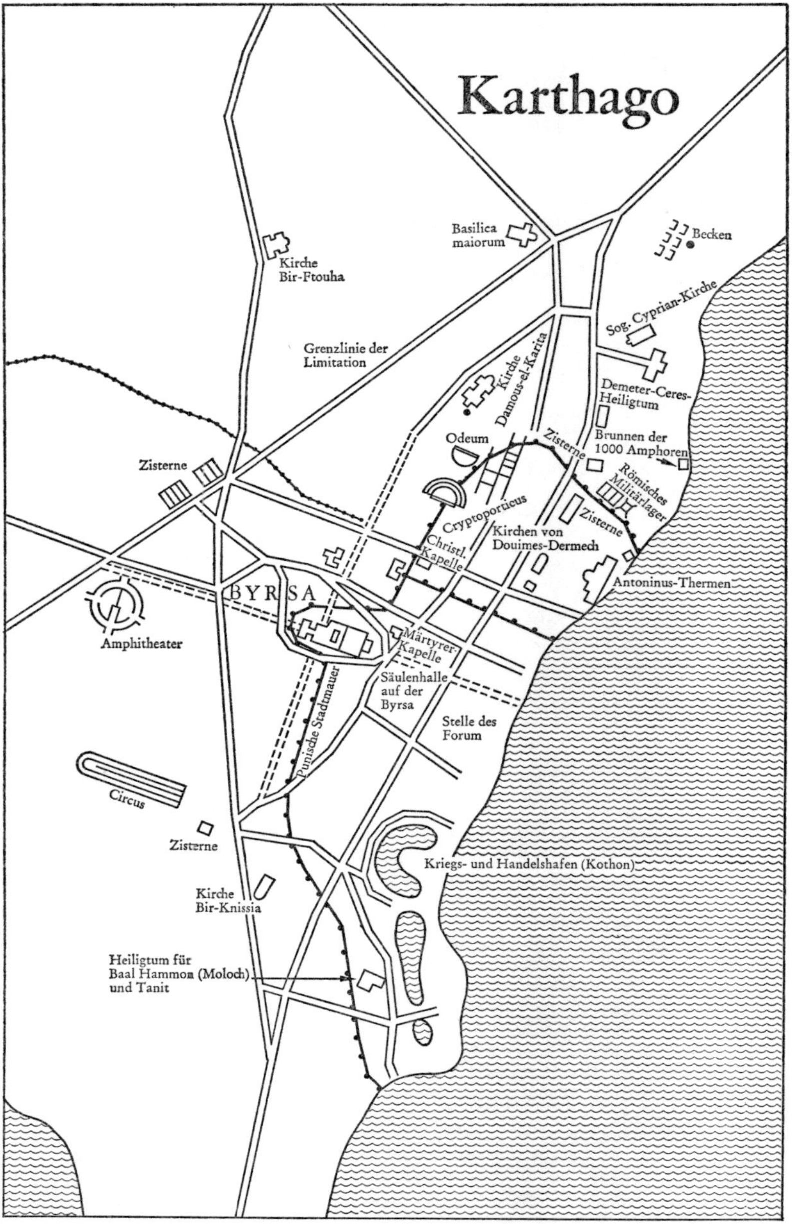

Karthago
Basilica maiorum
Becken
Kirche Bir-Ftouha
Sog. Cyprian-Kirche
Grenzlinie der Limitation
Kirche Damous-el-Karita
Demeter-Ceres-Heiligtum
Odeum
Zisterne
Brunnen der 1000 Amphoren
Zisterne
Römisches Militärlager
Cryptoporticus
Zisterne
Kirchen von Douimes-Dermech
Christl. Kapelle
Antoninus-Thermen
BYRSA
Amphitheater
Märtyrer-Kapelle
Säulenhalle auf der Byrsa
Punische Stadtmauer
Stelle des Forum
Circus
Zisterne
Kriegs- und Handelshafen (Kothon)
Kirche Bir-Knissia
Heiligtum für Baal Hammon (Moloch) und Tanit

Im Jahr 241 v. Chr. endete der Erste Punische Krieg mit einer Niederlage der Karthager, die gezwungen wurden, alle Ansprüche auf Sizilien an die Römer abzutreten. Um diesen Krieg zu führen, hatte Karthago ein großes Söldnerheer angeheuert. Denn wie ihre phönizischen Vorfahren waren die Karthager wagemutige Seefahrer, aber nicht sehr kriegerisch. Obwohl sie hartnäckigen Widerstand leisteten, wenn ihre Städte angegriffen wurden, waren sie doch in erster Linie Kaufleute und keine Kampfhähne. Da sie niemals zahlreich genug waren, aus ihren eigenen Reihen große Heere auszuheben, warben sie andere mit ihren großen Geldmitteln an, um für sie zu kämpfen.

Zu jener Zeit war Karthago eine oligarchische Republik, in der eine Kaufmannsaristokratie den Senat (griechisch: »gerousia«, auch »die 100 Magistrate« genannt) stellte und die Politik des Gemeinwesens weitgehend beherrschte. Wie die römische Republik mit ihren Konsuln, hatte auch Karthago zwei höchste Exekutivbeamte, die jährlich neu gewählt wurden. Die Römer nannten sie »Suffeten«; der karthagische Name muß ähnlich gewesen sein wie das hebräische »schophetim«, das in der Bibel mit »Richter« übersetzt wird. Es gab auch eine Vollversammlung der Bürger, aber sie scheint nicht viel Macht besessen zu haben. Früher hatte es offenbar Klassenkämpfe gegeben; aber ein System der Armenfürsorge, in dessen Rahmen die Reichen den anderen Bürgern öffentliche Speisungen spendeten, hatte diesen Konflikt abgemildert.

In einer Hinsicht war Karthago ähnlich wie die meisten anderen Stadtstaaten des Mittelmeerraums: Stets geriet der Stadtstaat in Schwierigkeiten, sobald er sich wesentlich über die Umgebung der Stadt hinaus ausdehnte. Obwohl mehrere andere phönizische Städte in Tunesien älter waren als Karthago, war diese die größte und reichste von ihnen geworden; wie die Athener lernten auch die Karthager bald, ihre Macht dazu zu benutzen, die Schwesterstädte zu unterwerfen und Tribute von ihnen einzutreiben.

Der Vertrag mit Rom brachte Karthago keinen dauerhaften Frieden. Am Ende des Ersten Punischen Krieges stand in Sizilien eine große karthagische Söldnerarmee; zu ihr gehörten »Iberer und Kelten, Männer aus Ligurien und den Balearen, ferner eine beträchtliche Zahl von Halbgriechen, meist Deserteure und freigelassene Sklaven, während der Kern aus Libyern bestand«.[1]

Der karthagische General Hamilkar Barka übergab das Kommando an Gisko, den Befehlshaber der Garnison von Lilybaion, mit dem Auftrag, die Armee nach Karthago zurückzubringen und dann auszuzahlen. Gisko sah Schwierigkeiten voraus, wenn zu viele Söldner gleichzeitig in der Nähe von Karthago versammelt wären, und sandte sie daher vorsichtshalber in kleinen Mengen über das Meer, in der Annahme, jede Gruppe würde ausgezahlt und in ihr Heimatland entlassen werden, bevor die nächste eintraf.

Karthago jedoch war infolge des Krieges in Geldschwierigkeiten. Die Regierung ließ daher zu, daß sich die Söldner in der Stadt ansammelten, in der törichten Hoffnung, wenn alle eingetroffen wären, könne man sie irgendwie überreden, sich mit einer geringeren Zahlung zufrieden zu geben. Polybios erzählt diese Geschichte recht trocken:

»Doch als dies dazu führte, daß Tag und Nacht zahlreiche Verbrechen begangen wurden, begannen die Karthager Unbehagen zu empfinden über deren Zahl und zunehmende Zügellosigkeit, und sie forderten die Offiziere auf, bis zu dem Zeitpunkt, da Vorkehrungen für die Auszahlung ihres Soldes getroffen worden seien und die übrige Armee angekommen wäre, sich mit ihren Soldaten zu einer Stadt namens Sicca zurückzuziehen; jeder sollte zur Deckung sofortiger Ausgaben ein Stück Gold erhalten. Die Truppen waren bereit, den Befehl zum Verlassen der Stadt zu befolgen; aber sie wollten ihr schweres Gepäck dort zurücklassen, mit der Begründung, sie würden bald in die Stadt zurückkehren müssen, um ihre Löhnung in Empfang zu nehmen. Die Regierung Karthagos jedoch hatte Angst, daß, angesichts der Länge ihrer Abwesenheit und ihres natürlichen Verlangens nach der Gesellschaft ihrer Frauen und Kinder, sie entweder die Stadt überhaupt nicht verlassen oder doch durch diese Gefühle bald zur Rückkehr bewogen werden würden, und daß somit die Zahl der Verbrechen in der Stadt nicht abnehmen würde. Dementsprechend zwang sie die Soldaten, ihr Gepäck mitzunehmen; aber dies war den Wünschen der Männer schroff entgegengesetzt und führte zu einer starken Mißstimmung unter ihnen. Diese Söldner lebten daher, nachdem sie zum Abmarsch nach Sicca gezwungen worden waren, dort ganz zügellos und unbehindert in ihren verbrecherischen Neigungen. Denn sie hatten die zwei Dinge erlangt, die für angeworbene Söldner am demoralisierendsten sind und die eine ständige Quelle von Meutereien darstellen – Lockerung der Disziplin und Fehlen jeder Beschäftigung. Da sie nichts besseres zu tun hatten, begannen einige von ihnen – natürlich sehr zu ihrem Vorteil – die Summe zu berechnen, die ihnen als Löhnung geschuldet wurde; sie berechneten sie auf das Mehrfache des wirklichen Betrages und teilten mit, dies sei die Summe, die sie von den Karthagern fordern müßten. Außerdem begannen sie sich alle gegenseitig an die Versprechen zu erinnern, die ihnen die Generale bei verschiedenen Gelegenheiten besonderer Gefahr gemacht hatten, und

> so hatten sie große Hoffnungen und Erwartungen in bezug auf die Höhe der Entschädigung, die sie bekommen würden. Die Folge war, wie vorauszusehen ...«[2]

Anfang des Jahres 241 beauftragte Karthago dann Hanno, den Befehlshaber der Truppen in Afrika, mit den Söldnern fertig zu werden. Entsprechend seinem Auftrag forderte er sie auf, eine Kürzung ihrer Soldforderungen hinzunehmen. Darauf wurde die Menge höchst aufgeregt; da kein Offizier genügend Sprachen konnte, um mit allen Soldaten dieser polyglotten Armee zu sprechen, war es schwer, die Aufregung zu beschwichtigen: »Armeen in einer solchen Geistesverfassung begnügen sich nicht mit normaler menschlicher Schlechtigkeit; sie nehmen schließlich die Grausamkeit wilder Tiere und die Rachsucht von Wahnwitzigen an«.[3] Polybios erzählt weiter:

> »Die Karthager sahen ihre Torheit ein, als es zu spät war. Es war ein großer Fehler, eine so große Zahl von Söldnern an einem Ort zusammenzuziehen, ohne daß man eine Truppe aus eigenen Bürgern in Reserve gehalten hätte; es war aber ein noch größerer Fehler, ihnen ihre Frauen und Kinder mitsamt ihrem schweren Gepäck auszuliefern. Diese hätte man als Geiseln zurückhalten sollen, und dann hätte man größere Sicherheit in bezug auf die eigenen Maßnahmen und mehr Möglichkeiten gehabt, den Befehlen Respekt zu verschaffen. Als sie jedoch über das Vorgehen der Männer in der Frage ihrer Stationierung aufs höchste beunruhigt waren, gingen die Karthager in ihrer Bereitschaft, den Ärger der Soldaten zu beschwichtigen, viel zu weit. Sie sandten ihnen Vorräte in reicher Fülle, die von den Soldaten zu den von ihnen gewünschten Preisen gekauft werden konnten. Angehörige des Senats wurden, einer nach dem anderen, abgeschickt, mit den Männern zu reden; man versprach ihnen, was sie auch immer fordern würden, sollte bewilligt werden, soweit es im Rahmen des Möglichen liege. Tag für Tag wurden daher die Söldner übermütiger. Und ihre Verachtung stieg auf die Spitze, als sie die Beunruhigung und Aufregung in Karthago sahen, und ihr Selbstvertrauen stieg ins Ungemessene ... Kurz, da die Meuterer und Übeltäter unter ihnen zahlreich waren, erfanden sie immer wieder eine neue Forderung, die es unmöglich machte, zu einer Einigung zu kommen.«[4]

Die Söldner und die karthagische Regierung einigten sich schließlich daraufhin, die strittigen Punkte durch General Gisko entscheiden zu lassen, dem die Truppe vertraute, Gisko fuhr entlang der Küste in das

Lager mit dem Geld, das den Soldaten geschuldet wurde, beruhigte sie durch geschickte Reden und zahlte sie aus.

»Es gab aber in der Armee einen Kampanier, einen entlaufenen römischen Sklaven namens Spendius, einen Mann von außergewöhnlicher körperlicher Kraft und großer Tapferkeit im Felde. Besorgt, daß sein Herr ihn wieder in Besitz nehmen und vielleicht unter Folterqualen hinrichten würde, wie es dem Gesetz Roms entsprach, bemühte sich dieser Mann bis zum äußersten, die Vereinbarung mit den Karthagern zu verhindern. Er wurde unterstützt durch einen Libyer namens Mathos, der kein Sklave, sondern ein freier Mann war und auch den Feldzug mitgemacht hatte. Jedoch war er bei den letzten Unruhen einer der aktivsten Agitatoren gewesen; da er die Strafe dafür fürchtete, schloß er sich jetzt der Partei des Spendius an. Er nahm seine libyschen Landsleute beiseite und redete ihnen ein, wenn die Soldaten aus anderen Völkern ihre Löhnung erhalten hätten und in ihre Heimatländer abgereist seien, würden die Karthager das ganze Schwergewicht ihres Zornes auf sie entladen, und sie würden ihre Bestrafung als ein Mittel benutzen, um die gesamte Bevölkerung Libyens in Furcht und Schrecken zu versetzen. Es brauchte keine lange Zeit, die Männer durch solche Argumente aufzuputschen, und es fehlte auch nicht an einem, wenn auch noch so unbedeutenden Vorwand: Gisko verschob die Auszahlung des Gegenwerts für die Rationen und die Pferde – das waren zwei der strittigen Punkte. Das genügte: Die Soldaten eilten sofort zu einer großen Versammlung, auf der Spendius und Mathos heftige Schmähreden gegen Gisko und die Karthager hielten; ihre Worte wurden mit großem Beifall aufgenommen, und niemand anders konnte sich Gehör verschaffen – wer es versuchte, wurde sofort gesteinigt ... Eine große Zahl einfacher Soldaten und Offiziere wurde auf diese Weise getötet ... Infolgedessen hatte bald niemand mehr den Mut, den Männern einen anderen Rat zu geben, und sie wählten dementsprechend Mathos und Spendius zu Befehlshabern.«[5]

Dies alles klingt uns irgendwie vertraut – so sehr, daß man nicht umhin kann, sich zu fragen, ob die Anführer moderner Aufstände nicht den Polybios als taktisches Handbuch benutzt haben. General Gisko »bemühte sich mit verzweifelter Tapferkeit und Hartnäckigkeit«, die Situation unter Kontrolle zu halten:

»Doch einmal sprachen die Libyer, die ihre Löhnung nicht so schnell erhalten hatten, wie sie sie ihrer Meinung nach hätten erhalten sollen, Gisko selbst mit unverschämten Worten an. In der Absicht, ihre Aufdringlichkeit zurückzuweisen, weigerte er sich, das Geld weiter auszuzahlen und forderte sie auf, ›zu gehen und ihren General Mathos darum zu bitten‹. Dies brachte sie so sehr in Wut, daß sie zunächst unverzüglich das Geld an sich rissen, das in Bereitschaft gehalten wurde, und dann Gisko und die anderen Karthager seiner Gruppe festnahmen. Mathos und Spendius glaubten, der schnellste Weg, es zu offenem Kampf kommen zu lassen, sei der, die Männer einen schweren Verstoß gegen die Heiligkeit des Gesetzes und gegen die getroffene Abmachung verüben zu lassen. Daher beteiligten sie sich mit der Masse ihrer Männer bei deren furchtbaren Ausschreitungen, plünderten das Gepäck der Karthager zusammen mit dem Geld, bedrohten Gisko und seine Leute mit jeder Art unverschämter Gewalttätigkeit und führten sie schließlich in festen Gewahrsam ab.«[6]

Ein unbarmherziger Krieg folgte, in dem es üblich wurde, die Gefangenen zu Tode zu foltern. General Hanno machte sich daran, die Karthager militärisch zu organisieren, sie zu bewaffnen und auszubilden und neue Söldner anzuwerben. Die Libyer aber, die sich niemals mit der ihnen aufgezwungenen Leibeigenschaft abgefunden hatten, erhoben sich gegen ihre karthagischen Herren. 70 000 von ihnen schlossen sich der Armee des Spendius und Matho an, welche die mit Karthago verbündeten Städte Utika und Hippo Zarytus belagerte.

Obwohl Hanno bei der Bewaffnung Karthagos gute Arbeit leistete, erwies er sich als ein zaudernder Befehlshaber im Felde. Als es ihm nicht gelang, Utika zu entsetzen, wurde er durch Hamilkar Barka abgelöst. Matho hatte die Halbinsel besetzt, die Karthago mit dem Festland verband; aber Hamilkar gelang es, eine Armee an den Söldnern vorbeizuführen, indem er seine Soldaten bei Ebbe durch die Mündung des nahegelegenen Flusses Makaras (oder Bagrada) waten ließ.

Hamilkar behielt in verschiedenen Schlachten mit den Meuterern die Oberhand; er setzte eine Truppe numidischer (d. h. algerischer oder berberischer) Reiter unter Führung von Naravas sowie eine Truppe von Kriegselefanten geschickt ein. Alexander der Große hatte aus Indien Elefanten mitgebracht, und mehrere Generationen lang suchten seine Nachfolger auf jede mögliche Weise ihre Armeen durch Elefanten zu verstärken. Die Seleukidenkönige, die ganz Syrien, Babylonien und Persien beherrschten, kontrollierten den Landweg nach Indien und hatten es daher in der Hand, wer Elefanten bekommen konnte und wer nicht. Um dieses Monopol zu brechen, zähmten dann die Ptolomäerkönige in Ägypten und die Karthager Elefanten der afrikanischen Gattung. Die Ptolomäer erhielten die ihren aus dem Sudan und die Karthager aus dem Atlas-Gebirge, wo noch Elefanten lebten, bis sie in der römischen Kaiserzeit durch die Jagd ausgerottet wurden.

Dennoch verlief der Krieg für Karthago schlecht. Sardinien erhob sich und rief die Römer zu Hilfe, die von da an die Insel beherrschten. Hamilkar schwächte den Kampfgeist des Feindes, indem er die Gefangenen milde behandelte, einige in seine eigene Armee einstellte und die anderen nach Hause gehen ließ. Um dieser Wirkung zu begegnen und den gegenseitigen Haß der Kriegführenden auf hoher Flamme zu halten, überredeten Spendius und Matho ihre Gefolgsleute, Gisko und die anderen 700 karthagischen Gefangenen zu töten: Sie schnitten ihnen Hände und Füße ab und warfen sie dann in einen tiefen Graben.

Endlich gelang es Hamilkar, den Heerhaufen des Spendius in ein Tal einzuschließen und zu vernichten. Spendius und andere Anführer, die Hamilkar in die Hand fielen, wurden gekreuzigt. Matho errang noch einen Sieg gegen die Karthager; aber schließlich wurde auch er geschlagen, gefangengenommen und zu Tode gefoltert.

Hamilkar gab seine Tochter dem tapferen Naravas zur Frau. Dann fuhr er mit seinem neunjährigen Sohn Hannibal nach Spanien; er hatte die Karthager überredet, ihn zum Gouverneur des großen karthagischen Kolonialreiches dort zu machen. Lange Zeit später, als Hannibal schon in den östlichen Mittelmeerraum geflohen war, erzählte er, sein Vater habe ihn vor der Abreise auf dem Altar des obersten Gottes schwören lassen, »niemals ein Freund der Römer zu sein«.[7] Hannibal hielt diesen Eid.

Da die Griechen und Römer meist mit Karthago auf Kriegsfuß standen, sind ihre Schilderungen wohl kaum unparteiisch. Die wenigen Ruinen, die man heute dort sieht, stammen fast alle aus der römischen Zeit: Die Römer hatten die ursprüngliche Stadt im Jahr 146 v. Chr. so gründlich zerstört, daß kein Gebäude von ihr stehenblieb. Dann hatten sie den Ort verflucht und jedermann verboten, sich weiterhin dort aufzuhalten.

Jedoch die Vorzüge der Lage waren zu groß, um nicht ausgenutzt zu werden. Nach einer Reihe vergeblicher römischer Versuche, das Gebiet der Stadt als Ackerland zu benutzen, siedelte Augustus im Jahr 19 v. Chr. dort neue Kolonisten an. Das wiedergeborene Karthago wuchs zu einer beachtlichen Stadt an: manche sagten, zur zweit- oder drittgrößten Stadt des Reiches. Wie dem auch sei, die heute dort stehenden Ruinen stammen aus dieser Zeit und nicht von der Stadt Hannibals.

Außerdem ist kaum etwas von karthagischer Literatur erhalten geblieben, obwohl sie nicht unbeachtlich gewesen ist. Im 5. Jahrhundert v. Chr. fuhren zwei karthagische Admirale, Hanno und Himilko, durch die Säulen des Herkules, die heutige Meerenge von Gibraltar, um die Küsten des Atlantik zu erforschen und dort Handelsstationen zu errichten. Hanno segelte nach Süden, Himilko nach Norden. Hannos Bericht wurde auf eine Tafel eingraviert, die im Tempel des Baal Hammon in Karthago aufbewahrt wurde, und eine griechische Übersetzung in rund 600 Worten ist uns erhalten. Es ist umstritten, wie weit Hanno gekommen ist; vielleicht hat er sogar die Mündung des Senegal erreicht.[8] Himilkos Bericht, oder Teile davon, wurde in ein Gedicht des spätrömischen Dichters Rufus Festus Avienus aus dem 4. Jahrhundert n. Chr. eingegliedert. Der römische Senat veranlaßte außerdem eine lateinische Übersetzung einer karthagischen Abhandlung über den Ackerbau von einem gewissen Mago; wenn auch die Originalübersetzung nicht erhalten ist, kennen wir doch etwa 40 Zitate daraus in Werken römischer Autoren wie des älteren Plinius.

Das ist aber auch alles, was von karthagischer Literatur erhalten ist. Diese Literatur mag nicht gerade großartig gewesen sein, verglichen mit der griechischen und römischen. Immerhin war es eine respektable Menge von Büchern, die Scipio bei der endgültigen Zerstörung der Stadt dem numidischen König übergab. Zu dieser Literatur gehörten sicher viele Werke, die heute für uns interessant wären, z. B. lange theologische oder mythologische Gedichte ähnlich den vielen dieser Art, die auf Griechisch oder Lateinisch erhalten sind. Wenn wir mehr karthagische Literatur kennen würden, dann hätten wir vermutlich einen vollständigeren und günstigeren Eindruck von den Karthagern.

Immerhin hat die Archäologie vieles über das alte Karthago in Erfahrung gebracht, beispielsweise war Moloch nicht der Name eines bestimmten Gottes: Das Wort ist eine dialektische Abart des kanaanitischen »Melekh« (Herr) und galt für den obersten Gott jeder phönizischen Stadt, für Eschmun, El, Dagon oder andere. In Karthago gehörte dieser Titel dem Baal Hammon. Die volle Norm des Namens lautete »Melekh-Quarth« (Herr der Stadt), was im Griechischen zu Melikertes wurde.

Statt einer zum Untergang bestimmten Metropole voll barbarischer Großartigkeit und makabren Glanzes beschreibt ein neuerer Fachmann die Stadt so: »Wir haben die konkreten, wenn auch schmutzigen Überreste einer prosaischen Stadt von Geschäftsleuten anzubieten. Selbst der Eindruck einer seltsam fremdartigen Welt, der in dem Roman so mächtig hervorgerufen wird, verfliegt schnell angesichts einer Erbschaft von

Überresten, die mit Ausnahme einiger weniger provinzieller Besonderheiten von griechischen und römischen Überresten sich nur durch ihre ausgesprochene Mittelmäßigkeit unterscheiden.«[9]

Was die Archäologie an Tempeln gefunden hat, sind ein paar dürftige kastenförmige Schreine. Die ältesten Tempel hatten Mauern aus rohem Stein und aus Lehm, die späteren Mauern aus Lehmziegeln oder aus Sandstein oder Kalkstein geringer Qualität, dessen Unregelmäßigkeiten unter einer Stuckverkleidung verborgen wurden. Der Kultgegenstand konnte eine kunstlose Statue, eine Säule oder ein einfacher Felsblock sein.

In den ersten Jahrhunderten imitierten die Tempelbauer die ägyptische Tempelarchitektur, krönten ihre Gebäude mit einem ägyptischen Gesims oder verzierten sie mit geflügelten Scheiben. Später verwandten sie griechische Säulenreihen und andere Motive, so daß die Tempel zu Mischungen griechischen und ägyptischen Stils wurden.

Nach der üblichen Tradition, die vielleicht authentisch ist, vielleicht aber auch nicht, kam die Prinzessin Elissa von Tyrus im Jahr 814 v. Chr.[10] an der Stelle des späteren Karthago an, 61 Jahre vor dem traditionellen Datum der Gründung Roms. Das benachbarte Utika war schon über zwei Jahrhunderte vorher von tyrischen Kolonisten gegründet worden, aber Karthago überholte bald seine ältere Schwester.

Einmal deswegen, weil Karthago mehrfach Wellen von neuen Siedlern erhielt, die vor den Assyrern, Babyloniern, Persern und Makedoniern aus den Städten Phöniziens geflohen waren. Zum anderen war seine Lage außergewöhnlich günstig. Karthago wurde am Ende einer Halbinsel gebaut, die an der schmalsten Stelle rund fünf Kilometer breit ist und sich etwa 16 Kilometer vom tunesischen Festland nach Osten erstreckt. Die Halbinsel verbreitete sich am Ende zu der Form einer Pike oder eines Hammers, der zwei Meeresarme teilweise einschloß: den Sabkhat ar-Riana oder Golf von Utika im Norden und den Bahira oder See von Tunis im Süden. Dieser »See von Tunis« ist mit dem Meer durch einen schmalen Kanal verbunden; der Golf von Utika im Norden der Halbinsel ist heute großenteils verschilft und versumpft.

Die libyischen Eingeborenen, so heißt es, hießen Elissa und ihre Kolonisten willkommen, und begrüßten es, daß in ihrer Mitte ein Handelsplatz errichtet wurde:

»Nachdem sie ein Stück Land käuflich erworben hatte, so viel wie von einer Ochsenhaut bedeckt wurde, wo sie sich mit ihren reisemüden

Gefährten ausruhen konnte, befahl Elissa, die Ochsenhaut in so viele dünne Streifen wie möglich zu schneiden, und dadurch gewann sie ein größeres Gelände, als sie dem Schein nach verlangt hatte. Daher erhielt der Ort später den Namen Byrsa.«[11]

»Byrsa« ist allerdings der griechische Name für »Haut«. Es ist jedoch wahrscheinlicher, daß der Name die Verballhornung eines phönizischen Wortes ganz anderer Bedeutung darstellt und daß die Griechen die Geschichte mit der Ochsenhaut erfunden haben, um den Namen zu erklären und um ihre Ansicht zu stützen, daß die Phönizier noch größere Gauner waren als sie selbst . . .

Von Elissa angetan, bat ein Stammeshäuptling namens Jarbas um ihre Hand und drohte mit Krieg, wenn sie ablehnen würde. Elissa aber hatte andere Vorstellungen. Sie

»erklärte, nachdem sie mit vielen Tränen und viel Wehklagen den Namen ihres getöteten Gatten Acherbas angerufen hatte, sie würde gehen, wohin das Schicksal ihrer Stadt sie rief . . . Dann schichtete sie am Stadtrand einen Brandalter auf und opferte viele Tiere, als ob sie den Schatten ihres Gatten versöhnen und ihm vor ihrer Heirat Opfergaben darbringen wolle; aber dann nahm sie ein Schwert, bestieg den Scheiterhaufen und, zu ihrem Volk gewandt, sagte sie, sie gehe zu ihrem Gatten, so wie das Volk es wolle, und nahm sich mit dem Schwert das Leben.«[12]

Das klingt zu romantisch, um wahr zu sein; aber es mag eine tatsächliche Grundlage haben: Die Karthager praktizierten solche rituellen Selbstmorde, und die sich so töteten, wurden bewundert. Wie bei den Völkern Ostasiens galt auch bei den Karthagern ein Menschenleben – das eigene und das anderer – nur wenig. Oft haben die Karthager auch erfolglose Generale ans Kreuz geschlagen.

Ein Jahrhundert nach der endgültigen Zerstörung Karthagos verfaßte der Hofpoet des Augustus, Publius Vergilius Maro (besser bekannt als Virgil) ein Epos über das Leben des trojanischen Helden Aeneas. In dem Wunsch nach vornehmen Ahnen behaupteten die Römer damals, von Aeneas abzustammen.

Nach Virgil entkam Aeneas nach dem Fall Trojas mit seinem Vater, seiner Frau und seinem Sohn; aber die beiden ersteren kamen bald um. Nach manchen Abenteuern ähnlich denen des Odysseus landete er mit seinen restlichen Schiffen in der Nähe des neugegründeten Karthago, wo die fleißigen Tyrer dabei sind, Mauern zu bauen. Aeneas trifft die

Königin Elissa, welche die römischen Schriftsteller aus unbekannten Gründen meist Dido nannten. Er und sie werden von einer großen Leidenschaft füreinander erfaßt. Diese hätte lange weitergehen können, hätten nicht die Götter ihm ein Zeichen gegeben, daß es seine Bestimmung sei, nach Italien zu segeln und dort Rom zu gründen, und daß er besser schnell abreisen würde. Ein pflichtbewußter, wenn auch farbloser Held, reist Aeneas ab, trotz der wütenden Szenen, die ihm die Königin wegen seines Treubruchs macht. Als er abfährt, tötet sie sich; zurückblickend sieht Aeneas noch den Rauch ihres Scheiterhaufens.

Virgils Erzählung enthält leider einen Anachronismus von mehr als 300 Jahren. Das in der Antike am häufigsten angenommene Datum für den Untergang Trojas war das Jahr 1184 v. Chr., während das Datum 814 v. Chr. für die Gründung Karthagos nicht nur eines der am besten belegten Daten der antiken Geschichte, sondern auch archäologisch glaubwürdig ist. In der Tat haben die Ausgrabungen bei Troja gezeigt, daß die Stadt in der Zeit zwischen 1300 und 1100 v. Chr. nicht einmal, sondern mindestens viermal zerstört wurde, darunter einmal durch Erdbeben.[13]

Wenn wir auch die Geschichte von Dido und Aeneas als reinen Roman abtun und die von Elissa und ihrem aufdringlichen Bewerber Jarbas bezweifeln, so dürfen wir dennoch annehmen, daß eine echte Elissa die Stadt gegen Ende des 9. Jahrhunderts v. Chr. gegründet hat. Die tyrischen Ansiedler nannten sie phantasielos »Qarth Hadascht« (Neue Stadt), woraus die Griechen Karchedon und die Römer Carthago machten.

Fast vier Jahrhunderte lang blühte Karthago als ein von einem Monarchen regierter phönizischer Stadtstaat. Die meiste Zeit war es von der nach ihrem Gründer König Mago benannten Dynastie der Magoniden regiert. Die Karthager verbündeten sich mit den Etruskern in Italien, um der griechischen Expansion nach Westen entgegenzutreten, die Süditalien und das östliche Sizilien erfaßt hatte. Obwohl sie die Griechen nie aus Sizilien vertreiben konnten, behaupteten die Karthager ihr faktisches Handelsmonopol im westlichen Mittelmeer. Sie rammten und zerstörten einfach jedes nicht-punische Schiff, das in den Gewässern wilderte, die sie für ihr Reservat hielten.

Besonders wertvoll für Karthago war der Handel mit dem an Bodenschätzen reichen Südwestspanien: vor allem mit Gades (Cadiz), das etwa um 1100 v. Chr. von Tyrus aus gegründet wurde und somit eine der ältesten noch lebenden Städte der Welt ist, und mit der in der Nähe gelegenen halbzivilisierten Stadt (oder Land) Tartessos an der Mündung des Baetis, des heutigen Guadalquivir. Tartessos, das eine eigenständige iberische Kultur zu entwickeln begonnen hatte, verschwand etwa um 500 v. Chr. auf geheimnisvolle Weise aus dem Blickfeld. Vielleicht hat es Plato die romantische Sage von dem untergegangenen Atlantis geliefert. Kleinasiatische Griechen aus Phokäa durchbrachen eine karthagische Blockade von Tartessos, indem sie statt der normalen tonnenförmigen Handelssegler leichte Galeeren mit 50 Ruderern einsetzten. Diese, obwohl normalerweise zu kostspielig für den Handelsverkehr, konnten schnell entkommen, wenn eine sie verfolgende karthagische Trireme am Horizont auftauchte wie ein großer Tausendfüßler, der einen kleinen jagte.

Im 5. Jahrhundert kam es infolge mehrerer Niederlagen, wie der bei Himera in Sizilien, zu einem Regierungswechsel in Karthago. Die Kaufleute vertrieben die Könige und errichteten eine oligarchische Republik, die Karthagos Staatsform bis zu seinem Ende blieb. Der neue Senat auferlegte dem Volk eine Politik strenger Sparsamkeit. Die Einfuhr fremder Luxuswaren wurde verboten; möglicherweise wurde auch die Tempelprostitution abgeschafft – jedenfalls hören wir aus den späteren Zeiten Karthagos nichts mehr von ihr. Die Mondgöttin Tanith wurde anstelle Baal Hammons die oberste Göttin. Trotz der häufigen Kriege mit den Griechen in Sizilien machten sich griechische Kultureinflüsse bemerkbar, darunter der Kult der Göttinnen Demeter und Persephone.

Im 4. Jahrhundert, zur Zeit, als Karthago mit den sizilianischen Griechen kämpfte, erreichte die Stadt vermutlich eine Bevölkerung zwischen 200 000 und 300 000 Menschen. Etwa eine halbe Million mehr mögen in dem, was die Griechen »chora« nannten, gewohnt haben, dem zur Stadt gehörenden Landgebiet, das die Lebensmittel für die Stadt produzierte. Die Stadt selbst bedeckte das Ende der Halbinsel. Innerhalb ihrer Mauern war ihr südlicher Teil eben und flach, während der nördliche Teil zu einem hügeligen Plateau anstieg. Der südöstliche Stadtteil am Hafen – die Byrsa – war das Geschäftsviertel, mit Häusern bis zu sechs Stockwerken. Der nördliche Teil, die Hochebene von Megara, war ein Wohnviertel mit Tempeln, Häusern, Gärten und Feldern.

Massive Mauern umgaben die Stadt, insbesondere an der Westseite. Hier wurde Karthago von einer dreifachen Befestigungslinie quer durch die ganze Halbinsel geschützt. Die innerste und größte Mauer war 17 Meter hoch und 5½ Meter dick. Kasematten, die von innen in die Mauer hineingebaut waren, konnten 300 Elefanten, 4 000 Pferde und Reiter und 20 000 Fußsoldaten aufnehmen.

Die Küstenlinie der Byrsa setzte sich noch 800 Meter nach Süden fort; die Fortsetzung bestand aus einer kleinen Insel und einem Damm, der diese mit dem Festland verband. An dieser künstlichen Halbinsel wurden Kais angelegt. Westlich des Dammes lagen die zwei inneren Häfen: der rechteckige Handelsschiffhafen, etwa 360 bis 480 Meter lang und höchstens halb so breit, und nördlich davon der kreisförmig angelegte Kriegsschiffhafen mit einem Durchmesser von etwa 300 Metern. Diese Häfen scheinen klein angesichts der großen Flotten, die Karthago hinausschickte. Aber auch die Schiffe waren damals klein, und immer lagen viele entweder im See von Tunis vor Anker oder waren an Land gezogen. Beide Häfen bilden heute noch zwei seichte Lagunen in der Mitte der heutigen Stadt.

In einem meiner Romane habe ich ein Bild der Stadt aus der Zeit Dionysios des Älteren von Syrakus (Anfang des 4. Jahrhunderts) zu entwerfen versucht.

»Die Hügel der Megara flachten sich ab, als das Schiff so weit gesegelt war, daß es auf die Höhe der Byrsa kam. Die Byrsa — die innere Stadt — war von einer eigenen Mauer umgeben, die mit der Außenmauer entlang der Wasserfront so verbunden war, daß sie eine riesige Befestigung bildete, die in Abständen von Türmen verstärkt wurde. Hinter der doppelten Mauer konnte man die Spitzen von fünf oder sechs Stockwerk hohen Häusern sehen. Dahinter, in kurzer Entfernung von den Hügeln der Megara, lag der einzige befestigte Hügel, die Zitadelle.

Zwischen der großen Mauer und dem Meer verlief ein gepflasterter Damm mit einer niedrigen Mauer an seiner Außenseite. Schiffe machten an diesem Kai fest, indem sie sich an den Zinnen dieser Mauer anseilten. Als das Schiff des Zopyros (meines Helden) weiterfuhr, verengte sich der Damm zu einer langen, nach Süden gerichteten Spitze und endete in einem hohen steinernen Pier. Der Kapitän machte am Ende dieses Piers fest.

Als Zopyros und seine Gefährten ausstiegen, kam ein Junge mit einem Esel am Zügel. Da sie nach den erhaltenen Anweisungen wußten, daß Elazars Haus über eine Meile vom Hafen entfernt war, mieteten sie den Esel zum Tragen ihres Gepäcks. Nachdem die drei Wollsäcke verstaut waren, machten sich die Reisenden in nördlicher Richtung zum Anfang des Piers und zur großen Mauer auf.

Zur Linken des Piers war ein Loch in der Mauer, durch das Zopyros den inneren Hafen erblickte. Dieser Hafen ... war voll von Handelsschiffen, einige im Wasser und einige an Land auf Balken festgemacht. Hinter diesem inneren Hafen, aber mit ihm verbunden, war der Kriegshafen, von einer massiven kreisförmigen Mauer umgeben. Eine

Trirene bahnte sich gerade ihren Weg durch die Handelsschiffe, wie ein Hai in einem Teich von Schildkröten, mit lauten Warnrufen, Platz zu machen.

Als die drei am Fuß des Piers angelangt waren, näherten sie sich einem der Tore in der Hauptmauer. Dieses Tor wurde von zwei Türmen flankiert, und dazwischen war ein Fallgatter ähnlich dem in Ortygia. Hinter dem Fallgatter war das Hauptportal, bestehend aus einem Paar hölzerner Tore; durch massive Bronzeklammern wurden die Baumstämme, aus denen es bestand, zusammengehalten. Das Fallgatter wurde hochgezogen, und das Tor stand offen. Mehrere Soldaten in Panzerhemden mit vergoldeten Metallschuppen hielten am Tor Wache. Ein Soldat befragte Zopyros und seine Gefährten eingehend, ehe er sie in die Stadt hineinließ.

Als sie innerhalb des Tores waren, folgten die Reisenden dem Esel und gingen am Handelshafen vorbei, hinter dem sie den Bezirk des Tempels der Tanith und des Baal Hammon sehen konnten, mit Altären und Schreinen, die die Heimstatt des göttlichen Paares umgaben. Sie gingen weiter um die Mauer des Kriegshafens herum und in ein Gewirr von steingepflasterten Straßen hinein.

›Sieh an, die Häuser hier sind sogar noch höher als in Motya!‹, sagte Segovax und blickte ängstlich auf die hohen weißgetünchten Fassaden zu beiden Seiten. Die Höhe der Gebäude machte aus den Straßen dunkle Schluchten, in die nur gelegentlich ein heißer Sonnenstrahl schräg einfiel. Der Staub ließ Zopyros husten; die üblen Gerüche der Stadt waren überwältigend stark.

Die Reisenden passierten Phönizier in losen Gewändern, tätowierte Libyer mit Straußenfedern auf dem Kopf und schlanke dunkle Numidier mit Turbanen aus Wildkatzenfell. Es gab auch Neger von jenseits der großen Wüste; einige waren groß und muskulös, andere waren Zwerge, weniger als fünf Fuß hoch.

Sie gingen vorbei an Schlangenbeschwörern, Zauberern und Bettlern, die ihre fliegenverschmutzten Wunden und die Stümpfe verfaulter Glieder vorzeigten. Sie wichen den von riesigen Schwarzen getragenen Sänften juwelengeschmückter Oligarchen aus. Sie umgingen Herden von Ziegen und Schafen, die sich wie Bäche in die schmalen Straßen ergossen, mit einem fellbekleideten Hirten und seinem Hund hinter jeder Herde.

Die Straßen waren auf beiden Seiten von Geschäften eingesäumt, die mit Holztafeln bezeichnet waren; diese waren in punischer Schrift von rechts nach links beschrieben. Kostbare Waren aus nah und fern waren bis in die Straßen hinein aufgebaut. Die Ladenbesitzer standen in der Türe und belästigten die Vorbeigehenden mit aufmunternden Rufen, devoten Verbeugungen und einladenden Gesten. Einer verkaufte etruskische Kerzen, ein anderer persische Sonnenschirme. Ein ägyptischer Händler bot zwei Produkte seines Landes feil: eine Salbe aus echtem Nilpferdfett zur Heilung von Schorf und große zahme Schlangen, wie sie vornehme ägyptische Damen in ihrem Schoß hielten oder um ihren Hals legten, zur Kühlung im heißen Sommer.

Überall — an den Straßenecken, an den Ladentüren und inmitten des Straßenverkehrs — gingen die Männer ihren ewigen Geschäften in der schnarrenden punischen Sprache nach. Wenn auch ruhiger als griechische Händler, so waren die Karthager doch energischer und geschäftsmäßiger in ihrer Art. Jedermann schien es eilig zu haben; niemand ging spazieren und sprach über Philosophie oder Politik, während er seine Worte mit eleganten Gesten unterstrich. Jeder Karthager schien vielmehr dringende Geschäfte zu haben, denen er in gehetzter und sorgenvoller Art nachging.«[14]

Der gewöhnliche Karthager wohnte in einem kleinen Haus oder einer Wohnung, die ziemlich dürftig möbliert und geschmückt war. Das schönste Möbelstück war meist eine große Zedernholzkiste, in der die Wertgegenstände des Hausherrn aufbewahrt wurden und auf der er oft schlief, um sicher zu gehen, daß sie nicht gestohlen wurden.

Die Karthager bewiesen eine eindeutige Verständnislosigkeit für die Künste, vielleicht mit Ausnahme der Musik, des Tanzes und der Kochkunst. Trotz mancher offenkundigen griechischen Einflüsse blieb ihre Bildhauerei und graphische Kunst erstaunlich primitiv. Ihre Exportwaren — Textilien, Töpferwaren, Juwelen, Glaswaren und Schnitzereien in Muscheln, Knochen und Elfenbein — waren meist billig, künstlerisch wertlos und wurden in Massenproduktion hergestellt.

Zu körperlicher Betätigung trug der männliche Karthager ein langes Hemd oder eine leichte Tunika und dazu einen Rock oder ein Paar kurze Hosen. Zu einer mehr sitzenden Tätigkeit trug er ein langes ungefaltetes Gewand, oft zusammen mit einer Schürze, einem Jackett, einem Mantel oder irgendeiner Kombination davon. Auf dem Kopf trugen manche Turbane, manche Feze, andere wiederum hohe, spitz zulaufende Filzhüte. Bärte waren allgemein üblich, außer bei den glattrasierten Priestern. Beide Geschlechter trugen gern Ohrringe, Nasenringe und anderen Schmuck; sie klimperten auch viel mit Zaubermitteln und Amuletten.

Die Karthager gebrauchten weiter ihre alte kanaanitische Sprache, obwohl diese in Phönizien selbst zur Zeit des Perserreiches durch das Aramäische verdrängt wurde. In Tunesien aber hielt sich das Kanaanitische noch einige Jahrhunderte lang bis in die römische Kaiserzeit; manche glauben, die heutige semitische Sprache Maltas sei ein entfernter Abkömmling des karthagischen Dialekts des Kanaanitischen.

Die griechischen und römischen Schriftsteller legten keine hohe Meinung von den Karthagern an den Tag; aber damals war Objektivität gegenüber Feinden noch seltener als heute. Plutarch beispielsweise schrieb: »Die Karthager sind ein hartes und düsteres Volk, unterwürfig gegenüber ihren Herrschern und grausam zu ihren Untertanen; sie schwanken zwischen äußerster Feigheit bei Angst und äußerster Grausamkeit bei Zorn und Ärger; sie halten hartnäckig an einmal gefaßten Entscheidungen fest, sind sparsam und kümmern sich wenig um Vergnügungen oder um die angenehmen Seiten des Lebens.«[15]

Wenn wir ein gerechtes Urteil abgeben wollen, können wir die karthagische Kultur etwa folgendermaßen beschreiben, stets eingedenk der Tatsache, daß die einzelnen Menschen voneinander verschieden waren wie überall und immer: Die Karthager waren sauber, nüchtern und mäßig in ihren Genüssen. Monogamie war die Regel, und weder Eunuchen noch Homosexuelle gab es in ausreichender Zahl, um irgendwelche historischen Spuren zu hinterlassen. Sie hatten einen sehr ausgeprägten Geschäftsgeist und betrieben ihre Handelsunternehmungen mit großer Energie und Entschlossenheit. Obwohl sie in der Regel friedliebend waren, konnten sie, wenn dazu gezwungen, so gut kämpfen wie andere Völker. Bei ihren Entdeckungsfahrten bewiesen sie außerordentlichen Wagemut und Unternehmungsgeist.

Die »Unterwürfigkeit« oder »Servilität«, für die Griechen und Römer sie tadelten, war wohl nur die vollendete orientalische Höflichkeit, die seit langem im größten Teil Asiens Tradition war. Für einen Karthager schienen die freimütigen und formlosen Manieren der Griechen und Römer ohne Zweifel brüsk und unhöflich.

Andererseits waren die Karthager, wie auch andere semitische Völker der Antike, ausgesprochen künstlerisch unbegabt. Selbst in ihrem letzten Jahrhundert, als sie unter den Einfluß griechischer Religion und Kultur gekommen waren, wurden alle ihre Kunstgegenstände und kleinen Luxusgegenstände aus griechischen Ländern importiert. Sie lernten nie, eigene herzustellen.

Die Karthager nahmen ihre düstere Religion ernst bis zum Fanatismus. Die Römer brauchten viele Generationen, um die Sitte der Opferung von Kindern an die Götter auszurotten. Sie waren voller abergläubischer Angst vor bösen Geistern und blutdürstigen Göttern; sie scheinen nie die rationalistische Philosophie der Griechen auch nur annähernd übernommen zu haben.

In ihrer Politik waren die Karthager hartgesotten und unsentimental; ein Menschenleben galt bei ihnen wenig. Griechen und Römer nannten sie deswegen grausam und verräterisch, und das waren sie auch; aber Griechen und Römer waren, selbst nach dem Zeugnis ihrer eigenen Historiker, ebenso grausam und verräterisch.

Doch welche Fehler und Vorzüge die Karthager auch besessen haben mögen, die Griechen und Römer fanden zweifellos das Leben in Karthago sehr langweilig, da es in der Stadt weder Sport noch Theater noch Kunst gab. Abgesehen von den öffentlichen Speisungen, welche die Reichen für die Armen bezahlten, waren die einzigen öffentlichen Vergnügungen religiöse Feste.

Vor dem Ersten Punischen Krieg hatten Rom und Karthago verschiedene Freundschaftsverträge abgeschlossen. Es ist jedoch fast ein Gesetz der Geschichte, daß zwei solche benachbarte Mächte, die beide eine kräftige Expansion nach außen betrieben, früher oder später in Konflikt geraten mußten.

In diesem Fall war es so, daß eine Bande von Söldnern, die gerade keine Beschäftigung hatten, Messana besetzte und anfing zu seeräubern. Als Karthago die Piraten angriff, riefen diese Rom zu Hilfe; Rom, eifersüchtig auf Karthagos Kraft und Reichtum, reagierte entsprechend (im Jahr 264 v. Chr.). Die Landkämpfe fanden fast ausschließlich in Sizilien statt, außer einer erfolglosen Invasion des karthagischen Heimatlandes durch die Römer. Die Römer, die bis dahin Landratten gewesen waren, gewannen schließlich die Oberhand, indem sie eine ganz neue Flotte aufstellten und damit zur Seemacht wurden.

Der Krieg zog sich 23 Jahre lang hin, mit verschiedenen Siegen und Niederlagen und mit der Ersetzung mehrerer durch Stürme vernichteter römischer Flotten durch neue. Schließlich gewannen die Römer, annektierten Sizilien und erpreßten eine Kriegsentschädigung von Karthago.

Dann folgte der Aufstand der Söldner. Als Hamilkar Barka diesen niedergeschlagen hatte, zog er nach Iberien, um Karthagos Macht dort auszubreiten. Bald regierte er das ganze südliche Spanien. Er weihte sein Leben einer dominierenden Leidenschaft: der Rache an Rom – und er erzog seinen Sohn Hannibal dazu, ähnlich zu denken. Als Hamilkar bei einem Aufstand getötet wurde, folgte ihm als Gouverneur sein Schwiegersohn Hasdrubal, und als auch Hasdrubal ermordet wurde, folgte diesem Hannibal. Einige uns erhaltene Münzen geben eine Vorstellung von dem Aussehen von Vater und Sohn: Man hat den Eindruck stämmiger Männer mit tiefliegenden Augen unter schweren Augenbrauen, hohem Nasenjoch und kräftigen Backenknochen. Während

Hamilkar einen krausen Vollbart trug, hatte Hannibal die bartlose hellenistische Mode übernommen.

Zwischen Hannibal und Rom kam es zum Streit über die Stadt Sagunt. Hannibal beanspruchte das Recht, sie anzugreifen, und die Römer das Recht, sie zu verteidigen. Die Verträge, welche die beiderseitigen Einflußbereiche in Spanien abgegrenzt hatten, waren nicht genau genug, um die Frage zu klären. So erstaunte Hannibal im Jahr 218 die Römer, indem er mit einer Armee, zu der 36 Elefanten gehörten, an der Mittelmeerküste des südlichen Gallien entlang und dann über die Alpen nach Italien zog. In seinen ersten drei Jahren in Italien fügte er den Römern vier vernichtende Niederlagen zu; die letzte von diesen war die Vernichtung eines 60 000 Mann starken römischen Heeres bei Cannae.

Hannibal blieb fünfzehn Jahre in Italien. Es war die brillanteste Expedition der Kriegsgeschichte, aber auf lange Sicht doch eine erfolglose. Denn er war nie stark genug, um die Stadt Rom selbst anzugreifen, und die Römer ermatteten ihn durch ihre zahlenmäßige Überlegenheit und ihre Guerillataktik, so daß er keine spektakulären Siege mehr erringen konnte.

Während der brillanteste Taktiker der Geschichte in Italien umhermarschierte und sich mit einigem Erfolg bemühte, die süditalienischen Städte Rom abspenstig zu machen, entriß eine römische Expedition den Karthagern ihr spanisches Herrschaftsgebiet. Schließlich waren die Römer so weit, wieder eine Expedition nach Nordafrika zu schicken, und Hannibal mußte zurückkehren, um seine Heimat zu verteidigen. Bei Zama im Jahr 202 versuchte er das gleiche Umfassungsmanöver, das ihm bei Cannae so blutigen Erfolg gebracht hatte. Aber der römische Befehlshaber, Cornelius Scipio Africanus der Ältere, war ein ebenso begabter General wie Hannibal. Er parierte dessen Bewegungen und gewann die Schlacht mit Hilfe eines Regimentes numidischer Reiter.

Karthago gab auf; es mußte auf sein spanisches Reich und auf seine Flotte verzichten. Hannibal floh nach Osten. Einige Jahre später, als er in Ephesos lebte, traf er Scipio, der in amtlicher Mission dorthin gekommen war. Da sie persönlich nichts gegeneinander hatten, begannen sie eine Unterhaltung über Kriegführung. Hannibal sagte, für ihn sei Alexander der erste auf diesem Gebiet, Pyrrhos der zweite und er selbst der dritte.

»Was würdest du aber sagen, wenn ich dich nicht besiegt hätte?«, fragte Scipio lächelnd.

»In dem Fall, Scipio, hätte ich mich nicht als den dritten, sondern als den ersten bezeichnet.«[16]

Die Römer, die immer noch Hannibals große Fähigkeiten fürchteten, jagten ihn von Stadt zu Stadt. Zeitweise diente er als Berater dem Seleukidenkönig Antiochos III., der manchmal »der Große« genannt wird, bei dessen Krieg mit Rom. Antiochos hatte als junger Mann beachtliche Fähigkeiten bewiesen, aber war jetzt in mittleren Jahren bequem und energielos geworden. Die Römer schlugen seine Armeen und setzten ihre Verfolgung Hannibals fort, bis der große Karthager sich durch Gift das Leben nahm.

Obwohl es sein Reich verloren hatte, erholte sich Karthago dank der außerordentlichen Zähigkeit seiner Bevölkerung schnell von dem ruinösen Krieg. Es erweckte damit die mißtrauische Aufmerksamkeit eines führenden römischen Senators, Marcus Porcius Cato, als dieser im Auftrag Roms zur Schlichtung eines Streits mit den Numidiern nach Karthago kam. Diese selbstgewählte Verkörperung der altrömischen Tugenden war ein grimmiger, bösartiger Mann, der unter anderem schrieb, ein Sklave solle ständig arbeiten, wenn er nicht schliefe, und Sklaven, die zur Arbeit zu alt seien, sollten verkauft werden. Als Zensor stieß er einmal einen Mann aus dem Senat aus, weil dieser am Tage in Gegenwart seiner Tochter seine Frau geküßt hatte. Da er alles haßte, was nach Wohlergehen aussah, wurde Catos Zorn und Besorgnis durch den Wohlstand Karthagos erweckt. Und von da an beendete er jede Senatsrede mit den Worten: »Ceterum censeo Carthaginem esse delendam« (übrigens glaube ich, daß Karthago zerstört werden muß).

Ein halbes Jahrhundert nach der Schlacht von Zama hatte Cato genügend Römer zu seiner Ansicht bekehrt. Die Römer benutzten die Methode, die Numidier zu einem Angriff auf Karthago anzustacheln. Als sich die Karthager verteidigten, fielen die Römer über sie her, unter dem Vorwand, sie hätten den Friedensvertrag gebrochen, indem sie ohne Genehmigung Roms Krieg führten. Die Karthager spielten auf Zeitgewinn, stellten Geiseln und lieferten ihre Waffen ab. Dann aber erhöhten die Römer ihre Forderungen und verlangten, die Karthager sollten ihre Stadt verlassen und sich fünfzehn Kilometer landeinwärts ansiedeln — ein Todesurteil für ein Volk von Händlern und Seefahrern.

Daraufhin erhoben sich in Karthago die Massen und lynchten die Unterhändler, welche diese Bedingungen angenommen hatten, zusammen mit allen Römern, deren sie habhaft werden konnten. Sie gingen daran, neue Waffen herzustellen. Die Frauen schnitten ihre Haare ab und stellten sie als Katapultsehnen zur Verfügung; Tag und Nacht brannte in den Schmieden das Feuer und tönten die Ambosse. Man wollte zum mindesten so viele Römer in den Tod mitnehmen, wie man konnte.

Eine hartnäckige Belagerung folgte. Auch als sich die Römer schließlich den Einzug in die Stadt erzwungen hatten, gelangt es erst nach sechstägigen Kämpfen Haus um Haus, die Stadt völlig zu erobern. Als die Überlebenden — weniger als ein Viertel der ursprünglichen Bevölkerung — kapituliert hatten, setzten die Römer die Stadt in Brand, ebneten sie ein und verfluchten den Platz feierlich für alle Zeiten.

Der Befehlshaber der Römer war Cornelius Scipio Africanus der Jüngere, ein Adoptivenkel Scipios des Älteren. Nachdem er den Brand der Stadt befohlen hatte, wandte er sich seinem Freund, dem griechischen Historiker Polybios, zu und sagte: »O Polybios, dies ist ein großer Augenblick! Doch, ich weiß nicht warum, habe ich ein Gefühl von Schrecken und Angst, daß eines Tages irgend jemand den gleichen Befehl in bezug auf meine Vaterstadt geben könnte.« Polybios berichtet weiter:

»... brach Scipio beim Anblick der untergehenden Stadt inmitten des großen Brandes in Tränen aus, und lange stand er da, über den unausweichlichen Wandel der Dinge nachdenkend, der Städte, Völker und Dynastien ohne Ausnahme erwartet, ebenso wie jeden einzelnen Menschen. Dieses Schicksal, dachte er, habe Ilion befallen, einst eine so mächtige Stadt, und ebenso die einst so mächtigen Reiche der Assyrer, Meder, Perser und das noch vor kurzem so glänzende Mazedonien. Bewußt oder unbewußt — vielleicht entwichen ihm die Worte fast gegen seinen Willen — registrierte er:

›Der Tag wird kommen, wenn das heilige Troja fällt, Priamus, der Herr der Speere, und sein ganzes Volk.‹

Als ich ihn kühn fragte (ich war ja sein Lehrer gewesen), was er mit diesen Worten meinte, nannte er Rom nicht ausdrücklich, aber offensichtlich dachte er bei diesem Anblick der Veränderlichkeit des menschlichen Schicksals auch an seine Vaterstadt.«[17]

Von Kaiser Augustus neugegründet, blühte das spätere römische Karthago noch über vier Jahrhunderte. Im Jahr 439 n. Chr. wurde es von dem Vandalenfürsten Geiserich[18] erobert, im Jahr 533 von Belisar für das Oströmische Reich zurückgewonnen und im Jahr 647 von den Arabern erobert und zerstört. Während des ganzen Mittelalters war Karthago nur noch ein Dorf.

Heute ist es ein Vorort von Tunis, statt umgekehrt wie in alten Zeiten. Es sieht aus wie ein etwas heruntergekommenes Miami, mit kleinen Zuckerwürfeln weißgetünchter Häuser zwischen grünen Zypressen. Die Männer auf den Straßen tragen europäische Kleidung mit Fezen auf dem Kopf, entweder dem üblichen mohammedanischen oder dem niedrigen runden Fez, der in Tunesien bevorzugt wird. Die Frauen tragen meist europäische Kleidung, aber darüber die »Bruka«, einen alles bedeckenden Überhang aus dünnem Stoff mit einer Kapuze.

Am Rande des Plateaus von Megara blicken die Überreste eines römischen Forts über die Byrsa und die beiden Lagunen, die von den antiken Häfen übriggeblieben sind. In der Nähe befindet sich ein kleines, aber gutes Museum mit am Ort gefundenen Antiquitäten. Karthago ist von Tunis mit einer elektrischen Vorortbahn zu erreichen, mit hölzernen Wagen, von denen der weiße Anstrich größtenteils abgeblättert ist – sie sehen aus, als seien sie aus Hannibals Grabmal ausgegraben und wieder in Dienst gestellt worden.

Dennoch geht es den heutigen Nachkommen der Bewohner von Karthago und Utika nicht schlecht. Ein tunesischer Taxifahrer, Charbti Tahar, sagte mir: »Wir Tunesier sind wie die Schweizer. Wir haben keine Feinde. Alle Welt liebt uns, und alle kommen hierher, um hier ihr Geld auszugeben.«

9.
Alexandria und der Leuchtturm

Im vierten Jahrhundert v. Chr. unterwarf Alexander, der Sohn des Philipp und der dritte König von Makedonien dieses Namens, ganz Griechenland. Dann führte er eine Armee von Griechen und Makedoniern zur Eroberung des mächtigen Perserreiches nach Asien. Von den felsigen Küsten Ioniens marschierten seine Truppen an den quicklebendigen phönizischen Seehäfen vorbei, wo sie Tyrus nach einer hartnäckigen Belagerung einnahmen. Dann zogen sie weiter zu den Sandwüsten Ägyptens, und von Ägypten zu den alten Ziggurats Mesopotamiens. Dort vernichteten sie die Streitkräfte des glücklosen Darius III. Weiter ging es bis zu den von Tigern bewohnten Dschungeln Hyrkaniens, den einsamen Steppen Zentralasiens und über die afghanischen Felsen hinunter zum Tal des Indus, um dort die prächtigen Radschas und ihre schwerfälligen Elefanten zu besiegen.

Bis zum Jahr 323 hatte Alexander ein Reich erobert, das ebenso groß war wie das des ersten Darius. Er hatte die Mischehen von Makedoniern und Persern gefördert und grandiose Pläne für weitere Eroberungen, Forschungsreisen und öffentliche Bauten entworfen. Dann starb er plötzlich, offenbar an Malaria, erst 33 Jahre alt in Babylon. Er hinterließ mindestens zwei Witwen und eine Horde raffgieriger makedonischer Generale, die sich um seine Erbschaft rauften.

Diese Generale liquidierten bald alle Verwandten des großen Eroberers – seine Mutter, seinen Bruder, seine Frauen und sein Kind. Dann teilten sie sich das Reich auf und machten sich selbst zu Königen. Der fähigste dieser »Diadochen« (Nachfolger) war ein großer Mann, Antigonos Einauge genannt, der zwanzig Jahre lang Kleinasien regierte, bis sich die anderen Diadochen gegen ihn verbanden und er in der Schlacht von Ipsos im Jahr 301 fiel. Danach waren die wichtigsten Diadochenreiche Ägypten unter Ptolemäos und seinen Nachkommen, Makedonien unter den Nachkommen von Antigonos Einauge und das Seleukidenreich – Syrien, Mesopotamien und Persien – unter der von General Seleukos gegründeten Dynastie. Mehrere andere Königreiche entstanden in Kleinasien und verschwanden wieder.

Obwohl die meisten von Alexanders makedonischen Offizieren bald die persischen Frauen verstießen, die er für sie ausgesucht hatte, fand die von ihm erhoffte Verbindung von Hellenen und Orientalen dennoch statt. Alexander und die Diadochen gründeten Dutzende von neuen Städten in den eroberten Ländern. Sie ermunterten Tausende von Griechen und Makedoniern, sich in diesen Städten niederzulassen, Seite an Seite mit Persern, Syrern, Ägyptern und anderen Einheimischen. Viele Hellenen verließen das unfruchtbare Griechenland, um in den Heeren und Bürokratien der Diadochen zu dienen, und bildeten in den neuen Reichen eine herrschende Klasse.

Diese Griechen vermischten sich bald mit den einheimischen Oberklassen. Griechische Kultur beeinflußte die Orientalen, während orientalische Vorstellungen bei den Griechen Eingang fanden. Die glänzende griechisch-orientalische Zivilisation, die daraus entstand, wird die hellenistische genannt.

Das hellenistische Zeitalter – grob definiert die letzten drei Jahrhunderte vor dem christlichen Zeitalter – ähnelte in mancher Hinsicht unserem Jahrhundert. Es war eine Zeit intellektueller Gärung, eine Zeit der Reisen und des Tourismus, der Wissenschaft und Forschung, der Volksbildung, der Klubs und Gesellschaften und der Erfindungen. Es war einerseits eine Zeit wilder Jagd nach dem Reichtum, der durch die technologischen Fortschritte und die Ausweitung des Handels geschaffen wurde, andererseits eine Zeit fast kommunistischer revolutionärer Bewegungen für eine gleichmäßige Aufteilung dieses Reichtums.

Ein anderer »moderner« Zug des hellenistischen Zeitalters war die Vorliebe für das Grandiose. Die hellenistischen Könige bewaffneten ihre Soldaten mit längeren Speeren und stellten sie in größeren Phalanxen auf als je zuvor; sie bauten aufwendigere Tempel und Paläste, sie errichteten höhere Gebäude und Standbilder, sie organisierten glänzendere Paraden – und sie begingen scheußlichere Verbrechen. Was für innere Hemmungen die ausgewanderten Griechen gegen Lüge, Diebstahl, Erpressung, Korruption, Verrat und Mord gehabt haben mögen – sie scheinen sie alle in Griechenland zurückgelassen zu haben.

Die hellenistische Zeit, obwohl in mancher Hinsicht sehr fortschrittlich, war politisch eine Zeit des amoralischen Opportunismus. Das darauf folgende Zeitalter des Glaubens, das unter dem römischen Kaiserreich heranwuchs und fast anderthalb Jahrtausende währte, legte zu moralischen Grundsätzen mehr Lippenbekenntnisse ab, war aber in der Praxis auch nicht humaner. Die Massenmorde von Männern wie Agathokles und Physkon waren nicht grausamer als etwa die Massenverbrennung von Juden in Madrid im Jahr 1680 zur Feier der Hochzeit des schwachsinnigen König Karls II. und zur Belustigung des Adels und der Geistlichkeit Spaniens.

Alexander gründete mindestens zehn Städte, die nach ihm Alexandria[1] genannt wurden. Diejenige, die alle anderen weit in den Schatten stellte – das eigentlich Alexandria – wurde im Jahr 331 bei seinem Aufenthalt in Ägypten gegründet.

Die ägyptische Küste am Nildelta hat kaum Häfen außer an der Mündung des Stroms selbst, wo Sandbänke und Schlick die Anlage sicherer Ankerplätze erschweren. Im westlichen Teil dieser Küste bildet jedoch eine Kette von Kalksteinklippen und kleinen Inseln einen Bogen, der etwa fünf Kilometer Küstenlinie dahinter vor dem offenen Meer schützt. In der »Odyssee« sagt König Menelaos von Sparta:

»Eine der Inseln liegt im wogenstürmenden Meere vor des Ägyptos Strome, die Menschen nennen sie Pharos, so weit ab, als etwa den Tag ein geräumiges Seeschiff segelt, wenn es zur Fahrt vom Land her tüchtigen Wind hat. Dort ist ein sicherer Hafen, allwo die Schiffer gewöhnlich frisches Wasser sich schöpfen und weiter die Wogen durchsegeln.«[2]

Alexander fand die größte Insel dieser Kette – die zweieinhalb Kilometer lange Insel Pharos – nicht »eine Tagesfahrt«, sondern nur anderthalb Kilometer von der Küste entfernt.[3] Im Windschatten dieser Insel lag das schläfrige ägyptische Dorf Rhakotis, das schon mindestens 1000 Jahre alt war. Es lag auf einem langen Streifen von Sand und Kalkstein, der 2 bis 3 Kilometer breit war und das Mittelmeer von einem etwa 18 Kilometer breiten seichten Binnensee trennte. Dieser See, den die Griechen Mareotis-See nannten und der heute Bahr Maryut heißt, war einer aus einer Kette solcher Seen an der Nordseite des Deltas, weitgehend von Papyrusrohr verschilft und damals voll von Piraten und Nilpferden.

Alexander hatte einen Architekten namens Deinokrates bei sich, der einst die Eitelkeit des Eroberers gekitzelt hatte, als er ihm anbot, den Berg Athos zu einem Riesenstandbild umzuarbeiten – vermutlich einem Standbild Alexanders, der in seiner linken Hand eine Stadt trägt. Alexander hatte diesen Plan abgelehnt, aber den ideenreichen Deinokrates bei sich behalten. Nun befahl er ihm, dort, wo Rhakotis lag, eine neue Stadt zu bauen. Diese Lage vereinigte die Vorzüge eines natürlichen Hafens mit einem angenehmen Klima, weil die ägyptische Hitze durch die fast ständige Meeresbrise gemildert wurde.

Als Deinokrates und seine Gehilfen die Mauern und Straßen der Stadt mit langen Kalklinien aufzeichneten, ging ihnen der Kalk aus. Da der König zu einer Besichtigung erwartet wurde, griffen die Architekten rasch auf den Vorrat von Gerstenmehl zurück, der für die Bauarbeiter angelegt worden war, und markierten damit ihre Linien. Aber ein Schwarm von Vögeln kam herab und pickte die Gerste auf. Dieses Vorzeichen beunruhigte Alexander, bis seine Wahrsager ihm versicherten, es sei in Wahrheit ein gutes Omen und bedeute, daß dieses Alexandria nicht nur sich selbst, sondern auch andere Städte ernähren könne.

Alexander zog weiter zur Oase Siwa und wurde dort von den Priestern des Ammon als Gott begrüßt. Dann wandte er sich nach Osten zum Endkampf mit Darius. Als Gouverneur ließ er einen gewissen Kleomenes zurück, der bald ein hervorragendes Talent zur Korruption entwickelte. Beispielsweise ließ er sich von den Kaufleuten der Stadt Kanopus bestechen, den Markt nicht nach Alexandria zu verlegen, und verlegte ihn dann doch. Außerdem erhob er regelmäßige Abgaben vom Getreidemarkt.

Nach Alexanders Tod kam Ägypten unter die Herrschaft eines seiner Generale. Dies war der kluge, weitsichtige und liebenswürdige Ptolemäos, Sohn des Lagos, der mit Alexander zusammen aufgewachsen war. Wie die meisten Ptolemäer nach ihm war er stämmig und untersetzt, mit einem Stiernacken, tiefliegenden Augen unter dichten Brauen und hohem Nasenjoch. Nachdem er den raffgierigen Kleomenes getötet hatte, regierte er ein Land, das damals schon mehrere Millionen Menschen zählte: die Bauern des dichtbesiedelten Niltals und Nildeltas, wilde Nomadenstämme in der Wüste und in den Städten Kolonien von Griechen, Makedoniern und Juden. Er dehnte seine Herrschaft auf Zypern und Kyrene aus und schlug mehrere Invasionen anderer Diadochen zurück.

Im Jahr 304 erklärte sich Ptolemäos zum König und legte sich den Beinamen »Soter« (Retter) zu, durch den er sich von den späteren Ptolemäern unterschied: Sein voller Titel lautete jetzt Ptolemäos I. Soter. Er machte Alexandria zu seiner Hauptstadt und verfolgte energisch Alexanders Pläne, es zu einer großen Stadt auszubauen. Als Alexanders Leichnam, dem ausdrücklichen Wunsch des Toten entsprechend, von Babylon auf einem großen, kostbar geschmückten Wagen nach Ägypten gebracht wurde, um in der Oase Siwa beigesetzt zu werden, nahm Ptolemäos ihn in Syrien mit einer großen Eskorte in Empfang. Er behielt ihn aber einige Jahre in Memphis, während in Alexandria ein riesiges Grabmal, die Sema[4], gebaut wurde.

Nach einer erfolgreichen Regierung von fast vierzig Jahren dankte Soter zugunsten seines jüngsten legitimen Sohnes Ptolemäos II. Philadelphos (»Freund der Schwester«) ab. Zwei Jahre später, im Jahr 283, starb er. Etwa zur gleichen Zeit wurde Alexanders Leichnam nach Alexandria überführt und in der Sema beigesetzt.

Wie die meisten Diadochen war Soter mehr oder weniger polygam, mit mindestens zwei Frauen und verschiedenen Mätressen und Konkubinen. Philadelphos verstieß seine erste Frau, weil sie sich gegen ihn verschworen hatte, und übernahm dann die alte königlich-ägyptische Sitte der Heirat mit seiner eigenen Schwester. Diese Sitte blieb in der ptolemäischen Dynastie bestehen; der dem Volk dafür genannte Grund war, daß das ptolemäische Blut zu vornehm und göttergleich sei, um sich mit dem gewöhnlicher Sterblicher zu vermischen.

Die Regierungsform war ein bürokratischer Absolutismus, mit Staatsmonopolen für Öl, Textilien, Bankgeschäfte und andere Zweige der Wirtschaft. Eine erdrückend hohe Besteuerung, die am meisten die Bauern belastete, diente zum Unterhalt des prächtigen Hofes und der aufwendigen Armee. Die Bauern machten oft Aufstände, aber immer ohne Erfolg. Alexandria und die wenigen anderen Städte mit großem griechischen Bevölkerungsanteil waren politisch organisiert wie eine griechische Polis, mit Volksversammlung, Rat der Ältesten und gewählten Beamten; aber wir können sicher sein, daß der König die kommunalen Angelegenheiten fest in der Hand behielt. Die verschiedenen Volksgruppen — Griechen, Ägypter und Juden — behielten ihr eigenes Recht und ihre eigenen Gerichtshöfe, mit gemischten Gerichten für gemischte Rechtsfälle.

Im Mittelpunkt des ganzen Aufbaus stand der König als absoluter Herrscher. Zu Beginn waren alle Diadochenreiche nackte Gewaltregime, da die Diadochen weder von ihren Untertanen gewählt waren noch die Stütze in Tradition und Brauchtum besaßen, die alten Dynastien zugute kommt.

Die Ptolemäer waren Parvenus, wußten es und sahen auch so aus, da sie meist fett waren. Da ihnen die Göttlichkeit fehlte, die einen legitimen König aus alter Dynastie umgibt, suchten sie sich sie zu verschaffen. Sie ließen sich als Götter verehren, leisteten den altägyptischen Sitten und Zeremonien Lippendienste und umgaben sich mit einem höchst ornamentalen Hofstaat. Dazu gehörten Kämmerer, Jägermeister, Stallmeister, der Haushofmeister, der Obermundschenk, der Leibarzt sowie sonstige Ärzte, Lehrer, Kammerjunker, Pagen und ein riesiger Schwarm anderer Diener. Die Höflinge waren eingeteilt in Verwandte des Königs und diesen gleichstehenden Personen, »Freunde ersten Grades« und diesen Gleichstehende, Offiziere der Leibwache und »gewöhnliche Freunde«. Wie andere hellenistische Könige wagten auch die Ptolemäer nicht, viel Gewalt zu delegieren. Daher waren sie durch den Versuch, mehr Details selbst zu entscheiden, als ein einzelner entscheiden konnte, oft schon in mittleren Jahren physisch verbraucht.

Die Gründung Alexandrias machte große technische Bauleistungen notwendig. Ein Kanal wurde gegraben, um Alexandria mit dem Kanopus-Arm des Nils zu verbinden, so daß Schiffe direkt zwischen Alexandria und Memphis verkehren konnten. Die Kette von Inseln auf der Seeseite der Stadt wurde untereinander und mit dem Festland verbunden. Ein

Wellenbrecher mit einem Fahrdamm, fast $1^1/_2$ Kilometer lang mit zwei bogenförmigen Durchfahrten für kleine Schiffe, wurde von der Insel Pharos bis zur Küste gebaut. Genannt »Heptastadion« (Sieben-Achtelmeiler), teilte er den Hafen in zwei Hälften: Der östliche oder Große Hafen enthielt die Schiffswerften und die Lagerplätze der Kriegsschiffe sowie einen inneren Hafen für die königlichen Jachten, der westliche Hafen war für Fischerboote und andere kleine Schiffe gedacht.

Alexandria war nach dem typisch hellenistischen gitterförmigen Stadtplan angelegt, mit einer Längsachse von Osten nach Westen. Zwei Hauptstraßen, 14 Meter breit und von Säulenreihen eingefaßt, kreuzten sich rechtwinkelig; die längere der beiden, die Kanobische oder Canopische Straße, verlief vom Sonnentor am Ostende der ummauerten Stadt bis zum Mondtor am Westende. Die Straßen Alexandrias scheinen nicht gepflastert gewesen zu sein, oder jedenfalls erst in der späteren Zeit. Zu Verwaltungszwecken war die Stadt in fünf »Quartiere« eingeteilt, die nach Buchstaben des griechischen Alphabets benannt waren.

Am östlichen Ende des anfangs erwähnten Bogens von Klippen und Inseln stach eine Halbinsel, Lochias, ins Meer hinaus. Die königlichen Paläste und Parks sowie der Zoologische Garten bedeckten die Halbinsel und den Raum am Fuße dieses Vorgebirges. Nicht weit davon entfernt standen die Sema, das Museum, die Bibliothek und andere öffentliche Gebäude. Das Museum und die Bibliothek lagen, wie man allgemein annimmt, im Südwesten des Palastviertels.

Weil Alexandria von der Zeit Alexanders des Großen bis heute ständig bewohnt war, sind wenig Ruinen aus hellenistischer Zeit erhalten. Und weil es heute eine große, voll ausgebaute Stadt mit etwa einer Million Einwohner ist, kann es von den Archäologen nicht gründlich ausgegraben werden, um Zweifelsfälle zu klären. Zwar sind viele Karten veröffentlicht worden, welche die Stadt zeigen, wie sie in antiken Zeiten nach Ansicht des Kartographen aufgebaut war. Aber die großen Unterschiede zwischen diesen Stadtplänen zeigen, daß sie weitgehend auf Vermutungen beruhen.

Die Griechen nannten die Stadt »Alexandria bei Ägypten«[5], denn der Landstrich, auf dem sie stand, galt nicht als Teil des eigentlichen Ägypten. Die Bevölkerung war gemischt, und die verschiedenen Nationalitäten lebten in ihren eigenen Stadtteilen: die Ägypter in Rhakotis im Südwesten, die Juden im Delta-Viertel im Nordosten und die Griechen im Broucheion dazwischen. Die vielsprachige Bevölkerung hatte den Ruf, lebhaft, von schneller Auffassungsgabe, humorvoll und respektlos zu sein, aber nicht gerade die solideren Tugenden zu besitzen. Als Soldaten wenig wert, waren die Alexandriner schnell bereit zu Aufständen. Die verschiedenen Volksgruppen mit ihren so verschiedenen Sitten, Gebräuchen und Moralauffassungen hatten oft untereinander Streit, und oft rotteten sie sich zusammen gegen einen König oder Kaiser, den sie nicht mochten. Gelegentlich verlor einer der grausameren Herrscher, Ptolemäos VII. oder der römische Kaiser Caracalla, die Geduld mit diesem unruhigen und turbulenten Volk und befahl ein Blutbad. Aber die Alexandriner lernten nie daraus.

Am östlichen Ende der vergrößerten Insel Pharos errichtete Soters Architekt Sostratos einen Turm als Wahrzeichen für die Schiffahrt. Dies war der berühmte Leuchtturm von Alexandria, eines der sieben Weltwunder der Antike. Mit der Zeit wurde der Name der Insel, Pharos, für den Leuchtturm verwandt; bis zum heutigen Tag heißt das griechische Wort für Leuchtturm »pharos«, und auf Französisch und Italienisch heißt er »phare« bzw. »faro«. Man erzählte sich, der König habe, wie üblich, nur seinen eigenen Namen auf den Turm eingravieren lassen wollen. Der schlaue Sostratos aber habe auf dem Stein eingemeißelt:

SOSTRATOS, SOHN DES DEXIPHANES, AUS KNIDOS
IM NAMEN ALLER SEELEUTE
DEN RETTENDEN GÖTTERN

Dann habe er diese Inschrift mit einer Gipsschicht überzogen, auf der die übliche Huldigung an den König eingraviert war. Mit der Zeit sei der Gips abgewaschen worden, der Name des Königs sei verschwunden und der des Architekten freigelegt worden.

Zur Regierungszeit des Philadelphos vollendet, war der Turm zwischen 115 und 133 Metern hoch, verglichen mit den 145 Metern der großen Cheopspyramide und den 167 Metern des Washington-Monuments. Er bestand aus drei Stufen: die niedrigste war quadratisch, die mittlere achteckig und die obere zylindrisch. Die untere Stufe enthielt 50 Räume, und Wendeltreppen führten zur Spitze hinauf.

In späteren Zeiten wurde der Pharos zweifellos als Leuchtturm benutzt, d. h. als ein Turm, an dessen Spitze nachts ein Feuer brannte, um der Schiffahrt den Weg zu zeigen. Es ist jedoch zweifelhaft, ob ein solches Feuer schon in den frühen ptolemäischen Zeiten unterhalten wurde oder ob der Turm damals die Schiffe nur bei Tage in den Hafen geleitete. Auch so wäre er eine große Hilfe für die Seeleute gewesen, da er sichtbar wurde, lange bevor die flache Küste des Deltas aus dem türkisfarbenen Meer auftauchte.

Ein kleines, nicht allzu schlüssiges Beweisstück spricht dafür, daß der

Turm von Anfang an ein Leuchtturm war. Ein weniger bedeutender antiker Geograph, Dionysios aus Byzanz, schrieb im 2. Jahrhundert v. Chr. eine Schilderung der ganzen Bosporus-Region, und das erhaltene Fragment erzählt von einem »Turm des Timaios«, der auf einem Hügel neben dem Goldenen Horn in Byzanz gestanden habe. Dionysios schreibt: »Er wurde für die Sicherheit der Schiffe gebaut, und ein Feuer war dort angezündet, um ihnen den Weg zu weisen.«[6]

Dionysios erwähnt den Timaios nicht näher, der vermutlich die Kosten für den Turm getragen hat. Aber von den sieben bekannten Männern der Antike dieses Namens kommt am ehesten Timaios von Kyzikos in Frage, ein Zeitgenosse des Aristoteles und daher etwa eine Generation vor König Soter lebend. Wenn dieser Mann der Erbauer jenes Turmes war, dann war vermutlich der Gebrauch von Leuchtfeuern für die Schiffahrt schon bekannt, als Soter und Sostratos ihren Turm bauten, und es ist unwahrscheinlich, daß sie eine so naheliegende Methode, die Nützlichkeit ihres Wolkenkratzers zu verdoppeln, außer acht gelassen hätten.

Die besten uns erhaltenen Beschreibungen des Pharos, der rund 1500 Jahre gestanden hat, stammen von zwei muselmanischen Reisenden aus dem Mittelalter. Der spanische Maure Idrisi[7], der um das Jahr 1115 im östlichen Mittelmeer reiste, schrieb:

»Wir sehen den berühmten Leuchtturm, der in der ganzen Welt an Harmonie der Architektur und an Solidität nicht seinesgleichen hat; denn, abgesehen davon, daß er aus dem vorzüglichen al-kadhdhan genannten Stein erbaut ist, sind die einzelnen Schichten dieses Steins durch geschmolzenes Blei miteinander verbunden, und diese Bindung ist so fest, daß der ganze Bau unzerstörbar ist, obwohl das Meer aus dem Norden unablässig gegen ihn anbrandet. Die Entfernung zwischen Leuchtturm und Stadt beträgt eine Meile über das Meer und drei Meilen auf dem Landweg. Seine Höhe beträgt 300 Ellen des raschaschi-Typs, jede gleich drei Spannen, was insgesamt eine Höhe von 100 Klaftern (195–227 Meter) ergibt; davon entfallen 96 auf den Bau bis zur Laterne und vier auf die Laterne selbst. Vom Fuß bis zur mittleren Galerie sind es genau 70 Klafter, und von der Galerie bis zur Spitze des Turms sind es 26.

Man klettert bis zur Spitze auf einer breiten Treppe im Inneren, so breit wie jene, die meist in Minaretten gebaut werden. Die erste Treppe endet etwa auf halber Höhe des Turmes, und von da an wird der Bau auf allen vier Seiten schmaler. Im Innern und unter der Treppe sind Kammern angelegt. Von der Galerie angefangen erhebt sich der Leuchtturm immer schmaler bis zur Spitze, bis man sich zuletzt beim Treppensteigen kaum mehr drehen kann.

Von dieser gleichen Galerie gelangt man auf die Spitze durch eine Reihe von Stufen, die schmaler sind als die untere Treppe. Überall ist der Turm von Fenstern durchbrochen, damit die heraufsteigenden Personen sehen und sicher auftreten können.

Dieser Bau ist wahrhaft einzigartig, ebenso sehr durch seine Höhe wie durch seine Solidität; er ist sehr nützlich insofern, als er Tag und Nacht während der ganzen Saison der Schiffahrt ein Richtfeuer für die Seeleute unterhält; die Seeleute kennen das Feuer und richten sich danach; denn es ist bis auf die Entfernung einer Tagesfahrt (100–150 km) sichtbar. Nachts sieht das Feuer wie ein glänzender Stern aus, tags kann man weithin seinen Rauch sehen.«[8]

Als Jussuf ibn-asch-Schaykh, ein anderer spanischer Maure, den Turm im Jahr 1165 sah, stellte er fest, daß er nicht mehr als Leuchtturm benutzt wurde. Statt dessen war an der Spitze des Turms eine kleine Moschee erbaut worden, wo vorher die Lampe brannte — die Religion hatte über die Nützlichkeit gesiegt. Als erfahrener Baumeister und Architekt maß ibn-asch-Schaykh den Turm sorgfältig, und wir nehmen heute seine Zahlen als richtig an (die Zahlen Idrisis scheinen etwas übertrieben).[9] Wir können jedoch seine Zahlen nicht zuverlässig in moderne Maße übersetzen, weil er seine Zahlen in Ellen angab und wir nicht genau wissen, welche von mehreren verschiedenen Ellen er meinte.

In dem Jahrhundert nach dem Besuch ibn-asch-Schaykhs stürzte der Pharos durch ein Erdbeben zusammen. Die Trümmer waren noch im 15. Jahrhundert zu sehen; aber heute sind sie verschwunden, obwohl Taucher gelegentlich behaupten, Teile des Baumaterials auf dem Meeresgrund in der Nähe der Insel gefunden zu haben. Auf dem Platz, wo einst der Leuchtturm stand, stehen heute die Trümmer eines mittelalterlichen Forts, dessen Steine zum Teil vom Pharos stammen mögen.

Das ptolemäische Alexandria war nicht nur ein von Leben überquellendes politisches und kommerzielles Zentrum, sondern auch die wissenschaftliche und literarische Hauptstadt der Welt. Die Stadt gewann diese Bedeutung infolge des genetischen Zufalls, daß die ersten drei makedonischen Könige nicht nur fähige Staatsmänner, sondern auch echte Intellektuelle waren: Ptolemäos I. Soter war Historiker, Ptolemäos II. Philadelphos beschäftigte sich mit Zoologie, Ptolemäos III. Euergetes (»Wohltäter«) war Mathematiker.

Philadelphos war einer der beiden begabtesten der ganzen Dynastie:

körperlich kränklich und von ausschweifenden Neigungen, aber ungeheuer klug und vielseitig. Auf ihn geht der Ausspruch zurück, das Ärgerliche an der Stellung eines Königs sei, daß man so viele Leute töten müsse, die im Grunde nichts Böses getan hätten, deren Existenz aber für den Staat gefährlich sei. Er veranstaltete großartige Truppenparaden, um die begeisterungsfähigen Alexandriner zu amüsieren. Nach dem dritten Ptolemäos begann jedoch die Dynastie zu entarten.

Der Mann, der den Ptolemäern zu ihrer größten einzelnen Leistung verhalf, war ein verbannter athenischer Politiker, Demetrios aus Phaleron. Dieser Demetrios hatte in der Schule der Peripatetiker in Athen studiert und sich dann in der Politik einen Namen gemacht. Kassandros, ein Diadoche, der Makedonien und Griechenland beherrschte, ernannte ihn zum Gouverneur von Athen. Zehn Jahre lang regierte Demetrios Athen als Statthalter des Kassandros und gab der Stadt eine vernünftige und maßvolle Regierung. Als aber während eines der Diadochenkriege Demetrios Poliorketes, der begabte, aber launenhafte Sohn von Antigonos Einauge, in Griechenland landete und den Hafen Piräus besetzte, mußte Demetrios im Jahr 307 nach Ägypten fliehen. Am Hofe Soters wurde er bald zum literarischen Berater des Königs. In dieser Eigenschaft schlug er vor, der König solle eine Universalbibliothek einrichten, die Kopien von sämtlichen Büchern der Welt enthielte.

In jenen Zeiten war ein Buch eine Rolle manchmal aus Leder, häufiger aus Papier; es war vom Autor mit der Hand geschrieben oder diktiert und dann von Schreibern abgeschrieben worden. Das Papier bestand aus dünnen Streifen, die aus Papyrus-Rohr geschnitten, in zwei Schichten rechtwinkelig auf eine Platte gelegt, zusammengeklebt und in einer Presse getrocknet worden waren. Die Rolle war ein langer Streifen von Papyrusblättern, die Rand an Rand zusammengeklebt und an einem Ende um einen Holzpflock gewickelt wurden. Die Standardrolle bestand aus zwanzig Blättern, was einen Streifen von fünf bis sechs Meter Länge ergab. Umfangreiche Werke wurden meist in »Bücher« aufgeteilt, je nach der Menge des Textes, der auf Rollen von Standardgröße aufgewickelt werden konnte. Ein solches »Buch« bildete einen Zylinder von etwa 15 cm Durchmesser und entsprach etwa 10–20 000 Worten eines heutigen Textes. Eine Sammlung solcher Bücher wurde in einer Art Taubenschlag aufbewahrt; ihre Titel wurden auf hölzerne Etiketts geschrieben, die vom äußeren Ende herabhingen.

Papyrus-Papier war eine glatte, rissige goldbraune Substanz, spröde und zerbrechlich. Die leichte Verderblichkeit des Materials, die Leichtigkeit, mit der die Rollen hinfallen und beschädigt werden konnten, sowie die kleine Anzahl von Kopien, die meist von einem einzelnen Buch angefertigt wurden, erklären teilweise, daß nur ein so kleiner Teil der antiken Literatur uns erhalten geblieben ist. In den ersten Jahrhunderten der christlichen Zeitrechnung verdrängte der dauerhaftere Kodex — das Buch im heutigen Sinne, bei dem die einzelnen Blätter an einem Rand zwischen steifen Deckeln zusammengebunden wurden — allmählich die Rolle.

Die Einkäufer der Ptolemäer suchten den ganzen Mittelmeerraum nach wertvollen Büchern für ihre Bibliothek ab. Reisende, die in Ägypten ankamen, mußten ihre Bücher aushändigen; die Bücher wurden kopiert, das Original kam in die Bibliothek, und die Kopie wurde dem Reisenden zurückgegeben.

Von Soter gegründet, erhielt die Bibliothek ihre endgültige Form unter Philadelphos, der Zenodotos von Ephesos als ersten einer langen Reihe von Chefbibliothekaren anstellte. Auf ihrem Höhepunkt besaß die Bibliothek fast 750 000 Rollen. Viele davon müssen freilich Duplikate gewesen sein; denn es gab in der Antike nicht so viele Autoren, um so viele Titel zu produzieren.

Solange sie unversehrt war, machte die Bibliothek Alexandria zur unbestrittenen geistigen Hauptstadt der Welt. Mit dem Bau der Bibliothek leisteten die Ptolemäer einen weit größeren Beitrag zur Zivilisation als mit allen ihren Paraden und Palästen.

Dem Chefbibliothekar unterstand eine Anzahl von Wissenschaftlern, die vom königlichen Schatzamt bezahlt wurden und ein großes Maß von Freiheit des Forschens und Schreibens besaßen. Manchmal legten sie diese Freiheit auch zu weit aus: Als Sotades aus Maroneia ein Spottgedicht über die Hochzeit des Philadelphos mit seiner Schwester schrieb, wurde er ins Gefängnis gesteckt; er entwich und floh zu Schiff, aber der Admiral des Philadelphos erwischte ihn, schloß ihn in einen Bleikäfig ein und versenkte den Käfig im Meer.

Das, was wir heute Literaturwissenschaft nennen, begann zum großen Teil in dieser Bibliothek. Der berufsmäßige »Literat« trat auf. Schon Protagoras, Sokrates' Freund und Rivale, hatte mit dem Studium der Grammatik begonnen und die einzelnen Teile der menschlichen Rede zergliedert; nun fand in Alexandria ein eingehendes Studium der griechischen Sprache statt.

Die Umgangssprache des hellenistischen Raumes war die »Koinê« (»die gemeinsame«). Sie war aus dem attischen Dialekt des Griechischen entstanden, mit einer Beimischung von fremden Worten und Redewendungen aus anderen Dialekten. Schon in dieser Zeit kamen einige Sprachgewohnheiten auf, die das moderne von dem antiken Griechisch unterscheiden. Dazu gehört die Neigung, die Vokale und Diphthonge e, ei, oi, y und yi alle wie i auszusprechen, ai wie e, zwischen dem langen und dem kurzen o keinen Unterschied mehr zu machen und die Konsonanten b, d und g (außer in bestimmten Stellungen) in die weicheren Laute v, dh (wie das englische »th«) und gh (wie das französische »r«) zu verwandeln.

Manche Literaturgattungen traten ebenfalls zuerst im ptolemäischen Alexandria auf. Die eine war die pastorale (Schäfer-) oder bukolische Idylle, die mit großem Erfolg von Theokritos aus Syrakus im 3. Jahrhundert v. Chr. praktiziert wurde. Die Griechen des klassischen Zeitalters hatten sich wenig um die Schönheiten der Natur gekümmert: Blumengärten überließen sie den Persern, und wenn sie etwas pflanzten, dann war es meist etwas Eßbares wie Zwiebeln oder Kohl. Doch die Alexandriner, die auf einer eintönigen und reizlosen Sandzunge lebten, entdeckten die Schönheiten der Natur und liebten sentimentale Gedichte über Schäfer, die in einem imaginären Arkadien voller Haine und Wasserfälle, Nymphen und Satyrn die Flöte bliesen. Das wirkliche Arkadien (außer einem kleinen Teil im Westen, dem Alpheios-Tal) war freilich ein rauhes, unfruchtbares und unwirtliches Land; aber wenige dieser Dichter und ihrer Bewunderer waren jemals dort gewesen.

Auch der Roman im heutigen Sinne — die lange, erdachte Prosaerzählung mit einer mehr oder weniger einheitlichen Handlung um einige Charaktere herum — trat jetzt auf. Mehrere alexandrinische Liebes- und Abenteuerromane sind uns erhalten geblieben, und an ihnen sehen wir die Anfänge der modernen Romantechnik. Es war auch das erste Mal, daß sich griechische Schriftsteller die romantische Liebe zwischen Mann und Frau zum Thema stellten (die Schriftsteller des klassischen Zeitalters, wenn sie überhaupt die Liebe romantisierten, taten dies nur mit der homosexuellen Liebe). Der längste dieser Liebesromane ist die »Aithiopika« des syrischen Schriftstellers Heliodoros aus dem 3. Jahrhundert n. Chr.

Der Roman hält allerdings eine spannende Darstellungsweise nicht durch; manche Teile sind langweilig, und einige erscheinen dem heutigen Leser albern. Es finden sich darin auch krasse Anachronismen. Dennoch ist das Werk im großen und ganzen ein eindrucksvoller Versuch mit erheblichem Unterhaltungswert auch heute noch.

Andere neue Literaturgattungen waren die Utopie und die royalistische politische Abhandlung. Mehrere Romane wurden geschrieben über das Thema eines idealen Gemeinwesens, in dem jedermann ein fleißiges, glückliches und gesetzesfrommes Leben führte. Jamboulos schrieb im 3. Jahrhundert v. Chr. eine Utopie, die er in den Indischen Ozean verlegte. In seiner Jugend, so erzählte er, sei er als Schiffbrüchiger auf eine von sieben wundervollen Inseln verschlagen worden, wo die Menschen biegsame Knochen und gespaltene Zungen hatten, mit denen sie zwei verschiedene Gespräche gleichzeitig führen konnten. In diesem »Sonnenstaat« gab es völlige kommunistische Gleichheit, weil alle Menschen genau gleich waren, so daß jeder abwechselnd alle Berufe ausübte.

Was die politischen Abhandlungen betrifft, so kann man verstehen, warum die bezahlten Literaten des Museums die Demokratie nicht verherrlichten. Erstens hätte ihr Zahlmeister, der König, dies wohl nicht gern gesehen. Zweitens hatte die Demokratie allem Anschein nach versagt; die ganze bekannte zivilisierte Welt war unter die Herrschaft von Abenteurern und Despoten geraten. So beschränkten sich die politischen Schriftsteller auf freundliche Ermahnungen an die Adresse verschiedener Könige, die sie zu tugendhaftem und selbstlosem Handeln aufforderten.

Durch Feuer und Plünderungen in der römischen Zeit wurde die Bibliothek allmählich zerstört. Da die Bücher in mehr als einem Gebäude untergebracht waren, konnte kein einzelnes Feuer sie alle vernichten. Als Julius Caesar im Jahr 48 v. Chr. Alexandria besetzte, stellte Kleopatra ihm frei, sich der Bücher zu bedienen, und er nahm Hunderte oder Tausende an sich, um sie nach Rom verschiffen zu lassen. Dann kam es in Alexandria zum Aufstand gegen Cäsar und Kleopatra. Bei den Kämpfen wurden entweder die Bücher, die sich Cäsar genommen hatte, oder die Bücher in einem der Bibliotheksgebäude oder auch beide verbrannt. Als später Antonius mit Kleopatra liiert war, stahl er die 200 000 Bände umfassende Bibliothek von Pergamon und schenkte sie ihr als Ersatz für das Verlorengegangene.

Die Bibliothek erlitt vermutlich weiteren Schaden, als Kaiser Aurelian im Jahr 272 n. Chr. einen Aufstand in Alexandria unterdrückte, als Kaiser Diokletian im Jahr 295 einen neuen Aufstand unterdrücken mußte und als im Jahr 391 Bischof Theophilus, ein blutrünstiger Fanatiker, einen christlichen Pöbel zur Zerstörung des Serapis-Tempels anstachelte, in dem ein Teil der Bücher untergebracht war. Die verbliebenen Bände wurden von den Arabern zerstört, als der arabische General Amer ibn-al As im Jahr 646 die Stadt erobert hatte.

Nach der Legende schrieb Amer seinem Kalifen und fragte ihn, was er mit den Büchern der Ungläubigen machen solle. Er erhielt die Antwort, wenn sie mit dem heiligen Koran übereinstimmten, seien sie überflüssig, wenn sie aber mit ihm nicht übereinstimmten, seien sie verderblich, und daher wäre es in jedem Fall gut, sie zu vernichten. Die modernen Apologeten der Araber haben diese Geschichte bestritten und den Christen die Schuld an der Zerstörung gegeben. Die christlichen Apologeten wiederum haben sich bemüht, den heiligen Theophilus zu entschuldigen, und die Schuld wieder den Moslems in die Schuhe geschoben.

In Wahrheit werden wir niemals genau wissen, wie viele Bücher bei jeder dieser Zerstörungen verschwunden sind. Wir werden auch niemals wissen, bis zu welchem Grade die Zerstörung einfach auf den Zahn der Zeit und auf Vernachlässigung – auf Mäuse und Schimmel, Termiten und Diebe – zurückzuführen ist; diese Faktoren konnten sich ungehindert auswirken, nachdem mit dem Siege des Christentums die Regierungen das Interesse an der Erhaltung weltlicher Schriften verloren hatten.

Sicher wissen wir nur, daß sich der Monotheismus ebenso als Todfeind der Wissenschaft entpuppte wie der Krieg und die Barbarei. Mit dem Siege des Christentums und des Islams wurde die antike Sitte, die Bücher geschlagener Feinde zu verbrennen, um diese zu ärgern oder einfach aus Freude am Feuer, noch vertieft durch den Fanatismus einer dogmatischen Theologie. Daher erlebte die Welt über tausend Jahre lang den düsternen Glanz von einem Scheiterhaufen nach dem anderen, als Christen heidnische Bücher, Moslems heidnische, zoroastrische und christliche Bücher und die Christen wiederum islamische und ketzerische Bücher verbrannten. Tantum religio potuit suadere malorum! (Zu solchen Verbrechen konnte die Religion führen).[10]

Mit der Bibliothek verbunden war das Museum. Das Wort »Museum«[11] bedeutet »Schrein der Musen«. Die Peripatetische Schule in Athen hatte einen solchen heiligen Schrein als Mittelpunkt, der von der Schule auch als Bibliothek benutzt wurde, da in Athen eine Schule eine religiöse Basis haben mußte, um den Schutz des Gesetzes zu genießen.

Das Museum von Alexandria war die Institution, die in der antiken Welt einer modernen Universität am nächsten kam. Es enthielt mindestens ein Gebäude, in dem Tiergattungen ausgestellt, Experimente durchgeführt und Vorträge gehalten wurden. In diesem Gebäude studierten, schrieben und lehrten zahlreiche vom königlichen Schatzamt (und später von den römischen Gouverneuren) bezahlte Wissenschaftler. Ein Priester der Musen, der vom König ernannt war, stand an der Spitze des Kollegs.

Genaueres können wir nicht aussagen, da wir keine detaillierten Informationen besitzen. Manchmal werden die Ausdrücke »Bibliothek« und »Museum« durcheinander gebraucht, als ob es sich um die gleiche Institution handelte; aber wir wissen nicht genau, wie diese Zentren der Wissenschaft verwaltet wurden.

In den ersten drei Jahrhunderten wurde in diesem Museum glänzende wissenschaftliche Arbeit geleistet. Eukleides (Euklid) faßte zusammen, was über die Geometrie ebener Flächen bekannt war, und schrieb ein Lehrbuch darüber, das 2000 Jahre in Gebrauch war. Der Geograph Eratosthenes berechnete den Umfang der Erde mit erstaunlicher Genauigkeit. Hipparchos stellte seinen großen Katalog der Sterne zusammen und erfand die Begriffe Längengrad und Breitengrad. Aristarchos, der behauptete, daß die Sonne und nicht die Erde das Zentrum des Sonnensystems bildet, hat möglicherweise auch im Museum gearbeitet – von ihm übernahm Kopernikus diesen Gedanken 1800 Jahre später. Herophilos und Erasistratos begründeten die Wissenschaften der Anatomie und Physiologie, indem sie Leichen sezierten, bis die Unruhe unter der ägyptischen Bevölkerung, deren religiöse Gefühle dadurch verletzt wurden, den König veranlaßte, das Sezieren zu verbieten.

Gleichzeitig fanden auch beachtliche technische Fortschritte statt. Zur Hebung schwerer Gewichte mußten die Baumeister nicht mehr lange abschüssige Rampen zu Hilfe nehmen; sie konnten jetzt Steine durch Kräne und Flaschenzüge heben. Sie nutzten die menschliche Muskelkraft aus für Ankerwinden und Tretmühlen – dies waren sozusagen überdimensionierte Eichhörnchenkäfige, in denen Männer ständig an der kurvigen Innenseite gingen, um ein Rad dadurch zu bewegen. Man begann ferner mit der Benutzung von Wasserrädern, um Wasser in Bewässerungsgräben zu lenken und um Getreide zu Mehl zu verarbeiten.

In der Regierungszeit des Philadelphos wurde Ktesibios, der Sohn eines Barbiers, der Thomas Edison Alexandrias. Er wuchs im Geschäft seines Vaters auf, aber zeigte schon früh eine Neigung zu Experimenten. Eines Tages wollte er im Laden seines Vaters einen Spiegel so anbringen, daß er durch einen versteckten Mechanismus wie ein Fensterrahmen herauf- und heruntergezogen werden konnte. Daher legte er unter einem Stützbalken einen von Holz eingefaßten Schacht an, mit einer Winde an jedem Ende. Ein Seil lief von dem Spiegel nach oben, über eine Winde, durch den Schacht und über die andere Winde wieder herunter. Am anderen Ende des Seiles war ein Bleigewicht, das in einem Rohr herauf- und heruntergleiten konnte. Wenn der Spiegel hochgezogen wurde, drückte das Gegengewicht beim Herunterfallen Luft zusammen. Diese Luft gab beim Entweichen aus dem Schacht einen musikähnlichen Ton von sich; dies brachte Ktesibios auf den Gedanken eines pneumatisch betriebenen Musikinstruments. So entwickelte er die erste hydrauliche Orgelpfeife. Damit sie funktionierte, mußte er außerdem die Tastatur, die Metallfeder und die Druckpumpe erfinden.

Ktesibios erfand ferner die Wasseruhr, in der ein Schwimmer, der einen Zeiger trug, sich hob, wenn ein Gefäß mit Wasser gefüllt wurde. Diese Uhren, mit Winden, Bändern und den kürzlich erfundenen Uhrrädern betrieben, wurden bald zu sehr komplizierten Apparaten, mit einem Mechanismus, der die Stunden durch einen Ball anzeigte, welcher mit hellem Klang in eine Schüssel fiel, oder mit mechanischen Vögeln, die sangen — den Vorläufern unserer Kuckucksuhr.

Die alexandrinischen Geographen wurden beschäftigt durch die Masse neuer geographischer Informationen, die dank der Reisen und Erkundungsfahrten nach Alexandria einströmten. Die spektakulärsten Leistungen der Schiffahrt waren die des Eudoxos von Kyzikos, der Ende des 2. vorchristlichen Jahrhunderts als Führer einer Delegation aus seiner Heimatstadt zu einem Fest nach Alexandria gekommen war. Dort regierte damals Ptolemäos VII. Euergetes II. (d. h. der siebente Ptolemäos und der zweite Ptolemäos der Wohltäter).[12]

Dieser König war ein unangenehmer Mensch, dessen Untertanen ihn »Physkon« (Wurst) nannten — eine Anspielung auf seine gewaltige Fettleibigkeit. Die Inzucht, die in der Dynastie üblich geworden war, hatte die Neigung zur Korpulenz verstärkt, die schon der erste Ptolemäos gehabt hatte. Physkon begann seine Regierung mit einigen besonders häßlichen Morden, führte aber später eine Reihe vernünftiger Gesetzesreformen durch. Er schrieb ein Buch über Naturgeschichte und begünstigte die einheimischen Ägypter gegenüber der hellenischen Oberschicht.

Die königliche Küstenwache hatte an der afrikanischen Küste, nahe dem Ausgang des Roten Meeres, einen gestrandeten Inder aufgegriffen. Als dieser genug Griechisch gelernt hatte, um sich verständlich zu machen, erklärte er, sein Schiff sei durch einen Sturm von Indien über das Arabische Meer westwärts geweht worden und an der afrikanischen Küste zerschellt; er sei der einzige Überlebende. Da er nach Hause zurückkehren wollte, bot er sich als Lotsen für jedes Schiff an, das dorthin fahren würde, und versprach, den Griechen zu zeigen, wie man direkt von Afrika nach Indien segeln könne, ohne die Häfen Südarabiens zu berühren.

Der König rüstete dementsprechend ein Schiff aus, das mit Geschenken und Handelswaren beladen wurde, und ernannte Eudoxos zum Kapitän. Der Mann aus Kyzikos brachte nicht nur diese Reise zum Erfolg, sondern auch eine andere, auf die er von Physkons Witwe, Nichte und Stieftochter Kleopatras ausgesandt worden war. Im Laufe seiner Reisen entdeckte er die Monsunwinde, die das halbe Jahr von Nordosten nach Südwesten über das Arabische Meer wehen und die andere Hälfte des Jahres in umgekehrter Richtung. Die direkte Fahrt vom Roten Meer nach Indien war damit eine einfache Sache des Kalenders geworden.

Jedesmal jedoch, wenn Eudoxos nach Alexandria zurückkehrte, beschuldigte ihn sein königlicher Herr, einen Teil des Profits unterschlagen zu haben, und beschlagnahmte den gesamten Erlös. Nachdem er zweimal so geprellt worden war, hatte Eudoxos diese Behandlung satt und kehrte nach Kyzikos am Marmara-Meer zurück. Um wieder nach Indien zu gelangen, ohne in die Reichweite der raffgierigen Ptolemäer zu kommen, ging er nach Gades in Spanien und rüstete dort eine Expedition aus, die Afrika umfahren sollte. Er stach in See mit einem großen Schiff und zwei Pinassen, die mit allem Erforderlichen ausgerüstet waren, sogar mit Tanzmädchen. Doch, ach, sein Schiff lief an der westafrikanischen Küste auf Grund. Der geschickte Eudoxos konnte den größten Teil des Holzes der Schiffe und der Ladung sicherstellen, und mit dem Holz baute er ein kleineres Schiff, mit dem er zurückkehrte. Es gelang ihm, Unterstützung für eine neue Reise zu finden, und diesmal benutzte er ein Handelsschiff für hohe See und eine Galeere für Erkundungsfahrten an der Küste. Er lief aus — und das ist das letzte, was man von ihm hörte.[13]

Der wissenschaftliche Fortschritt in Alexandria verlangsamte sich unter den späteren Ptolemäern und erst recht unter der Herrschaft der Römer, obwohl nach wie vor große Geister auftauchten. Von diesen war Heron im ersten Jahrhundert n. Chr. der bedeutendste technische Schriftsteller der Antike; er kam vermutlich in den angewandten Naturwissenschaften Archimedes nahe. Sieben seiner Werke sind erhalten, dazu Fragmente von anderen.

Heron entwickelte die Theorie der mechanischen Energieleistung und beschrieb Kräne und andere Baumaschinen. Er legte Pläne vor für Katapulte, Armbrüste, eine von einer kleinen Windmühle betriebene Orgel, eine Feuerlöschpumpe und sogar eine primitive Dampfmaschine. Diese bestand aus einem Ball, in dessen Inneres durch mehrere Zapfen Dampf eingelassen wurde und der sich drehte, wenn man den Dampf durch ein Paar miteinander verbundenen Röhren entweichen ließ. Er entwarf auch Saugheber, Luftröhren, schwimmende Ventile und Sicherheitsventile.

Einige der Erfindungen Herons scheinen dazu gedient zu haben, daß die Priester in Alexandria die Gläubigen in ehrfürchtiges Staunen versetzen konnten. So ließ das Feuer eines Brandopfers die Luft in einem Behälter sich ausdehnen; sie drängte dabei Wasser in ein Gefäß, und dadurch öffneten sich mechanisch die Tempeltüren. Eine andere Erfindung war eine Trompete, die beim Öffnen der Tempeltür tönte. Eine Kombination von Gefäßen und Saughebern schuf den Zuschauern die Illusion, daß Wasser in Wein verwandelt wurde — wie es ein etwas älterer Zeitgenosse Herons bei Kana in Galiläa getan haben soll: Diese biblische Anekdote mag vielleicht auf eine Erzählung von Herons Zauberkunststücken zurückgehen. Eine geschickte Kombination von Spiegeln ließ ferner Geister auftreten und wieder verschwinden. Außerdem erfand Heron den ersten Münzautomaten der Welt; er gab Weihwasser von sich und hatte den kühnen Namen: »Kultgefäß, das nur Wasser spendet, wenn man Geld einwirft.«[14]

Im 2. Jahrhundert n.Chr. lebte in Alexandria ein anderes Genie: Claudius Ptolemäus (soweit bekannt, kein Verwandter der königlichen Ptolemäer), der Geograph und Astronom. Sein astronomisches Hauptwerk, in späteren Zeiten als »Almagest« bekannt, vervollkommnete das Werk des Hipparchos durch eine genaue Ortsbestimmung und Kennzeichnung der Sterne. Seine Geographie verwandte ein ganz modernes System von Längen- und Breitengraden. Obwohl seine Weltkarte einige schwere Fehler aufwies – so war der Golf von Gades weggelassen und die Straße von Gibraltar um 15 Grad zu weit nach Westen verlegt –, war sie immerhin die genaueste Darstellung der damals bekannten Welt. Seltsam war freilich, daß er Afrikas Südspitze so weit nach Osten verdrehte, daß sie mit einer Verlängerung Südostasiens zusammentraf und damit den Indischen Ozean zu einem Binnenmeer machte. Vielleicht hat Ptolemäus versucht, die damalige fälschliche Ansicht, daß das Rote Meer einen höheren Wasserspiegel hatte als das Mittelmeer, mit der Entdeckung des Archimedes in Einklang zu bringen, daß miteinander verbundene ruhende Wasserflächen alle den gleichen Wasserspiegel haben müssen.[15]

Ptolemäus schrieb außerdem eine Abhandlung über Astrologie, den »Tetrabiblous«, der sozusagen das Alte Testament dieser Pseudowissenschaft wurde. Er ergänzte die babylonische Astrologie durch manche griechische Vorstellungen, wie die der vier Grundeigenschaften der Materie: Hitze, Kälte, Trockenheit und Feuchtigkeit. So war der Saturn zum Beispiel kalt und trocken. Es klassifizierte ferner die Himmelskörper als männlich oder weiblich, gut oder böse, Tages- oder Nachtgeschöpfe. Er führte in die Astrologie so viele Komplikationen ein, daß, einerlei was das Horoskop eines Menschen aussagte und was ihm später zustieß, der Astrologe stets irgendeinen Faktor in der »Nativität« des Kunden finden konnte, um sein Schicksal zu erklären.

Die Abschweifung des Ptolemäus in die Astrologie beleuchtet einen neuen Zug des geistigen Lebens in Alexandria: den ständig wachsenden Einfluß des Übernatürlichen. Um seine Verschiedengläubigen und ewig zerstrittenen Untertanen religiös zu einigen, hatte Ptolemäos I. Soter einen neuen Kultus proklamiert: den des Serapis[16], eines Gottes, der die Wesenszüge des Osiris, des ägyptischen Gottes der Natur, der Fruchtbarkeit und der Unterwelt, mit denen des göttlichen Stieres Apis verband. Die Griechen setzten Serapis verschiedentlich mit ihrem Zeus gleich, oder auch mit Asklepios, dem Gott der Heilkunst, oder Pluto, dem Gott der Unterwelt. Soter ließ einen Serapis-Tempel bauen, das berühmte Serapion auf einem niedrigen Hügel in Rhakotis, und der Kult dieses synthetischen Gottes verbreitete sich im ganzen Mittelmeerraum.[17]

Unterdessen strömten nach Alexandria die mystischen Vorstellungen aus Ägypten, Persien, Babylonien, Palästina, Syrien und Griechenland ein; dort wurden sie verwandelt und zusammengefaßt zu einer ganzen Reihe neuer wundersamer Kulte, die mit der Zeit den ganzen Mittelmeerraum erfaßten. Erfindungsreiche Zauberer und Scharlatane entwickelten technische Spielereien, oder wurden von Erfindern wie Heron damit beliefert, die denen moderner spiritistischer Medien ähnlich sind. Einige ließen beispielsweise den Kunden seine Fragen in unsichtbarer Tinte aufschreiben, die sichtbar wurde, sobald der Weise heimlich das Papier erwärmte. Bücherrollen wurden zu Sprachrohren ausgehöhlt, mit denen man in einem dunklen Raum Geisterstimmen imitieren konnte. Die Kohlen eines Feuers ließ man tanzen, indem man eine Schicht Alaunpuder darunterlegte. Diese und viele andere den Laien verblüffende Tricks wurden im 3. Jahrhundert mißbilligend von dem christlichen Bischof Hippolytus beschrieben; er hat eine Anrufung böser Dämonen aufgezeichnet, die etwa so lautet:

> »Infernalischer, irdischer und überirdischer Bombo, komm! Heiliger der Straßen, der du nachts umherstreichst, Feind des Lichts, doch Freund und Geselle der Dunkelheit, der du dich freust am Geheul der Hunde und an dunklem Kot, umhergehst unter Leichen durch Gräber von leblosem Staub, der du in Blut watest, durch Angst die Menschen erschreckst – Gorgo, und Mormo, und Luna, und welche Gestalt Du sonst annimmst, komm, guter Freund, zu unseren Opferriten!«[18]

In Alexandria, diesem Schmelztiegel von Naturwissenschaft, Philosophie, Religion und Magie, wurde sowohl das Judentum wie das Christentum von griechischer Philosophie beeinflußt. Ein führender religiöser Denker des 1. Jahrhunderts n. Chr. war Philo Judäus, ein alexandrinischer Jude, der die Philosophie Platos dem Judentum angepaßt hat. Er entwickelte die griechische Vorstellung vom »logos«, dem Wort Gottes, als einem schöpferischen Prinzip, das von Gott ausstrahlt und die Welt erschaffen hat. Für Philo bedeutete das Wort etwas ähnliches wie »göttliche Weisheit«. Die Lehre vom Logos taucht zu Anfang des Evangeliums

Johannes auf, dessen Autor vermutlich ein in Alexandria lebender, zum Christentum übergetretener Jude war, der von Philo beeinflußt wurde: »Im Anfang war das Wort, und das Wort war bei Gott, und das Wort war Gott.«

Obwohl noch ein ziemlich obskurer Kult mit wenig Anhängern, war das Christentum doch ein aktiver Rivale der Familie verschiedenartiger Sekten, die sich die »Gnostiker« nannten, nach dem griechischen Wort »gnosis« (Erkenntnis). Diese gnostischen Sekten verquickten Ideen jüdischen, christlichen, griechischen, babylonischen, ägyptischen und persischen Ursprungs in verschiedener Zusammensetzung. Etwa dreißig solcher Sekten sind uns bekannt. Einige beschäftigten sich meist mit Magie und Okkultismus, andere entdeckten mystische Bedeutungen in den Zahlen und in den Buchstaben des griechischen Alphabets. Einige praktizierten eine vegetarische Lebensweise und Ehelosigkeit, andere wieder sexuelle Ausschweifungen. Einige glaubten, der oberste Gott habe eine Reihe von Emanationen oder Engeln produziert, die sogenannten Aeonen. Einige glaubten an einen obersten Gott, der zu rein und vollkommen war, um mit dieser unvollkommenen Welt unmittelbar zu tun zu haben, und einen untergeordneten Gott, den Kosmokrator oder Demiurgen, der die Erde geschaffen habe und regiere. Dieser Demiurg wurde manchmal als böse betrachtet, wie der Satan, manchmal einfach als dumm. Der Gnostiker argumentierte so: Wer nicht glauben will, daß der Schöpfer dieser Welt ein unfähiger Dilettant ist, der braucht sich nur diese Welt anzusehen!

Von der einst umfangreichen Literatur der Gnostiker hat nur wenig die Bücherverbrennungen der siegreichen Christen im 4. Jahrhundert überlebt. Ein Werk, das der Vernichtung entgangen ist, war die »Pistis Sophia« (Glaube-Weisheit), eine Serie von fünf Dokumenten in koptischer Sprache, einer Spätform des Altägyptischen.

Andere einflußreiche Sekten und Kulte waren die Neo-Pythagoräer und die Neu-Platoniker. Im 1. Jahrhundert n. Chr. von dem Asketen Apollonius aus Tyana gegründet, behauptete die Sekte der Neo-Pythagoräer, die geheime Weisheit des Pythagoras, des ionischen Philosophen und Mathematikers aus dem 6. Jahrhundert v. Chr., geerbt zu haben. Apollonius soll in seinem Heimatland Anatolien barfuß umhergewandert und dann nach Indien gereist sein, wo er angeblich wundersame Abenteuer erlebte. Danach ist er, nach seinem phantasievollen Biographen, durch die ganze römische Welt gewandert und hat überall Geister beschworen, Menschen von bösen Dämonen errettet und ist knapp dem Gefängnis des Kaisers Domitian entkommen. Im Alter von 80 oder 90 Jahren ist er verschwunden – wir können annehmen, daß er gestorben

Mächtige Säulen stehen vor dem Totentempel Ramses III. in Medinet Habu bei Theben. *Bildnachweis: Hubertus Kanus, Bavaria (182/38)*

Ein Teil der Bastionen der Stadtmauer Babylons sind restauriert worden und geben einen guten Eindruck von der Wehrhaftigkeit dieser Stadt. *Bildnachweis: Hubertus Kanus, Bavaria (231/19)*

Die phönizischen Städte an der Ostküste des Mittelmeers waren wegen ihrer herrlichen Gläser weltberühmt. *Bildnachweis: Mellinghaus, Bavaria (6)*

Oben: Weitläufige Kolonnaden säumten den einst geschäftigen Markt von Tyrus.
Bildnachweis: Conseil National du Tourisme au Liban

Unten: Die machtvollen Befestigungsanlagen von Byzanz wehrten manchen Angreifer vor dem Fall der Stadt. *Bildnachweis: Georges Viollon, Bavaria (T20/24)*

Es gibt fast keine Überreste des antiken Alexandrien. Unser Bild zeigt die sog. Säule des Pompeius. *Bildnachweis: Historia-Photo*

Oben: Auf der Agora in Athen, Marktplatz und Stätte der Volksversammlung, hielten Männer wie Perikles und Themistokles ihre berühmten Reden an die Athener. *Bildnachweis: Enrico Mariani, Bavaria (D/11/1)*

Unten: Vom Olympeion aus gesehen ist der Blick auf die Akropolis besonders eindrucksvoll. *Bildnachweis: Ludwig Windstosser, Bavaria (3/5157)*

Blick auf die Ruine des Vesta-Tempels auf dem Forum Romanum, in dem die Vestalinnen einst das heilige Feuer hüteten. *Bildnachweis: Herbert Seiler, Bavaria (0566/42)*

Die Hagia Sophia, die die türkischen Eroberer 1453 in eine Moschee verwandelten, stand Pate für die Gestaltung von Kirchen und Moscheen im Abend- und Morgenland.
Bildnachweis: Dr. Hell, Bavaria (16/202)

ist, obwohl im 12. Jahrhundert der Alchimist Artephius behauptete, Apollonius zu sein, der sich durch ein Lebenselixier diese ganzen Jahrhunderte am Leben erhalten habe.

Später nahm die ebenso mystische Philosophie der Neo-Platoniker den Platz der Neo-Pythagoräer ein. Sie behaupteten, mit ihren Gedanken auf Plato zurückzugehen, ergaben sich der Zahlenmystik und glaubten die Welt voll von Geistern und anderen übernatürlichen Kräften. Der wichtigste Begründer des Neu-Platonismus war ein im 3. Jahrhundert in Ägypten lebender Mann namens Plotinus, dessen Weisheit in den »Enneaden« uns erhalten ist, einer großen Sammlung von Abhandlungen, die mit Recht als »das schwierigste und ungeordnetste Werk der Philosophie« bezeichnet worden ist.[19]

Das Seltsame an der alexandrinischen Naturwissenschaft ist, daß sie so viel geleistet hat — und dann plötzlich aufhörte. Ein Besucher von einem fremden Stern, der unter einem der späteren Ptolemäer nach Alexandria gekommen wäre, hätte denken können, daß die wissenschaftliche Revolution, die dann erst anderthalb Jahrtausende später in Westeuropa begann, schon kurz vor ihrem Ausbruch stand. Jedoch nach Claudius Ptolemäus und Heron kennen wir nur noch die Namen einiger guter Mathematiker — Diophantos, Pappos, Theon; aber es gab keine wissenschaftlichen Riesen mehr wie Hipparchos oder Archimedes.

Die Historiker haben für diesen Rückschlag der Naturwissenschaften unter der römischen Herrschaft fast ebenso viele Gründe aufgeführt wie für den Untergang des Römischen Reiches selbst. Sie tadelten die Sklavengesellschaft, die Härte der römischen Herrschaft, die anti-intellektuelle Tradition der Römer und das Aufkommen des Christentums. Doch die Sklaverei ging in der römischen Kaiserzeit zurück; die ersten römischen Kaiser waren im großen und ganzen nicht tyrannischer als die Ptolemäer; die Römer der oberen Klasse waren in der Kaiserzeit weitgehend hellenisiert; das Christentum schließlich hatte in seinen ersten zwei Jahrhunderten nur geringfügige Bedeutung.

Die Wissenschaft liegt jedoch stets im Wettstreit um Anerkennung, Respekt, Interesse und finanzielle Unterstützung mit der Politik, dem Handel, der Kunst, der Literatur, der Religion, der Unterhaltung, dem Sport, dem Krieg und allen anderen menschlichen Tätigkeiten. Wenn eines dieser Interessen das Volk zu sehr gefangennimmt, dann geschieht dies auf Kosten der anderen.

Nun war die große geistige Bewegung in der Antike unter der römischen Herrschaft die Neigung zum Übernatürlichen: zu Religion, Mystik und Magie. Dies war alles nicht neu und ging auf frühere primitive

Zeiten zurück. Doch in der römischen Kaiserzeit machten jene, die des Menschen Liebe zum Wunderbaren, Angst vor dem Unbekannten und Begierde nach Kenntnis der Zukunft ausnutzten, erstaunliche Fortschritte in ihren Methoden — ebenso wie die Metallarbeiter jetzt lernten, Messing, und die Glaser lernten, Glasfenster herzustellen. Sie stellten fest, daß es ihrem Ansehen, ihrer Macht, ihrem Ruhm und Reichtum diente, eine Gruppe heiliger Schriften zu propagieren, mit denen sie die Ungläubigen verblüffen konnten, für das Leben nach dem Tode Belohnungen und Strafen und für das irdische Leben eine Beseitigung des Unrechts zu versprechen, eine weitverzweigte straffe Organisation aufzubauen, eine wortreiche und scheinbar logische geistliche Doktrin zu entwickeln und ihren Anhängern einen Kodex von Moralvorschriften und Tabus — vernünftigen oder auch willkürlichen — aufzuerlegen. Das wichtigste von allen aber war, daß sie zum fanatischen Haß gegen alle rivalisierenden Gruppen und zur grimmigen Entschlossenheit aufriefen, die ganze Welt für ihren Glauben zu erobern.

All dies waren neue Entwicklungen, ebenso neu wie Herons Spielzeug-Dampfmaschine, und mit diesen neuen Methoden konnten Priester, Propheten und Magiker erfolgreicher als bisher die Aufmerksamkeit und Unterstützung der Öffentlichkeit gewinnen.

Daher erlebte die Welt jetzt eine große »Rückkehr zur Religion«. Der alte griechische und römische Polytheismus, ohne einheitliche Organisation, ohne eine Theologie außer einer Menge kindischer und unlogischer Mythen und ohne eine bestimmte Doktrin über das Leben nach dem Tode, zerbrach vor diesem Ansturm. Der Kultus der Kybele, des Mithra, Isis, Jahwe, Serapis und Christus nahm einen ungeahnten Aufschwung. Auch die magischen Kulte der Neo-Pythagoräer, Neu-Platoniker und Gnostiker blühten. Die Wissenschaft der Astrologie gedieh, und »Zauberkünstler« wie Simon Magus gab es in Mengen.

Von diesen Massenreligionen machte das Christentum den erfolgreichsten Gebrauch von den neuen Denkweisen. Da es die straffste Organisation, die frappierendste Logik, die eindrucksvollste heilige Literatur und den fanatischsten Kampfgeist von allen hatte, eroberte es sich die Regierung des Reiches, als die Christen noch eine kleine Minderheit der Bevölkerung waren. Dann aber, bewaffnet mit der furchterregenden Doktrin von der alleinigen Erlösung und der ewigen Verdammnis der Ungläubigen sowie dem bevorstehenden Ende der Welt, unterstützt auch durch die Schergen des Kaisers, schaltete es bald alle seine Rivalen aus.

Es war gerade diese straffe Organisation, die verschiedene römische Kaiser veranlaßt hatte, das Christentum zu verfolgen; denn diese Kaiser blickten mit feindseligem Mißtrauen auf jede festgefügte Organisation, die sie nicht unter Kontrolle hatten. Sie verdächtigten sie von vornherein umstürzlerischer Ziele – so hatte Kaiser Trajan den vernünftigen Vorschlag des jüngeren Plinius, der Stadt Nikomedia die Bildung einer berufsmäßigen Polizei und Feuerwehr ähnlich den römischen »vigiles« zu gestatten, abgelehnt, aus Angst, diese könnte sich in eine »politische Vereinigung« verwandeln.[20]

Der große Aufschwung des Christentums fand jedoch erst statt, nachdem die antike Naturwissenschaft bereits unter dem Sturmwind des neuen Supranaturalismus verwelkt war. Sie war verwelkt, weil immer weniger Leute sie beachteten. Wer wollte noch Jahre mit der Entdeckung irgendeines obskuren Naturgesetzes verbringen oder andere dafür bezahlen, wenn man in einem der neuen Kulte Leidenschaft, mystische Erweckung, ein Gefühl der Überlegenheit über andere und das Versprechen ewigen Glücks nach dem Tode erhalten konnte? Der Supranaturalismus konnte dies versprechen, weil niemand von den Toten zurückkehrte, um diese Heilslehren zu bestätigen oder zu widerlegen. Die Wissenschaft aber konnte dies nicht versprechen, und so verlor sie den Kampf.

Doch abgesehen von den orts- und zeitgebundenen Faktoren, die dazu beitrugen, die antike Naturwissenschaft verkümmern zu lassen, ist ein Aufbäumen gegen die Vernunft, eine Abneigung gegen Wissenschaft und Logik ein konstanter Faktor im menschlichen Leben, und von Zeit zu Zeit bricht er immer wieder in Form von religiösen Kulten und irrationalen Bewegungen aus. Man denke an das Interesse für Astrologie und Okkultismus bei unserer Jugend.

Um ein Bild Alexandrias unter dem siebenten Ptolemäos – dem sogenannten Physkon – zu geben, sei es mir gestattet, aus einem meiner Romane zu zitieren:

»Auf dem Ochsenkanal führte uns ein Geleitboot, an dessen Mast die Fahne mit dem roten Löwenwappen der Ptolemäer wehte, in den großen Hafen. Zu unserer Rechten, auf der Insel Pharos, erhob sich Sostratos' riesiger, glänzender Leuchtturm, mindestens vier Plethra[21] hoch, mit einer kleinen Rauchfahne an der Spitze. Zu unserer Linken standen die Befestigungen und Kasernen am Ende der Halbinsel Lochias und dann der Tempel der Isis.

Nachdem wir den Kanal passiert hatten, öffnete sich der Große Hafen nach allen Seiten. Rechts lag die Mole, die Sieben-Stadier genannt wird und die den Pharos mit der Stadt verbindet, und Dutzende von Handelsschiffen waren auf beiden Seiten festgemacht. Dahinter lag der Alte Hafen oder Hafen der glücklichen Rückkehr, der hauptsächlich für Fischereifahrzeuge diente. Zur Linken lagen, als wir den Großen Hafen betraten, die Docks der Kriegsmarine, mit ganzen Flotillen ptolemäischer Penteren und noch größerer Schiffe. Ihre Rümpfe waren schwarz, und jedes hatte eine vergoldete Alexander-Statue am Heck. Hinter den Kriegsschiffen glänzten die vergoldeten Dächer der königlichen Paläste und ihre Marmorsäulen.

In der Nähe der Paläste war ein Teil des Hafens durch eine Mole von dem übrigen Hafen abgetrennt. In diesem Teil lagen drei der größten Schiffe der Welt. Diese Schiffe waren etwa vor hundert Jahren erworben worden, zur Zeit des vierten Ptolemäos — Ptolemäos Philopator, des degenierten Königs, mit dem der Niedergang der Dynastie begann.

Das eine der drei Schiffe war Philopators Lustbarke. Das zweite war ein großes Schiff, das Hiron von Syrakus gebaut hatte. Dieser Tyrann hatte geplant, die Vorzüge einer Kriegsgaleere, eines Handelsschiffs und einer königlichen Jacht in einem Schiff zu vereinigen; aber das Schiff erwies sich als zu langsam für den Krieg, zu kostspielig für Handelszwecke und zu groß als Vergnügungsschiff. So schenkte Hiron verärgert es dem Philopator, der solche nautischen Kuriositäten liebte.

Das dritte Schiff war das größte Kriegsschiff aller Zeiten, ein 400-Ruderer, vier Plethra lang. 4000 Ruderknechte, die zu je zehn eines der in vier Bänken angeordnete Ruder bedienten, bewegten es. Es war zu langsam für jeden praktischen Zweck, und die Anheuerung von so vielen Ruderknechten hätte selbst die Finanzen Ägyptens überfordert; so war es an Land festgemacht worden und verfiel langsam ...

Das Geleitboot führte uns an einen Liegeplatz zur Rechten der Kriegsmarinedocks, nahe dem Tempel des Poseidon an der vor Leben überquellenden Wasserfront ...

Wir wurden in das Haupttor des Palastbezirkes von einigen keltischen Söldnern hineingelassen: großen Männern mit langen braunen Schnurrbärten, die gescheckte Röcke und Hosen trugen und mit großen ovalen Schilden und langen Schwertern bewaffnet waren. Der Palastbezirk war ein großer Komplex von Gebäuden in ornamentalem modernen Stil, mit vergoldeten Kapitellen an den Säulen und hell bemalten Gesimsen. Der Bezirk wimmelte von kommenden und gehenden Männern, da diese Gebäude nicht nur die Wohnräume der Herrscher, sondern auch die Dienstzimmer der ägyptischen Regierung enthielten.

Unsere Gruppe teilte sich, und die Gäste jedes der drei Herrscher wurden zu einem verschiedenen Ort geführt. Hippalos führte uns zu einem Zwei-Zimmer-Appartement in einem der Gebäude. Im Wohnzimmer stand auf einem Tisch mit einer Marmorplatte eine kleine Wasseruhr, die, gerade als wir eintrafen, mit einem hellen Klang die Mittagsstunde anzeigte.«[22]

Später nimmt mein Erzähler (der Seefahrer Eudoxos von Kyzikos) an einer der Paraden teil, mit denen die Ptolemäer ebenso wie die Seleukidenkönige ihre Untertanen zu erfreuen und abzulenken pflegten:

»Da ich in der Mitte der Parade marschieren mußte, hatte ich niemals einen Überblick über das ganze. Wir formierten uns am Kanopischen Tor, wo sich Tausende von Teilnehmern ungeordnet versammelt hatten und Hippalos auf einem Pferd umherritt, die Teilnehmer ausrichtend und Gruppe für Gruppe abschickend . . .

Xenokles und ich marschierten an der Spitze unserer Delegation; wir trugen Stangen, zwischen denen eine Fahne mit der Aufschrift KYZIKOS hing. Wir marschierten die ganze Länge — 35 Stadien — der Kanopischen Straße durch das alte Sonnentor und den größten Teil der Stadt und lösten uns am Mondtor im Westen der Stadt auf. Sobald wir uns aufgelöst hatten, lief ich eilig um den nächsten Häuserblock, um noch die uns folgenden Teile der Parade sehen zu können.

Es war keine Schande, daß ich die Herden von Physkons preisgekrönten Schafen und Rindern oder die Delegationen der anderen hellenischen Städte nicht sah. Ich sah aber die fünf Elefanten mit ihren goldenen Decken und die anderen Tiere aus Physkons Menagerie: ein zweihörniges afrikanisches Rhinozeros, ein Zebra, mehrere Löwen, Leoparden und Jagdleoparden und Antilopen von einem Dutzend verschiedener Arten.

Es gab auch eine Anzahl von Kuriositäten, die in den Werkstätten der Ptolemäer hergestellt worden waren, um die Alexandriner zu amüsieren, und die auf Wagen mitgeführt wurden. Dazu gehörte ein goldener 40 Meter langer Bacchus-Stab, ein 28 Meter langer Silberspeer (vermutlich aus einem Schiffsmast hergestellt) und ein 55 Meter großer goldener Phallus mit einem drei Meter hohen goldenen Stern, der an seinem Ende wippte. Der Phallus, aus Weidengeflecht gewirkt und mit vergoldetem Tuch verkleidet, erlaubte es dem regierenden König, den Witz zu machen, daß er den größten Penis der Welt habe. Überflüssig zu sagen, daß jedermann immer dabei in stürmisches

Gelächter ausbrach, obwohl der Witz durch ein Jahrhundert ständiger Wiederholung etwas alt geworden war.«[23]

Unter der Herrschaft der Ptolemäer wurden die Ägypter der oberen Klasse oberflächlich hellenisiert, während die Bauern an ihren alten Sitten festhielten. Die Landbevölkerung wickelte immer noch den größten Teil ihrer Handelsgeschäfte im Tauschwege ab, obwohl die Ptolemäer eine gesunde Währung geschaffen hatten, darunter große Kupfermünzen. Die Griechen nannten die Ägypter »enchorioi« (Eingeborene) in dem gleichen verächtlichen Sinn, wie die Europäer während der Hochblüte des Kolonialismus von 1850 bis 1950 diesen Ausdruck gebrauchten.

Die Stellung der hellenischen Frauen war im allgemeinen besser als die der Frauen im Griechenland vor Alexander, wo die Gesellschaft ebenso nur von Männern beherrscht war wie bei den muselmanischen Arabern. Elegante Frauen gingen dazu über, durchsichtige Kleider aus einem neuen Material zu tragen, chinesischer Seide, die anfing, über die große Seidenstraße durch Zentralasien den Mittelmeerraum zu erreichen. Die Völker des Mittelmeerraums wußten jedoch über China sonst noch nichts. Auf den Ägäischen Inseln hatte es vorher eine unbedeutende Seidenindustrie gegeben, welche die Raupen des wilden Seidenwurms verwandte; aber die bessere chinesische Seide schaltete diese Industrie bald aus.

Kamele, die im pharaonischen Ägypten noch unbekannt waren, wurden im ptolemäischen Ägypten allgemein benutzt. Sie waren vermutlich während des Perserreiches aus Arabien eingeführt worden.

Seine Soldaten bezog der regierende Ptolemäer meist aus Griechenland und Makedonien, und er übertrug ihnen als Lohn für ihren militärischen Dienst Ansprüche auf ägyptisches Ackerland. In der Praxis bedeutete dies meist, daß die ehemaligen Soldaten, »klerouchoi« genannt, Grundbesitzer wurden, für die ägyptische Pächter arbeiteten. Der König warb außerdem große Mengen von Söldnern an, davon zahlreiche Kelten; denn während der Ptolemäerzeit quollen die Kelten aus Mitteleuropa über und überrannten große Teile des Balkans, Italiens, Galliens und Iberiens. Es gab auch eine Miliz aus einheimischen Ägyptern; aber die Könige scheinen nicht viel Gebrauch von ihr gemacht zu haben. Vermutlich fürchteten sie, die »Eingeborenen« könnten unerfreuliche Sachen anstellen, wenn man ihnen zu viele Waffen in die Hand gab.

Der begabteste Herrscher der Ptolemäer war der letzte und eine Frau: Kleopatra VII., auch die Große genannt. Sie galt als eine Art Wunder, weil sie die erste der Dynastie war, die Ägyptisch lernte. Ihr Vater war Ptolemäos XI.[24], ein belangloser König, dessen Hauptinteressen Orgien und Flötespielen waren. Die Römer nahmen ihm die Orgien nicht übel aber hatten die größte Verachtung für einen Mann des öffentlichen Lebens, der ein Musikinstrument spielte; daher nannten sie ihn »Auletes« (Flötenspieler).

Nachdem er durch Bestechung der römischen Machthaber (vermutlich auch des großen Pompejus) an die Macht gekommen war, starb Ptolemäos Auletes im Jahr 51 v. Chr. Er hinterließ ein Testament, das seine damals 17jährige Tochter Kleopatra anwies, ihren jüngeren Bruder Ptolemäos zu heiraten und gemeinsam mit ihm zu regieren. Die Heirat fand statt; aber alsbald vertrieben die Anhänger des königlichen Knaben Kleopatra ins Exil nach Syrien.

Nun kam während des römischen Bürgerkrieges Julius Caesar, der seinen geschlagenen Gegner Pompejus verfolgte, in Alexandria an. Bei seiner Ankunft stellte er fest, daß Pompejus bereits von den Ägyptern ermordet war. Kleopatra schlich sich, in einen Teppich eingewickelt, bei Caesar ein und überredete ihn, bei dem mörderischen Kampf um den Thron ihre Partei zu ergreifen. Ptolemäos und seine Partei begannen nun einen munteren Kleinkrieg in Alexandria und Umgegend, in dessen Verlauf ein Teil der Bibliothek in Flammen aufging. Neue Verstärkungen verschafften Caesar die Oberhand; der Knabenkönig verschwand und ist nach allgemeiner Annahme bei der Flucht ertrunken.

Kleopatra schenkte Caesar einen Sohn, wurde der Form halber mit einem noch jüngeren Bruder verheiratet und zog dann mit Caesar nach Rom, wo sie ein Jahr oder zwei lebte, bis Caesar im Jahr 44 ermordet wurde. Daraufhin kehrte sie fluchtartig nach Ägypten zurück, wo sie vorsichtshalber ihren Bruder und Gatten ermorden ließ. Später wurde sie, gemäß ihrem eisernen Grundsatz, sich jeweils mit dem stärksten Römer zu verbinden, die Geliebte des Marcus Antonius. Schließlich heiratete sie ihn und gebar ihm zwei Kinder, obwohl er noch eine Frau in Rom hatte. Sie nahm an seiner Niederlage im Krieg gegen Octavianus teil. Dann unternahm sie einen letzten Versuch, ihren Charme bei Octavianus anzubringen; aber das gelang nicht. Da sie nicht in seinem Triumphzug in Rom mitgeführt werden wollte, nahm sie sich das Leben – später erzählte man, mit Hilfe einer Natter, aber das mag eine romantische Ausschmückung sein.

Octavianus ließ die Überlebenden der Ptolemäerdynastie töten und annektierte Ägypten. Danach behandelten die römischen Kaiser das

Land als ihr Privateigentum; lange Zeit verboten sie sogar den römischen Senatoren, es zu betreten, damit keiner von ihnen durch Intrige oder Verschwörung es dem Kaiser wieder entreißen könnte.

Unter der römischen Herrschaft teilte Alexandria den Glanz und den Niedergang des Reiches. Außer gelegentlicher Verstrickung in Bürgerkriege zwischen rivalisierenden Aspiranten auf den Kaiserthron oder lokalen Streit zwischen Griechen und Juden lebte die Stadt meist in Frieden und Wohlstand. Wie der des ganzen Reiches begann aber auch Alexandrias Niedergang etwa um 250 n. Chr. unter der kombinierten Einwirkung barbarischer Invasionen, Bürgerkriege und Meutereien des Heeres. Im Jahr 270 eroberte die energische syrische Königin Zenobia Alexandria für ihr kurzlebiges Königreich Palmyra. Die Römer eroberten die Stadt zurück; aber dann standen sie vor dem Problem der Unterwühlung durch die Christen. Etwa vom Jahr 280 an verfolgten die Kaiser diese kommunistische und pazifistische Sekte mit zunehmender Strenge. Diese immer noch schlaffe und nur zeitweilige Verfolgung war zwar hart genug, um die Christen mit tugendhaftem Glaubenseifer zu erfüllen, aber nicht hart genug, sie zu unterdrücken. Im folgenden Jahrhundert legalisierte Kaiser Konstantin das Christentum, und Theodosius I. machte es zur römischen Staatsreligion. Darauf nahmen die Christen ihre langersehnte Rache an den Heiden.

Obwohl in der Theorie der Kaiser Alexandria durch seinen Präfekten regierte, war jetzt der eigentliche Herrscher der christliche Patriarch, der stets die Massen ungewaschener Mönche als seine Knüppelgarde verwenden konnte. Erfüllt vom frommen Haß gegen die Wissenschaft, lebten diese Mönche oft in Gemeinschaften in der ägyptischen Wüste. Die jetzt einsetzende Heidenverfolgung gipfelte in der Lynchung Hypatias, der Tochter des Mathematikers Theon, die selbst im Museum Mathematik und Philosophie lehrte: Im Jahr 415 zerrte ein christlicher Pöbel, aufgestachelt vom Patriarchen Kyrillos, sie aus ihrem Wagen und riß sie mit Muschelschalen in Stücke.

Das öffentliche Leben in Alexandria jetzt drei Jahrhunderte lang erfüllt von dem theologischen Streit innerhalb der christlichen Gemeinde. Im ganzen 4. Jahrhundert wütete ein Disput zwischen den alexandrinischen Priestern Arius und Athanasius: Arius und seine Anhänger behaupteten, der Sohn sei aus verschiedenem und geringerem Stoff als der Vater; Athanasius behauptete, beide seien aus gleichem Stoff. Kaiser Konstantin, den das Christentum hauptsächlich als Mittel zu politischen Zwecken interessierte, berief das Konzil von Nikäa (325 n. Chr.) ein, um die Frage zu entscheiden. Das Konzil entschied für Athanasius; aber der Konflikt überdauerte das Leben beider kampflustiger Geistlicher. Schließlich behielten die Athanasier die Oberhand und trieben die Arianer in die Verbannung, von der aus sie die siegreichen Goten zum Arianismus bekehrten.

Im 5. Jahrhundert entstand dann ein neues Schisma. Nach der orthodoxen Ansicht hatte der Sohn eine doppelte Natur, eine menschliche und eine göttliche. Demgegenüber behaupteten die Monophysiten, er habe nur eine einzige; die koptische Kirche im heutigen Ägypten ist immer noch dieser Ansicht. Dann behaupteten die Monotheliten, der Sohn habe nicht einen Willen, sondern zwei; dies vertreten heute noch die Maroniten im Libanon. Wenn ratlose Kaiser ein Konzil einberiefen, um diese Fragen zu klären, dann brachten die Führer der verschiedenen Parteien ganze Banden von Mönchen mit, die Stöcke unter ihrem Gewand versteckten und ihre Thesen bewiesen, indem sie über ihre Gegner herfielen und sie bewußtlos zusammenschlugen.

So sinnlos ein solcher Streit heute erscheint, so war er doch mehr als bloße gespenstische Spekulation: Der Streit verhüllte oft einen Machtkampf unter Kaisern, Generalen, Patriarchen und anderen Würdenträgern. Mit dem Zusammenbruch des Weströmischen Reiches Ende des 5. Jahrhunderts geriet Alexandria unter die Herrschaft Konstantinopels. Wie ihre Vorgänger im Westen hielten es auch die oströmischen Kaiser für richtig, ihre übrigen Besitzungen zu besteuern, um damit die Bevölkerung ihrer Hauptstadt zu unterhalten. Die Alexandriner sahen aber nicht ein, warum sie besteuert werden sollten, um Konstantinopel zu subventionieren, wo doch Alexandria eine ältere und berühmtere Stadt war, mindestens ebenso zur Hauptstadt des Reiches qualifiziert. Als daher die Araber unter ihrem General Amer im Jahr 641 in Ägypten einfielen, ergab sich Alexandria fast ohne Kampf: Die halb hellenisierten christlichen Ägypter betrachteten die byzantinischen Gouverneure und Garnisonen fast ebenso sehr als Feinde wie die Araber. Außerdem hatte die lange Fremdherrschaft sie gründlich entmilitarisiert.

Unter arabischer Herrschaft nahm der größte Teil der ägyptischen Bevölkerung schließlich die islamische Religion an, die zum mindesten keine Zeit mit Disputen darüber verlor, aus welchem Stoff Gott bestand. Je mehr aber die neue Hauptstadt Kairo wuchs, desto mehr ging Alexandria — jetzt al-Iskandariyya — zurück. Im 18. Jahrhundert war es nur noch eine schmutzige Kleinstadt mit ein paar Tausend Einwohnern, die nur einen Bruchteil der antiken Stadt einnahm. Ähnlich wie in Tyrus hatte der vom Fluß angeschwemmte Sand den Heptastadier-Damm zu einer Halbinsel verbreitert.

In den napoleonischen Kriegen erlebte Alexandria französische und britische Heere. Im Jahr 1801 griff ein britisches Heer die Franzosen bei

Alexandria an. Der Mareotis-See war damals fast ausgetrocknet und der Boden wurde schon bebaut; aber aus taktischen Gründen ließ der britische General den Deich durchstechen und das Bett des Sees wieder überschwemmen.

Alexandria begann sich seit 1805 wieder zu erholen, als Ägypten unter die Herrschaft Mehmet Alis geraten war, eines albanischen Abenteurers, der als Vizekönig des türkischen Sultans regierte. Mehmet Ali war ein verschlagener und skrupelloser Despot des alten orientalischen Typs, aber immerhin ein fähiger. Er baute einen neuen Kanal von Alexandria zum Nil, und die Stadt wuchs wieder zu annähernd ihrer früheren Größe an.

Im Jahr 1882 fand nach einer britisch-französischen Intervention in die ägyptische Politik in Alexandria ein fremdenfeindlicher Aufstand statt. Dadurch kam es zum Konflikt zwischen Großbritannien und Ägypten, vertreten durch Admiral Sir Beauchamp Seymour und den ägyptischen Kriegsminister Achmed Arabi Pascha, einen ernsthaften, aber einfältigen Nationalisten. Seymour beschoß die Forts von Alexandria von acht Panzerschiffen aus, und eine britische Landetruppe zersprengte Arabis Streitkräfte. Die Briten blieben als Besatzungsmacht; obwohl das Land weiter bis zum Ersten Weltkrieg unter der nominellen Oberherrschaft des türkischen Sultans stand, blieb es bis nach dem Zweiten Weltkrieg praktisch unter britischer Kontrolle.

Seitdem ist Alexandria weiterhin schnell gewachsen; aber es ist heute nur eine große Hafenstadt des Mittelmeers neben anderen, die sich alle ziemlich ähnlich sind. Für den Touristen gibt es nicht viel Antikes zu sehen, außer einer Säule, der sogenannten »Säule des Pompejus« im Südwestteil der Stadt nahe dem Serapion. Diese Säule hat nichts mit dem großen Pompejus zu tun, sondern wurde von den Alexandrinern etwa um das Jahr 297 zu Ehren Kaiser Diokletians errichtet. In der Nähe gibt es mehrere kleinere Sphinxe aus Stein und den Eingang zu einer Reihe ausgedehnter unterirdischer Grabgewölbe, die vermutlich im 2. Jahrhundert n. Chr. für irgendeine prominente Familie oder eine Beerdigungsgesellschaft angelegt wurden.

Die anderen Sehenswürdigkeiten Alexandrias, wie die Moscheen und der Palast, wo der von niemandem betrauerte König Faruk in seiner Sammlung komischer und pornographischer Bücher zu lesen pflegte, sind jüngeren Datums. Heute ist Alexandria in der westlichen Welt gut bekannt als der Schauplatz des »Alexandrinischen Quartetts«, der vier Romane Lawrence Durrells. Einige, die in Alexandria gelebt haben, sagen von Durrells Milieu und seinen etwas dekadenten Menschen: Ja, genauso war es. Andere, welche die Stadt ebenso gut kennen, sagen: Nein, so war es keineswegs. Dies beweist nur, daß es in jeder großen Stadt so viele gesellschaftliche Kreise und soziale Schichten gibt, daß man fast alles in ihr antreffen kann.

Dennoch wird Alexandria immer interessant bleiben als der Ort, wo das moderne Zeitalter der Naturwissenschaften schon vor über 2000 Jahren fast angebrochen wäre – und dann im Keim wieder starb.

10.
Rom, die Ewige Stadt

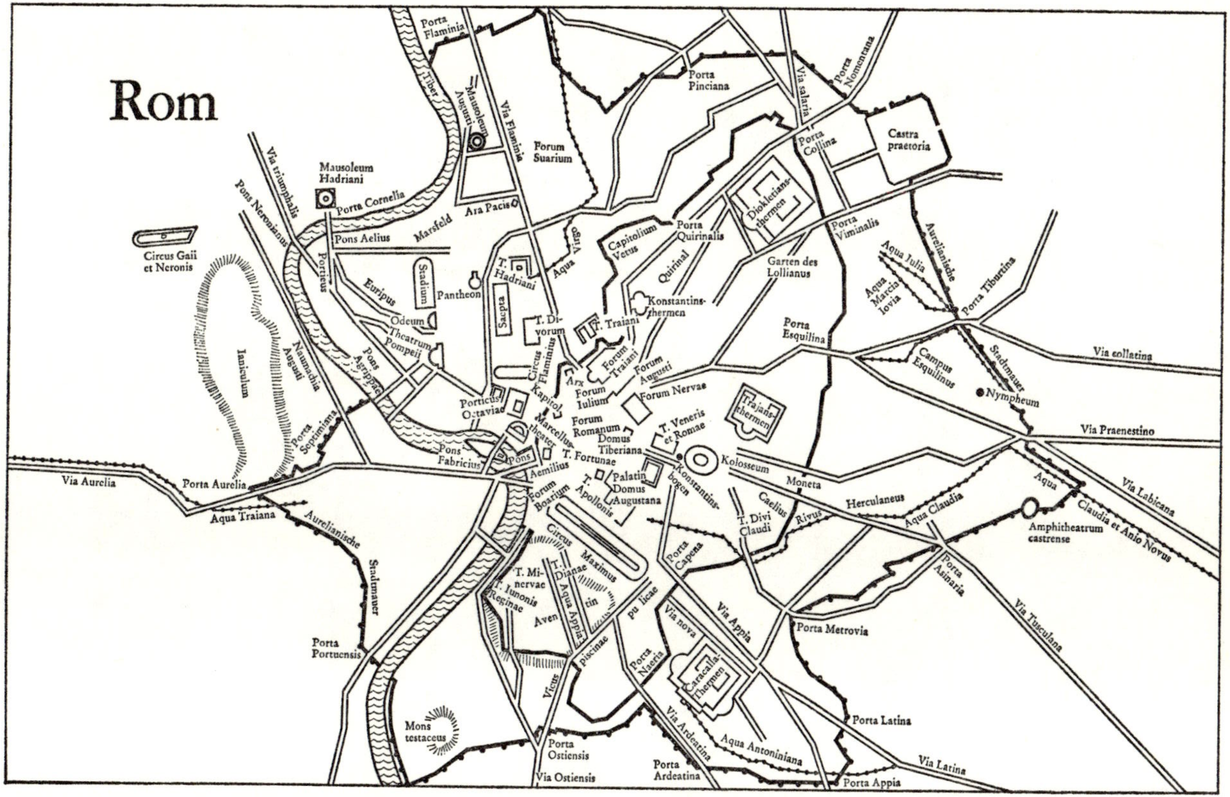
Rom
Porta Flaminia
Tiber
Mausoleum Augusti
Via Flaminia
Forum Suarium
Porta Pinciana
Via salaria
Porta Nomentana
Castra praetoria
Porta Collina
Via triumphalis
Mausoleum Hadriani
Porta Cornelia
Ara Pacis
Marsfeld
Pons Neronianus
Pons Aelius
Circus Gaii et Neronis
Portieus
Stadium
Pantheon
T. Hadriani
Aqua Virgo
Capitolium Vetus
Porta Quirinalis
Diokletians-thermen
Porta Viminalis
Garten des Lollianus
Quirinal
Konstantins-thermen
Aqua Julia
Aqua Marcia Iovia
Aurelianische
Porta Tiburtina
Euripus
Odeum
Theatrum Pompeii
Sacpta
T. Divorum
T. Traiani
Forum Traiani
Forum Augusti
Porta Esquilina
Campus Esquilinus
Stadtmauer
Via collatina
Ianiculum
Naumachia Augusti
Pons Agrippae
Circus Flaminius
Arx
Forum Iulium
Forum Nervae
Trajans-thermen
Nympheum
Porticus Octaviae
Kapitol
Marcellustheater
Forum Romanum
Domus Tiberiana
T. Veneris et Romae
Via Praenestino
Porta Septimiana
Pons Fabricius
Pons
T. Fortunae
Aemilius
Kolosseum
Konstantinsbogen
Moneta
Palatin
Domus Augustana
T. Apollonis
Forum Boarium
Caelius
Herculaneus
Aqua Claudia
Via Aurelia
Porta Aurelia
Aqua Traiana
Aurelianische
Stadtmauer
T. Divi Claudi
Rivus
Amphitheatrum castrense
Aqua Claudia et Anio Novus
Via Labicana
Circus Maximus
T. Dianae
T. Minervae
T. Iunonis Reginae
Aqua Appia
Aventin
pu licae
piscinae
Vicus
Porta Capena
Via nova
Via Appia
Porta Asinaria
Via Tusculana
Porta Metrovia
Porta Portuensis
Porta Naevia
Caracalla-Thermen
Mons testaceus
Porta Ostiensis
Via Ostiensis
Via Ardeatina
Porta Ardeatina
Aqua Antoniniana
Porta Latina
Via Latina
Porta Appia

Im Jahr 357 n. Chr. betrat Kaiser Constantius II. Rom zum erstenmal. Sohn des großen Konstantin, war er der einzige Überlebende einer fröhlichen Runde von Verrat, Mord und Bürgerkrieg, die auf den Tod Konstantins gefolgt war, der das Reich unter seine drei Söhne aufgeteilt hatte.

Rom war damals schon nicht mehr das, was es einst gewesen war. Konstantin hatte seine östliche Hauptstadt Konstantinopel gegründet, und auch wenn sie in der Westhälfte des Reiches weilten, verbrachten die Kaiser immer weniger Zeit in Rom. Sie gründeten Ravenna am Ufer der Adria, das von Sümpfen umgeben, daher leichter zu verteidigen und strategisch günstiger war. Viele der römischen Paläste waren schon Ruinen. Dennoch war Constantius höchst erstaunt:

»Als er in Rom eingezogen war, dem Sitz des Reiches und der Heimstatt aller Tugenden, und als er zu den Rostra gelangt war, dem berühmtesten Forum alter Zeiten, stand er erstaunt da, und überall, wohin seine Augen fielen, wurde er verblüfft durch diese Ansammlung wunderbarer Sehenswürdigkeiten ... Als er dann die einzelnen Teile der Stadt und ihre Vororte in Augenschein nahm, die zwischen den Gipfeln der sieben Hügel, entlang ihrer Abhänge oder auf ebener Erde lagen, da dachte er stets, das, was ihm gerade als erstes ins Auge fiel, sei allem anderen turmhoch überlegen: die Heiligtümer des Jupiter Tarpejanus, die alles andere so sehr überragten, wie göttliche Dinge die irdischen überragten; die Bäder, die jeweils in der Art einer bestimmten Provinz gebaut waren; das hohe Gebäude des Amphitheaters, gestützt auf ein Skelett aus tiburtinischem Stein, so hoch, daß das menschliche Auge kaum hinaufreicht; das Pantheon wie ein ganzer Stadtteil, mit seiner Kuppel von erhabener Schönheit; die hohen Säulen, von Plattformen umgeben, auf die man hinaufsteigen kann und die das Standbild früherer Kaiser tragen; die Tempel der Stadt, das Forum des Friedens, das Theater des Pompejus, das Odeum, das Stadium und dazwischen die vielen anderen Ausschmückungen der Ewigen Stadt. Aber als er dann zum Forum des Trajan kam, einem Bauwerk, einzigartig unter dem Himmel, wie wir glauben, und selbst nach einstimmiger Ansicht der Götter bewundernswert, da stand er voller Staunen und wandte seine Aufmerksamkeit dem gigantischen Komplex um ihn herum zu, der jeder Beschreibung spottete und niemals wieder von sterblichen Menschen nachgeahmt werden kann.«[1]

Das einzige, das er hoffen könnte, nachzuahmen, sagte Constantius, wäre das bronzene Pferd von Trajans Reiterstandbild. Ein persischer

Prinz im Exil, der zur Umgebung des Kaisers gehörte, bemerkte hinterlistig: »Zuerst, Sire, müßtet Ihr einen Stall bauen wie den vor uns – wenn ihr könnt.«

Fast alle oben erwähnten Gebäude und Plätze, außer den riesigen Bädern des Caracalla und des Diocletian, waren schon beim Tode Kaiser Hadrians (138 n. Chr.) vollendet. Zu Hadrians Zeit war die Stadt ein unregelmäßiger Kreis, etwa vier Kilometer im Durchmesser, auf dem östlichen oder linken Ufer des sich schlängelnden Tiber. Sie reichte über den Fluß hinaus dort, wo sie die keilförmige Halbinsel einschloß, auf der sich der Hügel Janiculum erhob.

Rom war damals eine Stadt ohne Mauern. Es war längst über die Mauer hinausgewachsen, die im 4. Jahrhundert v. Chr. nach der Legende von König Servius Tullius erbaut worden war; jene Mauer, welche die ursprünglichen sieben Hügel verband, war abgerissen oder in spätere Bauten eingegliedert worden. Erst Ende des 3. nachchristlichen Jahrhunderts, als die Einfälle der Barbaren Kaiser Aurelian bewogen, eine neue, größere Mauer zu bauen, wurde Rom wieder befestigt.

Wenn ein Besucher zu Hadrians Zeit eines der höheren Bauwerke auf dem Campus Martius im Nordwesten bestieg, dann sah er

> »ein unbeschreibliches Gewirr riesiger Bauten, vergoldeter Dächer, stattlicher Kuppeln, eng gedrängter Marmorsäulen und weit ausladender Portikos, einige auf ebener Erde, andere auf den Hügeln oder an den Abhängen der Hügel. Dazwischen war eine unendliche Zahl roter Ziegeldächer zu sehen, die offenbar bescheidenere Privathäuser bedeckten. Hier und dort, meist am Stadtrand, gab es auch breite Grünflächen – öffentliche Parks und private Gärten.
>
> Nach weiterer Betrachtung beginnt jedoch die erste Verwirrung der Erkenntnis einer gewissen Ordnung zu weichen. Man kann beispielsweise direkt im Vordergrund einen kleinen und ziemlich steilen Hügel erkennen, der an beiden Seiten von besonders großartigen Tempeln gekrönt wird. Dies ist das Capitol, der Sitz des Heiligtums des Jupiter Optimus Maximus, des offiziellen Haupttempels von Rom. Hinter ihm erhebt sich in einiger Entfernung ein riesiger grauer zylinderförmiger Bau. Dies ist natürlich das Flavische Amphitheater, und in dem Raum zwischen ihm und dem Capitol, ziemlich verborgen durch zahlreiche Bauten, liegt das Alte Forum der Republik – der berühmteste Platz Roms. Im Süden des Forums, in keiner Weise verborgen, erhebt sich ein neuer Hügel mit einem großen Komplex von Gebäuden, die, selbst von weitem gesehen, von außerordentlichem Glanz sind. Dies ist der Palatin, die gegenwärtige Residenz des Kaisers und der Sitz der Regierung.

Unmittelbar im Süden und zur Rechten des Palatins liegt ein langer Hohlraum, dessen Ecken von Marmorfassaden glitzern: der Circus Maximus, der größte Rennplatz. Dies sind die Bauten oder Plätze, die auf den ersten Blick ins Auge fallen. Nahe dabei, im Campus Martius selbst, liegt geradezu ein Labyrinth überdachter Promenaden, von Kuppeln umwölbter öffentlicher Bäder, Theater und Zirkusse, ebenso wie das berühmte Pantheon und andere bekannte Bauten ... Hinter dem Betrachter windet sich der Tiber, überquert von mindestens acht Brücken; jenseits des Flusses, bevor das Auge zu den Hügeln Etruriens abschweift, sieht man zahlreiche Wohnviertel auf den Hügeln, dessen bekanntestes das auf dem Mons Janiculum ist, das mit grünen Gärten aufgelockert wurde ...«[2]

Jede detaillierte Schilderung der öffentlichen Gebäude und Denkmäler des kaiserlichen Rom würde leicht mehrere Bücher füllen. Wir können jedoch kurz feststellen, daß die Tempel, ausgenommen das Pantheon, fast alle im griechischen Stil gebaut sind und die korinthische Säule mit ihrem steinernen Laubwerk verwenden. Fast alle sind sie sehr groß und etwas überladen, mit hell bemalten Gesimsen und reichlicher Vergoldung. Dank besserer Baumethoden sind die Säulen jetzt aus einem Stück und nicht mehr aus verschiedenen Trommeln zusammengesetzt wie einst.

Bei anderen öffentlichen Gebäuden, wie den Basiliken (Gerichtsgebäuden) und Bädern, ist ein neues Element aufgetaucht: die großzügige Verwendung von Rundbögen und Gewölben. Rundbögen tragen die über dem Erdboden liegenden Teile der Wasserleitungen, die strahlenförmig von der Stadt hinausgehen, ebenso wie die Ränge des Flavischen Amphitheaters, das später Colosseum genannt wurde. Die Römer hatten den Rundbogen von den Etruskern übernommen. Ob die Etrusker ihn selbst erfunden oder über irgendeine Zwischenstation von den Mesopotamiern entliehen hatten, die ihn für Entwässerungskanäle und Gräber benutzten, weiß man nicht. Durch die Kombination von Rundbogen und Gewölbe (das ja nur ein entlang der mittleren Achse verlängerter Rundbogen ist) in verschiedenster Form, konnten die Römer große Gebäude errichten mit einem von Tragesäulen freien Raum im Inneren, der größer war als alles, was die Welt vorher gesehen hatte. Vorher war die ungestützte Breite eines Raumes begrenzt durch die Länge der Baumstämme, die zur Verfügung standen, um ein Dach zu tragen. In einem Land wie Mesopotamien, wo das einzige einheimische Holz Palmstämme waren, konnte ein Raum nicht viel mehr als fünf oder sechs Meter breit sein, wenn nicht zwischen den Wänden Säulen oder Träger aufgestellt wurden, wie in der großen Säulenhalle von Karnak. Mit dem runden Gewölbe wurden jedoch ungestützte Hallen von 25 oder 30 Metern Breite möglich.

Außerdem brauchten die Dächer der überwölbten großen Hallen nicht mehr einfache halbzylinderförmige Konstruktionen zu sein. Im 1. Jahrhundert n. Chr. lernten die Römer, daß ein Gewölbe ein anderes rechtwinkelig kreuzen konnte und beide sich dennoch hielten. Die Oberflächen dieser Gewölbe schnitten sich entlang eliptischer Linien, den sogenannten Rippen. Ein solcher Bau wird Kreuzgewölbe genannt; ein Kreuzgewölbe konnte einen großen viereckigen Raum überdecken und brauchte nur an den Ecken von Trägern gestützt zu werden.

Ein anderer Fortschritt der römischen Bautechnik war der Gebrauch des Betons. Schon im 3. Jahrhundert v. Chr. entdeckten die Baumeister, daß es in der Nähe des Vesuv und anderswo in Italien Ablagerungen sandiger vulkanischer Asche gab, die, wenn man sie als Bindemittel dem Mörtel zusetzte, einen Zement ergab, der getrocknet so hart wurde wie Felsen. Die Römer nannten dies »pulvis puteolanus« nach der Stadt Puteoli[3], wo es Lagerstätten davon gab. Wenn man diesen Zement mit Sand vermischte, ergab dies einen Beton, so hart und dauerhaft wie natürliches Felsgestein. Die übliche Methode des Mauerbaus in der Kaiserzeit war die, das Skelett der Mauer aus Beton zu bauen, das dann mit Kies, Stein und zerbrochenen Ziegeln ausgefüllt wurde, mit einer dünnen Verkleidung von Ziegel oder Stein. Wo es auf äußere Schönheit ankam, wie in Tempeln und Palästen, bestand die Fassade aus Marmorplatten. Augustus rühmte sich gegen Ende seiner Regierungszeit dieser marmorverkleideten Bauten mit den Worten: »Ich fand Rom als eine Stadt aus Ziegelsteinen vor, ich hinterlasse es als eine in Marmor gekleidete Stadt.«[4]

Die bekannteste Verwendung von Beton durch die Römer war der Bau des Tempels aller Götter – des Pantheons –, der im Jahr 27 v. Chr. von Marcus Vipsanius Agrippa, der rechten Hand des Augustus, begonnen wurde. Er besteht aus zwei Hauptteilen: einem rechteckigen Vorbau und dahinter einem großen Rundbau, überdacht von einer Kuppel aus Beton mit 44 Meter Durchmesser, und einem $5^1/_2$ Meter breiten Loch in der Mitte. Von dem heutigen Pantheon geht nicht viel, wenn überhaupt etwas, auf Agrippa zurück, da es unter Titus und nochmals unter Trajan durch Feuer beschädigt, unter Domitian und Hadrian restauriert und umgebaut wurde und danach zahlreiche Veränderungen — darunter die Umwandlung in eine christliche Kirche — erlebt hat.

Es gab zwei verschiedene Typen von Wohnhäusern. Das Privathaus (domus) war ein Haus des mediterranen Typs mit einem Innenhof. Das Haus des wohlhabenden römischen Bürgers der früheren Zeit hatte etwa ein Dutzend Zimmer, die um einen teilweise überdachten Hof herum angelegt waren. Das Dach hatte eine viereckige Öffnung, die den Regen hereinließ, und eine Zisterne darunter, die den Regen auffing. Der Hof hieß das Atrium, von »ater« (schwarz), weil die Wände von dem Rauch des Küchenfeuers geschwärzt waren. Die armen Bauern lebten natürlich weiterhin in Hütten mit einem einzigen Raum.

Als die Römer später unter griechischen Einfluß kamen, legten sie sich einen zweiten Innenhof nach griechischem Vorbild zu. Dieser hieß das Peristylum, nach den griechischen Wörtern für »von Säulen umgeben«. Später aber verschwanden die Säulen aus manchen dieser Höfe. Die äußere Fassade des Hauses konnte eine nackte Wand am Straßenrand sein, oder aber eine Reihe von Räumen, die zur Straße hin offen waren und oft als Läden vermietet wurden. Wenn das Haus einen zweiten Stock hatte, wurde er meist für Schlafräume benutzt.

Im Innern war das Haus verschönert durch Mosaikfußböden und Fresken an den Wänden, oft mit zahlreichen aus dem Osten stammenden Kunstgegenständen. Die Häuser der Reichen waren vollgestopft mit Nachbildungen griechischer Gemälde und Skulpturen; in den Häusern einiger vornehmer Römer fanden sich aber auch die Originale, die meist während der Eroberungszüge vom 3. bis zum 1. Jahrhundert v. Chr. als Beutestücke weggeschleppt worden waren. Die eigentliche Möblierung in unserem Sinne war jedoch ziemlich spärlich.

Ein gutes römisches Haus war solider und massiver gebaut als die meisten unserer heutigen Häuser; die römischen Baumeister hatten noch nicht die vielen Tricks unserer modernen Bauunternehmer gelernt. Die von ihnen erbauten Häuser waren ebenso dauerhaft und ebenso schön verziert wie ein modernes Haus — freilich fehlten ihnen fließendes Wasser, Elektrizität, Ölheizung, Polstersessel und Wasserklosetts.

Die Fenster waren früher lange Zeit einfach durch hölzerne Fensterläden geschlossen worden. In der hellenistischen Zeit experimentierten die Baumeister dann mit durchsichtigem Material — öligem Tuch, dünnen Schafsfellen, Glimmer, Horn und Gips —, das jeweils bis zu einer ganz dünnen Schicht abgeschabt wurde. Dieses Material wurde teilweise noch jahrhundertelang verwandt; aber in den reicheren Häusern wurde es langsam vom Glas verdrängt, das endlich für seinen Zweck klar genug geworden war: In den letzten Jahrzehnten der Republik wurde Glas erstmals in Rom benutzt, um Licht in die Häuser hineinzulassen. Die ersten Fensterscheiben waren kleine runde Bullaugen, deren Glas noch zu unregelmäßig und unrein war, um völlig durchsichtig zu sein. Aber im 1. Jahrhundert n. Chr. gab es dann schon Glasfenster in unserem Sinne.

Die Römer machten auch große Fortschritte in der Heizung von Häusern. Sie erfanden die indirekte Zentralheizung – genauer gesagt, sie erfanden sie wieder; denn ein ähnliches System war schon tausend Jahre vorher in Anatolien bekannt gewesen. Der Wiederentdecker war ein römischer Geschäftsmann, Gaius Sergius Orata, der in der Nähe von Neapel lebte. Etwa um 80 v. Chr. kam Orata, der bereits erfolgreich Fische und Austern für den Markt gezüchtet hatte, auf die Idee, es wäre besser, wenn er seine Meerestiere auch im Winter behalten könnte. Daher baute er Behälter, die nicht in die Erde versenkt, sondern auf einem kleinen Ziegelfundament aufgestellt wurden; den Dampf und die heiße Luft von einem Feuer auf einer Seite ließ er durch den Raum unter dem Behälter zirkulieren.

Mit diesem Erfolg noch nicht zufrieden, wandte Orata diese Erfindung auch für den Komfort der Menschen an. Er kaufte Landhäuser auf, rüstete sie mit »balnae pensiles« (hochgestellten Bädern) aus, die durch Leitungen unter dem Fußboden erhitzt wurden, und verkaufte sie dann mit Gewinn. In den anderthalb Jahrhunderten nach Oratas Erfindung lernten die Baumeister, dieses System, »hypocaustum« genannt (nach den griechischen Wörtern für »unter« und »Verbrennung«), auch für ganze Gebäude anzuwenden. In der frühen Kaiserzeit bauten sich die Römer, die in den nördlichen Provinzen lebten, Häuser mit einer solchen Heizung, um den Winter in Schach zu halten. Doch mit dem Untergang des Weströmischen Reiches verschwand die Zentralheizung und wurde erst in moderner Zeit wieder entdeckt.

Beim Bau ihrer Städte übernahmen die Römer vieles von den Griechen. Eine neugegründete Stadt wurde nach einem gitterförmigen Stadtplan sorgfältig geplant. Eine alte Stadt aber, wie Rom, die als eine Masse von Hütten an einem Gewirr von Wegen begonnen hatte, wuchs weiter ohne Plan, trotz aller Bemühungen reformfreudiger Herrscher, Ordnung in die Sache zu bringen. Nach dem großen Brand des Jahres 64 n. Chr., der den größten Teil des westlichen Stadtzentrums vernichtete, überwachte Nero persönlich den Neubau der Stadt und versuchte mit bescheidenem Erfolg, dem abgebrannten Stadtteil einen klaren Gitterplan aufzuzwingen.

In der Kaiserzeit wurde dann der Grund und Boden so teuer, daß sich nur noch wenige leisten konnten, in einem eigenen Haus zu leben. Die Verkehrsschwierigkeiten hinderten die Ausbreitung der Vororte; außer einigen wenigen reichen Leuten wie Plinius dem Jüngeren, der nach einem Tag in der Stadt zu einem 27 Kilometer entfernten Landhaus hinausfuhr, wohnte jedermann dort, wo er arbeitete, oder wo er zu Fuß zur Arbeit gehen konnte. Daraus ergab sich eine dichte Bevölkerungsballung, und schon im 1. Jahrhundert v. Chr. erhoben sich Mietshäuser von fünf oder noch mehr Stockwerken. Augustus beschränkte dann die Höhe der Häuser aus Sicherheitsgründen auf 21 Meter, und Trajan noch weiter auf 18 Meter.

Diese großen, fast modern aussehenden Mietshäuser aus Ziegeln und Beton, die ganze Straßenblocks einnahmen, hießen »insulae« (Inseln). In der ersten Kaiserzeit wurden die insulae in Rom viel häufiger als die Einzelhäuser; eine Statistik etwa vom Jahr 300 führte 1797 Häuser und 46 602 insulae auf. Die »Inseln« enthielten Wohnungen aller verschiedenen Arten, von dunklen kleinen Einzelzimmern mehrere Treppen hoch bis zu luxuriösen Doppel-Appartements in den bevorzugten niedrigeren Stockwerken.

Schriftsteller[4] aus dieser Zeit beklagen sich manchmal über schlecht gebaute Mietshäuser, die entweder leicht Feuer fingen und ihre Bewohner in den Flammen umkommen ließen oder einstürzten und die Bewohner unter sich begruben. Aber die erhaltenen Reste solcher »Inseln«, etwa bei Ostia, lassen auf solide und gut gebaute Häuser schließen. Doch vielleicht sind gerade deswegen diese Häuser erhalten geblieben, während alle unsolide gebauten schon in antiker Zeit eingestürzt oder abgerissen worden sind.

Ein anderes Charakteristikum Roms war das Abwässersystem. Die Abwässerleitungen der Stadt begannen schon in den Tagen der Tarquinier, der etruskischen Könige, die im 6. Jahrhundert v. Chr. von der republikanischen Revolution vertrieben wurden: Ein Graben wurde gezogen, der dem Lauf eines vorhandenen Flusses folgte und der das sumpfige Land zwischen den sieben Hügeln entwässerte. Spätere Generationen verbesserten ständig diese Entwässerungsanlage und überdachten sie mit einem tonnenförmigen Gewölbe aus Stein. Daraus entstand die große Cloaca Maxima, auf der man, bevor in den letzten Jahrhunderten der Grundwasserstand zu sehr stieg, mit einem Boot rudern konnte. Sie war mit Öffnungen in den Straßen verbunden, durch die das Regenwasser ablief.

Zur Zeit des Kaiserreiches waren zahlreiche öffentliche Latrinen gebaut und mit den Abwässerleitungen verbunden worden. Gebrauchtes Wasser aus den Bädern und gewerblichen Betrieben wurde dorthin gelenkt, um den Kot wegzuspülen. Ein Mensch von heute wäre betroffen über das völlige Fehlen jeder Intimsphäre und andererseits über die kostbaren Mosaiken und den Marmor in diesen Anlagen: So kostbar war die Ausschmückung, daß, als vor etwa einem Jahrhundert eine solche Latrine bei Puteoli ausgegraben wurde, die Archäologen sie zuerst für einen Tempel hielten!

Obwohl dieses Latrinensystem ein großer Fortschritt gegenüber den sonst üblichen primitiven Verhältnissen war, so war es doch von einer modernen Kanalisation noch weit entfernt. Die meisten insulae hatten Latrinen, meist im Erdgeschoß und oft mit den Abwässerleitungen verbunden. Aber unzählige Römer lebten noch entweder weit entfernt von diesen Latrinen oder in den oberen Stockwerken der insulae, die keine solche Annehmlichkeit hatten. Daher trugen sie ihre Abfälle entweder zu besonderen Senkgruben oder warfen sie, allen Vorschriften zum Trotz, einfach aus dem Fenster. So war die große Stadt trotz ihrer großartigen Abwässerleitungen erfüllt von den Gerüchen aller Städte der vorindustriellen Zeit.

Die Bevölkerungszahl des kaiserlichen Rom ist nicht genau bekannt, und die Schätzungen schwanken zwischen 200 000 und zwei Millionen. Die richtige Zahl, glaube ich, liegt bei etwa einer Million, vielleicht auch etwas darüber. Damit war Rom eine weit größere Stadt als jede andere vor ihr — das ptolemäische Alexandria hat vielleicht die Grenze von einer halben Million gerade überschritten. Die technischen Leistungen der Römer — gepflasterte Landstraßen und die großen Getreideschiffe, die zwischen Nordafrika und Italien pendelten — machten es möglich, Lebensmittel billig von weither einzuführen und daher in dieser Metropole mehr Menschen zu ernähren.

Die Geschichte von der Landung des Äneas in Italien und der Gründung Roms durch seinen Nachkommen Romulus im Jahre 753 v. Chr. wird allgemein als Legende betrachtet. Die Archäologie hat uns gezeigt, daß schon bald nach dem Jahr 1000 v. Chr. mehrere Dörfer auf den Spitzen einiger Hügel dieser Gegend entstanden sind; diese haben sich schließlich zu einer einzigen Stadt vereinigt.

Der Ort besaß viele natürliche Vorzüge. Er lag an der Kreuzung mehrerer Handelswege und an dem letzten Punkt eines größeren Flusses, wo dieser noch bequem überbrückt werden konnte. Die sieben Hügel konnten auch durch bescheidene Befestigungsanlagen geschützt werden; der Boden zwischen ihnen war sumpfig und daher für einen Belagerer, der die Befestigungen auf den Hügeln angreifen wollte, zum Lagern höchst ungeeignet. Diese Hügel — ursprünglich sieben, aber zwei weitere kamen dazu, als die Stadt wuchs — waren damals viel steiler als heute, nachdem 3000 Jahre Städtebau und die Anhäufung von Trümmern und Abfällen in den Senken dazwischen das Gelände eingeebnet haben.

Nach den alten Legenden über die etruskische Dynastie hat König Ancus Marcius etwa um 600 v. Chr. den Tiber mit einer Pfahlbrücke überspannt: der Pons Sublicius, die aus religiösen Gründen ohne Metall gebaut wurde. Dies war die Brücke, die in Macaulays berühmtem Gedicht, das auf den mehr oder weniger legendären Berichten bei Livius und Polybios beruht, von dem tapferen Horatius verteidigt wird.

Nach mehreren Restaurierungen stand die Pons Sublicius bis zum Ende der Republik. Dann wurde sie durch eine Brücke aus Stein und Holz ersetzt, die im Jahr 69 n. Chr. von Hochwasser zerstört wurde. Inzwischen hatten die Römer, je mehr der Verkehr über den Tiber wuchs, noch andere Brücken gebaut. Die Pons Aemilius begann als ein Bau mit steinernen Trägern und hölzernem Oberbau, wie Nabopolassars Brücke in Babylon. Später wurden steinerne Rundbögen eingefügt, und ein Steinpflaster ersetzte den hölzernen Oberbau. Nach mehreren Reparaturen und Umbauten blieb die Brücke bis 1598 in Benutzung.

Die beiden kleinen Brücken, welche die Isola Tiberina, die Insel im Tiber, mit dem Festland verbinden – die Pons Cestius im Westen und die Pons Fabricius im Osten – werden immer noch benutzt; auf ihnen fahren heute während des Stoßverkehrs riesige Schwärme von Fiats und Motorrollern. Das gleiche gilt für die drei anderen antiken Brücken: die Pons Aelius, Pons Mulvius und Pons Aurelius. Diese Brücken können den heutigen motorisierten Verkehr tragen, weil die alten Römer, welche die Belastung ihrer Brücken nicht berechnen konnten, diese weit stärker gebaut haben, als es für den Verkehr in alten Zeiten notwendig war.

Die fünf anderen Brücken des kaiserlichen Rom sind alle eingestürzt; auch die erhaltenen Brücken stehen heute nicht in ihrer ursprünglichen Form. Alle sind wiederholt repariert worden; oft wurden eine oder mehrere Rundbögen ersetzt. Alle sind sie nach einem einfachen Plan gebaut: Jede besteht aus einem oder mehreren halbkreisförmigen steinernen Rundbögen von sehr solidem und massivem Bau.

Diese Brücken warfen jedoch das gleiche Problem auf wie die große Brücke Nabopolassers. Die dicken Träger reduzierten praktisch die Breite des Flußbettes; die Brücke wirkte somit wie ein Damm mit Löchern. Daher floß das Wasser zwischen den Trägern mit erhöhter Geschwindigkeit, und der schnelle Fluß wusch das Flußbett aus, bis die unterminierten Träger einstürzten. Die Brücken konnten dann entweder verstärkt werden durch den Bau noch massiverer Träger, was den Fluß des Wassers noch mehr behinderte und damit die Auswaschung verstärkte. Oder aber man konnte weniger und größere Rundbögen bauen; aber da ein halbkreisförmiger Bogen zwangsläufig halb so hoch wie weit ist, machten so große Bögen die Fahrbahn der Brücke höher als die

Auffahrten, und daher mußten Treppen oder steile Rampen angebracht werden.

Das Problem wurde erst durch die Architekten der Renaissance gelöst, die segmentförmige und halbelliptische Rundbögen erfanden: Diese Bögen haben eine größere Spannweite zwischen den Trägern ohne eine entsprechende Erhöhung.[5]

Nachdem sie die etruskischen Könige vertrieben hatten, gründeten die Römer eine Republik nach dem üblichen mediterranen Modell, mit einer Volksversammlung der waffentragenden Männer, einem Senat, der aus den Häuptern der reichen Familien bestand, und gewählten Beamten mit zwei Konsuln an der Spitze. Die Nachkommen der Familien, die ursprünglich die sieben Hügel besiedelten, hatten sich das ganze Land in der Umgebung von Rom angeeignet, so daß spätere Neuankömmlinge als Landarbeiter oder als Pächter für die Grundbesitzer arbeiten mußten. So entstanden die beiden Hauptklassen des frühen Rom: die Patrizier und die Plebejer. Die Patrizier besaßen das Land und beanspruchten für sich ein Monopol der Gesetzgebung sowie der bürgerlichen und religiösen Ämter. Alle anderen waren Plebejer, einschließlich derer, die aus irgendeinem Grunde aus der Klasse der Patrizier ausgeschieden waren.

Bald entbrannte ein Klassenkampf. Im Lauf der Jahrhunderte gingen die Plebejer mehrmals zum Streik über und verließen die Stadt, worauf die Patrizier ihre Hausarbeit selbst machen mußten. In der Zeit der späten Republik waren die Unterschiede zwischen den beiden Klassen weitgehend verschwunden; in der Kaiserzeit war der einzig übriggebliebene Unterschied der, daß manche religiösen Ämter für Männer patrizischer Familien und Sippen reserviert waren. Ein neues System der Klasseneinteilung, von dem später noch die Rede sein wird, hatte sich stattdessen durchgesetzt.

Hier könnte ich auch das römische Namenssystem erwähnen. Ein Römer zur Zeit der Republik und des frühen Kaiserreichs hatte drei Namen: seinen Vornamen (praenomen), den Sippennamen (nomen) und den Familiennamen (cognomen). Gaius Julius Caesar war also der Gaius der Familie Caesar aus der Sippe der Julier. Es gab nur 18 Vornamen, die man sich aussuchen konnte; die häufigsten waren Marcus, Gaius und Lucius. Frauen hatten keine Vornamen und hießen nur nach der weiblichen Form des Sippennamens: daher hieß Caesars Tochter automatisch Julia. (Die Autoren historischer Romane oder Filmdrehbücher, die dies oft nicht wissen, geben gern antiken Römerinnen Namen wie Helena oder Diana, die keine römische Frau jener Zeit getragen hat.) Wenn eine Familie zwei oder mehr Töchter hatte, hatten die späteren einen Beinamen wie Livilla (kleine Livia) oder Secunda (die zweite).

Für Sklaven gab es eine andere Namensordnung, und Freigelassene fügten den Sippennamen ihres früheren Herrn ihrem eigenen Namen zu. Zur Zeit Hadrians begannen dann die Männer mehr als drei Namen – manchmal sechs oder sieben – zu führen, und mit dem Christentum erhielten dann auch die Frauen persönliche Namen.

Zu Beginn des Ersten Punischen Krieges (264 v. Chr.) erstreckte sich die römische Herrschaft auf das ganze italienische Festland im Süden. Im Ersten Punischen Krieg kam Sizilien dazu. Dann wuchs das Reich immer weiter, bis zur Zeit des Augustus das Mittelmeer zu einem römischen Binnensee geworden war.

Diese Eroberungen geschahen nicht nach einem festen zusammenhängenden Plan: Das Römische Reich, wie später das Britische Empire, wurde vielmehr »in einem Zustand der Geistesabwesenheit« erobert. An den Grenzen gab es stets Überfälle von Volksstämmen außerhalb des römischen Herrschaftsgebietes, die einem römischen General oder Gouverneur den Vorwand für einen Krieg gaben, und die Republik war so strukturiert, daß ein solcher General oder Gouverneur gern dazu bereit war: Wenn er gewann, konnte er einen Triumph feiern – der höchste Grad annähernder Vergöttlichung, den ein römischer Bürger erreichen konnte.

Außerdem wurde von einem römischen Beamten erwartet, daß er öffentliche Gebäude zur freien Benutzung und zur Freude des römischen Volkes errichtete. Das dankbare Volk stellte dann seinerseits Standbilder seines Wohltäters auf, und die Dichter verfaßten Lobeshymnen auf ihn. Diese Verherrlichung gab dem hohen Beamten jenes Gefühl von Prestige, Stolz und Selbstachtung, das einem vornehmen Römer wichtiger war als das Leben selbst. Das Geld dafür verschaffte sich der Beamte aus dem Verkauf öffentlichen Landes, aus der Beute von Kriegen im Ausland oder, wenn keine solchen Quellen zur Verfügung standen, aus seinem eigenen Vermögen. In der Zeit der späten Republik waren manche Auslandskriege und die wüste Ausplünderung der Provinzen durch hohe römische Beamte vermutlich die Folge ihrer Bemühungen, auf diese Weise Geldmittel für den Bau öffentlicher Gebäude zu erhalten, die zu errichten sie sich verpflichtet fühlten.

Im Kaiserreich fielen diese Motive weitgehend weg, schon allein deshalb, weil Triumphzüge allein dem Kaiser vorbehalten waren. Dennoch hielt man es für notwendig, zum Schutz einer friedlichen römischen Provinz das unruhige barbarische Land jenseits der Grenze zu erobern. Dann wurde dieses barbarische Land romanisiert und friedlich und brauchte seinerseits Schutz durch weitere Eroberungen. Und im Kaiserreich entwickelten die Römer die Theorie, die Götter hätten Rom den Auftrag gegeben, die ganze Welt zur Ordnung zu bringen; aber dies war eine rückwirkende Rechtfertigung.

Ebenso wie die Assyrer, die Perser und die Makedonier vor ihnen eroberten auch die Römer ein großes Reich weniger dank irgendwelcher besonderen nationalen Tugenden, als weil sie zu ihrer Zeit eine bessere Armee hatten als jedes andere Land.

Im 6. und 5. Jahrhundert v. Chr. war die römische Armee noch ganz ähnlich wie die griechischer Stadtstaaten: Sie bestand aus einer großen Zahl festgefügter Blocks von Speerträgern, nach Klassen eingeteilt je nach dem, wieviel Waffen und Rüstung sich die Soldaten leisten konnten; die Soldaten der reichsten Klasse trugen eine Rüstung ähnlich der griechischer »hoplitai«.

Nach und nach entwickelte sich diese Armee zu der Form, die sie dann im 1. Jahrhundert v. Chr. am Ende der Republik hatte. Damals trug der Infanterist ein Paar Wurfspieße anstelle einer Lanze zum Stechen; im Nahkampf gebrauchte er sein etwa 60 cm langes breites Kurzschwert. Die Legionen, zwischen 3000 und 6000 Mann stark, waren eingeteilt in Manipel von 200 Mann (zwei Zenturien), die unabhängig voneinander manövrieren konnten. Die republikanischen Legionen bestanden ausnahmslos aus römischen Bürgern, die als schwere Infanteristen bewaffnet waren. Die leichte Infanterie, die Kavallerie und die Bogenschützen bestanden aus Söldnern aus den Provinzen oder aus verbündeten oder abhängigen Staaten; sie hießen »auxiliarii« (Hilfstruppen). Die militärischen Erfolge der Römer waren weniger der Genialität der Generale zu verdanken als einem sehr hohen Standard der Ausbildung und des Drills bei den Legionären.

Als sich die römische Herrschaft ausdehnte, wurde auch das römische Bürgerrecht (von dem es mehrere Stufen gab) auf Individuen, Gruppen, ganze Städte oder andere politische Einheiten ausgedehnt; im Jahr 89 v. Chr. wurden alle freien Einwohner Italiens römische Bürger. Die Rekrutierung der Legionen erhielt mit der Ausweitung des römischen Bürgerrechts eine breitere Grundlage.

In den ersten zwei Jahrhunderten des Kaiserreiches wurde eine Elitetruppe, die Prätorianergarde, ausgehoben, zuerst nur in Italien, dann aber auch aus Bewohnern romanisierter Provinzen wie Spanien. Diese Soldaten trugen elegante Uniformen, erhielten das Zwei- oder Dreifache der Löhnung eines einfachen Soldaten und waren in Rom oder in der Nähe stationiert. Offiziell standen sie unter dem absoluten Befehl des Kaisers, aber manchmal war es auch umgekehrt. So ermordeten im Jahr 193 die Prätorianer den Kaiser Pertinax, der versucht hatte, sie einer regulären Disziplin zu unterwerfen, und versteigerten dann den Kaiserthron an den höchsten Bieter. Bald darauf schaffte der finstere Septimius Severus — ein Nordafrikaner punischer Abstammung, den die Witzbolde in Rom »Hannibals Rache« nannten — das Korps gänzlich ab. Er ersetzte es durch eine Gardetruppe, die sich aus Männern aus den Grenzbezirken zusammensetzte, so daß es jetzt auch für den kriegerischsten italischen Jüngling schwer wurde, überhaupt in die Armee zu kommen.

Im Jahr 212 verlieh Kaiser Caracalla, vermutlich um dadurch mehr Steuern erheben zu können, das römische Bürgerrecht an alle freien Männer des ganzen Reiches. Danach bestanden die Hilfstruppen aus Barbaren von jenseits der Grenzen, und die Legionäre rekrutierten sich vorwiegend aus den Grenzprovinzen statt aus den Provinzen im Innern. Diese Praxis machte das Reich zu einer Art molluskenhaftem Organismus mit einer harten Schale, die ein weiches Innere von Provinzen umgab, deren Bevölkerung durch den langen Frieden gründlich demilitarisiert wurde.

Wenn die römische Armee die Ausweitung des Reiches möglich gemacht hatte, so wurde dieses Reich durch diese römische Politik der Assimilation dauerhafter gemacht als alle seine Vorgänger. Die früheren Stadtstaaten des Mittelmeerraumes, die glaubten, ihre Götter wären beleidigt, wenn Fremde zu ihrem Kultus zugelassen würden, waren in der Frage des Bürgerrechts kleinlich und exklusiv gewesen. Aber obwohl manche Römer über die fremden Einflüsse murrten — wie etwa Juvenal mit den Versen

»Bürger, ich kann ein griechisches Rom nicht ertragen. Doch
welcher Teil des Abfalls unserer Stadt stammt aus Achaia?
In den Tiber ergießt sich der Schlamm und der Schmutz des Orontes,
und führt mit sich sein Geschwätz und Lärm, seine mißtönenden
Harfenklänge und Zimbeln . . .«[6]

so wurden dennoch Ausländer mitsamt ihren Göttern großzügig in der Hauptstadt aufgenommen. Juvenal (Decimus Junius Juvenalis) selbst, der über Griechen und Syrer die Nase rümpfte, stammte aus Aquinum, einer süditalischen Stadt, die erst im Jahr 298 v. Chr. römisch geworden war. Es war eine allgemeine römische Pose, sich über die Griechen lustig zu machen, während man sie nachahmte. Wenn aber so viele Millionen Gallier, Spanier, Illyrer, Griechen, Anatolier, Syrer und Nordafrikaner zu nominellen Römern gemacht wurden, trug dies viel dazu bei, daß dieser riesige unhandliche Organismus sich so lange erhalten hat.

Gegen Ende des 2. Jahrhunderts v. Chr. entdeckten die römischen Politiker, daß der sicherste Weg, gewählt zu werden, der war, dem Volk alles mögliche zu versprechen und sich für die Begleichung dieser Versprechen auf die Beute auf Eroberungen im Ausland zu verlassen. Die Formel, die sie dafür ausarbeiteten, wurde später von Juvenal satirisch als »panem et circenses«[7] (Brot und Spiele) gekennzeichnet, und die Theorie lautete, daß die Römer als ein Siegervolk das Recht hätten, von der Arbeit der Besiegten zu leben.

Das »Brot« begann mit der gelegentlichen Einfuhr von Getreide in Zeiten einer Hungersnot und seinem Weiterverkauf unter Verlust schon durch die republikanische Regierung. Im Jahr 123 v. Chr. brachte dann der Reformer Gaius Gracchus ein Gesetz durch, das den regelmäßigen Verkauf von Getreide an die römischen Bürger zum halben Einkaufspreis vorsah. Dieses Gesetz widersprach im Grunde den von Gracchus geplanten Agrarreformen; aber er brauchte eben die Stimmen.

Einmal eingeführt, erwies sich dieses System als politisch unmöglich abzuschaffen. Im Jahr 58 v. Chr. wurde auf Antrag des Demagogen P. Clodius Pulcher die Abgabe des Getreides sogar kostenfrei gemacht: Jeder Bürger, der in Rom wohnte, hatte ein Recht auf etwa zehn Gallonen (44 Liter) Weizen im Monat; im späteren Kaiserreich wurde dieser Weizen bereits gemahlen und zu Brot verbacken abgegeben. (Die Römer waren große Brotesser; die Soldaten beklagten sich über einen verdorbenen Magen, wenn sie während einer Brotknappheit gezwungen waren, von Fleisch zu leben.)

Wir können annehmen, daß die Reichen sich nicht die Mühe gaben, diese Unterstützung in Empfang zu nehmen; aber die große Mehrheit der Bevölkerung tat es. Die Zahl der Empfänger schwankte zwischen 150 000 und 320 000 und betrug meist etwa um 200 000. Wenn man die Familienangehörigen mitzählt, heißt dies, daß über die Hälfte der Bevölkerung Roms Unterstützungsempfänger waren. Auch Männer mit regelmäßigem Verdienst, aber bescheidenem Lohn betrachteten die Unterstützung als nützliche Zugabe.

Außerdem zog aber Rom dadurch einen Schwarm von Bürgern an, die nicht in der Lage oder nicht gewillt waren, zu arbeiten. Die Unterstützung verschaffte ihnen keine sonstigen Nahrungsmittel, keine Wohnung und Bekleidung; aber sie stellte ihnen die Grundnahrung, und ein geschäftstüchtiger Müßiggänger konnte sich den Rest durch Betteln, Stehlen, Teilnahme an Gangsterbanden oder Handlangerdiensten für die Reichen verschaffen. Rom beherbergte also einen erheblichen Prozentsatz von Menschen, die ohne diese Unterstützung entweder hätten arbeiten müssen oder überhaupt nicht in der Stadt gelebt hätten.

Da eine normale Bevölkerung, solange es keine Geburtenkontrolle oder eine schnell fortschreitende Technik gab, sich nur bis zur Grenze ihrer Ernährungsmöglichkeiten vermehrte, gab es stets eine »Hungergrenze«.[8] Im römischen Kaiserreich aber wurden die Provinzen besteuert, um die Bevölkerung der Hauptstadt zu ernähren. So wurde der Hunger gewissermaßen von der Hauptstadt in die Provinzen exportiert, während Menschen in der umgekehrten Richtung in die Hauptstadt zogen, um diese Großzügigkeit auszunutzen.

Jahrhundertelang lebte Rom in dieser Weise parasitisch von den Steuern und Tributen des Reiches; es stellte nur wenig Güter für den normalen Verbrauch her und exportierte wenig oder nichts. Bis zum Zusammenbruch des Reiches wagte, aus Furcht vor Aufständen, kein Kaiser, diese Unterstützung abzuschaffen. Indem sie eine große und gefährliche nicht-arbeitende Bevölkerung in die Stadt zog, bewirkte diese Unterstützung ihre eigene Verewigung, obwohl nach der Ausdehnung des Bürgerrechts auf das ganze Reich kein logischer Grund mehr vorhanden war, einen Teil der Bürgerschaft auf Kosten der anderen zu ernähren. Möglicherweise ist dies eine Lehre, die auch für die heutige Armenfürsorge und andere Subventionierungen privilegierter Klassen gilt!

Nun die »Spiele«: Die Herrscher der früheren Reiche hatten religiöse Umzüge mit den Standbildern der Götter veranstaltet, mit denen sie gleichzeitig ihre Untertanen erfreuen und den überirdischen Mächten wohlgefällig sein wollten. Später suchten die Ptolemäer und die Seleukiden mit ihren großen Paraden, bei denen Polarbären und andere exotische Tiere mitwirkten, ihre Untertanen zu besänftigen und ihre Gedanken durch solche Schauspiele von jeder gefährlichen Richtung abzulenken. Die römischen Politiker der späteren Republik und danach die Kaiser befolgten diese Maxime bis zu wahnwitzigen Extremen: 93 Tage des Jahres waren mit Schauspielen ausgefüllt, 66 andere Tage waren Feiertage der einen oder der anderen Art.

Schauspiele gab es in den halbkreisförmigen Theatern griechischen Typs, aber diese gefielen nur einer begrenzten Zuhörerschaft aus der Oberklasse. Die Massen bevorzugten Rennen und »Spiele«. Wagenrennen wurden in Rennbahnen (»Zirkus« im wörtlichen Sinne) veranstaltet, die etwa 500 Meter lang waren, mit einer länglichen Insel, der »spina«, in der Mitte. Der Circus Maximus, von Julius Caesar begonnen und von Trajan vollendet, konnte über eine Viertel Million Menschen aufnehmen.

Die beliebteste Massenunterhaltung aber waren die »Spiele«. Die Römer hatten von den Etruskern die blutrünstige Gewohnheit übernommen, Sklaven, Kriegsgefangene und Verbrecher sich gegenseitig zu Tode bekämpfen zu lassen. Im 2. Jahrhundert v. Chr. wurden diese Spiele populär; zu ihnen gehörten Kämpfe zwischen Gladiatoren, Kämpfe zwischen Menschen und Tieren, Kämpfe zwischen Tieren und die Tötung von Menschen durch Tiere oder unter anderen ausgeklügelten Folterqualen. Zum Beispiel wurde ein Schauspiel, bei dem der Held am Ende lebendig verbrannt wurde, mit einem Opfer aufgeführt, das wirklich lebendig verbrannte. Diese Opfer waren verurteilte Kriminelle, Kriegsgefangene und manchmal, bei den Gladiatorenkämpfen, auch Freiwillige.

Diese römischen Spiele stehen in der Geschichte der Menschheit fast einzig da. Rennen ist ein allgemein üblicher Sport; zahlreiche Herrscher haben öffentliche Hinrichtungen veranstaltet; andere Herrscher haben Kämpfe zwischen Tieren, von Grillen bis zu Elefanten, vorführen lassen. Das mittelalterliche Europa und zum Teil auch Indien erlebte öffentliche Duelle zur Regelung von Streitfällen oder Beleidigungen. Aber die römischen Gladiatorenkämpfe sind eine Sache für sich: »Immer wieder stößt ein Leser römischer Geschichte, der sich mit den Debatten und Gesetzen, der Politik und den Feldzügen, der Auseinandersetzung zwischen Kapital und Arbeit beschäftigt, auf etwas, was ihm einen ähnlichen Schock gibt, als wenn er in einen unbenutzten Kellerraum seines Hauses gehen, mit der Hand die mißgestaltete haarige Klaue eines Homo Neanderthalensis berühren und plötzlich ein kinnloses bestialisches Gesicht erblicken würde.«[9]

Das Ausmaß und die Kosten dieser Spiele waren phantastisch. Der große Pompejus eröffnete sein Theater mit einer Schau, bei der 500 Löwen und die Mehrzahl von 18 Elefanten getötet wurden. Als Titus im Jahr 80 n. Chr. das Kolosseum eröffnete, wurden an einem Tage 5000 Tiere getötet; 11 000 wurden in einer Reihe von Spielen erschlagen, die im Jahr 107 von Trajan gegeben wurden. Selbst in den letzten Jahrhunderten des Reiches, als die Kaiser im Westen am Ende ihres Lateins waren und nicht wußten, wie sie genug Steuern einziehen konnten, um Söldner zum Kampf gegen die Barbaren anzuheuern, gaben sie weiterhin gewaltige Summen für diese Spiele aus.

Die römische Entschuldigung für die Gladiatorenkämpfe war, daß ein Volk, das ein Reich beherrschte, an den Anblick von vergossenem Blut gewöhnt werden müsse, um Mut, Todesverachtung und Härte bei der Unterdrückung der Unterworfenen zu lernen. Diese Theorie ist nicht stichhaltig; denn im 2. und 3. Jahrhundert n. Chr., als der sadistische Pöbel nach immer mehr Blut schrie, waren die Bewohner Italiens schon so entmilitarisiert, daß sie als Soldaten nicht mehr taugten als Kaninchen.

Nicht jedermann fand gleiche Freude an den Spielen. Der freundliche Cicero schrieb: »Welches Vergnügen kann es für einen gebildeten Mann sein, wenn entweder ein wehrloser Mann von einem wilden Tier zerrissen oder ein wundervolles Tier von einem Jagdspeer getötet wird?«[10] Der hellenophile Nero beklagte, trotz seiner eigenen Neigung zu politischen Morden, die Gladiatorenkämpfe und versuchte, sie dem römischen Volk abzugewöhnen. Als er Spiele veranstaltete, befahl er, daß niemand dabei getötet werden solle, und er ließ einmal sogar Hunderte von vornehmen Römern in der Arena auftreten, damit sie sehen sollten, wie einem dabei zumute ist. Er förderte das Drama, Konzerte und Ballette als Ersatz für die blutigen Schauspiele; aber diese kulturelle Propaganda hatte keinen Erfolg bei den Römern, die sofort wieder zu Blut und Gedärmen zurückkehrten.

Die zwei Jahrhunderte nach dem Sieg über Hannibal waren die Periode der schnellsten Ausdehnung des Imperiums. In dieser Zeit erlebte die herrschende Klasse Roms auch das, was Toynbee »den Rausch des Sieges« nennt.[11] In dem Gefühl, sich alles erlauben zu können, ergaben sich die Römer einer Orgie der Zügellosigkeit, die fast drei Jahrhunderte dauerte:

> »Dies (der Ruf der Mäßigkeit) ist an sich ein hoher und schwer zu erringender Preis; aber zu dieser Zeit war er in Rom leicht zu erhalten wegen der lasterhaften Neigungen der meisten Jugendlichen; denn manche von ihnen hatten sich der Knabenliebe hingegeben, andere der Gesellschaft von Kurtisanen, und vielen musikalischen Unterhaltungen und Banketten mitsamt der dazugehörigen Verschwendung, da sie im Lauf des Krieges mit Perseus von der griechischen Laxheit in diesen Dingen schnell angesteckt worden waren. So groß war die Unmäßigkeit, die bei der Jugend eingerissen war, daß viele ein Talent für einen Lustknaben und viele 300 Drachmen für einen Krug Kaviar ausgaben. Dies erregte den Zorn Catos, der einmal in öffentlicher Rede sagte, es sei das sicherste Zeichen der Sittenverderbnis in der Republik, wenn hübsche Knaben mehr Geld bringen als Felder und Krüge von Kaviar mehr als Feldsklaven. Gerade in dieser Periode trat die Neigung zur Verschwendung auf, erstens weil man glaubte, nach dem Sturz des makedonischen Reiches sei die Herrschaft über die Welt unbestritten, und zweitens, weil, nachdem die Reichtümer Makedoniens nach Rom geschafft worden waren, dort sowohl öffentlich wie privat viel Reichtum zur Schau gestellt wurde.«[12]

Polybios, der dieses schrieb, nahm den Dritten Makedonischen Krieg (172–167 v. Chr.) als den Zeitpunkt an, da die alten römischen Sitten zerbrachen. In Wahrheit aber begann der Prozeß schon mit dem Sieg über Hannibal im Jahr 202 und erstreckte sich über mindestens ein Jahrhundert. Nicht alle Römer benahmen sich so, schon allein deshalb, weil die meisten es sich gar nicht leisten konnten. Doch die jetzt beginnende Periode wilder Vergnügungssucht in der guten Gesellschaft führte zu so bizarren Exzessen wie Banketten, bei denen sich die Gäste zum Platzen vollstopften und dann herausgingen und sich erbrachen, um dann auf ihren Sofas weiter fressen zu können.

Auch die Politiker legten ebenso energisch wie andere Römer ihre altmodischen Hemmungen ab. Infolgedessen zerfleischte sich die Nation in Bürgerkriegen, bei denen rivalisierende Politiker ihre Gegner zu Zehntausenden abschlachteten und Pyramiden von Schädeln auf dem Forum auftürmten. Niemand beachtete mehr die römische Verfassung; ein ehrgeiziger Mann kümmerte sich weniger um die strengen Regeln der politischen Ämterlaufbahn als um die Verfügungsgewalt über Truppen, mit denen er seinen Willen durchsetzen konnte.

In den vierziger Jahren des letzten Jahrhunderts vor Christus besiegte der begabteste dieser politischen Abenteurer, Julius Caesar, seine Gegner. Doch weniger als ein Jahr, nachdem er die höchste Gewalt erobert hatte, wurde er im Jahr 44 von gesinnungstreuen Republikanern ermordet. Nach einer neuen Runde des Bürgerkrieges erbte Caesars Großneffe die Machtstellung des ermordeten Diktators. Dieser junge Mann hieß ursprünglich Gaius Octavius und änderte, wie es üblich war, seinen Namen in Gaius Julius Caesar Octavianus, nachdem sein Großonkel ihn adoptiert hatte. Im Jahr 27 v. Chr. nahm er, nachdem er seinerseits seine Feinde liquidiert hatte, den Titel »Augustus« an, zusammen mit einer ganzen Reihe republikanischer Staatsämter. Obwohl die republikanische Verfassung in der Theorie weiter bestand, war faktisch die Republik zu Ende und das Kaiserreich begann. Die ersten Kaiser führten den Titel »Princeps« (Erster Bürger), daher nennt man das frühe Kaiserreich auch das Prinzipat.

Augustus war ein kalter, sehr geschickter kleinerer Mann von sehr großen Fähigkeiten, der in seiner Jugend so brutal und grausam gewesen war wie seine Gegner, aber später lernte, die Rolle des freundlichen Landesvaters perfekt zu spielen. Die 44 Jahre seiner Regierung waren eine Zeit des Friedens und Wohlstandes. Ihm folgten der düstere und geizige Tiberius, der verrückte Caligula, der schüchterne und gelehrte Claudius und der begabte, aber exzentrische Nero. Da sie alle zu der gleichen Familie gehörten, nennt man sie die julisch-claudischen Kaiser.

Zwar scheinen einige dieser Julio-Claudier ziemlich üble Charaktere gewesen zu sein; aber unsere Hauptquellen für diese Zeit sind Suetonius und Tacitus, die zur Zeit Trajans schrieben und die julisch-claudischen Kaiser verabscheuten. Ihre Sympathien lagen beim Senat, mit dem diese Principes oft Konflikt hatten; daher neigten sie dazu, die Fehler der Kaiser zu vergrößern und ihre Tugenden zu verkleinern. Die Julio-Claudier verdienen vielleicht nicht das harte Urteil: »Einem Erzheuchler folgte ein Verrückter, und einem Narren ein Monstrum« – aber mangels anderer Aussagen können wir nicht wissen, wieviel besser sie waren als ihre schrecklichen literarischen Porträts.

Als ein allgemeiner Aufstand im Jahr 68 n. Chr. Nero zum Selbstmord veranlaßte, folgten einander drei Thronkandidaten; aber alle drei fanden bald ein gewaltsames Ende. Dann kam der fähige Vespasianus und nach ihm sein ebenso fähiger Sohn Titus auf den Thron. Dessen Bruder Domitianus, der ihm folgte, versuchte wieder das Reich im Kopf-ab-Stil zu regieren, bis er im Jahr 96 ermordet wurde. Danach regierte der schon ältere Nerva zwei Jahre lang; vor seinem Tode hatte er als Nachfolger den Marcus Ulpius Traianus eingesetzt – Trajan, wie wir ihn heute nennen. Trajan, ein Abkömmling der Provinz halb italischen und halb spanischen Ursprungs, war einer der fähigsten Kaiser. Unter ihm erhielt das Reich seine größte Ausdehnung. Nerva, Trajan und die drei nächsten (Hadrian, Antoninus Pius und Marcus Aurelius) werden manchmal die »fünf guten Kaiser« genannt. Ihre Regierungszeit, von 96 bis 180, war die beste Zeit, die Rom jemals erlebte; unter Hadrian und Antoninus lebten die Römer 43 Jahre in einem fast ungestörten Frieden.

Trajan bestimmte zu seinem Nachfolger seinen jüngeren Vetter Publius Aelius Hadrianus, der sich als der begabteste aller römischen Kaiser herausstellte. Hadrian war gleichzeitig Schriftsteller, Dichter, Musiker, bildender Künstler, Architekt, Kritiker, Philanthrop, Jurist, Diplomat, General und Verwaltungsbeamter. In der Überzeugung, daß das Reich eine übergroße Ausdehnung hatte, gab er Trajans Eroberungen Dakien (das heutige Rumänien) und Babylonien großenteils wieder auf.

Zur Zeit Trajans und Hadrians war die »große Orgie« im wesentlichen vorüber. Unter nüchternen und umsichtigen Herrschern mäßigten auch die oberen Klassen ihre Exzesse und gewannen etwas von ihrer früheren Würde und Nüchternheit zurück. Natürlich benahmen sich nicht alle gleich, weder auf dem Höhepunkt der Orgien noch später. Wenn man die Satiriker Martial (Marcus Valerius Martialis) und Juvenal liest, die beide unter Trajan schrieben, hat man den Eindruck, daß die Römer ihre ganze Zeit damit verbrachten, zu betrügen, zu hausieren, vor

Vorgesetzten zu kriechen, Untergebene zu treten, zu jammern oder zu erpressen und sich sinnliche Vergnügungen, gleichgültig bei welchem Geschlecht, zu verschaffen. Beide Dichter mokieren sich über die weitverbreitete Homosexualität, obwohl ihre Satiren erkennen lassen, daß ihnen solche Perversionen nicht ganz fremd waren.

Andererseits machen die Briefe ihres Zeitgenossen, des Senators Gaius Plinius Secundus des Jüngeren, einen völlig anderen Eindruck. Beide Bilder waren zweifellos echt, je nachdem, welche Römer sie beobachteten. Plinius (ein Neffe des gleichnamigen Enzyklopädisten) war ein heiterer, freundlicher, großzügiger römischer Gentleman der besten Sorte, ein gewissenhafter Beamter und seiner dritten Frau treu ergeben, nachdem die beiden ersten gestorben waren. Er schreibt ihr: »Du kannst nicht glauben, wie ich dich vermisse. Ich liebe dich so sehr, und wir sind nicht gewohnt, uns zu trennen. So liege ich die halbe Nacht schlaflos und denke an dich ...«[13] Als sein literarischer Freund Martial Roms überdrüssig geworden war, gab Plinius ihm das Geld, um in seine spanische Heimat zurückzureisen. Er war ein guter Freund des Historikers Tacitus, dessen Schriften, wie er bescheiden zugab, tiefschürfender waren als seine eigenen.

Die Römer waren eben verschieden, wie Menschen anderer Völker auch. Auf dem Höhepunkt der »großen Orgie« lebten viele Familien diszipliniert und tugendhaft; als wieder strenge Sitten Mode geworden waren, hielten manche an ihrer Vergnügungssucht fest.

Im Rom Trajans und Hadrians stand der Kaiser hoch über jedem anderen Menschen, was Macht und Reichtum betrifft. Nach ihm kamen die 600 Senatoren, die breite Purpurstreifen auf ihrer Tunika tragen durften. Ein Senator mußte eine Million Sesterzen steuerpflichtiges Eigentum besitzen (ein Sesterz hatte den Wert von einem Bruchteil des Dollars – wie groß dieser Bruchteil war, hängt von der Zeit und auch von der Methode der Umrechnung ab). Nominell waren dies die Häupter der alten Grundbesitzerfamilien, die sich nach wie vor nicht geschäftlich betätigen durften. Tatsächlich aber wurden sie vom Kaiser zu Senatoren ernannt und vergrößerten ihr Vermögen als stille Teilhaber an Geschäften jeder Art. In der Theorie hatte der Senat immer noch große Macht; er regierte etwa die Hälfte der Provinzen und wählte, nach der Verfassung, den Kaiser. In der Praxis hatte er aber sehr wenig Machtbefugnisse, da der Kaiser die Armee befehligte und der Senat über keine eigene bewaffnete Macht verfügte.

Nach den Senatoren kam der weit größere Stand der »Ritter«. Es war seit jeher die Praxis der Stadtstaaten des Mittelmeerraumes, daß sich die

Reiterei der Polis aus jenen Bürgern rekrutierte, die reich genug waren, ein Pferd zu besitzen; diese Klasse hieß dann »Reiter« (»hippeis« auf Griechisch, »equites« auf Lateinisch). Der Reformer Gracchus hatte in Rom eine ähnliche Klasse geschaffen, die das Recht hatte, einen schmalen Purpurstreifen auf der Tunika zu tragen; aber nachher waren die »equites« nichts anderes als die Klasse der Geschäftsleute. Um dazu zu gehören, brauchte man ein Vermögen von 400 000 Sesterzen – ob man nun reiten konnte oder nicht. Einige »Ritter« waren reich genug, um Senatoren zu werden, aber zogen es vor, in ihrer Klasse zu bleiben, um ihrer geschäftlichen Tätigkeit weiter nachzugehen.

Senatoren und Ritter – die vornehmen Römer – waren also eine Mischung aus früheren patrizischen und plebejischen Familien. Unter ihnen stand die neue plebejische Klasse: die »humiliores«, die nichtvornehmen Römer. Außerdem gab es Provinzbewohner mit beschränktem Bürgerrecht, Nichtbürger oder »Fremde«, die noch nicht in das System eingegliedert waren, Freigelassene und schließlich die Sklaven. In der Blütezeit der römischen Eroberungskriege, vom 2. Jahrhundert vor bis zum 1. Jahrhundert nach Christus, nahm die Sklaverei gewaltige Ausmaße an. In Italien näherte sich die Zahl der Sklaven jener der Freien, überstieg sie vielleicht sogar. Zum Haushalt eines Reichen gehörten oft Hunderte, manchmal sogar Tausende von Sklaven. Als einmal im Senat vorgeschlagen wurde, die Sklaven sollten besondere Kleidung tragen, wurde dies schnell abgelehnt, als jemand meinte: »Es wäre gefährlich, den Kerlen zu zeigen, wie zahlreich sie sind.«[14]

Die Lebensbedingungen der Sklaven in Rom, wie anderswo auch, waren verschieden je nach der Arbeit, die der Sklave hatte, und nach der Veranlagung seines Herrn: von erträglichen häuslichen Diensten bei einem freundlichen Herrn bis zu Verhältnissen, die denen in den Zwangsarbeitslagern von Workuta und anderen neuerer Zeit ähnelten. Einige Sklaven führten sogar große Geschäfte oder Regierungsbehörden und konnten ihrerseits eine Schar anderer Sklaven befehligen. Schriftsteller wie Plinius der Jüngere und Seneca, Neros Lehrer und Berater, forderten ihre Leser auf, die Sklaven menschlich zu behandeln; aber so gut wie niemand stellte die Institution selbst in Frage.

Wenn die Sklaverei oft ein sehr brutales Gesicht hatte, so war andererseits der Freikauf von Sklaven weitgehend üblich, leicht und wurde gesellschaftlich gebilligt; daher die große Zahl von Freigelassenen im Rom zur Zeit des Prinzipats. Ein von einem Vollbürger freigelassener Sklave wurde automatisch selbst Bürger. Dieses Rom war keineswegs eine egalitäre Gesellschaft; aber es war immerhin eine wesentlich offenere Gesellschaft als die meisten vorher und nachher. Mit Intelligenz,

Fleiß und Glück konnte der Sohn eines Freigelassenen ein Ritter und dessen Sohn ein Senator werden.

Die Römer der alten Familien murrten zwar über vulgäre Parvenüs, deren Großväter noch syrische Sklaven gewesen waren. Aber die soziale Mobilität, die das Prinzipat tüchtigen Menschen ermöglichte, war ein Faktor, der das Imperium auch unter exzentrischen oder närrischen Kaisern aufrechterhielt. Wir können sagen, daß die Ägypter die Gleichberechtigung der Frau erfunden haben, die Perser die föderalistische Regierungsform, die Griechen die Demokratie, die Römer die offene Gesellschaft und die Chinesen den Beamtenstand. Wir versuchen heute, all dies zu kombinieren, nicht immer mit vollem Erfolg.

Ein römischer Bürger stand meist vor Sonnenaufgang auf. Da er in seinem Lendenschurz oder seiner Tunika geschlafen hatte, brauchte er wenig Zeit zum Anziehen. Wenn sein Tagesprogramm eine anstrengende Tätigkeit vorsah, zog er eine Tunika an oder auch mehrere; wenn irgendein festlicher Anlaß dazugehörte, legte er die Toga an, die den Nichtbürgern verboten war, deren Tragen aber von den Bürgern bei festlichen Anlässen erwartet wurde.

Die Toga war ein großer, halbkreisförmiger wollener Umhang, der über die linke Schulter, dann unter die rechte Achsel und wieder über die linke Schulter geschwungen wurde; sie konnte auch einen Zusatz haben, der bei kühlem Wetter die rechte Schulter bedeckte. Da dieses unpraktische Kleidungsstück üblicherweise nicht festgesteckt oder sonstwie befestigt wurde, zwang es den Träger zu einem langsamen, statiösen Gang, weil jede plötzliche Bewegung die Toga in Unordnung brachte. Wenn ein Bürger es sich leisten konnte, besaß er mehrere Togas: für den Alltag eine in Naturwolle, für Beerdigungen eine schwarze und für andere formelle Anlässe eine mit Kalk geweißte.

Das Frühstück war ein bloßer Imbiß, oft nur ein Stück Brot, das in Wein getunkt wurde. Wenn es ein Arbeitstag war, eilte der arme Mann zu seiner Arbeit. Wenn es ein Mann des Senatoren- oder Ritterstandes war, war sein nächster Akt, einen Schwarm schäbig gekleideter und serviler Untergebener zu empfangen, die Klienten, deren Hausherr er war. Sie kamen herein, vom Türhüter angemeldet, tauschten mit dem Vornehmen Grüße und Wangenküsse aus und erhielten ein Geldgeschenk (in früheren Zeiten waren es Lebensmittel). Wenn der Patron vorhatte, auf das Forum zu gehen und aus Prestigegründen ein Gefolge wünschte, dann nahm er vielleicht zu diesem Zweck seine Klienten mit. Wenn sie Glück hatten, entließ er sie einfach mit seinen Geschenken.

Wenn der Patron ein Senator war, der beim Caesar in Gunst stand, und wenn der Kaiser im Palatin weilte, dann überließ der Senator seine Klienten seinen Dienern und ging weg, um selbst dem Kaiser gegenüber Klient zu spielen. Unter Hadrian kam dies nicht oft vor; denn Hadrian war ein unentwegter Reisender. Die meiste Zeit bereiste er die Grenzgebiete des Reiches oder hielt sich in seiner phantastischen Villa bei Tiburtina (dem heutigen Tivoli) auf, wo er Nachbildungen einiger der interessantesten Baudenkmäler und Sehenswürdigkeiten hatte anfertigen lassen, die er auf seinen Reisen kennengelernt hatte.

Zu Beginn eines Geschäftstages pflegte ein römischer Ritter – nennen wir ihn Quintus Cornelius Merenda – sich in seiner Sänfte zum Forum tragen zu lassen und dort auszusteigen, um Personen höheren Ranges zu begrüßen. Die Straßen waren dann schon voll, worüber sich Juvenal beklagte:

> »Der Verkehr wird immer schlimmer, vor, hinter uns und um uns herum. Jemand stößt mich mit dem Ellenbogen, einer trifft meinen Kopf mit einem Stock, ein anderer kommt mir mit dem Bierkrug zu nahe. Meine Schienbeine sind voller Schmutz, jemand trampelt mit großen Füßen auf mir herum. Und was nun? Ein Soldat bohrt mir seine Hufnägel in die Zehen.«[15]

Im alten Forum bahnte sich unser Merenda, nachdem er Bekannte begrüßt und mit ihnen Wangenküsse ausgetauscht hatte, den Weg zur der Reihe von Anschlagtafeln. Dort waren die »Acta Diurna« (tägliche Vorgänge) angeschlagen. Dies war der Tagesbericht der Regierung, der lokale Skandale ebenso wie wichtigere Angelegenheiten umfaßte. Auch private Bekanntmachungen waren zu lesen. Sklaven schrieben sich die Acta ab, um sie ihren Herren zu bringen oder auch einem Verleger, der weitere Kopien für Abonnenten herstellte. Dies war die Einrichtung, die einer Zeitung am nächsten kam, bis ein unternehmungslustiger Deutscher im Jahr 1609 die erste richtige Zeitung gründete.

Merendas Tagesgeschäft mochte ein Prozeß sein, wofür die Römer der oberen Klassen eine wahre Leidenschaft entwickelt hatten. In diesem Fall begab er sich zu einer der Basiliken. Wenn er als Anwalt auftrat, konnte er einige Klienten als Claque mitbringen. Die Justiz war ein lukrativer Beruf geworden; obwohl es Vorschriften gegen die Erhebung von Anwaltsgebühren gab, wurden diese leicht umgangen.

Die Reden vor Gericht waren so lang wie die Fidel Castros. Der jüngere Plinius erzählt selbstgefällig, wie er in einem Rechtsstreit die Anklage vertreten habe: »Meine Rede dauerte fast fünf Stunden; denn mir wurden vier Wasseruhren zusätzlich zu meinen ursprünglichen zwölf zugebilligt.[20] Nicht jedermann freilich bewunderte solche Beredsamkeit. Der bissige Martial dichtete:

»Siebenmal hast du den Lauf der Wasseruhr lärmend gefordert; sträubend, Caecilian, hat sie der Richter gewährt. Doch du redest so lang und so viel; halb rückwärts dich lehnend trinkst du aus gläsernem Krug lauwarmes Wasser dazu. Daß du Stimme und Durst nun endlich sättigst, o bitte, trink doch, Caecilian, nun aus der Wasseruhr gleich!«

Trotz allem aber war das römische Gerichtsverfahren rationaler als alles, was es auf diesem Gebiet vorher gegeben hatte. Es ist kein Zufall, daß viele juristische Regeln heute noch im lateinischen Original zitiert werden – wie »impossibilium nulla obligato est« (das Unmögliche kann nicht verlangt werden), »de minimis non curat lex« (um Bagatellen kümmert sich das Gesetz nicht), »nemo dat quod non habet« (niemand kann geben, was er nicht hat) und andere mehr.

Nachdem er so den Vormittag verbracht hatte, aß Merenda ein leichtes Mittagessen und hielt wie alle Welt in Rom (damals wie heute) einen oder zwei Stunden Mittagsschlaf. Wenn sein Geschäft dringlich war, arbeitete er wohl noch etwas mehr; wenn nicht, begab er sich zu den Bädern. Er konnte zu einem der kleinen privaten Etablissements gehen oder zu einem der palastartigen öffentlichen Bäder, die von Agrippa, Nero oder einem anderen Wohltäter gebaut worden waren. Seneca, der eine Zeit lang über einem Bad wohnte, beklagte sich über den Lärm: das Klatschen der Hand des Masseurs, das Knurren des Gymnastik Treibenden, wenn er seine Hanteln schwang, das Plantschen der Schwimmer, das Röhren der Männer, die beim Schwimmen sangen, die Schreie des Mannes, der sich seine Achselhöhlen enthaaren ließ, und die schrillen Rufe der Verkäufer von Wurst, Kuchen und anderen Erfrischungen.

In den riesigen öffentlichen Bädern war eine große Halle in der Mitte umgeben von Kammern für Dampfbäder, heiße Bäder, lauwarme und kalte Bäder, ferner von Gymnastikräumen, Spielhöfen, Gärten und sogar Bibliotheken. Zur Zeit des Prinzipats badeten Männer und Frauen, die sich noch nicht dem jüdisch-christlichen Tabu der Nacktheit zu unterwerfen brauchten, meist zusammen, außer wenn ein prüder Kaiser wie Trajan oder Marcus Aurelius dies verboten hatte.

Nach dem Bad ging Merenda dann zum Abendessen, das schon zwischen 4 und 5 Uhr nachmittags serviert wurde. Den ganzen Tag hatte er Anspielungen von Bekannten und Klienten abwehren müssen, die gern eingeladen worden wären. Auch wenn er vorhatte, an diesem Abend

Gäste zu bewirten, mußte er die Eingeladenen genau abzählen; denn das Eßzimmer der meisten römischen Häuser faßte nur neun Speisende. Drei große Sofas waren in U-Form aufgestellt, und auf jedem saßen drei Speisende, diagonal auf dem Sofa liegend – man behauptet, daß man mit einiger Übung bequem in dieser Lage essen kann. Der Kaiser hatte einen übergroßen Speisesaal mit drei Trios solcher Sofas, so daß er mit 27 Leuten essen konnte.

Die meisten solcher Diners waren keine Orgien, sondern sehr ähnlich denen unserer heutigen Geschäftsleute. Die Unterhaltung drehte sich meist um Geschäfte, Kinder, Diener, Häuser, Krankheiten und den neuesten Klatsch über abwesende Bekannte. Im Gegensatz zu den Griechen nahmen die Römer ihre Frauen zum Diner mit; die gesellschaftliche Stellung der Frau war in der Kaiserzeit verhältnismäßig gut.

Wenn es Zeit war zu gehen, schwankte der Gast heimwärts in seiner Sänfte, umgeben von Sklaven mit Laternen und Stöcken. Der gewöhnliche Römer aber, der nachts ausgehen mußte, fand dies gar nicht so sicher. Ohne Straßenbeleuchtung lief er auch im besten Fall Gefahr, sich zu verlaufen oder in ein Loch zu fallen. Und obwohl dank der von Augustus gegründeten Polizei- und Feuerwehrbrigade von 7 000 Vigilen Rom sicherer war als die meisten anderen antiken Städte, beklagt sich Juvenal doch über den grölenden, Streit suchenden Betrunkenen, den messerstechenden Räuber aus den pontinischen Sümpfen und über Leute, die Dinge aus den Fenstern werfen.

Unter Marcus Aurelius erlebte Rom den ersten Vorgeschmack jener barbarischen Invasionen, in denen dann die westliche Hälfte des Reiches unterging. Germanische Stammeskrieger versuchten, die Donau zu überschreiten und die Balkan-Provinzen anzugreifen. Marcus schlug sie zurück, aber starb dabei an einer Epidemie. Obwohl er als einer der besten Kaiser gilt, beging er zum Schluß seiner Laufbahn den furchtbaren Fehler, zu seinem Nachfolger seinen aus der Art geschlagenen Sohn Commodus zu bestimmen, der sich zu einem zweiten Caligula entwickelte.

Das Römische Reich hatte keine feste Thronfolgeordnung. In der Theorie wählte der Senat den am besten Geeigneten aus; aber in der Praxis proklamierten die Legionen irgend jemanden, und der Senat fügte sich. Wenn irgend möglich, versuchten die Kaiser der Wahl der Legionen zuvorzukommen, entweder indem sie einen eigenen Sohn zum Nachfolger bestimmten oder indem sie einen vielversprechenden jungen Freund oder Verwandten adoptierten. Eine starre Thronfolgeordnung mag stabiler sein, aber bringt mehr Narren auf den Thron; ein lockereres

System wie das römische schließt die Halbidioten meist aus, aber führt oft zum Bürgerkrieg zwischen rivalisierenden Prätendenten.

Nach Commodus ging alles bergab. Die Barbaren wurden immer stärker und ihre Invasionen immer häufiger. Die meisten Kaiser wurden entweder ermordet oder kamen in Bürgerkriegen um: In der zweiten Hälfte des dritten Jahrhunderts gab es nicht weniger als 27 Kaiser und es kam oft zum Bürgerkrieg zwischen rivalisierenden Prätendenten.

Gleichzeitig erfolgten auch andere Veränderungen. Die Sklaverei ging zurück, weil römische Heere nicht mehr fremde Länder eroberten. Die Gesetze zum Schutz der Sklaven wurden verstärkt. Andererseits vergrößerte sich der Raum der Freiheit insgesamt nicht, weil sich das Los der Bauern verschlechterte; ihre Lage ähnelte immer mehr der mittelalterlichen Leibeigenschaft. Die Klassenunterschiede wurden tiefer, und die Klassenschranken, die zur Zeit des Prinzipats leicht übersprungen werden konnten, verhärteten sich. Der Kaiser, der unter dem Prinzipat noch weitgehend wie andere reiche Römer sich gekleidet und gelebt hatte, umgab sich mit immer mehr Pomp und Zeremoniell.

In den Jahren nach 280 erkämpfte sich der dalmatinische Soldat Diocletian (Gaius Aurelius Valerius Diocletianus) den Weg zum Thron. Die Bürgerkriege des vorhergehenden halben Jahrhunderts hatten das Reich zu einer Ruine gemacht. Trotz der Strenge der militärischen Disziplin waren die Soldaten des Kaiserreiches eine aufsässige Gesellschaft, die schnell bereit war, zu meutern und mißliebige Kaiser zu töten. In Zeiten des Bürgerkrieges waren sie zügellos und marschierten durch das Land plündernd, sengend und mordend wie die Barbaren, gegen die sie angeblich das Volk beschützen sollten, während die Generale und die Kaiser nicht wagten, ihren Übergriffen entgegenzutreten, aus Furcht, ermordet zu werden.

Diocletian führte dann drastische Reformen durch. Er teilte das Reich in zwei Hälften, mit je einem Kaiser, genannt »Augustus«, und einem Vizekaiser, genannt »Caesar«. (Caracalla und Geta, die Söhne des Septimius Severus, hatten schon einen ähnlichen Plan erörtert; aber Caracalla zog es dann vor, seinen Bruder zu ermorden und das ganze Reich zu regieren.) Jeder Augustus sollte nach zwanzig Jahren abdanken, wie es Diocletian und sein Kollege auch taten. Aber die späteren Kaiser ignorierten diese Bestimmung, so wie heute Präsidenten rückständiger Länder gern Verfassungsänderungen einführen, die ihnen erlauben, für alle Zeiten ihre eigenen Nachfolger zu werden.

Diocletian stellte auch die Disziplin in der Armee wieder her. Er reformierte das Münzwesen. Er nahm die höfischen Sitten der persischen Großkönige an, mit einem erschreckenden Aufwand von Formalitäten, ausgeklügeltem Zeremoniell und unzähligen Kniebeugen. Um die Inflation zu beenden, verfügte er einen Preis- und Lohnstopp und band, mit wenigen Ausnahmen, jedermann an den Beruf seines Vaters. Seine Reformen stabilisierten die Lage hinreichend, so daß die westliche Hälfte des Reiches noch fast zwei Jahrhunderte hindurchwursteln konnte.

Da jedoch die Gesetze der Wirtschaft noch nicht entdeckt waren, konnte Diocletian nicht begreifen, daß seine restriktive wirtschaftspolitische Gesetzgebung, so gerechtfertigt sie in einer Notlage erschien, auf lange Sicht die Dinge nur schlechter machte. Ihm und seinen Nachfolgern gelang es, die Fehler des Sozialismus und des Kapitalismus zu vereinigen, ohne die Vorzüge beider Systeme.

Insbesondere zwängten die Gesetze, die jeden an den Beruf seiner Vorfahren banden, das Reich in ein System allgemeiner Leibeigenschaft, ähnlich dem Kastensystem Indiens. Zwar berührten diese Gesetze die große Mehrheit weniger, als sie es heute tun würden, weil in der vorindustriellen Zeit die meisten Söhne ohnehin den Beruf ihres Vaters ergriffen. Immerhin zeigen die immer strengeren Vorschriften der Nachfolger Diocletians, daß viele ihren Beruf wechseln wollten, weil er ihnen nicht länger einen Lebensunterhalt verschaffte. Doch kein alter Römer begriff, daß die von Diocletian abgeschaffte soziale Mobilität des frühen Kaiserreiches einer der Faktoren gewesen war, die das Reich zu einer solchen Blüte geführt hatten.

Außerdem hindert ein Kastensystem den technologischen Fortschritt, wie die technologische Stagnation des alten Ägypten und des moderneren Indien beweist. Welcher Bäckerssohn wird noch mit der Idee eines neuen Fahrrades experimentieren wollen, wenn er dazu verurteilt ist, sein ganzes Leben lang Brot zu backen? Und wenn alle Berufe erblich sind, wie kann sich jemand einen neuen Beruf vorstellen der noch gar nicht existiert, wie etwa den Produzenten von Fahrrädern? Die Römer waren, auch wenn sie wenig Interesse für die reine Forschung gezeigt hatten, fähige und schöpferische Ingenieure gewesen; aber jetzt erstarrte auch ihre Technologie.

Während aber die Römer in ihrer Wissenschaft und Technik stagnierten, taten dies die Barbaren nicht. Sie lernten von den Römern die Künste des Friedens und des Krieges — die ersteren durch Handelsbeziehungen und die letzteren durch Söldnerdienste in den römischen Armeen, die sich jetzt fast ganz aus Barbaren zusammensetzten. Die friedlichen Fortschritte machten es möglich, daß ihre Länder eine viel dichtere Bevölkerung ernährten, während die Fortschritte in der Kriegskunst sie Mann für Mann zu ebenso tüchtigen Soldaten machten wie die Römer. Die unerhört langen Landesgrenzen des Reiches hatten keine große Gefahr dargestellt, solange jenseits der Grenzen nur eine dünne Bevölkerung primitiver Menschen lebte. Aber je mehr die Barbaren an Zahl, Kenntnissen und Macht zunahmen, desto schwerer waren diese langen Grenzen zu verteidigen.

Die zwei Jahrhunderte nach Diocletian waren eine lange und unerfreuliche Geschichte immer häufigerer barbarischer Invasionen. Die Christianisierung des Reiches – selbst wenn sie den Stand der Moral gehoben hatte, was weder bewiesen noch widerlegt werden kann – war beim Kampf gegen die Invasoren keine Hilfe. Sie trug höchstens zum Niedergang bei, indem sie eine große parasitische Klasse von Geistlichen und Mönchen schuf. Das ganze Gerede über die römische »Dekadenz« ist Unsinn: Als die Römer am dekadentesten waren – d. h. als sie sich so benahmen, wie wir es heute am schärfsten mißbilligen –, eroberten sie den ganzen Mittelmeerraum. Als sich ihr Verhalten besserte, wurden sie von den Barbaren überwältigt.

Zuerst waren diese Invasionen bloße Überfälle, destruktiv, aber nicht tödlich. Im Jahr 406 jedoch fielen die Vandalen, die Sueven und die Alanen in Gallien ein und zogen bis Spanien, als die beiden Kaiser im Westen und Osten zu beschäftigt mit gegenseitigem Streit waren, um die Grenzen zu verteidigen. Einige Jahre später kamen die Franken, die Burgunder und andere Stämme, ließen sich auf römischem Boden nieder und weigerten sich abzuziehen. Obwohl sie zuerst bereit waren, die Herrschaft des Kaisers anzuerkennen, erwiesen sie sich bald als zu zahlreich, um absorbiert, und zu stark, um vertrieben zu werden; so war es nur eine Frage der Zeit, bis sie die Herrschaft über die von ihnen besetzten Länder übernahmen.

Rom wurde im Jahr 410 von Alarichs Goten und im Jahr 450 von Geiserichs Vandalen geplündert, und alles, was sich lohnte zu stehlen, aber von ihnen übersehen worden war, fiel im Jahr 472 den Barbaren der »römischen« Armee Rikimers zum Opfer. Im Jahr 476 warf dann Odoaker, einer der germanischen Generale des Reiches, den jugendlichen Kaiser Romulus Augustulus von seinem Thron und erklärte sich selbst zum König von Italien. Ein halbes Jahrhundert später eroberten die Generale Kaiser Justinians Italien für das Ostreich zurück, indem sie das dortige Gotenreich nach kurzer Blüte unterwarfen. Aber dann gelang es den Langobarden, den größten Teil der Halbinsel Byzanz wieder zu entreißen, wenn auch das Oströmische Reich noch einige Jahrhunderte lang kleinere Enklaven in Italien behielt.

In den jetzt folgenden dunklen Jahrhunderten schrumpfte die Stadt Rom zu einer kleineren Stadt zusammen, die von einer mordlustigen Bande »Adeliger« regiert wurde, die nichts anderes waren als erfolgreiche Gangster. Die Aquädukte wurden noch eine Zeitlang gelegentlich instand gesetzt; aber im 10. Jahrhundert hörten sie alle auf, benutzt zu werden. Die klein gewordene Stadt konnte nicht mehr ein so aufwendiges System der Wasserversorgung unterhalten.

Mit den Päpsten der Renaissance begann dann der Wiederaufbau und die Verschönerung Roms. Nikolaus V. begann im Jahr 1453 mit der Wiederherstellung der Aqua Virgo, und andere Päpste folgten, die entweder die alten Wasserleitungen reparierten oder neu bauten. Oft rissen sie aber auch alte Bauwerke ab, um Material zu gewinnen. Der energische und starrköpfige Sixtus V. war dabei besonders rücksichtslos: Da er sich, wie Mehmet Ali in Ägypten, für einen modernen Menschen hielt, war er nicht sentimental in bezug auf antike Denkmäler und riß u. a. das Septigonium ab, eine ornamentale Fassade, die Septimius Severus im Jahr 203 auf dem Palatin erbaut hatte.

Heute ist Rom mit einer Bevölkerung von über 2 Millionen wahrscheinlich größer, als es jemals unter dem Kaiserreich war. Der Bau von Untergrundbahnen ist schwierig, weil jede Ausschachtung sogleich Reste antiker Bauten und Kunstwerke freilegt, zu denen die Archäologen erst Zutritt haben müssen, ehe sie entfernt werden können. Doch der Corso Umberto Primo folgt heute noch der Linie der alten Via Flaminia, die auf das Jahr 200 v. Chr. zurückgeht. Und man kann über die etwa um 300 v. Chr. von dem Zensor Appius Claudius Crassus gebaute Via Appia fahren und dabei die Überreste der antiken Grabmäler bewundern, die einst kilometerlang die Straße auf beiden Seiten umsäumten. Die modernen Italiener haben eine Asphaltschicht über die römischen Pflastersteine gelegt; aber es gibt manchmal Löcher im Asphalt, wo man über dieselben Steine rumpelt, die einst den Marschtritt der Legionen und die Triumphzüge der Caesaren erlebten.

11.
Pataliputra und eine Million Götter

Als Alexanders Reich zerbrach, fiel der östlichste Teil an seinen General Seleukos. Eine Zeitlang war Seleukos zu sehr durch die Kriege zwischen den Diadochen in Anspruch genommen, um seinen indischen Besitzungen viel Aufmerksamkeit schenken zu können. In dieser Zeit gewannen die Radschas, die Alexander unterworfen hatte, ihre Unabhängigkeit zurück.

Etwa um das Jahr 305 v. Chr. führte Seleukos dann eine Armee über den Khyber-Paß, um zu sehen, wie es um seine indischen Lande bestellt war. Er mußte feststellen, daß ganz Nordindien unter die Herrschaft Chandragupta Mauryas[1] (des Sandrokottos oder Sandrokyptos der Griechen) gefallen war, eines Abenteurers niedriger Herkunft. Seleukos sah sich einem Herrscher gegenüber, der eine große Armee mit 9 000 Elefanten befehligte. Es ist nicht bekannt, ob dabei gekämpft wurde; vermutlich besann sich Seleukos eines besseren. Bald war er dann wieder zurück in Persien mit 500 der Elefanten Chandraguptas, die ihm übergeben worden waren, als Ablösung für den Verzicht auf seine indischen Ansprüche und als Gegenleistung dafür, daß er seine Tochter mit Chandragupta verheiratet hatte. Diese Elefanten trugen zu dem Sieg über den stärksten Rivalen des Seleukos, Antigonos Einauge, bei Ipsos im Jahr 301 bei.

Etwa ein Jahr vor dieser Schlacht befahl Seleukos einem Beamten namens Megasthenes, sich in Chandraguptas Hauptstadt Pataliputra (das griechische Pali(m) bothra und das heutige Patna im Staate Bihar)[2] zu begeben. Megasthenes passierte den Khyber-Paß, überquerte die fünf Flüsse, die dem Pandschab seinen Namen geben, und anschließend das fruchtbare Land zwischen Indus und Ganges; schließlich reiste er den Ganges flußabwärts.

Die Griechen sahen, daß das Land am Unterlauf des Ganges eine unendliche flache braune Ebene war, die damals schon ähnlich aussah wie heute. Der moderne Luftreisende sieht die Ebene unter sich, besprenkelt mit Hunderten winziger Dörfer aus Lehmhütten. Diese sind durch ein Netz krummer Schmutzstraßen miteinander verbunden, die alle die gleiche triste braune Farbe haben. Im Norden erhebt sich der riesige weiße Wall des Himalaya über dem Dunst, der auf der Ebene liegt, von der Ebene aus kann man die Berge nicht mehr sehen. Hier und da wird sie durch einen Baum oder ein Gehölz unterbrochen, aber es gibt nur wenige Bäume außerhalb der größeren Städte. Zu Megasthenes' Zeiten gab es wahrscheinlich noch viel mehr; da die Bevölkerung damals noch nicht so beängstigend das Wirtschaftspotential des Landes belastete, gab es noch viel Wald oder brachliegendes Land. Die Dörfer hatten damals noch Mauern.

Megasthenes fand, daß der selbsternannte Kaiser in einem schönen Palast mit großen Säulenhallen persischen Stils regierte; aber die Säulen waren alle aus Holz, reich bemalt und vergoldet. Hölzerne Pfeiler stützten die Dächer, und um diese Pfeiler rankten sich goldene Weinreben, in denen silberne Vögel nisteten.

Schließlich kehrte Megasthenes in den Westen zurück und schrieb ein Buch über diese Reise. Obwohl es verlorengegangen ist, wird es von vielen anderen klassischen Schriftstellern zitiert. Zum Beispiel:

> »Die größte Stadt Indiens, genannt Palimbothra, liegt im Land der Prasier, wo die Flüsse Erannoboas und Ganges, der größte indische Fluß, zusammenfließen ... Megasthenes erzählt, daß auf der Seite, wo sie am längsten ist, diese Stadt sich über 16 Meilen ausdehnt und daß sie 1 3/4 Meilen breit ist, daß sie von einem 600 Fuß breiten und 45 Fuß tiefen Graben umgeben ist und daß ihre Mauer 570 Türme und 64 Tore hat.«[3]
>
> »Man sagt, daß Palibothra am Zusammenfluß des Ganges und eines anderen Flusses liegt, eine Stadt, 80 Stadien lang und 15 Stadien breit, in der Form eines Parallelogramms, umgeben von einer hölzernen Mauer, die von Schießscharten für Pfeile durchbrochen ist, daß vor der Mauer ein Graben liegt, der sowohl zu Verteidigungszwecken als auch zur Aufnahme der Abwässer der Stadt benutzt wird, und daß der Volksstamm, in dessen Gebiet die Stadt liegt, Prasier heißt und allen übrigen überlegen ist ...«[4]

Kleinere Auszüge des Buches finden sich auch bei anderen Schriftstellern. In Pataliputra war der Königspalast umgeben von einem ummauerten Park mit künstlichen Seen. Innerhalb der Mauer sollen die Straßen regelmäßig angelegt gewesen sein, »mit Bazaren, Theatern und Spielsälen, diese waren ebenso wie die Rennbahnen, Gasthöfe und Versammlungssäle für Gilden und Sekten stets mit Menschen und Tieren angefüllt. Die Häuser waren zwei oder drei Stockwerke hoch und, da sie aus Holz gebaut waren, bestand ein ausgeklügeltes System von Vorkehrungen gegen Brände.«[5]

Soviel ich weiß, waren die alten Inder die ersten, die eine Straßenverkehrsordnung einführten: Sie fuhren links, wie sie es heute nach britischem Vorbild noch tun. Damals wie heute gab es unzählige Bettler. Und die Bettler taten sicher ihren Kindern dasselbe an wie heute: Sie verstümmelten sie durch Abschneiden eines Fingers oder Brechen eines Knöchels, damit die kleinen Krüppel besser betteln konnten, wenn sie erwachsen waren.

In den Tagen Alexander des Großen war Indien, soweit es damals bekannt war, in eine Vielzahl von Staaten aufgeteilt – von dem äußersten Süden wissen wir nichts. Die häufigsten Staatsformen waren die Monarchie und die oligarchische Stammesrepublik, bei der die Macht zum größten Teil in der Hand eines Senats der Großgrundbesitzer lag. Die größeren Staaten waren alles Monarchien; am größten war das Königreich Magadha im unteren Ganges-Tal, zu dem Pataliputra gehörte.

Damals wie heute fürchteten die Menschen grausame und tyrannische Herrscher; aber noch mehr fürchteten sie die Anarchie. Sie nannten diese »das Leben der Fische«, weil die Starken ungehindert die Schwachen schlucken konnten. Ihre Poeten dichteten:

»Wenn das Land ohne König ist, haben die Reichen keinen Schutz und Schäfer und Bauern schlafen mit verrammelten Türen«
oder
»Ein Fluß ohne Wasser, ein Wald ohne Gras, eine Herde Vieh ohne Hirten, das ist ein Land ohne König.«[6]

Der König beanspruchte, das gesamte Land im Königreich zu besitzen und an seine Bebauer nur auszuleihen; aber dies wurde manchmal bestritten. Obwohl der König als nahezu göttlich galt, erließ er meist keine direkten neuen Gesetze, sondern gab lediglich Befehle zur Durchsetzung des unwandelbaren traditionellen Rechts. Wenn er auch in der Theorie ein absoluter Herrscher war und seine Minister, ebenso wie die Volksversammlung, nur beratende Funktion hatten, so konnte doch ein König, der sich zu unbeliebt gemacht hatte, durch einstimmigen Beschluß des Ministerrates oder der Volksversammlung abgesetzt werden.

Selbst Könige, die nicht schlechter waren als der Durchschnitt der Menschen, wurden nicht oft alt und starben nicht oft eines natürlichen Todes. Wenn sie nicht in einer Schlacht fielen, wurden sie häufig von anderen Thronprätendenten und Generalen ermordet. Viele Könige beendeten auch ihre Regierungszeit durch Abdankung oder rituellen Selbstmord.

Doch auch wenn ein König allen Gefahren entging, war sein Leben kein Lotterbett. Er mußte alle seine Mahlzeiten von jemand anderem vorschmecken lassen, um sich gegen Gift zu schützen. Manche Könige schliefen jede Nacht in einem anderen Bett, um den Messern von Mördern zu entgehen. Obwohl dem König das Beste zur Verfügung stand, was sein Reich an Luxus und Komfort zu bieten hatte, war er doch, wie die meisten Monarchen der Antike, in erster Linie ein religiöser Funktionär; ein großer Teil seiner Zeit wurde mit rituellen Gebeten verbracht, damit es regnen, die Ernte gut geraten und die Götter dem Volk wohlgesinnt sein sollten. Der »Arthaschastra«[7], ein altindisches Handbuch über die Pflichten des Königs, stellte für den Tag eines Monarchen ein so volles Programm religiöser und weltlicher Pflichten auf, daß dem armen Mann von 24 Stunden nur $4^1/_2$ Stunden für den Schlaf blieben. Unnötig zu sagen, daß die Könige in Wahrheit keinen so anstrengenden Tagesablauf hatten. Statt dessen delegierten sie die lästigeren Teile ihrer Pflichten an Priester und Beamte.

Zu Alexanders Zeiten wurde Magadha von einer Dynastie mit dem Namen »die Nandas« regiert. Chandragupta Maurya stürzte die Nandas, machte Magadha zu einem Teil seines Reiches und Pataliputra, die Hauptstadt Magadhas, zu seiner eigenen. Er hatte die Hilfe eines fähigen und skrupellosen brahmanischen Beraters. Dieser hat mehrere Namen; der bekannteste ist Kautilya.[8] Dies ist auch der Name des Autors des »Arthaschastra«, man kann also sagen, daß er die Grundsätze wiedergibt, nach denen Chandragupta sein Reich regierte. Diese Ansicht ist zwar nicht unbestritten; aber eine neuere Interpretation ist die, daß das Werk ursprünglich zur Zeit Mauryas geschrieben wurde — möglicherweise von Kautilya selbst — und daß spätere Autoren neue Teile eingefügt haben. Diese Ungewißheit über den Zeitpunkt und den Autor ist typisch für die indische Literatur, da sich die altinidschen Schriftsteller selten die Mühe machten, Daten zu erwähnen oder ihre Quellen zu nennen.

Der »Arthaschastra« schildert die despotische Herrschaft eines Königs mit Hilfe eines gut organisierten, zentralisierten, leistungsfähigen Polizeistaates, mit einer umfangreichen Bürokratie, zu der eine Horde von Spionen und Mördern gehörte. Kautilya, der indische Macchiavelli, erhebt keinen Anspruch auf Altruismus. Er sagt: »Das Hauptziel ist der materielle Vorteil; denn die anderen Lebenszwecke, die Religion wie das Vergnügen, sind von diesem abhängig.« Um das Problem des städtischen Proletariats zu lösen, rät er dem König, die überzähligen Angehörigen der niedrigen Schudra-Kaste einzufangen und auf wüstem Land anzusiedeln, wo man ihnen keinerlei Zerstreuungen und Vergnügungen zubilligen dürfe: »Schauspieler, Tänzer, Sänger, Musiker und Geschichtenerzähler sollen die Arbeit nicht stören. Aus der Eintönigkeit der Dörfer entsteht die Konzentration der Männer auf ihre Arbeit, und daraus folgen höhere Steuereinnahmen, ein größeres Arbeitspotential und mehr Wohlstand.«[9] Damit war Kautilya aber immer noch wohlwollender als einige seiner Vorgänger, die in ihren Büchern die Fürsten und ihre Minister über die beste Art, den König zu ermorden und den Thron zu usurpieren, belehrt hatten.

Zugleich mit anderen volksfreundlichen Praktiken, wie dem Bau von Hospitälern und der Förderung des Vegetariertums, milderte Chandraguptas Enkel, der fromme Kaiser Asoka, die Härten der Maurya-Herrschaft. Er milderte auch die entsetzlichen Strafen der früheren Gesetzbücher. Zum Beispiel hatten die von einem fanatischen Brahmanen zusammengestellten »Gesetze des Manu« bestimmt, ein Schudra, der »in arroganter Weise einen Brahmanen an seine Pflicht erinnert«, solle getötet werden, indem man siedendes Öl ihm in Mund und Ohren gießt. Andere beliebte indische Hinrichtungsarten waren das Pfählen und das Zu-Tode-Trampeln durch Elefanten.

Um die indische Kultur zu verstehen, muß man zunächst die Tatsache erkennen, daß manche der in der heutigen westlichen Welt gepredigten und zum Teil auch verwirklichten Ideale das genaue Gegenteil der Ideale des alten Indiens sind. Zu den heutigen westlichen Vorstellungen gehört die Idee, daß alle Menschen »gleich« sind. Wenn man einwendet, daß sich die Menschen in Wirklichkeit nach Charakter und Fähigkeiten sehr unterscheiden, dann sagt man, Gleichheit bedeute, jeder solle vor dem Gesetz gleich sein, den gleichen Lohn für die gleiche Arbeit und die gleiche Strafe für das gleiche Vergehen erhalten – und ähnliches mehr. Eine andere unserer Vorstellungen ist die, daß jeder so hoch in der sozialen Stufenleiter steigen dürfe, wie es seine Fähigkeiten und Bemühungen erlauben.

Die Inder glaubten an das genaue Gegenteil. Sie glaubten an eindeutig festgelegte Ungleichheit; ihr Ideal war ein fester Platz für jedermann und jedermann an seinem festen Platz. Sie glaubten, die Götter hätten die Menschheit in eine Vielzahl sich gegenseitig ausschließender Gruppen aufgeteilt und jeder ihre besonderen Pflichten angewiesen. Niemand brauche sich Gedanken über seine berufliche Laufbahn zu machen, da jeder in sie hineingeboren war. Die Pflicht des Königs war, sein Volk vor Feinden von außen und Unruhen im Innern zu schützen; die Pflicht der »chandala« oder Unberührbaren war, Latrinen zu leeren, Leichen zu bestatten und andere unangenehme Aufgaben mehr. Zu versuchen, seine Klasse zu wechseln, war ausgesprochen böse.

Wenn jedermann seine Pflicht tat, so sagten die Brahmanen, dann würden wir alle gesund, weise und wohlhabend werden. Ähnliche Theorien über ein starres System der Ungleichheit sind auch aus anderen Zeiten und Ländern bekannt – zum Beispiel aus dem Römischen Reich nach Diocletian. Aber nirgends wurde eine solche Theorie mit solcher Strenge durchgeführt wie im alten Indien.

Die ursprünglichen, von den Göttern geschaffenen Gruppen der

Menschheit waren vier: die Brahmanen oder Priester, die »kschatriyas« oder Krieger, die »vaischyas« oder Hirten und die »schudras« oder Diener. Jede Klasse hieß eine »varna« (Farbe). Dann gab es noch die »chandalas« oder Parias oder Kastenlosen oder Unberührbaren (sie haben verschiedene Namen); diese standen ganz außerhalb des Systems. Die »Gesetze des Manu« bestimmten, daß Brahmanen und Krieger nach ihrem Gutdünken die Hirten unterdrücken und die Diener töten durften, ohne daß dies eine Sünde sei. Die Unberührbaren aber wurden in einer Art behandelt, welche die antike Sklaverei noch freundlich und wohlwollend aussehen läßt. Manchmal mußten sie, wie die Leprakranken im Mittelalter, eine hölzerne Klapper betätigen, wenn sie eine Stadt betraten, um Menschen höherer Kasten vor ihrer Annäherung zu warnen, da schon die bloße Berührung mit ihnen diese verunreinigte.

Die übliche Erklärung für diese Unterschiede ist, daß Brahmanen, Krieger und Hirten Nachkommen der arischen Eroberer waren, die Schudras Nachkommen der unterworfenen Draviden und die Chandalas Abkömmlinge der primitiven wilden Stämme, die niemals in aller Form unterworfen und in die Gesellschaft eingegliedert wurden. Brahmanen, Krieger und Hirten wurden »zweimal geboren«; die zweite Geburt war der Ritus des »upanayana«, bei dem ein Junge den heiligen Faden des Lebens erhielt. Schudras und Chandalas durften eine solche Zeremonie nicht vollziehen und durften auch nichts von den heiligen Schriften hören. Ursprünglich war dieses System wohl aufgebaut worden, um Mischehen zwischen den helleren Ariern und den dunkleren, aber zivilisierteren unterworfenen Völkern zu verhindern; aber Jungens und Mädchen sind eben stets Jungens und Mädchen, und daher sind heute in allen Teilen Indiens die meisten Menschen von gleicher Hautfarbe, ungeachtet ihrer Kaste.

In der Zeit der Maurya-Herrschaft wurde das System noch weiter kompliziert. Zunächst hatten die Krieger den ersten Platz; aber bald beanspruchten die Brahmanen ihn mit Erfolg auf Grund ihrer Heiligkeit. Sie beanspruchten ferner Freiheit von jeder strengeren Strafe als Geldbuße oder Exil – im 19. Jahrhundert erweckten die Briten gelegentlich die Wut und den Abscheu der Massen, wenn sie brahmanische Mörder ebenso henkten wie andere. Da es zu viele Brahmanen gab, als daß alle hauptberufliche Priester werden konnten, erfanden sie theologische Ausreden für die Ergreifung anderer Berufe. Die Vaischyas hatten sich im großen Ausmaß dem Geschäftsleben zugewandt, und viele Schudras waren Bauern geworden. Die Könige sollten eigentlich aus der Kriegerkaste kommen; aber mit der Zeit erreichten gelegentlich auch Angehörige anderer Kasten – selbst Schudras – könglichen Rang.

Trotz des strengen Tabus gegen Mischehen zwischen den Kasten kam es zu zahlreichen solchen Verbindungen, aus denen illegale Nachkommenschaft entstand. Der technische Fortschritt schuf dann in neuerer Zeit immer spezialisiertere Berufe; geographische, berufliche, sprachliche und kulturelle Unterschiede förderten die Aufsplitterung der vier Kasten in eine Masse kleinerer Untereinteilungen, die »jati« genannt wurden. Die Volkszählung von 1901 führte nicht weniger als 2378 Jatis auf. Die Ausländer gebrauchen meist »Kaste«, ein Wort portugiesischen Ursprungs, ohne Unterschied für »varna« und jati«.

Wenn man nun glaubt, das wäre alles, verkennt man die indische Begabung für die Komplizierung des Lebens. Jede Jati war wiederum in Sippen (»gotras«) untergeteilt. Niemand durfte außerhalb seiner Jati oder auch innerhalb seiner Sippe heiraten. Niemand durfte auch eine Frau heiraten, die mit ihm näher verwandt war als eine Cousine vierten oder sechsten Grades. Es gab auch verschiedene Arten der Ehe, und die respektableren Arten waren alle unlösbar.

In jeder Stadt organisierte sich der Jati zu einer Art Gilde, regelte seine internen Angelegenheiten selbst, beobachtete seine eigenen Sitten und hielt sich von allen anderen Jatis fern. Mit einem Angehörigen einer niedrigeren Jati zu essen oder auch nur beim Essen von ihm bedient zu werden, bedeutete eine Verunreinigung. Daher beschränkten sich die menschlichen Kontakte über Kastenschranken hinweg auf ein absolutes Minimum. Wenn ein König eine »Verwischung der Farben« – Ehen zwischen den Kasten – erlaubte, galt das als eines der größten Verbrechen, das er begehen konnte.

Die indische Gesellschaft war so in eine Unmasse kleiner, wasserdicht voneinander abgeschlossener Abteile zersplittert. Dies System erwies sich als außerordentlich widerstandsfähig gegenüber Druck von außen. Als die Griechen oder später die Hunnen das Land eroberten, verkündeten die Brahmanen, die Neuankömmlinge seien entartete »Krieger«, die in diese Kaste aufgenommen werden könnten, wenn sie anständige indische Sitten gelernt hätten. Wenn ein religiöser Reformer eine aggressive neue Sekte gründete, dann sagten die Brahmanen sinngemäß »willkommen in dem Klub« und nahmen die neue Sekte als eine weitere Jati auf. Eingekapselt in ihre Kasten, wurde die große Mehrheit des indischen Volkes wenig von den Ideen neuer Gruppen beeinflußt, da es mit deren Angehörigen keinen freien und leichten Kontakt gab. Daneben bestand auch die Sklaverei, aber nur in unbedeutendem Ausmaß.

Wenn auch Indien nie völlig statisch wurde, so machte das Kastensystem es doch zu einem ungewöhnlich konservativen Land. Das System schuf Ordnung und Stabilität auf Kosten von Fortschritt und Beweglichkeit. Die indische Technologie blieb immer gleich, außer wenn fremde Eroberer irgendeine neue Technik einführten. Die indische Handwerkskunst zeigt die Qualitäten, die man erwarten muß, wenn der Handwerker in seinen Beruf hineingeboren wird, ohne Aussicht, ihn jemals zu verlassen: hohe technische Perfektion bei völligem Fehlen jedes Fortschrittes von einer Generation zur anderen. Auch die indische Kriegskunst wandelte sich mit der Langsamkeit von Gletschern; daher ist die indische Geschichte eine lange Geschichte von Eroberungen durch aggressive Fremdlinge — Perser, Griechen, Skythen, Parther, Hunnen, Türken und schließlich Briten.

Neben dem Kastensystem ist das hervorstechendste Merkmal der indischen Zivilisation der Hang zum Übernatürlichen. Manchmal wird er freilich übertrieben, insbesondere von denen, die Indien von der Anklage der Rückständigkeit freisprechen möchten mit der Begründung, daß es dafür dem Westen an Moral und Geistigkeit überlegen sei. In Wahrheit haben die Inder vermutlich die Anordnungen ihrer Morallehrer etwa ebensogut befolgt wie die Christen die kommunistischen und pazifistischen Lehren ihres Begründers.

Immerhin gab es eine starke indische Vorliebe für das Übernatürliche: für Religion, Theologie, Mystik und Magie. Die Götter der Arier kamen einfach zu denen der vorarischen Bevölkerung dazu, ebenso wie die Römer ihr Pantheon mit dem der Griechen vereinigten. Das Universum war für die Inder erfüllt mit Göttern, Halbgöttern, Naturgeistern, Dämonen, bösen Geistern und sonstigen Wesen. Die Intellektuellen spekulierten wortreich darüber, ob alle diese Geister Manifestationen desselben göttlichen Wesens seien, sowie über vielgestaltige Seelen, kosmische Zyklen und verschiedene Ebenen des Lebens. Man hatte Angst vor Hexen, und oft wurden Menschen unter der Anklage der Hexerei legal verurteilt oder illegal gelyncht. Wenn jemand eine Bande von Räubern oder Mördern organisieren wollte, tat er dies auf religiöser Basis, machte aus seinen Verbrechen religiöse Riten und versicherte seinen Gefolgsleuten, damit könnten sie am ehesten die Vereinigung mit dem Göttlichen bewirken.

Eine besondere Erscheinungsform der indischen Religiösität war der Hang zum Mystizismus, zu dem Glauben, daß die letzte Erkenntnis durch direkte Kommunikation mit dem Göttlichen, durch Nabelschau, innere Erleuchtung, Intuition oder Trancezustände unter Ignorierung der materiellen Welt erlangt werden könne. Die Wahrheit war eine Sache subjektiver Überzeugung, nicht objektiver Beobachtung. Da dies das Gegenteil der wissenschaftlichen Methode ist, ist dieser Glaube weitgehend für Indiens lange wissenschaftliche Rückständigkeit verantwortlich.

Ein weiteres indisches Charakteristikum ist der Glaube, daß die materielle Welt unwirklich, eine bloße Illusion ist. Dieser findet sich im Buddhismus und im Jainismus ebenso wie in den orthodoxen Lehren. Vielleicht besteht ein Zusammenhang zwischen dem Glauben an die Unwirklichkeit der Welt und manchen indischen Sitten, die jedem Ausländer unvernünftig und unsinnig erscheinen — wie die Anbetung der Kuh oder der Glaube, daß, wenn der Schatten eines Menschen niedrigerer Kaste auf das Essen eines Menschen höherer Kaste gefallen ist, das Essen verunreinigt sei und weggeworfen werden müsse. Wenn die Welt nur eine Illusion ist, dann kann man eigentlich auch nicht annehmen, daß sie nach einem strengen System von Ursache und Wirkung regiert wird, ebensowenig wie man Ursache und Wirkung in einem Traum erwartet.

Das indische Denken war in bezug auf die materielle Welt pessimistisch. Zweifellos fanden die Denker auch vieles, was zum Pessimismus Anlaß bot. Mit einer solchen Überzeugung wurde dann die Wiedergeburt als ein Mißgeschick betrachtet, das man möglichst vermeiden solle.

Ein frommer Inder, glaubte man, ginge durch vier Stadien des Lebens: Erst war er ein Student, fleißig und keusch, dann ein Familienvater, der Söhne zeugte, die sein Geschlecht fortsetzten, dann ein heiliger Einsiedler im Walde und zuletzt, nachdem er sich von allen irdischen Bindungen gelöst hatte, ein ruheloser Wanderer. Nur eine kleine Minderheit hat natürlich dieses Programm streng durchgeführt. Die Einsiedler und Wanderer jedoch erzählten von der unsagbaren Freude des Abwerfens aller weltlichen Verantwortungen. In einer so streng organisierten und regulierten Gesellschaft konnte die Flucht aus dem erdrückenden Netz von Vorschriften, Tabus und Verpflichtungen vielleicht auch das Opfer körperlicher Bequemlichkeit wert sein. Der richtige Inder mußte ein Organisationsmensch par excellence sein, und nicht jeder ist für diese Rolle geschaffen. Parallelen zu den heutigen Versuchen »entfremdeter« amerikanischer Jugendlicher, zum einfachen Leben zurückzukehren, drängen sich auf.

Im 6. und 5. Jahrhundert v. Chr. führte eine Reaktion gegen die Grausamkeit des Kastensystems, den Hochmut der Brahmanen und die Vervielfachung der Götter, Riten und religiösen Vorschriften den Siddhartha Gautama und seinen jüngeren Zeitgenossen Vardhamana, genannt Mahavira, dazu die religiösen Reformbewegungen des Buddhismus bzw. des Jainismus zu gründen. Der Jainismus, der aus der Nacktheit als einem Ausdruck der Bedürfnislosigkeit eine Tugend machte, hatte viele Glaubenssätze mit dem Buddhismus gemeinsam. Beide waren agnostisch in bezug auf die Götter: Sie lehrten, daß es vielleicht Götter gibt, aber wenn es sie gäbe, daß sie in ihrem eigenen Himmel lebten und nichts mit den Erdenmenschen zu tun hätten. Der Jainismus hatte im allgemeinen extremere Auffassungen als der Buddhismus. So verurteilte der Buddhismus die Tötung von Lebewesen; aber ein frommer Jaina trug stets einen Besen mit sich, mit dem er alle Insekten aus seinem Weg fegte, auf die er sonst getreten wäre. Aber wie sich die Dinge entwickelten, waren die eine Million Götter Indiens auch durch so ernsthafte und idealistische Sekten wie diese nicht auszurotten.

Die indische Philosophie hat auch einige Materialisten hervorgebracht wie Ajita, Atomisten wie Kanada und Skeptiker wie Jayaraschi. Man könnte sie mit Anaxagoras, Demokritos und Pyrrhon im alten Griechenland vergleichen; aber ihr Einfluß blieb gering.

Obwohl in Indien sich schon früh mehrere Schriften entwickelten, wurden erst viele Jahrhunderte später ernsthafte Gedanken niedergeschrieben – die heiligen Schriften, die Vedas und die Upanischads, wurden mündlich überliefert, mit Gedächtnisübungen, die dem Studenten halfen, sie wörtlich auswendig zu lernen. Als dann zur Zeit der Mauryas das Schreiben allgemein üblich wurde, war es noch lange auf das Geschäftsleben beschränkt. Die westlichen Menschen sind seit so langer Zeit an das Schreiben gewöhnt, daß sie kein passendes Wort für eine Summe traditioneller Prosastücke haben, die nur mündlich, aber nicht schriftlich überliefert werden; denn das Wort »Literatur« bedeutet ja die Gesamtheit gesammelter und der Nachwelt erhaltener *Schriften.*

Wie das Christentum predigte auch der Brahmanismus gleichzeitig Pazifismus und Militarismus. Ein König wurde belehrt, daß es seine Pflicht sei, sein Reich über ganz Indien auszudehnen und ein »chakravartin«, ein universaler Kaiser zu werden. Ein Kronprinz wurde bei seiner religiösen Weihe belehrt: »Nach deiner Krönung sollst du in der Welt umherwandern und Eroberungen machen und die Erde mit ihren sieben Kontinenten unter deine Herrschaft bringen ...«[10] Da es nicht zwei »chakravartins« zu gleicher Zeit geben konnte, mußten die rivalisierenden Könige den Gegensatz auskämpfen. Die typische indische Armee jener Zeit war zahlenmäßig stark, aber schlecht organisiert und unverbesserlich altmodisch in ihrer Bewaffnung und ihrer Taktik; sie bewegte sich mit einem Minimum von Geschwindigkeit und einem Maximum von Lärm und Verwirrung. Die Radschas hielten mit kindlicher Gläubigkeit an den Kriegselefanten fest – einer Waffe, die für ihren Träger fast ebenso gefährlich war wie für den Feind.

Nach Asokas Tod regierten seine Nachkommen noch etwa ein halbes Jahrhundert. Dann stürzte ein General namens Puschyamitra Schunga den letzten Maurya-König und errichtete eine neue, die Schunga-Dynastie. Das Kaiserreich hatte schon vorher Macht eingebüßt; jetzt löste es sich größtenteils auf, obwohl Schunga-Könige weiterhin von Pataliputra aus das Königreich Magadha regierten und sich gegen das mächtige Königreich Andhra im Süden wehrten. Indien kehrte zu seinem Normalzustand einer Vielzahl sich bekämpfender Staaten zurück, die alle außenpolitisch die Anarchie und innenpolitisch den – durch Königsmord und Unfähigkeit gemilderten – Despotismus praktizierten.

Unterdessen aber fanden außerhalb Indiens wichtige Ereignisse statt. Etwa um die Mitte des 3. Jahrhunderts v. Chr. erklärte sich der Satrap Diodotos, der den nordöstlichen Teil des Seleukidenreiches regierte, zum König eines unabhängigen Baktrien – eines Landes, das den größten Teil des heutigen Afghanistan und die benachbarten Teile des russischen Zentralasien umfaßte. Ihm folgte sein Sohn gleichen Namens, aber der zweite Diodotos wurde von einem Usurpator namens Euthydemos gestürzt. Etwa um das Jahr 190 v. Chr. begann dieser seine Herrschaft auch nach Nordindien auszudehnen. Sein Sohn und Nachfolger Demetrios rückte entlang des Ganges vor, kämpfte mit König Puschyamitra von Magadha und bedrohte Pataliputra. Eine Zeit lang erstreckte sich ein großes, von Griechen regiertes Reich von Zentralasien bis nach Nordindien.

Aber die Zwietracht und der hemmungslose persönliche Egoismus der Griechen brachte dieses Reich bald zum Einsturz. Während Demetrios in Indien kämpfte, machte sich sein General Eukratides zum König von Baktrien. Bald verwandelten Aufstände und Usurpationen das Reich des Demetrios in ein Flickwerk kleiner Staaten, die von Griechen regiert wurden, welche sich von Generation zu Generation immer mehr indisierten.

Dann brachen neue Invasionswellen über Nordindien herein. In der ersten Hälfte des 1. Jahrhunderts v. Chr. kamen die Schakas[11], ein östlicher Zweig des Volkes, das die Griechen Skythen nannten. Es waren Nomaden, die eine dem Persischen verwandte Sprache sprachen. Rassisch waren sie vermutlich vorwiegend Menschen des alpinen Typs wie ihre heutigen Verwandten, die Russen.

Hart auf den Fersen der Schakas folgten die Pahlavas. Dies waren Verwandte der halbnomadischen Parther, die aus den Ländern östlich des Kaspischen Meeres stammten, den Seleukiden Persien entrissen und dort ein mächtiges Partherreich errichtet hatten. Jede Invasion hinterließ in Indien ein paar Enklaven, die von Überlebenden der Eindringlinge und ihren Nachkommen regiert wurden.

In der Mitte des 1. Jahrhunderts n. Chr. kamen die Kuschanas[12], ein Zweig der großen, vermutlich mongoloiden Nomadenhorde, die von den Chinesen Yue-schi genannt wurde. Diese Invasion vernichtete das letzte der indo-griechischen Königreiche, das sich noch in der Gegend von Kabul gehalten hatte. Anfang des 2. Jahrhunderts regierte der Kuschana-König Kanischka ein Reich, das noch größer war als das des Demetrios. Wie dieser förderte er den Buddhismus.

Nach Kanischka brach das Kuschana-Reich auseinander. Von mehr als einem Jahrhundert haben wir praktisch keine Kenntnisse, außer ein paar schwachen Spuren wie einer Inschrift des Rudradaman, eines Schaka-Königs von Ujjain etwa um 150 n. Chr. König Rudradaman war mit Recht stolz darauf, daß er einen Bewässerungsdamm restauriert und vergrößert hatte, ohne auf Zwangsarbeit oder auf Sondersteuern zurückgreifen zu müssen. Er führte dabei auch seine Siege, seine Schätze und seine Gedichte auf.

Etwa um das Jahr 320 trat dann ein neuer »chakravartin« auf. Dies war Chandra Gupta I., dessen Vater und Großvater kleine Könige in dem heutigen Staat Bihar gewesen waren, und der die Überreste des Königreichs Magadha eroberte und vergrößerte. Wir schreiben seinen Namen in zwei Worten, damit man ihn von Chandragupta Maurya unterscheiden kann, und außerdem weil er und seine Dynastie »Gupta« als erblichen Beinamen führten. Im Sanskrit kommt es auf das gleiche heraus, da die Schrift der alten Inder, wie die der klassischen Griechen, die Worte ohne Trennung zusammensetzte.

Anderthalb Jahrhunderte lang war Nordindien geeinigt unter Chandra Gupta und seinen Nachfolgern Samudra Gupta, Chandra Gupta II., Kumara Gupta I., Skanda Gupta und Puru Gupta. Der Polizeistaat war weniger straff organisiert als unter den Mauryas. Die heutigen Inder betrachten das Gupta-Reich als ein goldenes Zeitalter. Vermutlich ist dabei viel sentimentale Verklärung im Spiel; immerhin scheint es nach den uns vorliegenden spärlichen Informationen dem Land damals besser gegangen zu sein als jemals vorher oder nachher.

Zur Zeit der Guptas war Pataliputra nur eine von mehreren großen indischen Städten, wie etwa Kaschi (das heutige Benares). Es war immer noch eine lange schmale Stadt, die sich rund 15 Kilometer am Südufer des Ganges und von dort ein bis zwei Kilometer landeinwärts erstreckte. Es hatte immer noch seine massive Holzmauer. Holzmauern waren im Ganges-Gebiet die Regel, trotz ihrer Anfälligkeit für Fäulnis und Feuer, weil guter Stein ebenso rar war wie in Mesopotamien. Eine Ausnahme war Rajagriha, die einstige Hauptstadt Magadhas, das eine zyklopische

Steinmauer hatte. Die Bevölkerungszahl dieser Städte ist nicht bekannt; wir können annehmen, daß sie in der Größenordnung zwischen 250 000 und 500 000 lag.

Die Mauer von Pataliputra war von mehreren massiven Toren durchbrochen, die vermutlich mit Dornen bestückt waren, damit Kriegselefanten sie nicht einrennen konnten. In dem Haupttor war eine kleine Tür eingelassen, durch die dazu berechtigte Personen nach Toresschluß eingelassen werden konnten. Außerhalb des östlichsten Tores stand eine Säule aus Stein mit einer Statue mit einem stilisierten Rad an der Spitze, zum Zeichen, daß die Stadt unter dem Schutz des Königs stand.

Wir haben keine detaillierten Berichte über das Leben in Pataliputra zur Gupta-Zeit. Unsere Hauptquellen sind die Berichte der chinesischen buddhistischen Mönche Fa-hsien, Yuan Chwang und Yi-tsing, die sich in den Jahren 399, 629 bzw. 671 zu einer Reise nach Indien aufmachten. Da sie authentischere Versionen der buddhistischen Schriften kopieren wollten, als in China zur Verfügung standen, machten sie Reisen von phantastischer Länge, überwanden sie erstaunliche Schwierigkeiten und kehrten schließlich mit einer gewaltigen Ausbeute von Manuskripten, Götterbildern und anderen frommen Erwerbungen zurück. Sie berichteten über ihre Reisen und gaben dabei wertvolle Einblicke in die Zustände im damaligen Indien. Leider richteten sie ihre Aufmerksamkeit mehr auf die kleinen Details buddhistischer Klöster und auf erbauliche Geschichten von buddhistischen Wundern als auf weltliche Dinge.

Um ein Bild vom Leben in Pataliputra zur Gupta-Zeit zu gewinnen, ist unsere beste Quelle ein Gedicht in der Tamil-Sprache, das Madurai beschreibt, eine Stadt ziemlich an der Südspitze Indiens etwas vor der Zeit der Guptas. Die Unterschiede von Zeit und Ort sind aber so gering, daß die Beschreibung auch für die Hauptstadt der Guptas gelten kann:

»Der Poet betritt die Stadt durch das große Tor, dessen Pfosten mit Bildern der Göttin Lakami beschnitzt sind und das ganz fettig ist von geschmolzener Butter, die in Verehrung der Göttin darauf geschmiert wird, damit es der Stadt, die sie beschützt, Sicherheit und Wohlstand bringt. Es ist ein Feiertag, und die Stadt ist farbenfroh mit vielen Flaggen; einige wurden vom König zum Gedächtnis an tapfere Taten gestiftet und wehten über den Häusern der führenden Männer, andere wiederum wehten über den Geschäften, die den lustig machenden Dattelwein verkaufen. Die Straßen sind breite Ströme von Menschen jeder Rasse, die auf dem Marktplatz kaufen und verkaufen oder zur Musik fahrender Sänger mitsingen.

Eine Trommel dröhnt, und eine königliche Prozession passiert die

Straße, wobei Elefanten zum Klang von Muscheltrommeln vorangehen. Ein widerspenstiges Tier zerbricht seine Kette und schwankt wie ein Schiff in stürmischer See, bis es wieder zur Raison gebracht wird. Siegeswagen folgen, mit stampfenden Pferden und kräftigen Dienern an ihrer Seite.

Die Inhaber von Ständen gehen ihren Geschäften nach; sie verkaufen süße Kuchen, Girlanden von Blumen, Parfüm und Betelkerne. Alte Frauen gehen von Haus zu Haus, den Frauen Blumensträuße und Schmucksachen verkaufend. Adelige fahren in ihren Wagen durch die Straßen; ihre Schwerter in goldener Scheide blitzen und sie tragen hellgefärbte Gewänder und Blumenkränze. Von den Balkonen und Türmen blitzen die vielen Juwelen der parfümierten Frauen, die das Fest anschauen, im hellen Sonnenlicht.

Die Menschen drängen sich in den Tempeln, um zu den Klängen der Musik die Götter zu ehren und ihre Blumen vor ihren Standbildern niederzulegen. Handwerker arbeiten in ihren Läden: Männer, die Schellenbäume aus Muschelschalen herstellen, Goldschmiede, Kleiderverkäufer, Kupferschmiede, Blumenverkäufer, Schuhverkäufer, Maler und Weber. Die Lebensmittelgeschäfte verkaufen ihre Waren – Gemüse, Jak-Früchte, Mangos, Zuckerstangen, gekochten Reis und gekochtes Fleisch.

Am Abend unterhalten die Dirnen der Stadt ihre Kunden mit Tänzen und Gesängen zum Klang der Laute, so daß die Straßen von Musik erfüllt sind. Betrunkene Dorfbewohner, die zum Fest in die Stadt gekommen sind, gröhlen auf den Straßen, während die respektablen Frauen mit ihren Kindern und Freunden einen Besuch im Tempel machen, angezündete Kerzen als Weihgaben in der Hand. Sie tanzen in den Tempelhöfen, die erfüllt sind von ihrem Singen und Schwatzen.

Endlich schläft die Stadt – außer den Kobolden und Geistern, die in der Dunkelheit ihr Wesen treiben, und den frechen Einbrechern, die mit Strickleitern, Schwertern und Stemmeisen bewaffnet sind, um die Wände der Lehmhäuser zu durchbrechen. Aber auch die Nachtwächter sind wachsam, und die Stadt verbringt die Nacht ruhig.

Der Morgen bricht an mit den Rufen der Brahmanen, die ihre heiligen Verse rezitieren. Die fahrenden Sänger fangen wieder an zu singen, die Ladenbesitzer eröffnen ihre Geschäfte, die Erfrischungshändler halten wieder Ausschau nach durstigen Morgenwanderern, die Betrunkenen erheben sich torkelnd und machen wieder auf den Straßen Lärm. In der ganzen Stadt hört man das Geräusch sich öffnender Türen: Frauen fegen die verblühten Blumen des Festes aus den Innenhöfen. So beginnt wieder der geschäftige Alltag der Stadt.«[13]

Innerhalb der Mauern Pataliputras war das Zentrum der Stadt der königliche Palast mit seinen Gärten und Mauern. Kaiser Asoka hatte den Steinbau in Indien eingeführt und eine große säulengetragene Audienzhalle errichtet nach dem Vorbild jener der persischen Könige in Persepolis. Das Dach wurde von hundert Steinsäulen getragen, deren Stümpfe von modernen Ausgrabungen freigelegt wurden. Fa-hsien schrieb: »Der Königspalast mit seinen verschiedenen Hallen, gebaut von Geistern, die Steine aufschichteten, Mauern und Türme errichteten und Reliefs schnitzten und eingravierten, wie es kein Mensch tun konnte, steht heute noch.«[14]

Damit ist nicht klar gesagt, ob der Palast zu Fa-hsiens Zeit noch benutzt wurde. Eine Vorstellung von der Ausstattung kann man sich aus dem »Kamasutra«[15] (dem »Handbuch der Liebe«) des Vatsyayana machen, das möglicherweise in der Gupta-Zeit geschrieben wurde. Wenn eine Bewohnerin des Palastes eine Besucherin herumführt, so sagt Vatsyayana,

»... dann möge sie ihr die Gefäße für Schlingpflanzen, das Gartenhaus mit seinem von wertvollen Steinen eingelegten Fußboden zeigen, ferner die Bauten auf dem Wasser, die geheimen Gänge in den Mauern des Palastes, die Bilder, die Jagdtiere, die Vögel und die Käfige für die Löwen und Tiger.«[16]

Die Häuser der breiten Masse waren weiterhin aus Holz und Ziegeln gebaut. Ein Hausbau war eine sehr komplizierte Sache. Zuerst mußte ein Brahmane den besten Lageplatz aussuchen; er tat dies, indem er den Boden testete, um zu sehen, welche Kastenangehörigen hier leben sollten, und die Pflanzen auf dem Grundstück untersuchte, um zu sehen, ob sie seelische Kräfte guter oder böser Art auf die neuen Bewohner ausstrahlen würden. Dann wurde ein Astrologe bemüht, um den besten Tag zum Beginn des Baues zu berechnen, und der Brahmane exerzierte die frommen Riten, die zum ersten Spatenstich gehörten.

Die Häuser waren sehr verschieden, von der einfachsten Lehmhütte bis zum Haus eines Adeligen oder wohlhabenden Bürgers. Vatsyayana erzählt, was für ein Haus ein vermögender Mann haben sollte:

»Die Wohnung sollte in der Nähe eines Wassers gelegen und in verschiedene Teile für die verschiedenen Zwecke aufgeteilt sein. Sie sollte von einem Garten umgeben sein und zwei große Räume umfassen, einen äußeren und einen inneren. Der innere Raum sollte von den Frauen bewohnt werden, während der äußere Raum, duftend von reichlichem Parfüm, ein Bett enthalten sollte, weich, angenehm zu sehen, mit einem sauberen weißen Bettlaken bedeckt, niedrig in der Mitte, mit Girlanden und Blumen geschmückt, mit einem Baldachin darüber und mit zwei Kissen, eines am Kopf- und eines am Fußende. Daneben sollte eine Art Couch stehen, und an deren Kopfende ein Stuhl, auf dem man die duftenden Salben für die Nacht abstellt, ferner Blumen, Töpfe mit Kollyrium und anderen duftenden Substanzen, die Dinge, die man braucht, um den Mund zu parfümieren, sowie die Borke des Zitronenbaumes. In der Nähe der Couch, auf dem Fußboden, sollte ein Spucknapf stehen, eine Dose mit Schmuck, und eine Laute sollte an einem Haken aus Elefantenzahn hängen, ferner ein Zeichenbrett, einige Bücher und einige Girlanden der gelben Amaranth-Blume. Nicht weit von der Couch sollte auf dem Fußboden ein runder Sitz stehen, ein Spielzeugkarren und ein Brett für Würfelspiele; außerhalb des äußeren Raumes sollten Vogelkäfige stehen, ferner ein besonderer Platz zum Spinnen, Schnitzen und ähnlichen Zeitvertreiben. Im Garten sollte es eine Drehschaukel und eine gewöhnliche Schaukel geben, ebenso ein Gefäß für Schlingpflanzen, mit Blumen bedeckt; in seiner Mitte sollte eine erhöhte Plattform zum Sitzen stehen.«[17]

Ein solches Haus war gewöhnlich weiß verputzt. Die Menschen, die darin lebten, bildeten eine Großfamilie – das heißt, es waren nicht nur Mann und Frau und minderjährige Kinder, sondern auch erwachsene Söhne mit ihren Frauen und Kindern, die Brüder mit ihren Familien, alleinstehende Tanten, Onkel, Cousinen, Nichten und Neffen, Nebenfrauen eines der Männer, ferner ein Schwarm von Dienern, vielleicht ein paar Studenten als Untermieter und so weiter, bis das Haus oft 50 Personen beherbergte. Wenn die Menge zu groß wurde, teilte man den Haushalt auf. Die Sitte schrieb aber vor, daß alleinstehende Verwandte aufgenommen werden mußten, selbst wenn sie Müßiggänger oder Nichtsnutze waren, die nichts zu dem Familieneinkommen beitrugen.

Wie die Völker des Mittelmeerraumes kleideten sich auch die Inder der Gupta-Zeit hauptsächlich in Tuche, die ohne Schneiderarbeit um den Körper geschlungen und festgesteckt wurden. Ein solches Kleidungsstück, das um die Hüfte getragen wurde, war im Umfang verschieden, von einem bloßen Lendenschurz bis zu einem knöchellangen Rock, der bei Männern zwischen den Beinen festgesteckt werden konnte wie ein moderner »Dhoti« – die Schaka-Invasionen hatten im Nordwesten die Hosen in Mode gebracht. Ein anderes Kleidungsstück, am Oberkörper getragen, war ein Schal; ein größeres und dickeres Stück konnte als Umhang für kühles Wetter hinzugefügt werden.

Auf dem Kopf trugen die Männer Turbane, die Frauen Schleier oder tiara-ähnlichen Kopfputz. Die Männer rasierten sich, aber trugen manchmal Schnurrbärte; sie ließen ihren Bart wachsen als Zeichen der Trauer oder wenn sie ein Einsiedlerleben begannen. Die Brahmanen schoren sich den Kopf kahl außer einer Skalplocke. Die meisten anderen ließen ihr Haar lang wachsen und banden es in einem Knoten hinten oder oben auf dem Kopf. Juwelen wurden in reicher Fülle getragen.

Die Frauen trugen manchmal eine kurze geschnittene Jacke oder ein Korsett, die Männer eine Tunika oder Weste; aber im allgemeinen waren bei heißem Wetter Frauen und Männer oberhalb der Hüfte unbekleidet. Der Gedanke, daß die Frauen ihre attraktivsten Körperteile bedecken müßten, setzte sich erst nach der Eroberung durch die Moslems durch, und die »oben ohne«-Mode hielt sich in Teilen Indiens bis in neuere Zeit. Aubrey Menen, der halb irische, halb indische Schriftsteller, beschrieb seine Großmutter, eine Angehörige der Nayyar-Kaste im äußersten Süden, wo die Moslem-Herrschaft nie festen Fuß gefaßt hatte:

> »Meine Großmutter hatte einen energischen Willen; sie ließ sich von niemandem etwas sagen, und was immer sie tat, war dazu bestimmt, den Zuschauer mit Respekt zu erfüllen. Sie war aber auch ein stolzes Wesen: Sie sprach selten mit jemandem, der nicht zu ihrer eigenen sozialen Schicht gehörte, und sie empfing Besucher formell, d. h. mit völlig entblößtem Busen. Schon in ihrer Zeit vergaßen die Frauen in Malabar langsam diese Sitte; aber meine Großmutter hielt daran fest. Sie meinte, verheiratete Frauen, die Blusen und hübsche Saris trugen, seien Jezebels; nach ihrer Ansicht konnte eine Frau, die ihren Oberkörper bekleidete, nichts anderes als Ehebruch im Sinn haben.«[18]

Die Angehörigen der höheren Kasten waren meist Vegetarier (diese Diät ist in Indien praktischer als in kälteren Ländern) und Abstinenzler. Je höher die Kaste, zu der sie gehören wollten, desto einfacher war ihre Ernährung. Ein Jati, der in der sozialen Skala aufsteigen wollte, konnte dazu beitragen, indem er auf einige weltliche Genüsse wie Fleisch und Wein verzichtete.

Zur Unterhaltung spielten die Inder Flöte, Harfe, Zither, Laute und andere Instrumente. Sie malten, schnitzten, modellierten und verfaßten Gedichte. Sie besuchten Theater, Hahnenkämpfe und religiöse Feste. Obwohl weder das Klima noch die Kultur anstrengende Sportarten in frischer Luft begünstigten, gab es in geringem Ausmaß Wagenrennen und Wettkämpfe im Bogenschießen.

Am häufigsten aber war das Glücksspiel, hauptsächlich mit Würfeln. Der Staat verschaffte sich einen großen Teil seiner Einnahmen aus der Besteuerung des Glücksspiels. Eines dieser Spiele, das »chaturanga«[19], wurde auf einem Brett mit 64 Quadraten gespielt. Vier Personen spielten mit, wobei je zwei Partner waren. Jeder Spieler hatte acht Figuren: König, Elefant, Reiter, Schiff und vier Fußsoldaten. Die Züge wurden durch das Werfen der Würfel geregelt; freilich ist nicht klar, wie dies praktisch aussah – vielleicht bestimmte der Würfel nur die Reihenfolge der Spieler, die am Zuge waren. Nach den Eroberungen der Araber verbreitete sich das Spiel im ganzen islamischen Raum, entwickelte sich langsam zum heutigen Schach und gelangte zur Zeit der Kreuzzüge nach Byzanz. Etwa um 1100 hören wir, daß der byzantinische Kaiser Alexios I. das Spiel »mit einem Verwandten« spielte; daraus kann man sehen, daß es damals schon ein Spiel mit zwei Spielern geworden war. In der Renaissance verbreitete sich dann das Schachspiel in ganz Europa.

Wie überall, verfolgten die Männer die Frauen. Vatsyayanas »Kamasutra« gibt detaillierte Anweisungen für die Gewinnung und Behandlung von Huren, Mätressen und legitimen Ehefrauen. Dieses Buch galt einst als pornographisch; seine freimütigen Schilderungen des Koitus in der Übersetzung des furchtbaren Captain Richard F. Burton erschienen ohne Zweifel einer Generation als schauerlich, die »bei Gott« wie »bei ...« druckte. Heute erscheint uns der Kamasutra ziemlich zahm. Vatsyayanas Ratschläge an einen jungen Ehemann über die sanfte Behandlung einer schüchternen jungen Braut könnten von einem modernen Ehepsychologen kaum übertroffen werden. Das Buch enthält aber mehr als nur Sex. Es lehrt, wie man sich in Familienfragen verhalten, eine illegitime Liebesaffäre abbrechen und sogar wie man einen Streit unter Liebenden am besten beilegen soll.

Vatsyayana hatte die übliche Vorliebe des antiken indischen Schriftstellers für eine pedantische Klassifizierung und für die Aufstellung von Listen. Daher hören wir von den drei Zwecken des Lebens, den 64 Themen, die eine gebildete Frau beherrschen sollte, den neun Arten des Geschlechtsverkehrs, den vier Arten der Liebe, den acht Arten der Umarmung und so weiter – das ganze macht die Lektüre recht langweilig. Einige der aufgeführten Stellungen erscheinen auch mehr akrobatisch als genußreich.

Der Typ von Frau, den der altindische Frauenjäger bewunderte, ist aus vielen Gemälden und Skulpturen bekannt. Die ideale Frau hatte breite Hüften, ein gut gepolstertes Hinterteil, eine schlanke Taille und große kugelförmige Brüste. Diese würden jeden der Filmstars beschämen, die in den letzten Jahrzehnten ihren Erfolg auf den Umfang ihres Busens aufgebaut haben. Ein typisches Beispiel dafür ist das Bild der berühmten »Yakschi«[20] (Halbgöttin) von Didarganj im Museum von Patna. Doch leider können wir sicher sein, daß kaum eine wirkliche indische Frau dem Betrachter einen so genüßlichen Anblick geboten hat, ebensowenig wie alle Frauen europäischer Abstammung wie die Venus von Milo aussehen.

Vatsyayana gibt zwar Anweisungen für die Fellatio eines Mannes durch einen Eunuchen, aber er mißbilligt dies in milder Form. Homosexualität und Eunuchentum scheinen in Indien vor der islamischen Eroberung nicht sehr häufig gewesen zu sein.

In der Gupta-Zeit blühten die Plastik und die graphische Kunst. In ihrer Bildhauerei erreichten die Inder freilich nie das Geschick der Griechen in der Darstellung einzelner Körperteile und Muskeln. Ihre Götter, Heiligen und Helden haben alle weiche, fast feminine Glieder; Muskelkraft hat offenbar in Indien nie viel Bewunderung erweckt. Ihre Malerei ist jedoch lebendiger und lebensähnlicher als die der westlichen Welt bis zur Renaissance, obwohl die Inder niemals die Perspektive entdeckt hatten. Die wunderbaren Höhlengemälde bei Ajanta und Elephanta sind leider sehr fleckig geworden; die Kopien, die man in Büchern sieht, sind oft stark restauriert und verschönert und geben einen falschen Eindruck von den beschädigten Originalen. Genau genommen darf man diese Gemälde nicht zur Gupta-Zeit rechnen, da sie außerhalb jenes Reiches entstanden und zum Teil auch vor oder nach der Gupta-Zeit.

In der Gupta-Zeit entstand eine umfangreiche Literatur. Sie war nicht in den Volkssprachen geschrieben, sondern in dem schwerfälligen und längst ausgestorbenen Sanskrit, dem Vorfahren vieler indo-europäischer Sprachen im heutigen Indien und Ceylon. Die Inder der oberen Klassen benutzten damals das Sanskrit, ähnlich wie Lateinisch im mittelalterlichen Europa benutzt wurde. Ein Brief wurde auf einem Papier aus Palmblättern geschrieben, das dann zwischen einem Paar hölzernen Deckeln gefaltet wurde; diese wurden von einem Band zusammengehalten, das mit einem Lehmsiegel gesichert werden konnte.

In ihrer Manufaktur und Handwerkskunst stellten die Inder hervorragende Textilien und Edelsteine her, aber nur primitive Töpferwaren. Ihre Keramikgegenstände waren billig und künstlerisch wertlos, da die meisten Inder die hölzernen oder irdenen Gefäße, von denen sie gegessen hatten, nachher wegwarfen, da sie angeblich verunreinigt seien.

Indien war aber eines der wenigen antiken Länder, die einen guten Stahl herstellen konnten. Indische Stahlblöcke wurden nach Damaskus gebracht, wo syrische Schmiede sie zu den berühmten Damaszenerklingen verarbeiteten. Zu Beginn des 5. Jahrhunderts nach Chr. errichtete ein Herrscher – vermutlich Chandra Gupta II. – eine massive Eisensäule, gut 5 Meter hoch und 40 Zentimeter im Durchmesser, deren Inschrift lautete:

> »Er, auf dessen Arm der Ruhm mit dem Schwert eingeritzt wurde, als er in der Schlacht in den Vanga-Ländern (Bengalen) seine Brust den Feinden entgegenstellte, die gemeinsam gegen ihn zu Felde rückten – Er, von dem im Kriege die sieben Mündungen des Sindhu (Indus) überquert und die Vahlikas erobert wurden – Er, von dessen Atem der südliche Ozean durchweht wird – Er, dessen große Energie genügte, seine Feinde völlig zu vernichten, wie die Glut eines ausgebrannten Feuers in einem großen Walde – Er verläßt auch heute nicht die Erde, obwohl Er, der König, als sei er müde, in die andere Welt hinübergegangen ist, wobei sein Körper in das Paradies einging, das er sich durch seine Taten verdient hat, während das Gedächtnis seiner Taten auf dieser Erde bleibt – Er, der König, der in der Welt die oberste Herrschaft durch seinen eigenen tapferen Arm erlangte und lange Zeit behielt – Er, der den Namen Chandra trug, legte eine Haltung an den Tag schön wie der Vollmond, da Er seinen Sinn fest auf den Gott Wischnu gerichtet hatte . . .«[21]

Ein halbes Jahrtausend später wurde diese Säule in das Dorf Meharauli gebracht, 15 Kilometer südlich von Delhi. Es gibt mehrere unterschiedliche Erzählungen darüber, wer dies veranlaßt hat. Etwa um das Jahr 1190 ließ Qutb-ud-Din Aibak, der erste türkische Sultan in Delhi, den Hindu-Tempel des Wischnu bei Meharauli abreißen und eine Moschee an seiner Stelle errichten. Zu dieser Moschee sollte das größte Minarett der Welt gehören, der Kutab Minar, dessen Bau er begann. Aber er starb noch während des Baus durch einen Sturz von seinem Polo-Pferd – Polo war ein alter türkischer Sport, den die Briten in Indien später übernahmen. Nach seinem Tode fertiggestellt, erreichte das Minarett eine Höhe von 71 Metern, nicht gerechnet einen Altan, der an der Spitze angebracht war, aber später entfernt wurde. Eine spiralenförmige Steintreppe führt im Innern herauf, und Besucher können bis zum Balkon des ersten der fünf Absätze des Turms heraufsteigen, fast 30 Meter hoch.

Ich besuchte die Eiserne Säule und den Kutab Minar mit meinem Führer in Delhi, Rajendra Singh. Mr. Singh, wie sich aus seinem Nachnamen (er bedeutet »Löwe«) ergibt, war ein Sikh – ein Angehöriger jener monotheistischen, militanten, die Kasten ablehnenden hinduistischen Sekten, die im 15. Jahrhundert von dem Reformer Nanak im Pandschab gegründet wurde. In früheren Abenteuerromanen waren die Sikhs immer groß und kriegerisch; aber mein Singh war ein kleiner Mann vom Schreiber-Typ, trotz seines gewaltigen Backenbarts und seines Turbans.

Da es der Tag der Republik (25. Januar 1967) war, wimmelte Delhi von Besuchern, und es war schwer, nahe an irgendein Denkmal heranzukommen. Mr. Singh erzählte, daß Inder nicht allein den Kutub Minar besteigen dürften, weil junge Leute mit Liebeskummer gern bis zur Höhe des ersten Abschnitts heraufkletterten und sich dann hinunterstürzten. Man würde mit mir eine Ausnahme machen, weil erstens »Europäer« nicht so sensibel seien, Selbstmord zu begehen, und zweitens, wenn sie es täten, es ziemlich einerlei sei ...

Die nahegelegene Eiserne Säule ist größtenteils glatt und poliert. Der Grund dafür ist die Legende, daß, wenn man mit dem Rücken zur Säule steht und es einem gelingt, diese rückwärts mit den Händen zu umfassen, Glück und Ruhm einem gewiß sind. Daher wird die Säule ständig von den Händen und Röcken von Besuchern abgerieben, die solches versuchen. Man glaubt, ihr geschmücktes Kapitell habe einst die Statue eines »garuda« getragen, eines Mannes mit Vogelkopf. Nach einer anderen Tradition soll sich die Säule unter der Erdoberfläche in Gestalt einer Schlange fortsetzen, die »in den Tiefen der Erde schläft«.

Die Eiserne Säule wirft zwei Fragen auf: Wie konnten indische Schmiede im 5. Jahrhundert sie herstellen? Und warum ist sie in anderthalb Jahrtausenden nicht verrostet? Die Antwort auf die erste Frage läßt sich nur vermuten: daß ein Haufen eiserner Scheiben zusammengeschmiedet und dann durch endloses Hämmern und Feilen geglättet wurde. Die zweite Frage ist leichter zu beantworten: Die Säule ist aus 99,72prozentigem reinem Schmiedeeisen und rostet daher weniger leicht als Stahl und Gußeisen, das mehr Kohlenstoff enthält. Außerdem ist das Klima von Delhi im größten Teil des Jahres so trocken, daß der Rost keinen Ansatzpunkt findet.

Obwohl die meisten indischen Flüsse keine Brücken hatten, behauptete Fa-hsien, die Inder hätten Hängebrücken gebaut, die von eisernen Ketten gehalten wurden. In fast jeder anderen Hinsicht blieb jedoch die indische Technologie statisch. Die Brahmanen verstärkten diese Tendenz, indem sie aus religiösen Gründen Seereisen verboten und Seeleute wie Fischer in die niedrigsten Kasten einordneten. Indiens Seehandel war daher nur zaghaft und wenig unternehmungslustig und wurde nur in kleinen Schiffen abgewickelt. Dieses Tabu hielt die Inder davon ab, zu reisen und zu lernen, was in der übrigen Welt vor sich ging.

Die indische Architektur machte in der Zeit der Mauryas und Guptas Fortschritte. Vor dieser Zeit waren die meisten sakralen Bauten anspruchslose kleine hölzerne Schreine, kaum mehr als Kästen zur Aufbewahrung der Kultgegenstände. Die Buddhisten entwickelten dann aber religiöse Bauten neuer Art. Das eine war das Kloster, bei dem sich viele Zellen um einen Hof herumgruppieren oder am Hang eines Hügels in mehreren Rängen übereinanderliegen. Das andere war der Kuppelbau über der Reliquie eines buddhistischen Heiligen, genannt »Stupa« in Indien und »Dagaba« in Ceylon; aber keine indische Stupa hat jemals das Ausmaß der größeren Dagabas in Ceylon erreicht.

Der dritte Typ buddhistischer Bauten war der in einen Hügel hineingebaute Felsentempel. Solche Tempel konnten einen ornamentalen Eingang haben, der aus Holz oder Stein gebaut war; aber der Hauptteil bestand aus einer Reihe künstlicher Höhlen. In diesen Kammern imitierten die Architekten mit großer Mühe in Stein die Formen, die sie für Holzbauten verwandt hatten. Später bauten auch die Hinduisten (die Nachfolger der Brahmanen) und die Jainisten Höhlentempel in Nachahmung der buddhistischen — freilich nicht in der Nähe von Pataliputra, weil das Land dort zu flach ist.

Da es dort keine Hügel gab, in die man Tempel hineinbauen konnte, begannen die Bewohner des unteren Ganges-Tals freistehende Steintempel zu bauen, zunächst in einfacher kubischer Form und später mit einem Turm über dem Schrein. Die Tempelruine des Deogarh[22] in der Provinz Jhansi, 700 Kilometer westlich von Pataliputra, der im 6. Jahrhundert entstand, zeigt den Beginn dieser Entwicklung. (Im 19. Jahrhundert kam aus Jhansi eine berühmte Heerführerin: die Rani Lakschmi Bai, die bei dem großen Aufstand von 1857—59 ihre Armee gegen die Briten führte und dabei getötet wurde.) Nach der Gupta-Zeit gipfelte der Tempelbau in den großen hinduistischen Tempeln des östlichen Indien — zumal im Staat Orissa — mit ihren Eingangshallen, Versammlungsräumen, Vestibülen und Heiligtümern. Dieses Heiligtum oder »schikhara« ist ein steinerner Turm, über 30 Meter hoch, der wie ein gigantischer Salzstreuer mit abschraubbarer Spitze aussieht; der Tempel von Deogarh zeigt eine höhere Form dieser baulichen Entwicklung.

Trotz Indiens jahrhundertelanger technischer und wissenschaftlicher Stagnation behaupten heute manche Inder, schon vor vielen tausend Jahren habe Indien Flugzeuge und die Atomenergie gekannt. Diese Behauptungen gründen sich auf Anspielungen in altindischen Mythen und Epen auf die magischen Kräfte ihrer Helden.

Es gibt manche Gründe, die Gupta-Periode ein goldenes Zeitalter zu nennen. Der Handel blühte, der Wohlstand vermehrte sich, die Künste machten Fortschritte. Das Bild hatte jedoch eine Kehrseite: In die Gupta-Zeit fiel die Entstehung mancher indischer Sitten und Glaubenssätze, die von jedem anderen Standpunkt als dem eines orthodoxen Hinduisten aus rückschrittlich und bösartig erscheinen.

Im Süden hatte sich der alte Brahmanismus zum Hinduismus weiterentwickelt. In der Gupta-Zeit wurde dieser neue Hinduismus von seinen Anhängern mit missionarischem Eifer nach Norden weiter verbreitet und gewann auf Kosten des Buddhismus und des Jainismus an Boden. Er war niemals eine einheitliche Glaubenslehre, sondern, wie der Brahmanismus, ein ganzes Konglomerat von Kulten; deren bedeutendste waren die Kulte Schiwas und Wischnus. Die Schiwaiten verehrten Schiwa als höchsten Gott und bestritten nicht die Existenz anderer Götter, aber betrachteten sie nur als Aspekte oder Emanationen Schiwas; die Wischnuiten hatten die gleiche Ansicht über Wischnu.

Schiwa, der noch auf die vor-arische Zivilisation im Indus-Tal zurückgeht, wurde als Gott der Fruchtbarkeit verehrt; sein Emblem ist der Lingam, der stehende Phallus. Indien ist heute noch voll von diesen Gegenständen, die von einem einfachen Steinpfosten mit abgerundeter Spitze bis zu voll ausgearbeiteten Skulpturen variieren, die das angeschwollene Organ realistisch in riesigem Maßstab darstellen. Der höchste Lingam war 30 Meter hoch und wurde im 10. Jahrhundert von dem kambodschanischen König Jaya-Varman IV. errichtet. Auch Tempel bildeten den Lingam und sein weibliches Gegenstück, die »yoni«, auf ihren Fresken ab.

Wischnu wiederum hatte angeblich mehrere verschiedene Inkarnationen in irdischen Körpern erlebt – dazu gehörte ein Fisch, eine Schildkröte, ein Schwein, ein Zwerg, ein Brahmane, der große Held Rama und der göttliche Kuhhirte Krischna. Um die Konkurrenz der Buddhisten zu neutralisieren, fügten die Wischnuiten Buddha munter als eine weitere Inkarnation Wischnus dazu.

Dieser eklektische pluralistische Geist des Hinduismus, der so verschieden war von dem intransigenten, intoleranten Monopolismus des Christentums und des Islam, ermöglichte die Koexistenz dieser beiden Sekten ohne viel offenen Konflikt:

> »Gelegentlich hat dieser unterschiedliche Standpunkt zu Konflikten und einer gewissen Verfolgung geführt; aber im allgemeinen sind die beiden Glaubensrichtungen des Hinduismus ganz gut miteinander ausgekommen, in der Überzeugung, daß letzten Endes beide gleicher-

> maßen Recht haben. Der Hinduismus ist in seinem Wesen tolerant und neigt mehr dazu, Fremdes zu assimilieren als schroff auszuschließen. So erkannten die weiseren Wischnuiten und Schiwaiten bald, daß die von ihnen verehrten Götter nur verschiedene Aspekte des gleichen Wesens waren. Das Göttliche ist ein Diamant mit unzähligen Facetten; zwei besonders große und helle sind Wischnu und Schiwa, während die anderen alle Götter repräsentieren, die jemals verehrt wurden. Einige Facetten scheinen größer, heller und glänzender poliert als andere; aber im Kern verehrt der Fromme, welcher Sekte er auch angehört, den ganzen Diamanten, der in Wirklichkeit vollkommen ist. Die gläubigeren Hindus, auch die unwissenden Analphabeten, waren im Grunde stets Monotheisten.«[23]

In dieser Hinsicht ist der Hinduismus wie andere Massenreligionen. Sie alle unterscheiden sich je nach dem bildungsmäßigen und sozialen Niveau, auf dem sie praktiziert werden. Auf höherem Niveau sind sie meist monotheistisch, intellektuell und abstrakt, befassen sich in erster Linie mit moralischen Grundsätzen und gleiten oft in Philosophie ab. Auf niedrigerem Niveau sind sie meist polytheistisch, gefühlsbetont und konkret, befassen sich in erster Linie mit dem praktischen Nutzen der Riten und Zeremonien und gleiten oft in Magie ab.

Es gab noch andere Formen des Hinduismus außer dem Schiwa- und dem Wischnu-Kult. Zum Beispiel bekannten sich einige Gupta-Kaiser zum Bhagavatismus, der dem Wischnu-Kult verwandt war und Krischna-Vasudeva als höchsten Gott verehrte. Je populärer der Hinduismus wurde, desto mehr ging der Buddhismus zurück und verschwand schließlich ganz und gar. Der Grund für das verschiedene Schicksal des Buddhismus und des Jainismus, die so viel gemeinsam haben, ist – wenigstens nach meiner Meinung – niemals zufriedenstellend erklärt worden: Der Buddhismus verbreitete sich über ganz Ostasien, aber starb in seinem Heimatland aus; der Jainismus, der sich nicht ausbreitete, hat sich bis heute als eine kleinere, aber lebendige Sekte erhalten.

Wir können nur die uns bekannten Tatsachen anführen. Der Jainismus hielt streng an seinem Agnostizismus gegenüber den Göttern fest; aber der indische Buddhismus machte Kompromisse mit dem Brahmanismus. Der Kompromiß war das »Mahayana«, ein theistischer Buddhismus, der zuerst auf den etwa um 100 n. Chr. von König Kanischka einberufenen Konzil auftrat. Die Anhänger des neuen Glaubens nannten ihn Mahayana (»großes Fahrzeug«) und bezeichneten den älteren, nicht theistischen Buddhismus als Hinayana (»kleines Fahrzeug«). Die

Anhänger des letzteren lehnten natürlich diesen Namen empört ab und nannten ihre Sekte Therawada. Das Mahayana aber übertraf bald seinen Rivalen in Indien und erreichte seine höchste Vollendung im Tibet.

Die Mahayanisten, die der Freude des einfachen Inders an der Verehrung von einer Million göttlicher Wesen Rechnung trugen, retteten jedoch den indischen Buddhismus nicht vor dem Aussterben, auch als sich dieser nach Tibet, China und Japan ausbreitete. Spätere buddhistische Schriftsteller beklagten sich über hinduistische Verfolgung. Ohne Zweifel gab es eine solche — vermutlich mehr, als heutige Inder zugeben wollen. Doch haben manche Gupta-Könige, obwohl sie selbst Hinduisten waren, auch buddhistischen Klöstern Geschenke gemacht. Wenn es auch unter den Anhängern der verschiedenen Lehren viel heftigen Streit in der Öffentlichkeit gab, scheint doch nie ein solcher Ausrottungskrieg stattgefunden zu haben wie wenige Jahrhunderte später zwischen Katholiken und Protestanten in Europa.

Mit dem Aufstieg des Hinduismus erfolgten auch andere Wandlungen — einige im Sinne eines strengeren puritanischen Lebens, andere im Sinne eines orgiastischen Hedonismus. Der religiöse Fanatismus nahm immer mehr die Form von Torturen an, die man sich selbst zufügte, wie etwa auf einem Bett von Nägeln liegen, in die Sonne starren, bis man blind war, oder einen Arm in die Höhe halten, bis er in dieser Stellung erstarrte und abstarb. Die Verehrung der Kuh wurde intensiviert; die Vorschriften gegen den Genuß von Fleisch und alkoholischen Getränken wurden strenger und umfassender.

Die Frauen, die bisher zwar unter der Herrschaft der Männer standen, aber doch viel Freiheit genossen, wurden unter dem System des »Purdah« immer mehr in das Haus eingeschlossen, wie die des klassischen Griechenland. Indische Mädchen, die bisher wie fast alle Mädchen in der Welt in den ersten Jahren der Reife geheiratet hatten, wurden jetzt von ihren Eltern immer früher verheiratet. Wie in den meisten Ländern der Welt waren schon vorher die meisten Ehen von den Eltern arrangiert worden — ein System, das, wie uns die Antropologen sagen, im Durchschnitt ebensogut funktioniert wie unsere freie Gattenwahl. Nun wurde es aber als sündig betrachtet, eine Tochter noch unverheiratet die erste Menstruation erreichen zu lassen, da nach Ansicht der Männer alle Frauen von Natur sinnlich seien und, wenn nicht verheiratet, nach der Pubertät hemmungslosen Geschlechtsverkehr haben würden. Die Ehen von Bräuten im Kindesalter wurden normalerweise zwar nicht vor der Pubertät vollzogen; aber da der Gatte oft mehrmals so alt war wie seine Frau, wurde sie oft früh Witwe.

Nun waren nicht nur die respektableren indischen Ehen seit langem unauflöslich, sondern die Inder entwickelten auch merkwürdige Ideen über das Witwentum. Wenn es auch verschiedene Meinungen gab — so sagte Vatsyayana: »Eine Witwe darf jeden heiraten, den sie will und der nach ihrer Ansicht zu ihr paßt«[24] – so verbaten die meisten Moralisten der Gupta-Zeit und späterer Zeiten den Witwen überhaupt die Wiederheirat.

Außerdem gab es die alte indische Sitte des »sati« (englisch »suttee«), die vor der Gupta-Zeit noch selten war und die besagte, eine Witwe solle den Scheiterhaufen ihres toten Gatten besteigen und sich ruhig lebendig verbrennen lassen. In der Gupta-Zeit bestanden die Brahmanen immer mehr auf dieser, wie ein moderner indischer Historiker es nennt, »grausigen Sitte«[25], bis sie bei den oberen Kasten zur strengen Regel wurde. Diese Sitte erhielt sich bis in neuere Zeiten und ist auch heute noch nicht völlig ausgestorben.

Witwen, die darauf bestanden, weiter zu leben, mußten ein so armseliges Leben fristen — auf bloßem Fußboden schlafen, Lumpen tragen, minderwertiges Essen zu sich nehmen —, daß der Tod ihnen eine Erlösung erscheinen konnte. Andererseits wurde einer Witwe gesagt, wenn sie sich selbst verbrannte, würde sie dadurch für alle Sünden ihres Gatten büßen, mit ihm 35 (oder auch 55) Millionen glückliche Jahre im Himmel verleben und dann in einer neuen irdischen Verkörperung zurückkehren. In seiner Grausamkeit gegenüber Witwen und Unberührbaren kann Indien, was willkürliche und sinnlose Leiden betrifft, es leicht mit Rom und seinen blutigen Arenen und dem mittelalterlichen Europa mit seiner Inquisition aufnehmen.

Gleichzeitig entwickelte aber die indische Gesellschaft eine Besessenheit für die Erotik. Eine Masse von Sex-Literatur wurde geschrieben, und die Tempelprostitution wurde allgemein üblich. Die tantrischen Sekten traten auf, die »schakti«, die das weibliche schöpferische Prinzip, durch rituelle Orgien verehrten. Diese Sekten errichteten Tempel, wie die in Konarak und Khajuraho mit ihren spektakulären erotischen Skulpturen. Es gab aber auch hinduistische und buddhistische tantrische Sekten.

Das goldene Zeitalter der Guptas wurde durch zwei Entwicklungen zum Untergang verdammt. Die eine war der Übergang von einer zentralisierten Monarchie zu einer lockeren Regierungsform. Diese könnte man im allgemeinen Sinne »feudal« nennen, obwohl sich in Indien niemals das ausgeklügelte europäische System feudaler Ränge, Titel und Zeremonien entwickelte. Vielleicht könnte man das indische System quasifeudal nennen. Es entstand, als es den regionalen Gouverneuren, die immer mächtiger und vom Kaiser unabhängiger wurden, gelang, ihre Söhne regelmäßig zu Nachfolgern zu ernennen. Da sie somit Inhaber erblichen Besitzes geworden waren, erklärten sie sich bei passender Gelegenheit zu Radschas, mehr oder weniger unabhängig vom Kaiser.

Die andere Entwicklung war, daß Ende des 5. Jahrhunderts n. Chr. eine neue Welle barbarischer Nomaden, die Hunas oder Hunnen (von byzantinischen Historikern »Hephthalites« genannt), Nordindien überrannten. Sie waren ein Zweig der gleichen Rasse mongloischer Krieger, von der eine andere Horde kurz vorher unter Attila die germanischen Stämme vor sich hergetrieben und das Römische Reich bedroht hatte.

Diese mongolischen Völker aus der Wüste Gobi hatten das Reiten von ihren kaukasischen Nachbarn, den Skythen, gelernt; aber sie übertrafen bald ihre Lehrer. Es waren untersetzte, krummbeinige, flachgesichtige, schlitzäugige verdreckte Reiter in bauschigen Wollröcken und Pelzmützen, ursprünglich Schafhirten, aber ihrer Neigung nach Krieger und Eroberer. Normalerweise lebten ihre vielen Stämme in ständigem Streit untereinander. Doch von Zeit zu Zeit trat ein hervorragender Führer auf und faßte die Stämme zu einer mächtigen, wenn auch kurzlebigen Nation zusammen. Diese Nation hieß nach dem Stamm ihres Führers: Hunnen, Avaren, Türken, Uighuren, Tataren, Mongolen oder Uzbeken, je nachdem.

Tausend Jahre lang brachen diese Nomaden, immer wenn eine Reihe trockener Jahreszeiten die Steppe unfähig gemacht hatte, selbst die dünne Bevölkerung zu ernähren, und wenn ein fähiger Führer auftrat, aus ihren öden Steppen aus und fielen in die zivilisierten Länder im Osten, Süden oder Westen ein. Wenn das Chinesische Reich schwach war, überfluteten sie China; wenn das Reich des Himmels stark war, ritten sie nach Indien, Persien oder Europa. Da sie so mutig, tapfer und geschickt in praktischen Dingen waren, wie es das Nomadenleben verlangte, waren ihre ersten Angriffe fast immer erfolgreich.

Die Geringschätzung des Menschenlebens trieben sie zum Extrem. Bis Stalin und Hitler moderne wissenschaftliche Methoden zur Ausrottung ihrer Mitmenschen anwandten, konnte sich kein Volk der Welt mit den Nomaden Innerasiens vergleichen, was das Ausmaß ihrer Massaker betrifft. Manchmal veranstalteten sie eine völlige Ausrottung der Besiegten, so als betrachteten sie seßhafte Menschen als eine Art Ungeziefer, das zu vertilgen sei, damit das Land seiner richtigen Verwendung als Weideland wieder zurückgegeben werden könne. Manchmal setzten sie diese Praxis auch fort, wenn sie, wie Timur der Tatare im 14. Jahrhundert, in den an die Steppe angrenzenden Ländern einen kleinen Abglanz der Zivilisation mitbekommen hatten. Die Opfer Timurs, der

Asien mit Schädelpyramiden bedeckte, zählten nach Hunderttausenden, die seines Ahnherrn Dschingis Khan nach Millionen.

Ebenso hat auch kein anderes Volk der Welt der Zivilisation tödlichere Schläge ausgeteilt. Als der Mongolengeneral Hulagu Khan im Jahr 1258 Bagdad einnahm, ließ er 800 000 Einwohner töten, die Bestände der großen Büchereien in den Tigris werfen und die Stadt einäschern. Er zerstörte ferner das komplizierte Bewässerungssystem, das Tausende von Jahre lang den heutigen Irak zu einer der großen Kornkammern der Welt gemacht hatte; das Land kehrte zu Wüste und Sumpf zurück, und die sich daraus ergebende Hungersnot reduzierte die Bevölkerung auf einen Bruchteil.

Im Jahr 1400 eroberte Timur Bagdad von neuem. Obwohl die Stadt begonnen hatte, sich zu erholen, hatte sie immer noch nur einen Bruchteil ihrer früheren Ausdehnung. Timur schickte seine 90 000 Soldaten in die Stadt mit dem Befehl, jeder müsse mit dem Kopf eines Bagdaders zu der Pyramide beitragen, die er aufbaute; tat er das nicht, dann würde sein eigener Kopf dazu herhalten.

In Indien eroberten die Hunnenkönige Khimkhila und Toramana Mitte des 5. Jahrhunderts den größten Teil des Nordens. Sie überwältigten die Schaka- und Kuschana-Staaten im Nordwesten und zerstörten die alte Universität von Taxila[26], einer Stadt, deren König sich 700 Jahre vorher mit Alexander verbündet hatte. Kumara Gupta unternahm wenig gegen die Invasoren. Sein Nachfolger Skanda Gupta nahm Ende des 5. Jahrhunderts den Kampf mit einigem Erfolg auf. Aber dann wurde er von Toramana geschlagen und den Ganges flußabwärts zurückgetrieben; er verlor seine westlichen Provinzen und tributpflichtigen Länder. Toramanas Sohn Mihiragula[27] dehnte die Eroberung seines Vaters noch weiter aus, führte den Sonnenkult ein und verfolgte den Buddhismus. Er machte sich einen Namen durch sadistische Grausamkeit; nach der Chronik von Kaschmir war eines seiner Lieblingsvergnügen, Elefanten über Felsklippen herunterzuwerfen und sich an ihren Leiden zu freuen. Seine Grausamkeiten bewogen die unterworfenen Fürsten zum Aufstand; mit Hilfe des übriggebliebenen Gupta-Reiches trieben sie ihn nach Kaschmir zurück, dessen König er vertrieb.

Vom Gupta-Reich war nun nicht mehr viel übriggeblieben. Eine zweite Dynastie mit dem Namen Gupta, aber nicht mit der ersten verwandt, regierte noch eine Zeit lang in Magadha. Ein fähiger und kultivierter König aus einer anderen Linie, Harscha Vardhana, errichtete ein kurzlebiges Reich in Nordindien, zu dem das zweite Gupta-Königreich als Lehen gehörte. Er machte Sthavischvara statt Pataliputra zu seiner Hauptstadt; der chinesische buddhistische Pilger Hsyan-tsang, der in das

Reich Harschas reiste, fand Pataliputra verlassen vor. Er starb im Jahr 647 ohne Erben und hinterließ ein Flickwerk uneiniger kleiner Königreiche, die drei Jahrhunderte später für die Türken ein leichtes Spiel waren.

Die Türken, von derselben Rasse wie die Hunnen, aber zum Islam bekehrt, beherrschten Afghanistan und begannen Ende des 10. Jahrhunderts in Indien einzufallen. Zunächst unternahmen sie nur Beutezüge, zerstörten die Tempel der »Götzenanbeter« und die letzten buddhistischen Klöster in Indien. Die brahmanischen Lehrer hatten den Radschas empfohlen, dort für Notfälle Gold und Juwelen zu horten, und diese Schätze zogen die Türken an wie Honig die Fliegen.

Etwa um das Jahr 1200 machten sich dann die türkischen Räuber, statt mit ihrer Beute nach Afghanistan zurückzukehren, zu Herren des Landes. Anfang des 14. Jahrhunderts regierte einer dieser Räuberhauptleute, Mohammed Tughluk, ein Reich so groß wie einst das Asokas. Neue Dynastien entstanden und gingen unter; türkische Abenteurer und Usurpatoren unterwarfen sich Königreich nach Königreich. Erst Anfang des 16. Jahrhunderts gelang es dem geistreichen, schwindsüchtigen und trunksüchtigen Babur in Kabul, einem Mann halb türkischer, halb mongolischer Herkunft, seine Herrschaft zu stabilisieren und das Mogul-Reich (das Hindi-Wort für »mongol«) zu gründen. Unter manchen Wechselfällen dauerte dieses Reich bis zur Errichtung der britischen Herrschaft über Indien. Pataliputra, das jetzt Patna hieß, schrumpfte zu einer Provinzstadt zusammen.

Heute erstreckt sich Patna, die Hauptstadt des Staates Bihar (und Vorlage für Chandrapore in E. M. Forsters Roman »Indienfahrt«), immer noch am Südufer des Ganges entlang inmitten der großen, flachen, tristen und braunen Ganges-Ebene.

Patna ist eine Stadt von der Art, die ein taktvoller Besucher »interessant« nennt, ohne zu sagen, ob er sie mag oder nicht. Sie war sicher ganz interessant; aber kaum jemand empfindet ein überwältigendes Verlangen, hierher zurückzukehren.

Von allen Ländern, die ich besucht habe, hat mir Indien den tiefsten Schock in dem Sinne gegeben, daß ich eine völlig fremde Kultur vorzufinden glaubte. Obwohl das Land viel außerordentlich Interessantes bietet, hat es auch viele Wesenszüge, an die man sich nur schwer gewöhnen kann. Einer davon ist beispielsweise die unglaubliche indische Pedanterie in bezug auf winzige Details, verbunden mit einer völligen Weltfremdheit in Fragen von wirklicher Bedeutung.[28] Ein anderer ist die indische Sitte, einen Ausländer feierlich eine Viertel- oder eine halbe Stunde lang ununterbrochen anzustarren, als sei er ein merkwürdiges Tier im Zoo.

Heute befindet sich Indien in einer großen, schmerzhaften Umwälzung. Wenn auch das Kastensystem angeblich aufgeweicht ist, zum mindesten in den Städten, so ist religiöser Konservatismus – oft genug nur eine Fassade, um den »zweimal geborenen« Kastenangehörigen zu ermöglichen, ihre Macht und ihren Besitz zu behalten – nach wie vor sehr stark. In den Städten sieht man oft Umzüge von Verehrern der Kuh mit gelben Mützen, die rufen: »Gao hamara mata hai!« (die Kuh ist unsere Mutter).

Doch die unvermeidliche Auflösung der traditionellen indischen Gesellschaft im Säurebad des industriellen Zeitalters geht weiter. In Indien wird heute ein durchaus benutzbares Auto in Lizenz hergestellt, der »Ambassador« der Hindustan-Werke. Indien produziert auch – was ich zu meinem Erstaunen feststellte – einen ganz trinkbaren Whisky. Infolge der Industrialisierung beginnt Indien sogar das Problem der Dienstboten kennenzulernen – ein Land, in dem jahrtausendelang die Dienstboten aus dem Gebüsch herausgekrochen sind. Ein Freund schrieb mir:

> »Indien hat sich offensichtlich geändert, seit ich es vor über 30 Jahren zuletzt sah; aber trotzdem kann ich es kaum glauben, wenn mir ein indischer Freund kürzlich schrieb, die größte Schwierigkeit sei, gutes Hauspersonal zu bekommen – wo ich mich doch erinnere, daß die Dienstboten in Schwärmen das Haus bevölkerten, auf den marmornen Treppenstufen schliefen und wie durch Zauberei auftauchten, sobald einer der Gäste in die Hände klatschte.«[29]

Im nächsten Jahrhundert wird sich noch viel mehr ändern. Viel Pittoreskes wird verschwinden; aber vieles, was verschwinden wird, kann die Welt gut entbehren.

12.
Konstantinopel am Bosporus

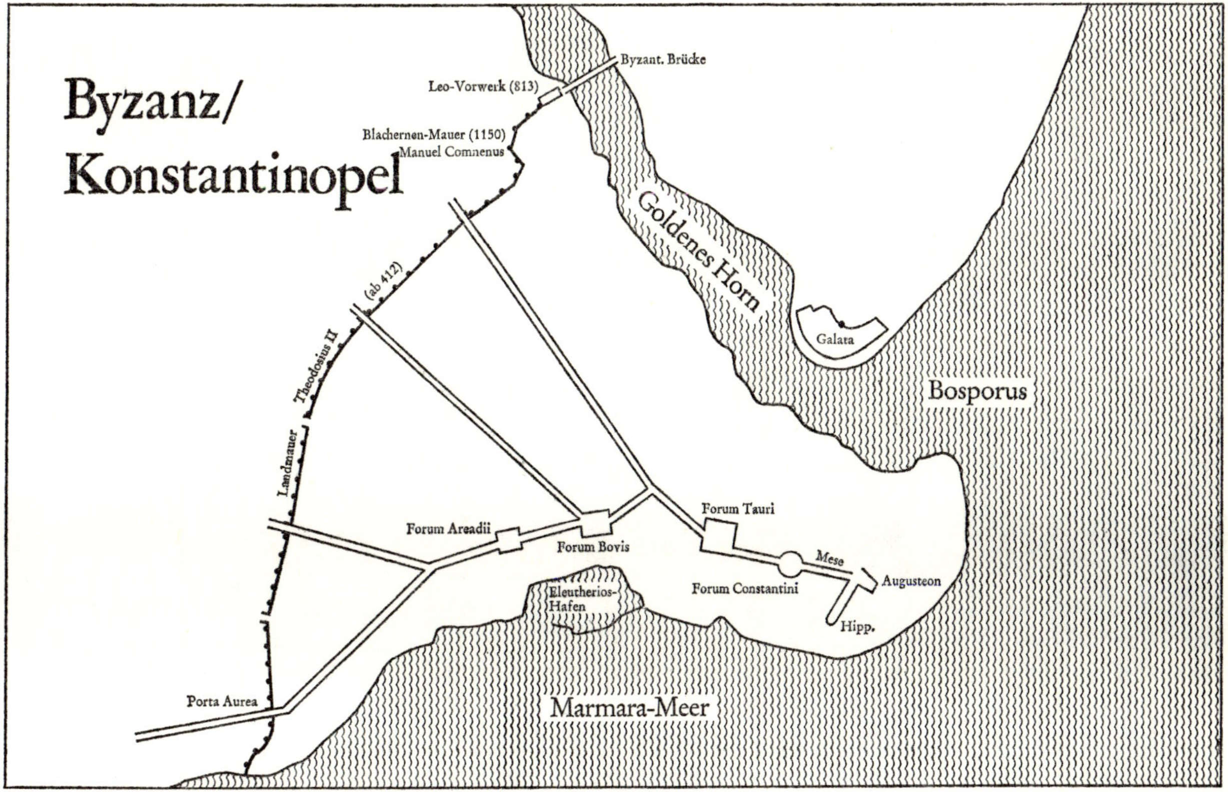
Byzanz/
Konstantinopel
Byzant. Brücke
Leo-Vorwerk (813)
Blachernen-Mauer (1150)
Manuel Comnenus
(ab 412)
Theodosius II
Landmauer
Porta Aurea
Goldenes Horn
Galata
Bosporus
Forum Tauri
Forum Arcadii
Forum Bovis
Mese
Augusteon
Forum Constantini
Eleutherios-
Hafen
Hipp.
Marmara-Meer

Im Vorwort zu dem großen Kodex des römischen Zivilrechts, den sein Juristenausschuß zusammengestellt hatte, schrieb Kaiser Justinian (Flavius Petrus Sabbatius Iustinianus): »Jede Regierung, einerlei ob demokratisch, oligarchisch oder monarchisch, hat zwei Pflichten, die beide erfüllt werden müssen, wenn sie an der Macht bleiben will: Die Gemeinschaft muß gegen Feinde von außen und ihre Angehörigen müssen gegen Unrecht im Innern geschützt werden. Das erstere wird durch Waffen erreicht, der letztere durch Gesetze.«[1] Kurz vorher hatte Justinian die eherne Wahrheit dieser Feststellung selbst durch eine harte Lehre erfahren müssen: den Aufstand der Zirkusparteien.

Dieser fand im Jahr 532 in Konstantinopel statt, fünf Jahre nachdem Justinian seinem alten Onkel Justin gefolgt war. Justinian war von unscheinbarem Äußeren und persönlich kalt und unzugänglich, aber nichtsdestoweniger gewissenhaft, fromm, klug in seiner Beurteilung der Menschen und im Besitz einer erstaunlichen Arbeitskapazität.

In den letzten Jahren der Regierung seines Onkels hatte er die frühere Schauspielerin Theodora geheiratet, die sich damals ihren Lebensunterhalt in respektabler Weise als Weberin verdiente. In den Tagen ihrer Bühnenlaufbahn hatte sie ihr Einkommen als Dirne aufgebessert, zu welchem Beruf sie erzogen worden war. Ihre Laufbahn als Liebesdienerin war jedoch vielleicht weniger spektakulär, als der Historiker Prokop es ihr andichtete.

Dieser Prokop von Caesaräa diente Justinians General Belisar als Sekretär und wurde später ein hoher Beamter. Er schrieb die amtliche Geschichte der Kriege Justinians und zollte dabei seinem kaiserlichen Herrn gebührenden Respekt. Insgeheim jedoch verabscheute er offenbar Justinian, Belisar und ihre Frauen. Später erschien unter seinem Namen ein Buch mit dem Titel »Anekdota«, das in üppigen skandalösen Details die »schändlichen Taten« dieser Personen erzählte.

Da Veröffentlichungen dieser Art meist aus einer Mischung von Wahrheit, Halbwahrheit, Übertreibungen, Anspielungen und glatten Lügen bestehen, können wir vermuten, daß die »Anekdota« aus ähnlichen Elementen zusammengesetzt sind. Mangels anderer Beweismittel können wir jedoch nicht sagen, wo die Wahrheit aufhört und die Lügen beginnen. Wenn Justinian und die anderen solche Ungeheuer von Unehrlichkeit, Verworfenheit, Dummheit und Feigheit gewesen wären, wie sie hier dargestellt sind, dann hätte das Oströmische Reich kaum die 38jährige Regierung Justinians überdauert, geschweige denn sein Gebiet noch ausdehnen können.

Wie dem auch sei, Theodora – zierlich, hübsch und lebhaft – becircte nicht nur den etwas sturen Kaiser, sondern erwies sich auch als wertvollste Helferin und Partnerin bei seinen Regierungsgeschäften. Ein ebenso gutes Urteil bewies Justinian, als er die Armee, die er gegen die Perser ausschickte, einem noch unbekannten jungen Offizier namens Belisar anvertraute.

Diese Armee hatte keine Ähnlichkeit mehr mit der Julius Caesars. Seitdem die Goten im Jahr 379 bei Adrianopel eine römische Armee vernichtet hatten, war die Kavallerie zur führenden Waffengattung geworden. Die wahrscheinlichste Ursache dieser Verlagerung des Schwergewichts ist wohl, daß der Steigbügel allgemein üblich geworden war, der dem Reiter erlaubte, einen Angriff zu führen, ohne beim Zusammentreffen mit dem Feind vom Pferd zu fallen oder hinten herunterzurutschen, wenn seine Lanze auf ein Ziel traf. Die Erfindung des Steigbügels ist bald den Sarmaten, bald den Indern und bald den Chinesen zugeschrieben worden; aber wer ihn auch immer erfand, hat die Kriegführung revolutioniert.

Belisar befehligte eine gemischte Armee aus bewaffneten Gefolgsleuten örtlicher Feudalherren, den sogenannten »Bukellariern«, aus regulärer Reiterei, die teils aus römischen Bürgern und teils aus Barbaren bestand, aus barbarischen Söldnern wie Hunnen, Herulern und Arabern, schließlich aus ausgehobenen Einheimischen, die eine Infanterie der zweiten Linie bildeten. Als General hatte Belisar ein Recht auf eigene Bukellarier. Er vergrößerte diese private Gardetruppe, genannt »comitatus«, auf 1500 Mann und bewaffnete sie einheitlich mit Panzerhemden, einer Lanze, einem langen Schwert und einem großen Bogen. Ein solcher »kataphraktos« (Bewaffneter) wurde der Standardsoldat der ganzen byzantinischen Armee. Als die bestausgebildetsten, bestbewaffnetsten und beweglichsten Soldaten der damaligen Welt haben die »Kataphraktoi« wiederholt die östliche Hälfte des Römischen Reiches gerettet, als sie von einer Welle nach der anderen, von Hunnen, Bulgaren, Arabern, Awaren, Kumanen, Petschenegen, Russen, Normannen und Türken angegriffen wurden.

Nachdem Belisar die Perser entscheidend geschlagen hatte, rief Justinian ihn nach Konstantinopel zurück, zusammen mit seinem Kollegen Mundus, der die germanischen Heruler befehligte. Justinian verheiratete dann Belisar mit einer Freundin Theodoras, einer Dame mit farbiger Vergangenheit namens Antonina. Wenn Justinian mißtrauisch gegen Belisar wurde wegen seiner großen militärischen Erfolge und seiner militärischen Machtstellung, dann gelang es den beiden Frauen meist, die Dinge zu bereinigen.

Ein solches Mißtrauen war nicht völlig unangebracht. Die Kaiser standen in bezug auf ihre Generale vor einem Dilemma: Wenn der

Kaiser den General stützte, dann mochte dieser vielleicht den Feind schlagen, aber dann größenwahnsinnig werden und versuchen, sich selbst auf den Thron zu setzen. Wenn aber der Kaiser den General klein hielt, dann mochte dieser entweder den Krieg verlieren oder voller Ärger über die schlechte Behandlung einen Aufstand versuchen. Was der Kaiser auch tat, war immer falsch.

Die römischen Wagenrennen waren zu dem am meisten professionalisierten und formalisierten Sport der Welt geworden – bis zu den Fußballspielen im heutigen Fernsehen. Im alten Römischen Reich waren die Liebhaber der Rennen ursprünglich in eine Rote und eine Weiße Partei organisiert gewesen, so genannt nach den Kostümen der Wagenlenker. Dann kamen die Grünen und die Blauen dazu, und zuletzt noch die Purpurnen und die Goldenen. Die Purpurnen und die Goldenen schrumpften zusammen und verschwanden wieder; die Roten und die Weißen vereinigten sich mit den Blauen bzw. den Grünen. Zu Justinians Zeit waren nur die Blauen und die Grünen übriggeblieben. Und sie nahmen ihre Rivalität so ernst wie zwei Banden von Jugendlichen, die sich heute in einer unserer Städte bekämpfen. Prokop schrieb darüber:

> »In jeder Stadt ist die Bevölkerung seit langem in eine Blaue und eine Grüne Partei gespalten; aber in neuerer Zeit haben sich die Dinge so entwickelt, daß die Leute für diese Parteien und für die Sitze, die sie beim Rennen einnehmen, ihr ganzes Geld ausgeben und sich den grausamsten Unbequemlichkeiten unterziehen, ja, daß sie es nicht für unwürdig halten, dabei eines schrecklichen Todes zu sterben. Sie kämpfen gegeneinander, ohne zu wissen wofür, und sie bringen sich ständig in Gefahr, obwohl sie wissen, daß, auch wenn sie den Gegner im Kampf überwältigen, sie am Ende direkt ins Gefängnis kommen und vielleicht nach grausamen Torturen sogar getötet werden. So wächst bei ihnen eine eigentlich grundlose Feindschaft gegen ihre Mitmenschen; diese hört niemals auf und ist stärker als die Bande der Heirat oder Verwandtschaft, und es macht keinen Unterschied, wenn die Anhänger der verschiedenen Farben Brüder oder sonstige Verwandte sind. Bei diesen Kämpfen kümmern sich die Leute weder um göttliche noch um menschliche Dinge . . .«[2]

Obwohl der Hauptantrieb für die Bildung dieser Parteien sportliche Leidenschaft war, wurden diese so stark, daß sie einen offiziellen Status erhielten. Sie bildeten eigene Abteilungen der Bürgergarde mit militärischen Aufgaben; ihre Führer hatten offizielle Sitzplätze in der Rennbahn, die Grünen zur Linken und die Blauen zur Rechten des Kaisers.

Bei soviel verrückter Parteinahme, die ständig Anlaß zum Streit suchte, blieb es nicht aus, daß auch politische und religiöse Gegensätze in diesen Parteienkampf hineinspielten. Zu Justinians Zeit begünstigten die Blauen die Aristokratie und die Grünen die breite Masse. Die Blauen neigten auch zur orthodoxen Kirche und die Grünen zur monophysitischen Ketzerei. Der Monophysitismus war seinerseits zum Teil eine Tarnung für die separatistischen und nationalistischen Strömungen bei den Syrern und Ägyptern, die über die harte Besteuerung durch Konstantinopel murrten und einen Vorwand suchten, um sich vom Reich zu trennen.

Wie andere »Jugendbewegungen« legten sich auch diese Parteigänger besondere Kleidung zu, um die ältere Generation zu schockieren. Zu Justinians Zeit wurden die Hunnen wegen ihrer Tapferkeit bewundert, wegen ihrer Grausamkeit gefürchtet und wegen ihrer Barbarei verachtet. So gefiel es den Anhängern einer Partei, wie Hunnen auszusehen: Sie rasierten sich das Haar vorne und ließen es hinten lang wachsen und herunterhängen; sie trugen hunnische Hosen und Stiefel und Tunikas mit bauschigen Ärmeln; sie sprachen mit kehliger Stimme nach hunnischer Art und trugen kurze Schwerter unter dem Gewand, um Bürgern aufzulauern und sie zu berauben. Wenn sie nicht damit beschäftigt waren, bekämpften sich die Parteien gegenseitig; unter Anastasius brachten die Grünen einmal 3000 Blaue in einem Aufwaschen um.

Das Wagenrennen und die dazugehörende Parteibildung spielte in Konstantinopel eine noch größere Rolle als früher in Rom. Vor allem deshalb, weil die Rennen nicht mehr die Konkurrenz der Gladiatorenkämpfe hatten: Als er Konstantinopel gegründet hatte, weigerte sich Konstantin I. als Christ, dort öffentliche Schaukämpfe zu erlauben. Im Westen waren die Gladiatorenkämpfe nicht so leicht auszurotten; sie hörten in Rom erst etwa ein Jahrhundert später auf.

Das Ende der Gladiatorenkämpfe war jedoch nicht das Ende öffentlichen Blutvergießens. Die Kämpfe von Männern mit wilden Tieren gingen weiter, und auch die christlichen Kaiser Roms amüsierten den Pöbel mit der öffentlichen Folterung von Heiden, Ketzern und angeblichen Zauberern, die lebendig verbrannt, den Löwen vorgeworfen oder in einer anderen pittoresken Form getötet wurden.

Das Wagenrennen war und blieb jedoch die große Vorliebe der Konstantinopolitaner. Ein späterer Kaiser, Andronikos I. Kommenos[3], kam im Jahr 1182 nach einem wilden Abenteurerleben voller Verrat und Mord auf den Thron. Er erwies sich als fähiger Herrscher, und in der Absicht, Geld für die Abwehr der Feinde von außen zu sparen, stellte er die Rennen ein. Aber da bedurfte es nur eines Vorwandes für seine erbitterten Untertanen, um einen Aufstand zu machen, den Kaiser zum Hippodrom zu zerren und dort langsam mit sadistischer Grausamkeit zu töten.

Der Hippodrom war ein großer Rennplatz unmittelbar westlich des Palastbezirkes am Ende der Haupthalbinsel, auf der Konstantinopel stand. Angeblich soll er 100 000 Sitzplätze gehabt haben. Heute ist nur noch ein verlängerter offener Platz zu sehen, mit der Schlangensäule an einem Ende und am anderen Ende einem Obelisken, der ursprünglich für Thutmosis III. von Ägypten gebaut und von Theodosius I. im Jahr 390 in Konstantinopel aufgestellt wurde.

Dort, wo die Wasser des Schwarzen Meeres herausfließen, tritt eine Halbinsel mit stumpfem Ende, 80 Kilometer lang und rund halb so breit, aus dem europäischen Festland hervor und trifft sich beinahe mit einem ähnlichen Vorsprung der asiatischen Küste. Dazwischen liegt die Meerenge des Bosporus, knapp einen Kilometer breit und 25 Kilometer lang. Am südwestlichen Ende der Meerenge, wo der Bosporus sich zum Marmara-Meer — dem antiken Propontis — öffnet, sticht ein Nebenarm des Meeres gut sechs Kilometer in die europäische Halbinsel hinein und bildet einen hervorragenden Hafen, der vom Marmara-Meer durch einen dreieckigen Zipfel, je fünf Kilometer auf jeder Seite lag, abgetrennt ist.

Dieser Meeresarm sieht wie die Mündung eines großen Flusses aus; es gibt aber keine nennenswerten Flüsse in der Nähe, und nur kleinere Flüßchen fließen in diesen Wasserarm, den die alten Griechen Chrysokeras (»Goldenes Horn«) nannten. (Wenn wir von einem geographischen »Horn« sprechen, denken wir an eine herausragende Landspitze; aber die Griechen benutzten den Ausdruck auch für einen Wasserarm von hornähnlicher Gestalt).

Dorthin kam etwa um 658 v. Chr., nach halb sagenhaften späteren Erzählungen, ein gewisser Byzas als Führer einer Gruppe von Kolonisten aus Megara. Das Delphische Orakel hatte ihm geraten, sich »den Blinden gegenüber« anzusiedeln. Dieser Rat war ihnen ein großes Rätsel. Byzas jedoch bemerkte, daß eine frühere Kolonistengruppe aus Megara auf der anderen Seite der Meerenge die Stadt Chalkedon gegründet hatte, den großen natürlichen Hafen auf der europäischen Seite außer acht lassend. Die Chalkedonier, sagte Byzas, müssen blind gewesen sein — das also war offenbar, was Apollo meinte!

So überquerten sie den Bosporus, kamen zum Fischerdorf Lygos und gründeten Byzantion (lateinisch Byzantium). Viele Jahrhunderte lang blühte Byzantion als eine griechische Handelsstadt. Im Jahr 340 v. Chr. wurde sie von Philipp von Makedonien belagert; aber der Mond verriet seinen geplanten Nachtangriff, und die dankbaren Byzantiner machten den Halbmond zu ihrem Stadtwappen. Viel, viel später übernahmen die Türken diesen Halbmond zu eigener Verwendung, nachdem sie die Stadt ihrem Reich einverleibt hatten.

Wie wir gesehen haben, hatte schon Diokletian mit dem Gedanken experimentiert, das Römische Reich in zwei Hälften zu teilen; aber zu seiner Zeit hatte die östliche Hälfte noch keine wirkliche Hauptstadt. Konstantin I. (Flavius Valerius Aurelius Constantinus) war der Sohn eines der Nachfolger Diokletians. Nachdem er seine Rivalen geschlagen und getötet hatte, machte er sich daran, diesen Mangel zu beheben: Er wählte Byzantion als sein »neues Rom« und nannte es Konstantinopolis — es hatte etwa ebenso viele Hügel wie das wirkliche Rom.

Konstantin hatte freilich nicht die Absicht, das Reich mit irgend jemandem zu teilen; er behielt es ganz für sich. Im Jahr 324 schlug er in Kleinasien seinen letzten Rivalen, seinen Schwager Licinius, den er gefangennahm und töten ließ. (Aller Wahrscheinlichkeit nach hätte Licinius dasselbe mit ihm gemacht.)

Konstantin überquerte dann den Bosporus und proklamierte seine neue Hauptstadt, zu der er neue Bewohner anlockte, indem er ihnen kostenlos Brot und Spiele versprach wie den Bewohnern des alten Rom. Jahre vergingen mit der Herbeischaffung des Materials zum Ausbau der Stadt und der Kunstgegenstände zu ihrer Verschönerung. Der Kaiser ließ aus Athen die Kolossalstatue der Athene aus der Hand des Phidias herbeischaffen; aus Delphi holte er eine bronzene Säule in der Form dreier miteinander verschlungener Schlangen, die zu den Kultgegenständen der Apollo-Priesterin Pythia gehört hatten. Im 5. Jahrhundert v. Chr. hatten mehrere griechische Städte das Geld für diese Säule aufgebracht, die den Sieg über die Perser bei Platäa im Jahr 479 feiern sollte. Die Namen dieser Städte sind heute noch am Fuß der Säule eingeritzt; aber die Schlangenköpfe, die an der Spitze hervortraten, sind im Laufe der Jahrhunderte abgebrochen.

Am 11. Mai 330 weihte Konstantin sein Neues Rom ein, und dieser Tag blieb ein Feiertag, solange das Oströmische Reich währte. Viele der schnell errichteten Gebäude begannen schon bald, Risse zu zeigen und einzustürzen, und mußten von Konstantins Nachfolgern überholt werden. Konstantin baute eine Mauer quer über die Grundlinie des Dreiecks; aber die Stadt wuchs bald darüber hinaus, und nichts ist heute von ihr übriggeblieben.

Im Jahr 410 hörten die Konstantinopolitaner die unerhörte Nachricht, daß Alarichs Goten Rom geplündert hatten. Der Prätorianerpräfekt im Osten, Anthenius, der das Oströmische Reich für den knabenhaften

Kaiser Theodosius II. regierte, befahl darauf den Bau einer neuen Mauer zweieinhalb Kilometer westlich der Mauer Konstantins. Die Blauen und die Grünen wurden mit der Arbeit beauftragt, an der sich außer den bezahlten Maurern 16 000 Freiwillige beteiligten. Die neue Mauer war vier bis viereinhalb Meter dick, zehn bis zwölf Meter hoch und sieben Kilometer lang, mit 96 Türmen. Zum größten Teil steht sie heute noch, mit einigen späteren Zusätzen. Etwa um 370, zwischen Konstantin und Theodosius I., baute Kaiser Valens der Stadt eine neue Wasserleitung – ein erheblicher Teil ihrer Arkaden durchschneidet heute noch die Stadt. Später wurde eine große Kette über die Mündung des Goldenen Horns gespannt, die mit Winden herausgezogen werden konnte; sie diente zum Schutz gegen zu Schiff herankommende Feinde.

Konstantin ließ sich in seiner neuen Hauptstadt nieder und ging dazu über, alle Angehörigen seiner Familie zu töten, die er verdächtigte, ihm übel zu wollen. Seine zweite große Leistung war die Erhebung des Christentums zur römischen Staatsreligion.

Die Christen bildeten damals nur etwa ein Fünftel oder ein Zehntel der Bevölkerung des Reiches; aber sie nahmen schnell an Zahl und Einfluß zu. Konstantin, ein fähiger, ehrgeiziger und skrupelloser Politiker, scheint ihren Glauben nicht sehr ernst genommen zu haben: Er gab Münzen aus mit einer dem Mithras-Kult entlehnten Widmung an die unbesiegbare Sonne, und er wurde selbst erst kurz vor seinem Tode im Jahr 337 getauft. Wenn er die Christen unterstützte, dann setzte er einfach auf das richtige Pferd. Vielleicht hat er außerdem gedacht, die Priester hätten möglicherweise Recht mit ihrem Gerede von ewigen Höllenqualen für alle Menschen außer den tugendhaften Christen.

Konstantin teilte das Reich unter seine drei überlebenden Söhne auf. Diese aber, zusammen mit einer Reihe von Neffen, die Konstantin zu töten versäumt hatte, fochten die Sache aus. Alle kamen dabei um außer dem Neffen Julian (Flavius Claudius Iulianus), einem düsteren Intellektuellen, der versuchte, das Heidentum wiederherzustellen. Sein Kult war jedoch eine abstrakte philosophische Lehre, die wenig Anklang im Volk fand. Nachdem er in dem ewigen Krieg mit Persien gefallen war, gewannen die Christen ihre Macht zurück.

Während die Heiden unter Konstantin wenigstens noch geduldet wurden, unterdrückte Theodosius I., der von 379 bis 395 regierte, gewaltsam die heidnischen Kulte. Er schickte seine Agenten in das ganze Reich aus, um heidnische Tempel zu zerstören und nicht-christliche Bücher zu verbrennen. Ohne ihn wäre unsere Erbschaft aus dem klassischen Griechenland ein gutes Teil reicher.

Diocletians Gedanke einer ständigen Aufteilung des Reiches, wobei jede Hälfte einen Augustus und einen Caesar haben solle, wurde jetzt wiederbelebt. Aus dem Jahrhundert nach Theodosius berichtet uns die Geschichte von der Zerstückelung des Weströmischen Reiches durch die Barbaren, vom Aufstieg und Fall von Attilas kurzlebigem Hunnenreich, von germanischen Generalen, die machtlose, müßig in Ravenna herumsitzende Römische Kaiser kommandierten. Im Jahr 476 machte Odoaker dem Weströmischen Reich ein Ende; er wurde aber bald danach von dem Ostgoten Theoderich besiegt und heimtückisch erschlagen. Die germanischen Könige, die den größten Teil Galliens, Spaniens und Nordafrikas besetzten, erkannten manchmal die Oberherrschaft des Kaisers in Konstantinopel der Form nach an; aber innerhalb weniger Jahre hörte jede effektive römische Herrschaft in diesen Ländern auf.

Früher, als die Europäer noch annahmen, Europa sei der einzige zivilisierte Teil der Welt, wurde dieser Umsturz als Untergang der Zivilisation bezeichnet: Die »dunkle Epoche« begann jetzt und die Kultur nahm erst im 11. Jahrhundert wieder einen neuen Aufschwung. Dies ist Unsinn: Selbst auf seinem Höhepunkt umfaßte das Römische Reich nur einen Bruchteil der zivilisierten Länder der Welt, und das Chinesische Reich etwa, unter der Tang-Dynastie (7. Jahrhundert n. Chr.) war viel größer und ebenso zivilisiert. Was wirklich geschah, war, daß sich die Zivilisation aus ihren westlichsten Außenposten zurückzog, wo sie zum Teil nie allzu festen Fuß gefaßt hatte, aber im Osten mehr oder weniger fortbestand.

Das zusammengeschrumpfte Oströmische Reich – die volkreichere und wohlhabendere Hälfte des alten Römischen Reiches – war für die barbarischen Horden eine härtere Nuß. Es hielt sich gegen ständige Angriffe sogar 1000 Jahre, bald vorrückend, bald sich zurückziehend. Doch obwohl die Zivilisation im östlichen Mittelmeerraum ebenso wie im Irak, im Iran, in Indien und China fortbestand, als sei nichts geschehen, ist der Untergang des Weströmischen Reiches kein nebensächliches Ereignis. In einem großen Raum verfielen alle römischen Straßen, Wasserleitungen und Häfen, weil es keine zentrale Regierung mehr gab, die stark, reich und aufgeklärt genug war, sie zu unterhalten. Die Kenntnis des Lesens und Schreibens, unter römischer Herrschaft ziemlich weitverbreitet, ging fast auf den Nullpunkt zurück. An die Stelle der Wissenschaft trat Aberglauben der idiotischsten Art, und die Technik fiel auf den Stand primitivsten Handwerks zurück.

Dies war die Lage, die Justinian ererbte, den man mit gleichem Recht den letzten römischen oder den ersten byzantinischen Kaiser nennen kann. Er selbst betrachtete sich nie als etwas anderes als den Römischen Kaiser.

Auch seine Nachfolger hielten bis zum bitteren Ende an diesem Titel fest, obwohl das Griechische etwa um 600 das Lateinische als Amtssprache ersetzt und im 11. Jahrhundert die Normannen das Reich seiner letzten italienischen Besitzungen beraubt hatte.

Allmählich entwickelte sich aber das Reich von einem klassischen mediterranen Imperium zu einem mittelalterlichen christlichen griechischen Königreich. Wir gebrauchen das Wort »byzantinisch«, aus Bequemlichkeit, um dieses spätere Reich von dem früheren eindeutig römischen zu unterscheiden; aber die Byzantiner selbst gebrauchten diesen Ausdruck nie in diesem Sinne. Sie nannten sich »Romaioi« oder »Romanoi« und ihr Reich »Romania« – bis zum Ende, als das »Reich« nur noch aus der Stadt Konstantinopel bestand. (Es erinnert an die Kuomintang-Regierung auf der Insel Taiwan, die sich immer noch »Republik China« nennt.) Die Byzantiner waren beleidigt, als die Kreuzfahrer ihren Monarchen als »König der Griechen« bezeichneten; sie revanchierten sich, indem sie den anderen pseudo-römischen Kaiser, den Kaiser des »Heiligen Römischen Kaiser deutscher Nation«, als »König der Deutschen« bezeichneten.[4]

Als Römischer Kaiser betrachtete es Justinian als seine Hauptaufgabe, die westlichen Provinzen zurückzuerobern, die den Barbaren in die Hand gefallen waren. Er schickte Belisar und später Narses aus mit Armeen, die klein, aber nach Belisars neuem System gut ausgebildet und ausgerüstet waren. Diese Armeen hatten erstaunliche Erfolge und eroberten Italien, den größten Teil Nordafrikas und sogar die Südostküste Spaniens zurück.

Im Jahr 548, als Belisar gut im Zuge war, bewogen Hofintrigen und der natürliche Argwohn gegen einen allzu erfolgreichen General den Kaiser, Belisar abzuberufen. Im gleichen Jahr starb Theodora und war somit nicht länger imstande, die Dinge auszubügeln. Fünfzehn Jahre später wurde der alternde Belisar einer Verschwörung beschuldigt und unter Hausarrest gestellt; Justinian rehabilitierte ihn jedoch bald. Kurz darauf starb Belisar; die Legende, Justinian habe ihn blenden lassen, ist mit Sicherheit falsch.

Justinians Eroberungen zu halten, überstieg jedoch die Kräfte des Reiches, und seine Nachfolger verloren sie bald wieder an neue barbarische Einfälle. Man wirft Justinian oft vor, die Kräfte des Reiches für nutzlose Abenteuer überspannt zu haben; aber Justinian hätte dies kaum voraussehen können. Eine Reihe von Männern wie Justinian und Belisar hätte vielleicht diese Eroberungen konsolidiert; aber dazu kam es eben nicht.

Wie Augustus und Hadrian war Justinian ein großer Bauherr. Aber während diese früheren Kaiser Tempel, Bäder und Zirkus gebaut hatten, waren Justinians Bauwerke meist Kirchen und Befestigungsanlagen. Er sicherte Ostanatolien durch ein Netz von Mauern, Festungen und Blockhäusern, und er errichtete mehrere Kirchen in Konstantinopel. Für seine Kirchenbauten stellte er Anthemios von Tralles und Isidoros von Milet an, die zu den fähigsten Architekten ihrer Zeit gehörten. Anthemios baute auch Maschinen, darunter eine Art von Dampf- oder Heißluftmaschine, die das Haus erschütterte, wenn sie in Betrieb war. Um unerwünschte Besucher loszuwerden, brauchte er nur seine Maschine in Betrieb zu setzen, und die Besucher dachten, die Erde bebe, und flohen.

Dem Nika-Aufstand war jene christliche Kirche zum Opfer gefallen, die im allgemeinen als die Kirche der Hagia Sophia bekannt. Dieser Name ist gelegentlich als Santa Sophia oder St. Sophia latinisiert worden; dies könnte so aussehen, als sei sie nach einer heiligen Sophia genannt worden. Der griechische Name bedeutet jedoch »heilige Weisheit« und bezog sich nicht auf irgendeine Heilige.

Zum Ersatz für die alte Kirche bauten Anthemios und Isidoros eine riesige neue Hagia Sophia aus Stein und Ziegeln. Der mittlere Teil bedeckte eine Fläche von 1300 qm. An jeder Ecke dieses Vierecks erhob sich ein 30 Meter hoher Träger aus Stein. Diese vier Träger stützten ihrerseits vier Rundbögen von 18 Meter Höhe; die Rundbögen stützten eine »hängende« Kuppel, d. h. eine Kuppel, die so ausgeschnitten war, daß sich vier Strebebögen an den Ecken vereinigten. Der Strebebogen, eine architektonische Erfindung der römischen Kaiserzeit, war ein dreieckiger Ausschnitt aus einer Kugel, der den Winkel zwischen der Ecke eines Raumes und der Decke ausfüllen und so einen Übergang zwischen Mauern, die ein Viereck bildeten, und einer darüber gebauten kreisförmigen Kuppel bilden sollte. Man kann sich eine Vorstellung von der Gestalt einer »hängenden« Kuppel machen, wenn man eine halbe Orange mit der flachen Seite nach unten hinlegt, vier vertikale Schnitte am Rande vornimmt, so daß die halbe Orange viereckig im Grundriß wird und auf jeder Seite einen Halbkreis aufweist, und dann die Spitze auf gleicher Höhe abschneidet wie die Spitzen dieser Halbkreise.

In der Hagia Sophia wurde auf die hängende Kuppel noch eine einzelne niedrige Kuppel aufgesetzt. Diese war keine vollständige Halbkugel, sondern der kleinere Teil einer Kugel, so daß ihre Silhouette am oberen Ende flach war. An der Ost- und der Westseite der Kugel stützten halbe Kuppeln, die von halbkreisförmigen Mauern getragen waren, den ganzen Bau und schufen Raum für die Kanzel und das Schiff. Das Innere der Kirche war abgeteilt durch Arkaden, die auf Säulenreihen ruhten; die Säulen waren aus den Tempeln in Athen, Ephesos und Baalbek entfernt worden. Von außen wurde der Bau noch durch zusätzliche Träger und halbe Kuppeln gestützt. Die prunkvolle Ausschmückung befand sich zum größten Teil im Innern, in der Form von Vergoldungen, Mosaiken und buntem Marmor; das Äußere blieb funktional und kahl.

Im Jahr 558 wurde die Hagia Sophia durch ein Erdbeben beschädigt. Als Isidoros der Jüngere, Enkel des ersten Isidoros, den Schaden reparierte, riß er die ursprüngliche Kuppel ab und baute eine neuere und größere.

Viele Jahrhunderte lang erstaunte die Hagia Sophia, das aufwendigste Gebäude der Welt, alle Besucher Konstantinopels. Im Jahr 987 beschloß der mächtige Großfürst Wladimir von Rußland, das Heidentum seiner Vorväter mit seinen herzhaften Menschenopfern aufzugeben und eine der Religionen der Nachbarländer anzunehmen. Daher schickte er Botschafter aus, die erkunden sollten, wie sich die Anhänger des römischen, griechischen, islamischen und jüdischen Glaubens verhielten.

Die Botschafter berichteten, daß die islamischen Bulgaren eine triste und schmutzige Gesellschaft seien; die römisch-katholischen Kirchen in Deutschland fanden sie häßlich. Doch in Konstantinopel begrüßten die Vertreter der orthodoxen Kirche sie in der Hagia Sophia und ließen den vollen Glanz des griechischen Rituals auf ihn wirken. Die faszinierten Botschafter erzählten Wladimir: »Wir wußten nicht mehr, ob wir im Himmel oder auf der Erde waren.« Dank dem Charme der Hagia Sophia nahm der schreckliche Slawe den griechisch-orthodoxen Glauben an, schickte seine 800 Konkubinen fort und widmete den Rest seines Lebens guten Werken.

Von Justinian I. bis zu Konstantin XI. Dragases gab es fast hundert byzantinische Kaiser, einschließlich der von den Kreuzfahrern eingesetzten lateinischen Kaiser. (Die genaue Zahl hängt davon ab, welche der Grenzfälle, wie die zahlreichen kurzlebigen Thronprätendenten, man mitzählt).

Nach Justinian saßen noch ein halbes Jahrhundert seine Leibeserben auf dem Thron, bis der letzte von ihnen, Mauritius (Flavius Tiberius Mauricius) abgesetzt wurde. Als man der Armee befahl, einen Winter lang nördlich der Donau zu kampieren, meuterte sie, tötete ihre höheren Offiziere und wählte einen analphabetischen Zenturio namens Phokas zum Führer. Als die Armee dann auf Konstantinopel marschierte, floh Mauritius, aber wurde gefangengenommen; Phokas ließ ihm, seiner Frau und seinen neun Kindern den Kopf abschlagen. Nach acht Jahren militärischer Desaster unter der Herrschaft von Phokas erschien der Militärgouverneur von Afrika, ein Armenier namens Heraklios, mit einer Flotte, und jetzt verlor Phokas seinen Kopf.

Heraklios' Regierung (610—640) war voll von Erfolgen und Rückschlägen. Die Barbaren rückten von allen Seiten an: Bulgaren, Avaren und Slawen im Balkan, Langobarden in Italien, Goten in Spanien in Nordafrika. Die Avaren, ein den Hunnen verwandtes Volk, belagerten sogar Konstantinopel. Als es ihnen nicht gelang, die Stadt zu nehmen, luden sie Heraklios zu einem Abschiedspalaver an der Küste der Propontis ein und versuchten dann, ihn zu umzingeln und gefangenzunehmen. Heraklios entkam, indem er wie der Teufel ritt; aber die Avaren töteten seine Begleitung und Tausende von Konstantinoplitanern, die gekommen waren, die Schau mitanzusehen. Dann marschierten sie ab und führten über 250 000 Gefangene mit sich.

Östlich des Euphrat hatten die kriegerischen Iranier nach der Vertreibung der Makedonier im zweiten Jahrhundert v. Chr. ihr großes, dünn besiedeltes Land voller dürrer Wüsten und hoher Felsen wieder selbst regiert. Etwa drei Jahrhunderte lang bildete das Land das Partherreich, so genannt, weil es in der nördlichen Provinz Parthien entstanden war — nach seinem Gründer Arsaka wird es auch das Arsakidenreich genannt.

Im 3. Jahrhundert n. Chr. besiegte ein kleiner König in der südwestlichen Provinz Fars – »Persien« im eigentlichen Sinne – die Parther und gründete eine persische Dynastie, die nach Sassan, einem Ahnherrn des Gründers, die Sassaniden genannt wurde. Diese Dynastie war aggressiver als die gutmütigen Parther. Obwohl der Iran dem Römischen Reich an Bevölkerung und wirtschaftlicher Kraft weit unterlegen war, konnten die iranischen Herrscher dank der Tapferkeit ihrer Ritterklasse sieben Jahrhunderte lang den Römern und Byzantinern gleichwertig entgegentreten. Infolgedessen stand meist die halbe römische und später byzantinische Armee an der Ostgrenze, der Grenze zu dem einzigen Nachbarland, das sich an Macht und Kultur mit ihnen messen konnte.

Der persische König Chusrau II. schickte eine Armee nach Anatolien, angeblich um den Mord an Mauritius zu rächen, und weigerte sich, bei Heraklios' Thronbesteigung den Krieg abzublasen. Heraklios führte glänzende Feldzüge in Armenien, Mesopotamien und schließlich im Iran selbst, in den er einfiel, während eine vereinigte persische und avarische Streitmacht in seinem Rücken Konstantinopel angriff. Aber die Perser konnten, weil sie keine Schiffe hatten, angesichts der byzantinischen Flotte den Bosporus nicht überqueren, und die Avaren, die auf der europäischen Seite der Meerenge standen, wurden wiederum zurückgeschlagen.

Heraklios gewann den Krieg; aber eine Folge war, daß beide Mächte entscheidend geschwächt wurden gegenüber einer neuen Bedrohung, den Arabern, die in den Jahren nach 630 aus ihrer Halbinsel ausbrachen. Sie eroberten den Iran im Sturm und entrissen Ägypten, Syrien und Mesopotamien den Byzantinern. Die Bevölkerung dieser Provinzen leistete nur schwachen Widerstand, da sie keine große Liebe für die Steuereinnehmer aus Konstantinopel empfand. Alt und krank geworden, blieb Heraklios in Konstantinopel, führte theologische Gespräche mit den Priestern und tat wenig, sich der neuen Sturmflut entgegenzustellen. Als diese Flut für eine Zeit lang zur Ruhe kam, war das byzantinische Reich auf den Umfang reduziert, den es in den nächsten vier Jahrhunderten behalten sollte: Es bestand aus Kleinasien, den Balkanländern südlich der Donau, dem heutigen Griechenland mit seinen Inseln und Teilgebieten in Italien und Sizilien.

Das 7. Jahrhundert war eine Zeit der Rückschläge, mit ständigen Invasionen, Usurpationen, Kaisermorden und Bürgerkriegen. Im Balkan errichteten die Bulgaren ein mächtiges Königreich. Es war ein Mischvolk, in dem eine Aristokratie hunnischer Abstammung slawische Bauern beherrschte. Sie übernahmen einen schwachen Abglanz der byzantinischen Kultur, was ihre Khans veranlaßte, begehrlich nach Konstantinopel zu blicken und sich zu fragen, ob sie nicht bessere Kaiser abgeben würden als jene, die die Krone trugen.

Aus dem Süden kam im Jahr 674 eine große arabische Flotte, gebaut auf Befehl des Kalifen Murawija, um Konstantinopel zu belagern. Sie blieb zwei Jahre und erlitt große Verluste, ehe sie aufgab und wieder abfuhr. Die Araber scheiterten nicht nur an Krankheit, Hunger und konventionellen Waffen, sondern auch an dem sogenannten »griechischen Feuer«. Ein Jahr vor der Belagerung war der Architekt Kallinikos vor den Arabern von Baalbek nach Konstantinopel geflohen; dort enthüllte er Konstantin IV. eine verbesserte Formel für einen flüssigen Brennstoff auf Petroleumbasis. Die byzantinischen Galeeren wurden mit einer Flammenwerfer-Ausrüstung im Heck versehen, die aus einem Tank mit dieser Mischung, einer Pumpe und einer Düse bestand.

In den Jahren 716–18 versuchten es die Araber noch einmal, wieder ohne Erfolg; von 800 arabischen Schiffen, welche die Königin der Städte angriffen, kehrten nur fünf nach Hause zurück. Die Byzantiner hielten die Zusammensetzung des »griechischen Feuers« so streng geheim, daß sie niemals allgemein bekannt wurde. Wenn man sie fragte, erwiderten sie ungerührt, ein Engel habe Konstantin I. die Formel dafür gegeben.

Während der zweiten Belagerung durch die Araber wurde die Lage stabilisiert dank der Thronbesteigung von Leo III., (Flavius Leo der Isaurier) im Jahr 717. Die Isaurier waren ein zähes Bergvolk im südlichen Kleinasien, aus denen sich zu Justinians Zeiten das Regiment der »Excubitores« rekrutierte. Leo und seine unmittelbaren Nachfolger aus der Isaurier-Dynastie waren grausam und tyrannisch, aber auch fähig und energisch. Ein großer Teil ihrer Energie wurde jedoch in eine Richtung vergeudet, die uns recht nutzlos erscheint: dem Bilderstürmerstreit. Die Isaurier hatten von den Arabern die puritanische Vorstellung übernommen, daß die Verehrung von Bildern, die Personen darstellten, eine Sünde sei. Daher bekämpften die isaurischen Kaiser die Verwendung von Ikonen in der orthodoxen Kirche. Daneben kämpften sie auch gegen die Macht der Mönche, die furchtbare Ausmaße angenommen hatte: Die Mönche, die sich rühmten, nie mehr als dreimal im Jahr zu baden, benutzten die Ikone, um die byzantinischen Frauen zu beherrschen, die ihrerseits versuchten, ihre Männer zu beherrschen. Zahllose Ikonen wurden jetzt zerstört.

Der Feldzug gegen die heiligen Bilder wurde durch die Regierung der Kaiserin Irene (780–802) unterbrochen. Diese Witwe von Leo IV. regierte als Regentin während der Minderjährigkeit ihres Sohnes, des Kaisers Konstantin VI. Sie korrespondierte mit Karl dem Großen, den der Papst gerade zum Römischen Kaiser gekrönt hatte, über die Möglichkeit einer Heirat; aber der Plan scheiterte. Als dann Konstantin erwachsen wurde, versuchte er, seinen Platz als Kaiser einzunehmen. Doch Irene hatte Geschmack am Regieren bekommen und weigerte sich, den Platz zu räumen. Als Konstantin darauf bestand, lockte sie ihn in ihren Palast und ließ ihn im Schlaf blenden. Die Byzantiner hatten herausgefunden, daß man einen Rivalen unschädlich machen konnte ohne die Sünde des Mordes, nur durch ein paar kleine Verstümmelungen. Das Blenden war die beliebteste, Kastrierung und Herausschneiden der Zunge waren andere Möglichkeiten. Uns scheint dies sadistisch; aber ein Byzantiner hätte zweifellos dies als barmherziger bezeichnet als einen Mord, der den Mörder außerdem in die Hölle bringen würde.

Nach Irene erlebte das Reich im größten Teil des 9. Jahrhunderts weiteres Unheil. Von 829 bis 842 war Theophilos Kaiser, der, obwohl recht fähig und anständig, »der Unglückliche« genannt wurde, weil die Araber ihn mehrfach schlugen. Seine Regierungszeit ist vor allem bemerkenswert durch den Glanz seines Thronsaales. Der Kaiser saß auf einem Thron, der sich während der Vorstellung ausländischer Würdenträger durch einen verborgenen Mechanismus in die Luft hob; neben dem Thron standen mechanische Löwen und ein vergoldeter Baum, in dem goldene Vögel zwitscherten.

Auf Theophilos folgte sein Sohn Michael II., der wegen seiner Orgien »der Trunkenbold« genannt wurde. Während seiner Regierung (842 bis 865) brach die orthodoxe Kirche endgültig mit Rom, und es kam zum großen Schisma. Es gab verschiedene Vorwände für diesen seit langem schwelenden Streit: Unterschiede des Dogmas, der Liturgie und der Kirchenzucht. Aber dies war nur ein Rauchschleier für den Machtkampf: Der eigentliche Streitpunkt war nicht, ob der Heilige Geist nur vom Vater allein stammte, wie die Griechen behaupteten, oder vom Vater und dem Sohn, wie die Lateiner erklärten, sondern wer wem Befehle geben könne.

Der Papst in Rom wollte, daß der ökumenische Patriarch in Konstantinopel ihm gehorchte; der Patriarch betrachtete den Papst als einen bloßen Bischof und weigerte sich. Andererseits wollte der byzantinische Kaiser, der die orthodoxe Kirche unter seinem Daumen hatte, daß auch der Papst ihm gehorchen sollte; aber der Papst, der sich als Stellvertreter Gottes hoch über allen weltlichen Herrschern erhaben dünkte, wollte davon nichts hören. In den nächsten sechs Jahrhunderten wurden immer wieder Versuche gemacht, den Streit beizulegen, aber alle ohne Erfolg, da entweder die eine oder die andere Seite dabei hätte Macht abgeben müssen.

Michael der Trunkenbold wurde von seinem Freund und Mitregenten Basilios ermordet, einem mazedonischen Pferdezüchter armenischer Abstammung. Mit ihm begann die mazedonische Dynastie, die mit Unterbrechungen fast 200 Jahre regierte. Diese Zeit war der Höhepunkt der byzantinischen (im Gegensatz zur römischen) Zivilisation.

Während der zahlreichen Usurpationen zwischen den Jahren 919 und 976 starb Romanos II. eines plötzlichen Todes, wie man glaubte, von seiner Ehefrau Theophano[5] vergiftet. Da sie einen Mann brauchte, um mit der Armee fertigzuwerden, heiratete Theophano einen General namens Nikephoros Phokas. Dann kam sie zu der Überzeugung, dieser Mann sei zwar ein guter Soldat, aber sie könne ihn nicht länger ertragen: er war klein, dickbäuchig, mit dünnen Beinen und grauem Bart, mit barschen Manieren und strengen Ansichten. So nahm sie sich als Liebhaber einen anderen General, den Armenier Johannes Zimiskes. Dieser war klein, aber ein Herkules im Westentaschenformat, der alle durch seine Kühnheit auf dem Schlachtfeld erstaunt hatte, aber dann durch eine Hofintrige in Ungnade gefallen war.

Eines nachts ließ Theophano Johannes und seine Spießgesellen an der Wassertreppe des Bukoleon-Palastes ein, der so hieß, weil die Statue eines mit einem Stier kämpfenden Löwen einst dort gestanden hatte. Sie wurden einzeln in einem Korb hochgehievt bis zu dem Stockwerk, wo Nikephoros schlief. Sie töteten ihn nach kurzem Foltern, und Theophano zeigte sein noch bluttriefendes Haupt aus einem Fenster, um anzukündigen, daß Byzanz einen neuen Kaiser hatte.

Johannes I. erwies sich als ein erstaunlich guter Kaiser. In der Meinung, eine Kaiserin, die zwei Ehemänner um die Ecke gebracht habe, hätte auch keine Skrupel bei einem dritten, verbannte er Theophano in ein Kloster. Nach entscheidenden Siegen über die Russen in Bulgarien und die Araber in Syrien starb er verdächtig plötzlich. Der Sohn von Romanos II. wurde als Basilios II. sein Nachfolger.

Unter diesem Basilios (976–1025) erreichte das Byzantinische Reich seine größte Macht und Ausdehnung seit dem Tode des Heraklios bis zum Ende des Reiches. Basilios war ein harter Charakter, ähnlich Leo III. und Nikephoros Phokas. Einer, der ihn gut kannte, nannte ihn »streng und schroff in seiner Art, leicht zu erzürnen, ein Mann, der nicht leicht seine Ansicht änderte, nüchtern in seinen Lebensgewohnheiten und ein Feind jeder Verweichlichung.«[6]

Auch Basilios war grausamer, als es nötig war. Er führte einen dreißigjährigen Krieg mit den Bulgaren, der mit einem völligen Siege endete. In seiner letzten Schlacht nahm er 15 000 Bulgaren gefangen; von je 100 Gefangenen ließ er einem einzigen ein Auge, und jeder Einäugige mußte 99 Blinde nach Hause zurückführen. Als der Bulgarenkhan die Gefangenen in dieser Verfassung nach Hause kommen sah, fiel er in Ohnmacht und starb bald darauf. Basilios annektierte Bulgarien, das erst zwei Jahrhunderte später seine Unabhängigkeit zurückgewann.

Das Reich des Basilios Bulgaroktonos (»Bulgarentöter«) war der reichste, stärkste und zivilisierteste Staat seiner Zeit. In China war die große Tang-Dynastie zu Ende gegangen, und tatarische Stämme hatten die Nordprovinzen erobert. In Indien war das Gupta-Reich zerbrochen. Im arabischen Raum etablierten sich türkische Abenteurer als unabhängige Sultane. Im Westen regierten die Römischen Kaiser deutscher Nation zwar ein noch größeres Gebiet in Deutschland und Italien; aber ihre Herrschaft war schwach und locker, und der größte Teil ihres Herrschaftsgebiets war noch recht barbarisch.

Der Byzantinische Kaiser war ein reiner Autokrat. Er war Oberhaupt sowohl des Staates als auch der Kirche, was man manchmal »Caesaropapismus« genannt hat. Byzanz setzte die spätrömische Tendenz zu einer straff zentralisierten, bürokratischen und despotischen Regierung fort, die bis ins einzelne das Leben ihrer Untertanen regulierte. Rußland sollte später die Regierungstradition erben, mit Folgen weltweiter Bedeutung für unsere eigene Zeit.

Die Kaiser lebten, wie die persischen Großkönige, in göttergleicher Abgeschlossenheit, umgeben von einem großen Apparat von Dienern – viele davon Eunuchen – und Agenten. Regierungsgeschäfte, Zeremonien und die militärische Führung füllten fast die gesamte Zeit des Kaisers aus. Wenn er in der Öffentlichkeit erschien, war sein Auftreten eine Gelegenheit zu Zeremonien von erschreckender Formalität, mit einer Schaustellung von Edelsteinen und Juwelen, glänzenden Kostümen, pompösen Titeln und viel Servilität. Die Schilderung des Kaisers Arcadius Ende des 4. Jahrhunderts aus der Feder von St. Johannes Chrysostomos würde auch für die späteren byzantinischen Herrscher zutreffen:

»Der Kaiser trägt auf dem Kopf entweder ein Diadem oder eine goldene Krone, die mit kostbaren Steinen von unschätzbarem Wert verziert ist. Dieser Schmuck, ebenso wie seine purpurnen Gewänder, ist seiner geheiligten Person allein vorbehalten; seine seidenen Gewänder sind mit vergoldeten Drachenfiguren bestickt. Sein Thron ist aus massivem Gold. Wenn er in der Öffentlichkeit erscheint, ist er von seinen Höflingen, seiner Garde und seinen Dienern umgeben. Ihre Speere, Schilde und Kürasse, die Zügel und das Geschirr ihrer Pferde sind entweder aus purem Gold oder sehen wenigstens so aus; der große glänzende Buckel in der Mitte ihrer Schilde ist von kleineren Buckeln umgeben, welche die Form des menschlichen Auges haben. Die zwei Maultiere, die den Wagen des Monarchen ziehen, sind völlig weiß und glitzern überall von Gold. Der Wagen selbst, von reinem und massivem Gold, erweckt die Bewunderung der Zuschauer, welche die purpurnen Vorhänge, den schneeweißen Teppich auf dem Boden, die riesigen kostbaren Edelsteine und das Glitzern bei der Fortbewegung des Wagens bestaunen.«[7]

Die Byzantiner glaubten, diese ostentative Zurschaustellung des Reichtums würde die schlichten Barbaren beeindrucken, die kamen, um dem Kaiser ihre Reverenz zu erweisen. In den Zeiten der militärischen Macht war dies wohl auch so gewesen; aber später, als das Reich immer schwächer wurde, reizte es nur die Beutelust und den Appetit der Besucher. Doch in ihrer Tradition festgefahren, konnten sich die Byzantiner nicht umstellen.

Die Orthodoxe Kirche widersetzte sich manchmal der Beherrschung durch den Kaiser, aber nicht sehr erfolgreich. Der Senat, der jetzt aus allen gegenwärtigen und früheren Inhabern hoher Staatsämter und ihrer Nachkommen bestand, hatte einige formelle Funktionen; aber er übte nie wirkliche Macht aus, außer wenn er Gelegenheit hatte, einen neuen

Kaiser zu wählen. Da es keine feste Nachfolgeordnung gab, war das Byzantinische Reich nach dem Tode jedes Kaisers stets der Gefahr des Bürgerkrieges ausgesetzt. Von 395–1453 erlebte Byzanz 65 erfolgreiche Umstürze, und daneben eine viel größere Zahl von erfolglosen. Gibbon schrieb: »Von den verschiedenen Regierungsformen, die es in der Welt gegeben hat, scheint die erbliche Monarchie die beste Zielscheibe des Spottes zu bieten.«[8] Aber er fügte schnell hinzu, es sei manchmal besser, einen unfähigen Monarchen zu haben, den jeder anerkennt, als mehrere begabte, die um den Thron kämpfen.

Gibbon widmete den größten Teil der zweiten Hälfte seines umfangreichen »Geschichte des allmäligen Sinkens und endlichen Untergangs des Römischen Weltreichs«, 12 Bde., 1861–63, dem Byzantinischen Reich, obwohl er es nicht bewunderte – im Gegenteil, er fand seine Geschichte »eine langweilige und eintönige Geschichte der Schwäche und des Elends«.[9] Seine Verachtung wurde von mehreren Generationen späterer Historiker geteilt. Erst im 20. Jahrhundert schlug das Pendel nach der anderen Seite aus: Ganz gewiß hätte kein schwaches Regiment unter so ungeheuerem Druck so lange gehalten.

Eine abgewogene Ansicht wäre wohl die, daß das Byzantinische Reich der Zivilisation wertvolle Dienste geleistet hat, durch die Erhaltung eines Teils der klassischen griechischen Literatur und durch die Abwehr einer barbarischen Welle nach der anderen, ferner daß es, verglichen mit dem größten Teil der damaligen Welt, seinen Bürgern ein verhältnismäßig gutes Leben bot. Obwohl Heraklios die kostenlose Brotverteilung in Konstantinopel einstellte, gab es dort praktisch keinen Hunger. Die Mildtätigkeit war gut organisiert, und ein gesunder Mann konnte stets bei einer der vielen öffentlichen Bauprojekte Arbeit finden. Die Bildung stand in großem Ansehen, und das Reich sank nie auf den Zustand des frühmittelalterlichen Europa herab, als der böse König Johann von England die Magna Charta nicht unterzeichnete, weil er nicht schreiben konnte (er stempelte sie mit dem königlichen Siegel). Die Justiz war verhältnismäßig human, und die Bürokratie scheint ebenso ehrlich gewesen zu sein wie jede andere in jener Zeit.

Andererseits dürfte die Kultur der Byzantiner den meisten gebildeten Leuten von heute wenig attraktiv erscheinen. Die vorherrschenden Tendenzen der byzantinischen Gesellschaft gingen in eine Richtung, die der unserer eigenen Zivilisation entgegengesetzt ist. Das Reich praktizierte eine illiberale, undemokratische Autokratie, die nicht nur Preise, Löhne und Zinssätze genau regulierte, sondern auch Berufe, Kleidung und religiösen Glauben. Wenn auch einige der Gesetze Diocletians, die den Beruf jedes Bürgers erblich machten, gemildert oder vergessen worden zu sein scheinen, wurden auch in Byzanz die sozialen Schichten in ein strenges Schema gepreßt. Byzanz hatte ferner wenig Interesse für Wissenschaft und Technik; die Araber des Kalifats hatten, wenigstens einige Jahrhunderte lang, viel mehr Sinn für die Wissenschaft. Byzanz vereinigte die spätrömische Leidenschaft für leere Rhetorik mit einem mittelalterlichen religiösen Fanatismus, und die immer wiederkehrenden Erzählungen von Blendungen und Kastrationen hinterlassen einen üblen Nachgeschmack.

Die ganze intellektuelle Beweglichkeit der Griechen, die einst der Kunst, Philosophie und Naturwissenschaft zugute gekommen war, wandte sich jetzt spitzfindigen theologischen Disputen zu. Neben dem Wagenrennen wurden diese die große Leidenschaft der Byzantiner. Schon im 4. Jahrhundert beklagte sich Bischof Gregorius von Nyssa, daß in Konstantinopel

> »die Leute überall von unverständlichen Dingen reden, auf den Straßen und Plätzen und an den Marktständen. Wenn ich frage, wie viele Oboli ich zu zahlen habe, antworten sie mit haarspaltenden Argumenten über Geborene und Ungeborene. Wenn ich nach dem Preis des Brotes frage, sagt man mir, der Vater sei größer als der Sohn. Ich rufe einen Diener und frage ihn, ob mein Bad fertig ist; er antwortet, der Sohn sei aus dem Nichts erschaffen worden ...«[10]

Von der umfangreichen Literatur, die Byzanz produzierte, bezog sich die Hälfte auf Theologie, und auch ein so kluger und realistischer Kaiser wie Alexios I. verbrachte Zeit mit öffentlichen Debatten mit dem ketzerischen Priester Nilos über »die Lehre von der Vereinigung der göttlichen und der menschlichen Natur in Christus«.[11] Auch die Geschichtsschreibung blühte, wenn auch heute nur Fachgelehrte die Werke der ausgezeichneten byzantinischen Historiker lesen.

Um das Staatsschiff im stürmischen Meer der Barbarei flott zu halten, stützte sich der Kaiser auf seine Bürokraten, seine Soldaten und seine Kleriker. Der Beamtenstand war gut organisiert, und Adelstitel waren mit den höheren Rängen der Bürokratie verbunden wie später im zaristischen Rußland.

Unter der mazedonischen Dynastie (von Basilios I. bis Theodora, oder von 867–1056) war das Rückgrat der Armee noch der berittene »kataphraktos«, der von geschickten byzantinischen Generalen mit Erfolg gegen eine mehrfache Überlegenheit des Feindes eingesetzt wurde. Militärische Handbücher erläuterten die jeweils beste Taktik gegen eine fremde Nation: Zum Beispiel hieß es, die ungestümen Franken, obwohl einzeln tapfer und furchtlos, ließen sich leicht in einen Hinterhalt locken; andererseits solle man nie die schlauen Türken über offenes Gelände hinweg verfolgen, wenn man sie nicht gegen ein Hindernis wie einen Felsen oder einen Fluß drängen könne. Außerdem wurden nach wie vor fremde Söldner angeworben; unter Basilios II. wurde ein Korps axtschwingender Russen und Skandinavier, die Warägergarde, aufgestellt.

Die byzantinische Diplomatie war schlau, subtil und weitgehend professionalisiert. Die Byzantiner spielten recht erfolgreich einen gefährlichen Nachbarn gegen den anderen aus: Russen gegen Petschenegen, Ungarn gegen Bulgaren. Die byzantinischen Diplomaten wurden auf ihre Aufgabe durch ein Studium der Stärken und Schwächen der Nachbarn des Reiches vorbereitet sowie der führenden Männer dieser Nationen: Sie lernten, wen man bestechen könne und für wieviel. Die Informationen wurden durch ein Netz von Agenten gewonnen. Dazu gehörten viele Priester, die teils spionierten und teils missionierten, welche die Barbaren zur orthodoxen Kirche bekehrten und damit indirekt unter die Botmäßigkeit des Kaisers brachten.

Die Kaiser benutzten aber diese Informationen nicht nur für die Verteidigung ihres Reiches, sondern auch zur Verfolgung des unrealistischen Zieles, das Reich Trajans wiederherzustellen — oder sogar des chimärischen Zieles, die ganze Welt unter ihre Herrschaft zu bringen. Wenn die Byzantiner darauf bestanden, daß ihr Reich »von Natur Herr über die anderen Völker«[12] sei, dann machten sie sich dadurch bei ihren Nachbarn nicht beliebt.

Unter den mazedonischen Herrschern war Konstantinopel — das Zarigrad der Russen, das Miklågard der Normannen und das Qustantiniyya der Araber – das gelobte Land für viele Völker. Es war – wie heute New York – eine der größten Städte der Welt, mit einer Bevölkerung zwischen einer halben und einer Million; der einzige Rivale als Zentrum der Kultur und Zivilisation war das Bagdad der Kalifen. Konstantinopel hatte sich über das Goldene Horn ausgedehnt und dort die Vorstadt Galata (das türkische Beyoglu) entwickelt. Eine andere Vorstadt, Skutari oder Chrysopolis (das türkische Üsküdar), entstand auf der anderen Seite des Bosporus.

Das östliche Ende der eigentlichen Stadt — die abgerundete Spitze des Dreiecks — war von Palästen und anderen öffentlichen Gebäuden eingenommen. Fast jeder Kaiser baute hier etwas dazu, bis

»es eine vielgestaltige Anhäufung von Gebäuden jeder Art war: Empfangshallen, im Grünen versteckte Pavillons, Paläste, Kasernen, Bäder und Bibliotheken, Kirchen und Gefängnisse, lange Galerien und Terrassen, die eine weite Aussicht weit über den Bosporus und bis zum Marmarameer boten, ferner Treppen, Türme und Gärten, die ohne Symmetrie und ohne allgemeinen Plan gebaut waren, aber mit dem Charme der Phantasie und mit einer noch nie dagewesenen Großartigkeit«.[13]

Von dem Palastbezirk führte die Mesê (die »mittlere«), die Hauptstraße nach Westen und Nordwesten, am Hippodrom und an den Foren verschiedener Kaiser vorbei. Dann drehte sie nach Südwesten, während eine andere Allee die ursprüngliche Richtung der Mesê nach Nordwesten fortsetzte. Abgesehen von diesen Hauptstraßen, deren genaue Lage nicht ganz sicher ist, waren die normalen Straßen nur etwa vier Meter breit. Über die ganze Stadt verstreut waren monumentale Säulen, Obelisken, Kirchen und Klöster. Die hohen Mauern von Theodosius II., die jetzt durch eine zweite Linie von Mauern vor der ersten verstärkt waren, schlossen das ganze Stadtgebiet ein. Die Straßen waren nachts beleuchtet; diese Neuerung wurde zuerst in Antiochia etwa um das Jahr 350 eingeführt.

»Zwischen dem Augusteum und dem Taurus-Platz führte das Bazar-Viertel die ganze Länge der Mesê entlang, und die Stände waren unter Säulenhallen eingerichtet. Hier gab es Arbeitsplätze, wo Goldschmiede im Freien ihr Handwerk betrieben; Tische der Geldwechsler, mit Münzen bedeckt, Läden der Einzelhändler, die Fleisch, Fisch, Mehl, Käse, Gemüse, Öl, Butter und Honig verkauften; schließlich die Läden der Parfumverkäufer, die ihre Stände auf dem Platz vor dem Palast hatten. Dieser Bazar, wie heute ganz Istanbul, war orientalisch im Charakter. In der Nähe der Langen Säulenhalle, zwischen Taurus und dem Forum des Konstantin, hatten die Verkäufer von Seide und Baumwolle ihren ihnen zugewiesenen Platz ... Im Taurus und im Strategion-Platz wurden Schafe und Schweine verkauft, im Amastrianon Pferde, während der Fischmarkt an den Ufern des Goldenen Horns stattfand. Außerdem stellten unter strenger Staatsaufsicht geschlossene Gilden die Luxusartikel her, die den Ruhm von Byzanz bildeten.

So viel Kaufen und Verkaufen verursachte nicht geringen Wirbel in der großen Stadt. Der Hafen, sowohl entlang des Goldenen Horns wie am Ufer der Propontis, war vom Morgen bis zur Nacht voll von einer kosmopolitischen Menge, als habe sich die ganze Welt hier zu einem Treffen verabredet. Hakennasige Asiaten mit Spitzbärten und auf die Schulter fallendem schwarzen Haar; Händler aus Babylon, Syrien, Ägypten und Persien mit Turbanen; schmutzige bartlose Bulgaren mit einer Eisenkette statt einem Gürtel um die Hüfte; Russen mit langen hängenden Schnurrbärten, grünen Augen und Stupsnasen, ganz in Pelze gekleidet; Chasaren und Petschenegen; Männer aus Spanien und der Lombardei; Kaufleute aus Pisa und Amalfi, Genua und Venedig, die ihr eigenes Viertel mit eigenen Liegeplätzen, Lagerhäusern und Kirchen am Goldenen Horn hatten – alle Rassen, Sprachen und Religionen trafen und mischten sich hier.«[14]

Im Straßenbild war die Toga den Weg aller Moden gegangen. Das Hauptkleidungsstück des Mannes war jetzt entweder eine lange Robe oder Rock oder eine knielange Tunika mit langen Ärmeln, die über Kniehosen oder Strumpfhosen – ähnlich denen, die jetzt bei uns Mode geworden sind – getragen wurden. Die feierliche Robe, das »skaramangion«, ähnelte der eines chinesischen Mandarins und war tatsächlich durch die Hunnen aus China herübergekommen. Es gab Mäntel von verschiedenem Schnitt; einer davon war ein poncho-ähnliches Viereck mit einem Loch in der Mitte für den Kopf. Die Kleider der Reichen und Vornehmen waren steif, weil sie so reichlich mit goldenen Fäden bestickt waren. Die einzelnen Berufe bevorzugten verschiedene Farben: So trugen beispielsweise die Ärzte blau. Wie in den meisten Kulturen vor der modernen Zeit war die Kleidung vorgeschrieben, und sich über seinen Stand zu kleiden, war strafbar. Nach zwei bärtigen Jahrhunderten hatte Konstantin I. die bartlose Mode wieder eingeführt; aber die Bärte kehrten etwa im 8. Jahrhundert zurück und hielten sich von da an.

In den vier Jahrhunderten nach dem Tode von Basilios II. im Jahr 1025 ist die Geschichte von Byzanz eine traurige Erzählung von stetigem Niedergang mit gelegentlichen Erholungen. Nach einer Herrschaft von 52 Jahren folgte auf Basilios II. sein Bruder Konstantin VIII., ein älterer Herr, der auf dem Papier Mitregent zusammen mit Basilios gewesen war, aber, träge und schlaff wie er war, das Regieren seinem Bruder überlassen hatte. Die mazedonische Dynastie endete dann ein Vierteljahrhundert später mit der gemeinsamen Regierung von zwei exzentrischen alten Damen, Konstantins Töchtern Zoë und Theodora, von denen die erstere ihre Räume im Palast zu einem chemischen Laboratorium ausbaute, wo sie Parfüme herstellte. Sie hatte drei Ehemänner gehabt, die als Mitregenten dienten. Die beiden Kaiserinnen kümmerten sich um wenig mehr als darum, den Staatsschatz so schnell wie möglich zu leeren.

In dieser Zeit fand unter Führung des Generals Georgios Maniakes der Versuch statt, Sizilien von den Arabern zurückzuerobern. Unter Maniakes kämpfte die romantischste Gestalt des Jahrhunderts: Harald Sigurdson, der baumlange Kommandeur der Warängergarde, später als Harald Hardraade (»der Rücksichtslose«) König von Norwegen und Dänemark. Nach einem Leben von Abenteuern, die man in einem Roman als unglaubhaft bezeichnen würde, fiel Harald bei einer Invasion in England, drei Wochen bevor sein Gegner Harold von Wessex im Jahr 1066 bei Hastings fiel.

Als sein Feldzug wegen der labyrinthischen Intrigen am byzantinischen Hof scheiterte, empörte sich Maniakes. Er hatte einige der Qualitäten von Basilios II., die das Reich gut hätte gebrauchen können; aber er erhielt schon bald in einer Schlacht eine tödliche Wunde.

Mehrere langfristige Tendenzen arbeiteten jetzt gegen das Reich. Die eine war das Anwachsen des Großgrundbesitzes, der die Bauern immer mehr auf den Stand der Leibeigenschaft herunterdrückte. Eine ähnliche Tendenz bestand damals in Europa, wo sie zur Entstehung des Feudalsystems im eigentlichen Sinne führte, und im Iran. Die Ausdehnung der großen Güter trotz energischer Versuche mancher Kaiser, ihr Einhalt zu gebieten, hing vermutlich mit der neuen Kriegstechnik zusammen, die dazu führte, daß der gepanzerte Reiter oder Ritter die führende Rolle spielte; dies ging wiederum auf die Erfindung des Steigbügels zurück. Das europäische Feudalsystem und seine orientalischen Seitenstücke waren im Kern eine empirisch entstandene Regierungsform, die es den Völkern ermöglichte, eine Klasse von Berufskriegern zu unterhalten, die ihre ganze Zeit damit verbrachten, die schwierige Kunst des Reiterkampfes zu praktizieren — und darüber hinaus eine besonders große, gefräßige und kostspielige Zucht von Streitrossen zu unterhalten, auf denen diese Ritter reiten konnten.

Das Anwachsen des Großgrundbesitzes drückte jedenfalls hart auf die Bauern, die dadurch bewogen wurden, in die Städte abzuwandern. So schrumpfte der soziale Nährboden der »kataphraktoi« zusammen, da nach einer oder zwei Generationen das Leben in der Stadt die Abkömmlinge der Bauern unkriegerisch gemacht hatte — selbst Anna Kommena, die schriftstellernde Tochter von Alexios I. und eine patriotische Byzantinerin wie keine andere, nennt das Volk von Konstantinopel einen »feigen Pöbel«.[15] Als die Stadt schließlich den Türken zum Opfer fiel, trugen von einer Bevölkerung von gut 30 000 (die meisten Bewohner waren schon vor dem Schlußkampf geflohen) nur noch genau 4973 Männer Waffen.

Die andere ungünstige Entwicklung war das Auftreten immer neuer und stärkerer Feinde. Normannische Abenteurer griffen die byzantinischen Besitzungen in Italien und Sizilien an, in der Absicht, sich kleine Königreiche für sich selbst herauszuschneiden, wie es ein berühmter Normanne gerade in England getan hatte. Die Serben bildeten ein mächtiges Königreich im westlichen Balkan; im östlichen Balkan erschienen die Petschenegen oder Patzinaks, zentralasiatische Nomaden hunnischer Rasse. Nach ihnen kamen ihre Verwandten, die Kumanen, die sich schließlich mit ihren magyarischen Stammesbrüdern zu dem Volk der Ungarn vereinigten.

Aus dem Osten kamen dann die gefährlichsten Eindringlinge von allen, die Türken. Dies waren ursprünglich Nomaden mongolischer Rasse wie die Hunnen und Kumanen, und sie lebten in Turkestan. Als zwei türkische Stämme miteinander Krieg führten, nahmen die Araber, seit der Eroberung des Iran ihre Nachbarn, die Partei des einen und die Chinesen die des anderen Stammes. Die Streitkräfte des Propheten schlugen die des Tang-Kaisers in einer großen Schlacht am Talas-Fluß im Jahr 751, vertrieben die Chinesen aus Turkestan und bekehrten die Türken zum Islam.

Im nächsten Jahrhundert begannen die Türken, Stamm für Stamm und Sippe für Sippe in die islamische Welt einzudringen: Nach ihren Legenden wurden sie von einem großen grauen Wolf aus der Steppe herausgeführt. Der Kalif al-Mutasim warb ein Korps türkischer Söldner an. Sie erwiesen sich als hervorragende Kämpfer, aber in anderer Hinsicht als eine Plage; denn wenn sie betrunken waren, galoppierten sie durch die Straßen von Bagdad und ritten die Einwohner nieder, welche die Türken lynchten, wenn sie einmal einen einzeln erwischten. Um diesen dauernden Streit zu beenden, baute der Kalif eine neue Hauptstadt in Samara, mit einem konischen Minarett, auf dessen Spitze ein spiralenförmiger Weg führte und die heute noch steht. Aber infolge eines technischen Fehlers versagte der Kanal, der Wasser nach Samara bringen sollte, und nach einigen Jahren wurde die Hauptstadt nach Bagdad zurückverlegt.

Nachdem der große Kalif Harun al-Raschid im Jahre 809 gestorben war, erlebte das Kalifat schlimme Zeiten. Die zentrale Autorität verfiel fast bis zum Nullpunkt. Zeitweise gab es zwei rivalisierende Kalifen, einen in Bagdad und einen in Kairo. Mehrere Abenteurer – Araber, Perser und Kurden – begannen Teile des Kalifats an sich zu reißen und sich selbst zu Herrschern zu machen, die dem Kalifen nur dem Namen nach untertänig waren. Im ganzen Nahen Osten entstanden und verschwanden kurzlebige Königreiche unter Dynastien, deren Namen heute so gut wie vergessen sind: Samaniden, Buwayhiden und andere mehr.

Die Türken, die in großer Zahl von diesen Herrschern als Söldner angeworben wurden, übertrafen bald ihre Arbeitgeber in diesem Spiel; die verfallenden arabischen Königreiche machten türkischen Sultanaten Platz. Im Jahr 1055 eroberte ein türkischer Stamm, der sich nach einem legendären Ahnherrn Seldschuken nannte, die Stadt Bagdad selbst und reduzierte den Kalifen auf die Stellung eines islamischen Papstes, aber mit weniger Autorität.

Dies waren aber nicht mehr Türken im strengen rassischen Sinne. Infolge ihres zügellosen Appetits auf die Frauen der eroberten Völker war ihr ursprünglicher mongolischer Rassentyp in wenigen Generationen durch Vermischung fast verschwunden. Der große Sultan Suleiman der Großartige im 16. Jahrhundert war ein Musterbeispiel der armenischen Rasse, mit breitem Schädel, dichtem Bart und der großen Hakennase, die seit den Tagen der Hethiter in Kleinasien vorherrscht.

Die Türken glänzten in allen kriegerischen Tugenden. Selbst ihre Feinde, die Kreuzfahrer, fanden sie tapfer, ritterlich und manchmal sogar anständig. Sie hatten jedoch die Fehler ihrer Tugenden: Sie hatten wenig Phantasie und wenig Interesse für Technik und Wissenschaft. Die Türken waren ein Volk, das viel zerstörte, aber wenig schuf. Sie betrachteten die von ihnen Unterworfenen ähnlich wie ihre Schafe und Kamele. Sie bauten – oder ließen ihre Untertanen bauen – manche schönen Moscheen und Paläste; aber sie erfanden wenig oder nichts.

Im Jahre 1059 kam Konstantin X.[16] Dukas auf den byzantinischen Thron; er stammte aus einer der großen Grundbesitzerfamilien, die mehr und mehr das Reich regierten. Konstantins Vorliebe galt der Rhetorik und der Gerichtsbarkeit, der er seine ganze Zeit widmete. Er hatte auch Ideen, die man heute als liberal und progressiv ansehen würde; er war freundlich und barmherzig, und er beförderte verdienstvolle Männer aus den unteren Klassen in den Senat. Er reduzierte auch drastisch den Haushalt der Armee:

> »Beispielsweise sollten internationale Streitfälle nach seiner Ansicht nicht durch Waffengewalt, sondern durch Überreichung von Geschenken und andere Zeichen der Freundschaft beigelegt werden – aus zwei Gründen: Erstens wollte er damit aufhören, den größeren Teil seiner kaiserlichen Einkünfte für die Armee zu verwenden, und zweitens wollte er seine eigene Lebensführung nicht stören lassen.«[17]

Zahl und Löhnung der Soldaten, das Tempo ihrer Beförderung, die Lagerhaltung und der Bau von Befestigungen wurden gekürzt. Als

Konstantin im Jahr 1067 starb, heiratete ein jüngerer Mann, der sich im Kriege ausgezeichnet hatte, seine Witwe und bestieg den Thron als Romanos IV. Diogenes.

Im nächsten Jahr fielen die Türken unter dem Seldschuken-Sultan Alp Arslan in die östlichen Provinzen des Reiches ein. Der energische und kriegerische Romanos führte die byzantinischen Armeen, die durch Konstantins Sparmaßnahmen geschwächt, aber immer noch beachtlich stark waren. In zwei Feldzügen hatte Romanos beträchtliche Erfolge. Dann stieß er im Jahr 1071 bei Manzikert in Armenien auf eine überlegene Streitmacht unter Alp Arslan selbst. Romanos entfaltete seine ganze Armee und sandte sie, entgegen den Anweisungen der militärischen Handbücher, im Galopp gegen den Feind. Die leichte türkische Reiterei floh, bis die schwerer belasteten byzantinischen Pferde müde wurden; dann überschütteten die Türken die Byzantiner mit Pfeilen aus ihren auf große Entfernung wirkenden Armbrüsten und töteten viele Pferde.

Jetzt erkannte Romanos offenbar seinen Fehler und befahl einen Rückzug. Die Türken drängten nach; Romanos befahl, kehrtzumachen und sie zurückzuschlagen. Aber die Reserve, die bei dem Rückzug vorausging, wurde von Andronikos Dukas geführt, einem Verwandten des vorigen Kaisers und einem heimlichen Feind des Romanos. Mit der Erklärung, die Schlacht sei verloren und der Kaiser möge seinen Kampf selbst ausfechten, führte Andronikos seine Truppen ins Lager zurück. Dann durchbrachen die Türken in der Nacht die Linien des Romanos und zersprengten sein Heer; der Kaiser selbst wurde gefangengenommen.

Alp Arslan behandelte Romanos freundlich und schickte ihn mit einem Sack voll Gold nach Hause. Ohne Zweifel überlegte er, je mehr Kaiser es in Byzanz gebe, desto besser; denn dann würden sie unter sich Streit bekommen und ihm freies Feld lassen. Romanos kam nach Konstantinopel und fand tatsächlich seinen Nachfolger, Michael V. Parapinakes, schon fest auf dem Thron sitzend. Er zettelte einen Aufstand an, aber fiel seinem Gegner in die Hand, wurde geblendet und starb kurz darauf.

Unterdessen durchzogen die Seldschuken ganz Anatolien, bis sie es fast ganz besetzt hatten, außer einigen verstreuten byzantinischen Besitzungen an der Nord- und an der Westküste. Zunächst suchten sie die anatolischen Bauern auszurotten, sicher in dem Bestreben, das Land in eine Steppe zurückzuverwandeln. Sie nannten ihre neue Besitzung Rum — das bedeutete »Rom«; denn so hatten sie verstanden, wie die Byzantiner ihr Reich nannten.

So wurde durch das Zusammenwirken von Konstantins Antimilitarismus, Romanos' Leichtfertigkeit und Andronikos' Verrat mit einem Schlage die beste Armee der Welt zerstört und das Reich seines halben Gebiets beraubt. Es blieb ihm wenig mehr als das heutige Griechenland und Bulgarien. Anatolien war auch das wichtigste Rekrutierungsland für die »kataphraktoi« gewesen; obwohl Byzanz noch einige Einheiten solcher Soldaten aus Griechenland aushob, mußte es sich jetzt in der Hauptsache auf fremde Söldner verlassen: auf Bulgaren, Lateiner, Normannen, Kumanen und Türken.

Der Verlust der anatolischen Küste beraubte das Reich außerdem seiner Schiffe und Seeleute. Dies wiederum führte zum Niedergang der byzantinischen Kriegs- und Handelsflotte. Manzikert war somit eine der wichtigsten Schlachten der Geschichte.

Bevor der lange Winter des Untergangs begann, erlebte Byzanz noch einen kurzen Spätsommer unter einer anderen feudalen Familie, den Kommenen. Alexios I. Kommenos[18] usurpierte den Thron im Jahr 1081 und regierte 37 Jahre. Wenn Begabung, Selbstdisziplin, ein tugendhaftes Leben und harte Arbeit das Reich hätten retten können, dann hätte Alexios es gerettet. Die meiste Zeit verbrachte er damit, seine Armee gegen Normannen, Petschenegen, Kumanen, Türken oder die Kreuzfahrer zu führen, und er wurde oft persönlich mit dem Feind handgemein. Er war ungeheuer erfinderisch in neuen Aushilfen: Als er die Stadt Zurlos gegen die Petschenegen verteidigte, lockte er sie bis unter die Mauer und schlug sie in die Flucht, indem er sie mit Wagenrädern bombardierte, die den Abhang außerhalb der Mauer herunterrollten und die feindliche Reiterei zersprengten. Als er alt war und an Asthma und Gicht litt, nahm er seine treue Kaiserin auf den Feldzügen mit sich, damit sie ihm die Füße massieren konnte.

Zu Beginn seiner Regierung hatte Alexios mit Robert Guiscard zu tun, einem normannischen Abenteurer, der nach der Eroberung Süditaliens auch die byzantinischen Gebiete jenseits der Adria anzuknabbern begann. Alexios wandte eine Ermattungsstrategie an, bis Guiscard starb; aber dann stand ihm Roberts furchtbarer Sohn Bohemond gegenüber.

Inzwischen kam es zum ersten Kreuzzug. Nach der Schlacht von Manzikert hatten die byzantinischen Kaiser Hilferufe an den Westen gerichtet, in der Hoffnung auf gut ausgebildete Soldaten, mit denen sie Kleinasien zurückerobern könnten. Das letzte, was sie haben wollten, war eine Horde unwissender, undisziplinierter Fanatiker, die von der Hoffnung erfüllt waren, das Heilige Grab in Jerusalem zu befreien, und inzwischen die christlichen Länder, durch die sie zogen, ebenso gründlich verwüsteten wie die der Heiden – eine Horde, die außerdem von westlichen Adeligen kommandiert wurde, deren Frömmigkeit nur dünn ein brennendes Verlangen verdeckte, sich eigene kleine Königreiche aus fremden Ländern zurechtzuschneidern.

Alexios behandelte die Kreuzfahrer mit byzantinischer Schlauheit und Geduld. Zwischen Griechen und Lateinern (d. h. Westeuropäern) bestand gegenseitige Abneigung auf den ersten Blick. Die Kreuzfahrer fanden die byzantinischen Griechen pompös, hinterlistig, schlau und zynisch. Die Griechen ihrerseits fanden die »Franken« (so genannt, weil die meisten Kreuzfahrer Franzosen waren) schmutzig, laut, unmanierlich und gewalttätig. Beide Seiten fanden, daß sie die Sarazenen, den gemeinsamen Feind, besser mochten als ihre nominellen Verbündeten.

Die Byzantiner hatten nie viel rassische Vorurteile gehabt. Alle mediterranen Völker hatten sich seit der Zeit des Hellenismus ungehindert vermischt, so daß rassische Unterschiede unter ihnen so gut wie verwischt waren. Solange jemand gutes Griechisch sprach, sich zur orthodoxen Kirche bekannte und anständige byzantinische Manieren hatte, waren die Byzantiner bereit, ihn als Mitbürger zu begrüßen, einerlei ob seine Vorfahren Araber oder Armenier, Slawen oder Schweden gewesen waren. Aber diese Neuankömmlinge sprachen kein Griechisch, ihre Religion war die Ketzerei des Bischofs von Rom, und ihre Manieren waren schrecklich. Die lauten rauhen Westler kümmerten sich keinen Deut um die gezierte byzantinische Hofetikette:

> »Nun sind die fränkischen Grafen von Natur schamlos und gewalttätig, von Natur auch geldgierig und unmäßig in allem, was sie wollen, und sie besitzen einen Redefluß, größer als den jeden anderen Volkes; sie machten auch ihre Besuche ohne jede Reihenfolge, und jeder Graf brachte, wenn er kam, so viele Männer mit sich, wie er wollte; und einer kam nach dem anderen. Und wenn sie kamen, begrenzten sie ihre Konversation nicht nach einem Stundenglas, wie es die Vorschrift für Besucher war, sondern jeder sprach zum Kaiser, solange er Lust hatte, und war er auch ein bloßer Niemand. Da dies nun einmal ihre Art war, und da ihre Rede sehr langatmig war, und da sie keinen Respekt vor dem Kaiser hatten und sich um die Zeit nicht kümmerten, da ihnen auch der Unwille der Zuhörer gleichgültig war, machte niemand denen Platz, die nach ihm kamen, sondern alle fuhren unbeirrt mit ihren Reden und Forderungen fort ... Selbst wenn es Abend wurde und der Kaiser, der den ganzen Tag nichts gegessen hatte, sich von seinem Thron erhob und sich in seine Privaträume zurückzog, selbst dann war er noch nicht von der Unverschämtheit der Franken

befreit. Denn einer kam nach dem anderen, und nicht nur die, die am Tage nicht zu Wort gekommen waren, sondern dieselben kamen immer wieder, mit dem einen oder anderen Vorwand für neue Gespräche, während der Kaiser ungerührt in der Mitte der Franken war und geduldig ihr endloses Geschwätz ertrug . . .«[19]

Unverschämterweise erschien auch Bohemond zusammen mit den Kreuzfahrern. In der Befürchtung, Alexios wolle ihn vergiften, gab er das vom Kaiser ihm geschickte Essen seinem Diener. Erst als es diesem nicht schadete, nahm er von Alexios Verpflegung an.

Alexios überredete die fränkischen Großen, ihn als ihren Oberherrn anzuerkennen und ihm die früheren byzantinischen Städte zu übergeben, die sie zurückerobern würden. Er gab ihnen auch Geld und verfrachtete sie nach Kleinasien, unter dem Versprechen, mit seiner Armee nachzukommen.

Die Kreuzfahrer schlugen die Türken bei Doryläon und marschierten weiter nach Antiochia in Syrien. Sie nahmen die Stadt, aber fanden sich dann selbst von den Türken belagert. Alexios folgte nur zaghaft; er wurde auf dem ganzen Weg durch Belagerungen aufgehalten. Flüchtlinge aus Antiochia, die tief in Kleinasien bei Alexios und seiner Armee eintrafen, erzählten ihm, alles sei verloren und eine große neue türkische Armee sei im Anzug. Alexios kehrte daraufhin um, was die Kreuzfahrer veranlaßte, ihn von da an als verräterischen Ungläubigen zu verdammen. Dann aber machten die halbverhungerten Kreuzfahrer in Antiochia, ermutigt durch den »Fund« der Echten Lanze Jesu unter dem Fußboden einer Kirche, einen Ausfall und schlugen die türkischen Belagerer.

Bohemond erklärte nun, Alexios habe seine Verbündeten verraten, und machte sich zum Herrn über Antiochia. Er und Alexios stritten sich jahrelang um die Stadt. Einmal, als die Byzantiner in der Offensive waren, beschloß Bohemond, nach Italien zurückzugehen, um mehr Soldaten aufzutreiben. Aber wie konnte er dies, ohne von den Griechen gefaßt zu werden, die alle möglichen Seewege beherrschten? Ungerührt ließ Bohemond seinen Tod bekanntgeben. Dann ließ er sich in einen Sarg mit Luftlöchern einschließen, zusammen mit einem gebratenen Huhn. Der Sarg wurde an Bord einer Galeere gebracht; auf hoher See ließen Bohemonds Männer ihn heraus, aber wenn das Schiff an einem byzantinischen Hafen hielt, ging er in seinen Käfig zurück, und seine Gefolgsleute setzten eine traurige Miene auf. Da das Huhn inzwischen arg faul geworden war, fanden es die byzantinischen Beamten nicht notwendig, den Deckel zu heben und nach ihrem schlauen Feind zu suchen.

Endlich gelangten Alexios und Bohemond zu einem feudalen Gentleman's Agreement. Aber dann starb Bohemond, und Antiochia ging in den Besitz seines ebenso zähen Neffen Tankred über.

Alexios gewann einen großen Teil des nördlichen, westlichen und südlichen Anatolien zurück. Auch er machte Fehler, wenn sie ihm auch nicht als solche erschienen wären: Er verfolgte Ketzer und ließ einmal einen auf dem Scheiterhaufen verbrennen. Er verschenkte freigebig Geld an westliche Besucher – eine alte byzantinische Sitte, die nur den Appetit der Besucher nach mehr reizte. Er traf wichtige Entscheidungen durch das Los, in dem Vertrauen, Gott werde dafür sorgen, daß er das richtige zog. Er gab den Venezianern als Gegenleistung für ihre Hilfe gegen Guiscard Freihandelsprivilegien im Reich. Darauf forderten auch die Genuesen und Pisaner die gleichen Rechte und erhielten sie nach und nach. Diese Privilegien gestatteten es den Italienern, den Platz der griechischen Kaufleute im östlichen Mittelmeer einzunehmen, und beraubten das Reich dringend notwendiger Einnahmen.

Während die Kreuzfahrer auf ihrem Weg nach Osten das Byzantinische Reich durchzogen, erfolgte zu gleicher Zeit eine Wanderung in umgekehrter Richtung. Einige Zeit vorher war ein indischer Stamm, oder eine Kaste von Schmieden und Zauberern, durch die islamischen Länder nach Westen gezogen und in das Reich eingedrungen. Dort führten sie ein nicht übermäßig gesetzesfrommes Wanderleben. Später, im 14. Jahrhundert, verbreiteten sie sich über ganz Europa. Die Europäer, erstaunt über das plötzliche Auftauchen eines dunkelhäutigen Volkes, das eine unbekannte Sprache sprach, gaben ihnen mehrere falsche Namen, wie Nubier, Tataren oder Ägypter – woher das englische Wort »Gypsies« stammt. Sie selbst, wenn man sie fragte, sagten, sie seien »Romani« – dies war nur die mittelalterliche und die heutige Aussprache des griechischen »Romanoi« (Römer). Die Zigeuner – um diese handelte es sich – hatten den Namen angenommen, mit dem sich die Bewohner ihres letzten Gastlandes selbst bezeichneten.

Die nächste Katastrophe war die Plünderung Konstantinopels durch die Lateiner. Diese war nicht unprovoziert. Manuel I. Kommenos, der von 1143 bis 1180 regierte, war ein furchtloser, abenteuerlustiger und rücksichtsloser Mann vom Typ des Romanos Diogenes. Nicht zufrieden mit dem Sieg über die Türken, Normannen, Serben, Petschenegen und Ungarn, intrigierte er gegen das Heilige Römische Reich, um ganz Italien und das Papsttum unter seine Gewalt zu bringen. Die gegenseitige Abneigung zwischen Griechen und Lateinern war bereits durch die

Kreuzzüge verschärft worden, aber jetzt waren die Westler zutiefst beunruhigt und erbost. Manuels ökumenische Bestrebungen wurden freilich gedämpft, als die Türken ihn 1176 bei Myriokephalon schlugen und das Reich wieder der meisten der kleinasiatischen Eroberungen des Alexios beraubten.

Unterdessen entstanden in Konstantinopel Spannungen zwischen den Italienern, die besondere Privilegien erhalten hatten, und den Griechen, die sie als »Eingeborene« behandelten. Als Manuel I. im Jahr 1180 starb, kam der unmündige Alexios II. auf den Thron, und der begabte, aber bösartige Andronikos Kommenos – der gleiche, der später gelyncht wurde, weil er die Wagenrennen verbot – lancierte ein Gerücht, die Lateiner wollten die Griechen von ihrem Stadtviertel aus angreifen. Aufgeputscht durch orthodoxe Priester, die nach Rache an den Ketzern riefen, griff ein wütender byzantinischer Pöbel das Stadtviertel an und tötete alle Lateiner, die in ihre Hand fielen, ohne Rücksicht auf Alter und Geschlecht. Dieses Massaker gab Andronikos den Vorwand, den Thron zu okkupieren und den unmündigen Kaiser zu ermorden.

Die Venezianer, die bei der Plünderung schwere Verluste erlitten hatten, entschieden jetzt, nur die Zerstörung des Reiches könne ihren Osthandel noch sichern. Diese Aktion wurde eingefädelt durch den Dogen Enrico Dandolo – 80 Jahre alt und blind, aber immer noch ein Mann von unglaublicher Klugheit und Habgier. Zum Vorwand nahm Dandolo einen anderen Prätendenten auf den byzantinischen Thron, ebenfalls einen unmündigen Knaben; als Instrumente hatte er die Krieger des vierten Kreuzzuges zur Verfügung, die gerade auf ihrem Weg nach Ägypten durch Italien zogen. Da sie venezianische Schiffe brauchten, um über das Mittelmeer zu gelangen, überredete Dandolo sie, zunächst Konstantinopel anzugreifen – die Beute daraus würde die Kosten des Unternehmens decken, mit einem reichlichen eigenen Profit. Der Angriff sollte also sozusagen die Gebühr für das Chartern der Schiffe sein. Nicht mehr durch seine frühere Seemacht beschützt, fiel Konstantinopel im Jahr 1204.

53 Tage lang veranstalteten die Kreuzfahrer jetzt eine Orgie von Plünderung, Brandschatzung, Vandalismus, Mord und Vergewaltigung. Ein großer Teil der antiken Kunstschätze verschwand, darunter Originalstatuen des Phidias und Lysippos. Bronzestatuen heidnischer Gottheiten wurden zu Münzen umgeschmolzen und marmorne zerstört. (Eine abergläubische byzantinische Menge hatte schon vorher die riesige Athene-Statue des Phidias zerstört in der Befürchtung, von ihr aus könnten den Eindringlingen Signale gegeben werden.) Orthodoxe Priester wurden lebendig verbrannt, um die Bankette der Kreuzfahrer zu

erhellen, wie es Nero mit den Christen getan hatte. Dies bedeutete auch den bisher größten Verlust klassischer Literatur durch einen einzelnen Vorgang: Hunderte bis dahin erhaltene Werke gingen jetzt in Flammen auf.

Ägypten ganz vergessend, teilten die Kreuzfahrer das Reich in feudale Besitzungen auf. In Teilen des Reiches hielten sich jedoch manche der führenden byzantinischen Familien. Sie verdrängten allmählich die Lateiner aus den meisten ihrer Eroberungen und gewannen im Jahr 1261 Konstantinopel zurück. Michael VIII. Paläologos kam auf den Thron; aber er regierte jetzt nur noch eine Ecke von Kleinasien, Trazien und Teile Griechenlands. Die »Römischen Kaiser« im Epirus und in Trapezunt blieben selbständig.

Dieses traurige kleine Überbleibsel des Reiches hielt sich noch fast zwei Jahrhunderte, obwohl langsam immer mehr abgeknabbert wurde. Die Kaiser wurden den osmanischen Sultanen tributpflichtig, mit denen sie oft verwandt und mit denen sie ebensooft verbündet waren, wie sie mit ihnen Krieg führten. Die Byzantiner imitierten jetzt sogar die türkische Kleidung.

Drei Kaiser machten mitleiderweckende Reisen an europäische Höfe, um Hilfe zu erbitten; aber sie erhielten keine, und einer wurde auf der Rückreise in den Schuldturm gesteckt. Einige Kaiser versuchten auch, den alten Streit zwischen der griechischen und lateinischen Kirche beizulegen; aber das Volk, von den Priestern zu fanatischem Haß aufgeputscht, verwarf diese Konkordate so leidenschaftlich, daß die Kaiser nachgeben mußten. Wie der Großherzog Lukas Notaras, der Berater des letzten Kaisers, meinte: »Lieber den türkischen Turban in Konstantinopel als die päpstliche Tiara!«[20]

Die Serben besetzten den größten Teil Griechenlands, während in Kleinasien eine neue Macht entstand: die osmanischen Türken. Der Nomadenhäuptling Ertogrul hatte seinen Stamm aus den innerasiatischen Steppen in das nordwestliche Anatolien geführt, noch bevor dieser zum Islam bekehrt war. Nach seinem Tode nahm der größer werdende Stamm den Namen seines Sohnes Osman[21] an, eines energischen jungen Burschen, der einmal bei einer Stammesversammlung einen Streit mit seinem alten Onkel Dündar entschied, indem er seine Armbrust nahm und den 90jährigen totschoß.

Die Osmanen dehnten sich auf Kosten der Byzantiner nach Westen und auf Kosten der Seldschuken nach Osten aus, teils durch Krieg und teils durch Verträge, Kauf und Heirat. Bis zum Jahr 1340 hatten sie alle byzantinischen Besitzungen in Kleinasien übernommen. Im Lauf eines dynastischen Konflikts in den Jahren nach 1350 gab dann der Usurpator Johannes VI. Kantakuzenos den Türken eine Festung an der europäischen Seite des Bosporus als Gegenleistung für militärische Hilfe von Osmans Sohn Orhan, dem er seine Tochter zur Frau gab.

Von da an erweiterten die Osmanen stetig ihre europäischen Besitzungen. Das Byzantinische Reich war praktisch auf die Stadt Konstantinopel beschränkt, noch dazu auf ein stark entvölkertes Konstantinopel. Die Türken schlugen eine vereinigte Balkan-Armee an der Maritza 1363, die Serben bei Kossowa 1389 und eine Armee von Kreuzfahrern aus Westeuropa unter Sigismund von Ungarn bei Nikopolis im Jahr 1396. Nur die vorübergehende Eroberung Kleinasiens durch den Tataren Timur, der Sultan Beyazit I. besiegte, unterbrach für kurze Zeit diesen Prozeß. Im Jahr 1453 beschloß dann der grausame und verräterische, aber joviale, gebildete und hochbegabte junge Mehmet II., mit dieser kleinen Enklave der Ungläubigen ein Ende zu machen. Vorher hatte er die übliche osmanische Praxis befolgt, gleich nach Regierungsantritt seine Brüder umzubringen, damit keiner ihm den Thron streitig machen könnte – einer seiner Nachfolger, Mehmet III., entledigte sich auf diese Weise 19 Brüder.

Mehmet zog die mächtigste Artillerie der Welt zusammen, darunter die größte Kanone ihrer Zeit; denn damals standen die Osmanen in bezug auf Militärtechnik an der Spitze. Konstantin XI. Dragases leistete heroischen Widerstand. Er hatte seine 4973 Byzantiner, etwa 3000 Freiwillige aus dem Westen, meist Italiener und Spanier, sowie Mehmets überlebenden Bruder Orhan mit dessen türkischer Leibwache. Die Westler wurden von dem genuesischen Admiral Giovanni Giustiniani befehligt.

Mehmet warf fast 100 000 Türken in den Kampf. Trotz der zahlenmäßigen Ungleichheit hielt sich die Stadt 40 Tage. Dann verwundete eine Kugel Giustinianis Hand; obwohl der Admiral tapfer gekämpft hatte, verlor er jetzt die Nerven und zog sich auf ein Schiff zurück, mit ihm seine 700 Genuesen – kurz darauf starb er an seiner Wunde. Die Türken fanden dann nach einem Ausfall der Belagerten ein Tor unverschlossen und unbewacht und strömten hinein. Bald war alles vorbei. Konstantin fiel im Kampf. Die nichtkämpfende Bevölkerung drängte sich in die Kirchen und wartete auf das Wunder, das die Priester versprochen hatten. Mehmet erlaubte seinen Truppen, mit diesen Menschen nach Belieben zu verfahren. Sie töteten alle, die zu jung oder zu alt für ihre Zwecke waren, und machten die anderen zu Sklaven. Mehmets Bruder Orhan wurde bei der Gefangennahme getötet.

Als Mehmet in die Stadt einzog, blieb er am Eingang der Hagia

Sophia staunend stehen. Drinnen fand er einen Türken, der den Fußboden mit einer Axt zerschlug, und fragte: »Warum tust du das?«

»Des Glaubens willen«, erwiderte der Soldat.

Der Sultan schlug den Mann: »Hast du nicht genug zum Plündern?« rief er. »Die Gebäude gehören mir!«[22]

Mehmet ließ die Mosaiken übertünchen, um dem islamischen Verbot religiöser Bilder gerecht zu werden, und verwandelte die Kirche in eine Moschee, indem er Minarette an den vier Ecken hinzufügte. Die Türkische Republik hat dann aus dem Gebäude ein Museum gemacht und durch Entfernung der Tünche von den Mosaiken einen Teil des alten Glanzes wiederhergestellt.

Acht Jahre später forderte Mehmet Trapezunt am Schwarzen Meer, das seinen eigenen »Römischen Kaiser« hatte, zur Kapitulation auf. Wie üblich, versprach er freies Geleit, aber ließ den Kaiser und seine ganze Familie töten, sobald sie in seiner Hand waren. Während seiner restlichen Regierungszeit, wenn er nicht gerade die Ungläubigen bekriegte, beschäftigte sich Mehmet mit dem Studium griechischer Philosophie, dem Bau von Schulen, Moscheen, Hospitälern, Bibliotheken und mit anderen guten Werken.

Für die Türken wurde Konstantinopel zu Istanbul, und so heißt es bis heute. Eine Erklärung lautet, Istanbul sei eine Verballhornung von »Konstantinopolis«; eine andere, weniger plausible, leitet den Namen vom griechischen »eis tên polin« (in die Stadt) ab.

Viele Griechen flohen nach Westen. Gelehrte nahmen die erhaltenen Manuskripte klassischer Schriftsteller mit sich und lösten so die Rennaisance der Antike aus. Andere flohen nach Rußland, wo sie die Entwicklung des Großfürstentums Moskau zum Russischen Reich nachhaltig beeinflußten. Damals begannen die Russen von Moskau als dem »dritten Rom« zu sprechen. Man könnte also sagen, daß das Römische Reich niemals völlig unterging; es lebt auch noch in der Sowjetunion.

Weit mehr Griechen aber blieben in Istanbul oder zogen dorthin; einige bekehrten sich zum Islam, andere traten in türkische Dienste, obwohl sie ihrem Volkstum treu blieben. Unter ihrer Anleitung kopierten die Türken die bürokratische Organisation von Byzanz.

In den nächsten zwei Jahrhunderten wurde Istanbul zur Hauptstadt eines Reiches, das genauso groß war wie das Justinians. Die Osmanen hatten den Balkan erobert, unterwarfen dann den größten Teil Ungarns und belagerten zweimal Wien. Die Tatarenkhane nördlich des Schwarzen Meeres waren dem Sultan ebenso untertänig wie die Deys, Beys und Paschas Nordafrikas.

Die Erfolge der Türken waren zum großen Teil den Janitscharen zu verdanken. Dies war eine infanteristische Truppe, die aus Männern bestand, die schon als Knaben aus den unterworfenen christlichen Völkern ausgehoben, zum Islam bekehrt und einer langen, intensiven Ausbildung unterzogen worden waren. Eine Zeitlang waren sie die besten Soldaten der Welt. Sie trugen Uniformen, marschierten im Gleichschritt und schossen Feuersalven aus ihren Gewehren ab, als sich die europäischen Mächte noch auf bewaffnete Ritter stützten, die mit Schwert und Lanze auf ihren Ackergäulen herumritten. Auch die türkische Bürokratie rekrutierte sich nach einem ähnlichen System. Ein ähnliches Korps von Sklavensoldaten in Ägypten hieß die Mamelucken.

Später aber wurden die Janitscharen eine Plage. Die Sultane lockerten die Vorschrift, die das Korps für die Söhne von Moslems sperrte, so daß jetzt der Nepotismus einzog. Die Janitscharen hielten an veralteten militärischen Methoden fest, und – ähnlich der Prätorianergarde des alten Rom – stürzten oder töteten sie Sultane, die ihnen nicht gefielen. Als sie sich im Jahr 1826 weigerten, sich modernisieren zu lassen, ließ der regierende Sultan die meisten von ihnen hinrichten.

Der andere Faktor, der den Türken zugute kam, war der genetische Zufall – ähnlich dem, der Ägypten zu Beginn der Ptolomäerdynastie drei hochbegabte Könige beschert hatte. Die ersten zehn osmanischen Sultane, von Osman bis Suleiman I., waren alles Männer von hervorragender Fähigkeit und Energie. Nicht alle waren angenehme Charaktere: Suleimans Vorgänger Selim der Grausame befahl die sofortige Hinrichtung von jedem, der etwas zu ihm sagte, was die geringste Kritik oder Opposition durchblicken ließ. Als sieben seiner Großwesire auf diese Weise umgekommen waren, wurde es in der Türkei zu einem humorigen Fluch: »Mögest du Selims Wesir werden!« Aber, wie Gibbon bemerkte: »Die Befehle eines Herrn, der niemals verzeiht, werden nur selten nicht befolgt«[23], und unter dem grausamen Selim verdoppelte das Türkische Reich sein Gebiet.

Suleiman I. wurde von den Europäern wegen seines Reichtums »der Großartige« genannt, von den Türken wegen seiner Gerechtigkeit »der Gesetzgeber«. Ein großer, hagerer, gebückter, zurückhaltender Mann, war er verhältnismäßig human. Aus seiner Umgebung ließ er nur seine zwei älteren Söhne töten (die der Verschwörung beschuldigt wurden) und zwei Wesire, darunter seinen alten Freund und Gefährten Ibrahim. Man sagte, diese Hinrichtungen hätten auf Betreiben von Suleimans Lieblingskonkubine stattgefunden, einer charmanten Russin, welche die Türken Hürrem Sultane und die Europäer Roxelana nannten. Sie wollte den Thron für ihren jüngeren Sohn und den Posten des Wesirs für ihren

Schwiegersohn. Viele Jahre lang blieb Suleiman mit untürkischer Beständigkeit ihr ergeben; sie überredete ihn sogar, entgegen der osmanischen Sitte, sie zu heiraten.

Trotz mancher Fehler und Irrtümer war Suleiman ein Riese in einer Zeit politischer Riesen – Kaiser Karl V., Franz I. von Frankreich, Heinrich VIII. von England, Martin Luther in Deutschland und Akbar in Indien. Er war so gerecht in seinem Urteil und so tolerant gegenüber Andersgläubigen, daß christliche Bauern aus benachbarten Ländern in das Türkische Reich einwanderten, überzeugt, sie würden dort besser behandelt. In seinem zivilisatorischen Niveau schnitt Suleimans Reich besser ab als Westeuropa, das damals mitten im Paroxysmus der Glaubenskriege und der großen Hexenverbrennungen stand.

Im Jahr 1540 beschrieb ein Geograph vom Hofe Franz I., Nicolas de Nicolay, die Moschee Mehmets II. mit folgenden Worten:

> »In der Nähe der Moschee findet man Wohnungen für den Imam und die Ulemas; außerdem findet man auch 200 weitere Häuser mit bleibedeckten Kuppeln für Besucher aller Nationen und Religionen. Reisende, die in die Stadt kommen, können mit ihren Dienern kostenlos in diesen Häusern logieren. Außerhalb der Mauern der Moschee sind 150 Häuser für die Armen der Stadt reserviert. An die Armen, die dort Zuflucht nehmen, wird täglich eine Akze (eine kleine Silbermünze) und etwas Brot ausgeteilt. Da jedoch viele der Armen dieses Leben nicht mögen, stehen viele dieser Häuser leer, und das so gesparte Geld wird an die Hospitäler der Stadt verteilt.«[24]

Dann ergriff das Gesetz des Durchschnitts auch die Dynastie Osmans. Nach Suleiman I. kamen 26 minderwertige Sultane. Einige waren Schufte, einige Halbidioten, einige Schwächlinge, die von den Frauen ihres Harems gelenkt wurden. Einige waren Mittelmäßigkeiten, die unter dem Druck ihrer Stellung zu Verbrechern wurden. Wie der byzantinische Historiker Psellos bemerkte:

> »Bei einem Privatmann genügt ein guter Charakter, und dazu ein guter Start im Leben, um ein tugendhaftes Verhalten zu gewährleisten, aus dem einfachen Grund, weil er nicht allzusehr durch Einflüsse von außen beunruhigt wird und äußere Einflüsse nur wenig Auswirkungen auf seine privaten Entscheidungen haben. Wie anders ist es bei einem Kaiser, dessen Privatleben niemals, selbst im intimsten Detail, von äußeren Einflüssen unberührt ist! Man bedenke, wie kurz die Augenblicke sind, da das Meer ruhig und friedlich ist, und wie

hoch es sich zu anderen Zeiten auftürmt, vom Sturmwind gepeitscht ... So ist das Leben eines Kaisers. Wenn er Erholung sucht, stößt er sofort auf das Mißfallen der Kritiker. Wenn er freundlichen Gefühlen nachgibt, wird ihm Ignoranz vorgeworfen; wenn er sich dazu aufschwingt, für etwas Interesse zu zeigen, tadelt man ihn, weil er sich in alles einmischt. Wenn er sich verteidigt oder scharfe Gegenmaßnahmen ergreift, schimpft jeder über seinen Jähzorn oder sein ›stürmisches Temperament‹. Und sollte er versuchen, etwas im Geheimen zu tun – der Berg Athos könnte sich eher den menschlichen Blicken entziehen als die Taten eines Kaisers der Aufmerksamkeit seiner Untertanen. Kein Wunder, daß keines Herrschers Leben ohne Tadel war.«[25]

Die Reihe trauriger Sultane begann mit Roxelanas Lieblingssohn Selim II., der durch seinen Spitznamen Selim der Dumme gekennzeichnet ist. In seiner Regierungszeit wurde die türkische Hegomonie im Mittelmeer in der großen Seeschlacht bei Lepanto gebrochen, wo im Jahr 1570 die türkische Flotte von der vereinigten spanisch-italienischen Flotte unter Don Juan d'Austria zertrümmert wurde. Obwohl die christliche Flotte sich wenig später auflöste und die Türken die verlorenen Schiffe neu bauten, wurde die türkische Marine nicht mehr allzusehr gefürchtet.

Das türkische Landreich hielt sich unter seinem eigenen Schwergewicht noch zwei Jahrhunderte. Bei der zweiten Belagerung Wiens im Jahr 1683 wurden die Türken von abendländischen Armeen geschlagen. 250 Jahre lang wurden dann die Grenzen der Türkei, wie vorher die von Byzanz, Schritt für Schritt zurückgenommen, mit nur gelegentlichen Erfolgen. Das Österreichische und das Russische Reich knabberten das immer schwächer werdende Sultanat an. Oft wurden die Türken weniger durch ihre eigenen Anstrengungen gerettet als durch irgendeinen bizarren Fehler eines österreichischen Befehlshabers oder durch eine der Epidemien, die verursacht wurden durch die schmutzigen Gewohnheiten des russischen Muschik und die von Zeit zu Zeit eine siegreiche russische Armee heimsuchten. Die Türken machten ihrer Frustration bei den unterworfenen Völkern Luft; deren Unterdrückung gipfelte in dem Völkermord an den Armeniern in den Jahren nach 1890 und nach 1910. Ein Armenier, dessen Vater dies miterlebt hatte, erzählte mir: »Wenn in jenen Tagen der örtliche türkische Machthaber einen besuchte, mußte man ihm Essen geben, und wenn er das Essen nicht mochte, zog er seinen Revolver heraus und schoß einen tot.«

In dieser Zeit erhielt die türkische Herrschaft über Nicht-Türken den Ruf, die schlechteste der Welt zu sein. Selbst nachdem die Türken 1918 ihr Reich verloren hatten, blieb in den Balkanländern in Erinnerung an ihre Herrschaft ein Rest rachedurstigen Hasses zurück, der auch heute nicht völlig verschwunden ist.

Nach 1453 wurde Istanbul, von einigen kleineren Bränden und Erdbeben abgesehen, von keinen großen Zerstörungen mehr heimgesucht. Die meisten Baudenkmäler, welche die Jahre 1204 und 1453 überlebt haben (nur ein Bruchteil jener, die einst dort standen), stehen heute noch. Die Sultane schmückten die Stadt mit Moscheen, Springbrunnen und anderen Bauten im üppigen islamischen Stil, mit ausgeklügelten geometrischen Verzierungen.

Der spektakulärste türkische Beitrag zum Schmuck Istanbuls sind die verschiedenen Moscheen, die unter Suleiman I. und Selim II. von dem Architekten Sinan Aga gebaut wurden. Sinan, ein gebürtiger Grieche, war in der Bürokratie aufgestiegen. Sein Meisterwerk war die Sultan-Suleiman-Moschee zwischen dem Aquädukt Valens und dem Goldenen Horn. Man braucht aber kein Architekt zu sein, um zu sehen, daß sich Sinan eng an das Vorbild der Hagia Sophia hielt.

Anfang des 17. Jahrhunderts baute ein anderer türkischer Architekt eine noch größere Moschee, die auf der anderen Seite eines Parks der Hagia Sophia gegenüberliegt: die Sultan-Achmed-Moschee, genannt die Blaue Moschee nach der Farbe ihrer Kacheln im Innern. Doch auch sie ist im Kern eine vergrößerte und verschönerte Hagia Sophia.

Außer den vielen Moscheen verschönerten die Sultane Istanbul mit zahlreichen anderen Bauten: Kiosken, Springbrunnen, Toren und Palästen. Auf dem Hügel am Ostende der Halbinsel wurden die verfallenen byzantinischen Paläste nach und nach von einem neuen großen Komplex von Palästen abgelöst. Dieser Komplex, der Topkap Serail oder Palast des Kanonentores, ist heute ein Museum. Hier kann man außer einer glänzenden Ausstellung orientalischer Kunst eine große Sammlung von Waffen und Rüstungen sehen, die in den Tagen der türkischen Militärmacht den Europäern abgenommen wurden.

Die ersten drei Höfe, die man durchschreitet, hatten ornamentale Eingänge: den Bab-i-Hümayun oder Tor der Glückseligkeit, den Bab-üs-Selam oder Tor des Friedens und den Bab-üs-Saade oder Tor des Glücks. Unbefugt durch das Tor des Glücks zu gehen, bedeutete sofortigen Tod; der Scharfrichter übte seinen Beruf am Tor des Friedens aus, mit einem großen Wasserfaß, um das Blut von seiner Hand abzuwischen. Beim Tor der Glückseligkeit wurden die Köpfe hingerichteter Übeltäter ausgestellt; nach einem Krawall im Jahr 1658 waren es 500 Köpfe auf einmal.

An anderen Stellen entstanden weitere Paläste. Der Großwesir hatte seinen eigenen, dessen ornamentales Tor Bab-i-Ali oder Hohes Tor genannt wurde. Da alle europäischen Diplomaten es durchschreiten mußten, wenn sie mit der türkischen Regierung zu tun hatten, gewöhnten sie sich daran, »Hohe Pforte« als Synonym für die Regierung zu gebrauchen. Als die Türken im 19. Jahrhundert gelegentlich versuchten, Europa kulturell einzuholen, bauten mehrere Sultane Paläste, meist im überladenen europäischen Barockstil, an verschiedenen Stellen der Küste des Bosporus.

Istanbul war jedoch nach 1453 nie mehr dasselbe wie vorher. Mit einiger Übertreibung schrieb ein Historiker zu Anfang des 20. Jahrhunderts:

> »Für die Türken war die Eroberung Konstantinopels die Krönung ihrer Erfolge und dennoch ein tödlicher Schlag. Konstantinopel war der Lehrer und Erzieher der Türken gewesen. Solange sie Wissenschaft, Kultur, Philosophie, Kunst und Toleranz aus einer lebendigen Quelle inmitten ihrer Besitzungen schöpfen konnten, besaßen die Ottomanen nicht nur brutale Gewalt, sondern auch geistige Kraft. Solange das Ottomanische Reich in Konstantinopel einen Freihafen, einen Handelsmarkt, ein Finanzzentrum und einen Umschlagplatz für Gold und Devisen hatte, fehlte es den Ottomanen nie an Geld und finanzieller Unterstützung. Mehmet war ein großer Staatsmann; im gleichen Augenblick, da er Konstantinopel betrat, versuchte er den Schaden zu beheben, den sein Ehrgeiz angerichtet hatte: Er unterstützte den Patriarchen, beschwichtigte die Griechen und tat alles, um Konstantinopel wie die Stadt der Kaiser weiterleben zu lassen. Als er 1463 Trapezunt einnahm, siedelte er die griechische Bevölkerung um, damit die entvölkerten Stadtviertel Konstantinopels sich wieder auffüllten. Aber der fatale Schritt war getan: Konstantinopel als Stadt der Sultane war nicht mehr Konstantinopel; die Märkte starben aus, Kultur und Zivilisation flohen, das komplizierte Finanzsystem verschwand, und die Türken hatten ihre Lehrer verloren. Andererseits blieb die Korruption von Byzanz bestehen, die Bürokratie, die Eunuchen, die Palastgarden, die Spione, die Agenten und Zwischenträger. All dies wurde von den Ottomanen übernommen und blieb in üppiger Blüte am Leben. Mit der Einnahme von Stambul gaben die Türken einen Schatz aus der Hand und erhielten die Pestilenz . . .«[26]

Nach der Revolution von 1920 hörte Istanbul sogar auf, Hauptstadt der Türkei zu sein; diese wurde nach Ankara in der dürren anatolischen Hochebene verlegt. Aber Istanbul ist immer noch ein großer, lebhafter Mittelmeerhafen und ein faszinierender Standort von Denkmälern und Erinnerungen an mehrere aufeinanderfolgende Zivilisationen.

Ein Nachwort

Es mag zwar sein, daß die Menschen in der großen Masse sich stets ähnlich verhalten, wenn die sonstigen Umstände gleich sind – aber die sonstigen Umstände sind nie ganz gleich. Das Stadtleben hat sich im Laufe der Jahrtausende stark verändert. Während ein antiker Stadtbewohner sich Sorgen machte, ob die Mauern und Gräben um die Stadt die Hunnen fernhalten würden, machen wir uns Sorgen über die Ausdehnung der Vororte und die Massenverkehrsmittel. Während er fluchte, wenn er knöcheltief im Schlamm einer ungepflasterten Straße waten mußte, fluchen wir, wenn die Stadt unter einem Tuch von alles beschmutzendem Smog begraben ist. Die richtigen Abstriche für die veränderten äußeren Umstände zu machen und dann daraus zu schließen, wie verschieden von der Vergangenheit sich die Menschen in der Zukunft verhalten werden, würde jene »Heilige Weisheit« erfordern, nach der Justinian seine Kirche genannt hat.

Aus der Tatsache, daß die Abrüstungspolitik Konstantins X. zum Untergang des Byzantinischen Reiches beitrug, folgt beispielsweise nicht zwangsläufig, daß wir uns mit den neuesten, ganze Kontinente verwüstenden Waffen bis an die Zähne bewaffnen sollten; daraus, daß Roms Praxis, seinen Bürgern kostenloses Brot auszuteilen, sich als schädlich, aber gleichzeitig politisch unvermeidlich erwies, folgt nicht, daß wir alle Armenfürsorge einstellen sollten. Die äußeren Umstände ändern eben den Fall.

Ebensowenig aber können die Lehren von Rom und Byzanz als unerheblich beiseite geschoben werden. Unsere Menschen sind recht ähnlich den Menschen von damals, und es gibt keinen Anlaß zu bezweifeln, daß ihr Verhalten auch in der Zukunft, wie in der Vergangenheit, unweigerlich vom eigenen Interesse bestimmt werden wird; es gibt keinen Anlaß zu bezweifeln, daß Personen oder Gruppen, die von einer Regierung besondere Vergünstigungen erhalten, versuchen werden, immer mehr Vergünstigungen ohne jede Grenze zu erhalten; es gibt keinen Anlaß zu bezweifeln, daß fremde Regierungen die Schwäche eines Nachbarn ebenso sicher ausnutzen werden wie die Türken die Schwäche von Byzanz.

Manche Züge des Stadtlebens haben sich auch wenig verändert. Vom Beginn der städtischen Revolution an ist die Stadt stets der Nährboden von Kunst und Wissenschaft gewesen. Fast alle Erfindungen und Entdeckungen wurden von Stadtmenschen gemacht. Die enge Nachbarschaft vieler schöpferischer Geister beschleunigt die Produktion neuer Ideen; denn diese Menschen wirken aufeinander ein, diskutieren Gedanken untereinander und verquicken sie zu immer neuen Variationen.

Daher war die Stadt stets der Ursprung von Fortschritt und Wandel. Aber nicht jeder Wandel ist ein Fortschritt. Der Stadtmensch, der die Langeweile fürchtet und oft eine Vorliebe für Wandel als Selbstzweck entwickelt hat, verlangt stets die Veränderung, ob sie nun langfristig von Wert ist oder nicht. Nichtprogressive Veränderungen nennen wir Moden – während sich die Dorfbewohner oft jahrhundertelang sonntags in das gleiche traditionelle Kostüm kleiden, scheinen sich die Stadtmenschen ständig kurzlebigen Moden in bezug auf Kleidung, Haartracht, Redeweise, Vergnügungen und persönlichen Lebensstil zu unterwerfen.

Zum Beispiel entwickelten die eleganten jungen Athener zu Alkibiades' Zeit die Mode, die Endung »kos« (weiblich »kê«, sächlich »kon«) allen Adjektiven hinzuzufügen: eine genaue Parallele zu dem englischen »biggish« »warmish« usw. Cicero machte sich über die jungen Leute Roms lustig, weil sie Togen trugen, fast so groß wie ein Segel. Fünfhundert Jahre später kleideten sich die jungen Konstantinopolitaner wie Hunnen. Ihre Absicht, so können wir vermuten, war die gleiche wie die heutiger Collegestudenten, die das Äußere mexikanischer Banditen (nur ohne Sombreros und große Revolver) annehmen, oder von Motorradbanden, die sich in Nazi-Aufmachung gefallen: die ältere Generation – und alle außerhalb ihrer Gruppe – zu schockieren, indem sie wie Verbrecher besonders gefährlicher Sorte herumlaufen.

Einerseits die Quelle von Fortschritt und Wandel, war die Stadt aber auch stets der Nährboden für Verbrechen, da das beste Präventiv gegen Verbrechen ein starres, unwandelbares soziales Milieu ist, das von uralten Gebräuchen bestimmt wird, wie es in den Dörfern der vorindustriellen Zeit der Fall war. Außerdem bietet die Stadt dem Verbrecher einerseits größere Versuchungen, andererseits den Schutz der Anonymität, da er sich in einer wildfremden Menschenmenge leicht verlieren kann. Es ist daher nicht überraschend, daß das Verbrechen ein fester Bestandteil des Stadtlebens ist. Das gleiche gilt im wesentlichen auch für die Korruption.

Schließlich übte die Metropole – die volkreiche Hauptstadt eines großen Staates – im Leben dieses Staates sowohl konstruktive wie destruktive Funktionen aus. Je mehr sich das Reich vergrößerte, desto mehr wurde die Hauptstadt materiell bereichert durch Plünderung, Tribute und durch den Handel, den die Zusammenballung vieler Menschen in Schwung brachte. Weil die Hauptstadt noch nicht demilitarisierte Menschen ebenso wie Ideen für die Eroberung und Ausbeutung anderer Länder stellte, trug sie zum Wachstum des Reiches bei. Sie förderte dieses Wachstum auch, indem sie als Schmelztiegel wirkte, in dem die

Besonderheiten der einzelnen innerhalb des Reiches lebenden Völker eingeschmolzen wurden und verschwanden. Eine Ursache des Krieges – die tiefsitzende Fremdenfeindschaft des Menschen – wurde so beseitigt. Der Dialekt der Hauptstadt wurde zur »offiziellen« Form der Nationalsprache, die jedermann im Reich verstehen, wenn auch nicht immer sprechen konnte.

Gleichzeitig wurde die Stadt geistig bereichert durch die Entwicklung der Künste, Wissenschaften und anderer intellektueller Tätigkeiten, die sich aus der Konzentration von Begabungen und Talenten ergab.

So wurde die Stadt ein Magnet, der die Landbewohner anzog, weil sie das Leben in der Stadt interessanter und amüsanter fanden. Sie murrten zwar über seine Schattenseiten und mußten oft feststellen, daß ihre Hoffnungen auf Ruhm und Wohlstand trügerisch waren; aber sie gingen selten aufs Land zurück. Der Satiriker Juvenal war bissig genug in seinen Bemerkungen über das Leben im kaiserlichen Rom; aber er blieb in Rom mit Ausnahme eines kurzen unfreiwilligen Exils in Ägypten – als das Urteil aufgehoben wurde, kehrte er schnellstens nach Rom zurück.

Andererseits ließen die zahllosen kleinen Unannehmlichkeiten des engen Zusammenlebens von Hunderttausenden auf beschränktem Raum eine vage, aber weitverbreitete Mißstimmung entstehen. Wenn diese stark genug wurde, dann konnte jede auch noch so triviale Beschwerde einen Aufstand auslösen. Die Stadtbewohner reagierten dann ihre inneren Spannungen ab durch eine Orgie von Kämpfen, Plünderungen und Brandstiftungen, durch Mord und Vandalismus. Jeder Gegensatz innerhalb der Bevölkerung – zwischen reich und arm, zwischen verschiedenen Rassen, Religionen, Kulturen, Sprachen und sogar Zirkusparteien – diente dann als Vorwand zum Bürgerkrieg. Der Nika-Aufstand in Konstantinopel ist ein klassisches Beispiel mit vielen offenkundigen modernen Parallelen – wie den Kämpfen zwischen Protestanten und Katholiken im London des Jahres 1780, dem Aufstand der Eingezogenen in New York während des amerikanischen Bürgerkrieges oder den amerikanischen Farbigenaufständen der letzten Jahre. Und man möge sich erinnern, daß es nach Belisars Massenmord an den Zirkusaufständischen Konstantinopels für lange Zeit ruhig war.

Die Lockung der Stadt verödete jedoch das Land. Wegen der hohen Kindersterblichkeit vermehrte sich die Bevölkerung nicht so schnell wie heute, um die Wanderungsverluste auszugleichen. Da die Bauern die besten Soldaten stellten, verminderte diese Verstädterung die militärische Macht des Reiches: Die Nachkommen der in die Stadt gezogenen Bauern wurden schnell unkriegerisch.

Daß der Bauer, mit einzelnen Ausnahmen, einen besseren Soldaten abgab als der Städter, ist leicht zu verstehen. Der Bauer (oder Jäger, Fischer, Trapper, Hirte und jeder andere, der von Berufs wegen viel in freier Luft ist) war an die Unbilden des Wetters gewöhnt. Er war unempfindlich für körperliche Entbehrungen und hatte kräftige Muskeln dank seiner schweren körperlichen Arbeit. Meist war sein Leben so hart gewesen, daß die Armee mit ihren regelmäßigen Mahlzeiten und ihrem bißchen Drill ihm wie ein Luxusleben vorkam.

Der Städter andererseits empfand den Wehrdienst als schreckliche Härte. Der Wehrdienst unterbrach seine berufliche Tätigkeit oder ruinierte das Geschäft, das er sich aufgebaut hatte. Eine sitzende Lebensweise hatte ihn oft zu schlapp gemacht, schwere Rüstung zu tragen, zu marschieren, zu graben und zu kämpfen. Die Stadt hatte seinen Witz geschärft, aber ihm nicht den hartgesottenen fatalistischen Mut mitgegeben, den er brauchte, um in einer geschlossenen Reihe von Speerträgern zu stehen und einen Reiterangriff abzuwehren, ohne davonzulaufen. Dieser Unterschied zwischen dem Soldaten vom Land und aus der Stadt ist auch heute nicht ganz verschwunden.

Während aber die große Stadt das beste Soldatenmaterial des Landes abschöpfte und neutralisierte, lenkte ihr Reichtum und Glanz die gierigen Blicke begehrlicher Nachbarn auf sich. Ihre Schätze lockten die Invasoren an, wie Waset-Theben Esarhaddon, Persepolis Alexander und Rom Alarich. Manchmal konnte ein Herrscher diese Gefahr durch Geld aus der Welt schaffen; aber wer einmal bestochen worden ist, wird bald immer mehr verlangen.

So sieht man, daß die Stadt keineswegs nur gut oder nur schlecht ist. Ihre Auswirkungen sind unterschiedlich. Die Stadt hat geholfen, große Reiche aufzubauen, und dann dazu beigetragen, ihren Untergang zu beschleunigen. Sie fördert Wissenschaft und Fortschritt; aber sie nährt auch Verbrechen und Korruption. Sie macht die Menschen klug und kenntnisreich – aber auch körperlich schwach und feige. All dies können wir mehr oder weniger auch von den Metropolen von heute, von New York, Paris, London und Tokio feststellen. Fürwahr: »New York lag einst am Bosporus«.

Doch ohne die Stadt hätte es niemals eine Zivilisation gegeben. Das Lesen und Schreiben wie das Rechnen wären niemals erfunden worden, da ein primitiver Bauer ganz gut ohne dies auskommt. Und dann wäre auch dieses Buch niemals geschrieben worden – ob dies gut oder schlecht gewesen wäre, kann ich nicht beurteilen.

Anmerkungen

Einleitung

[1] s. die Kapitel über Troja, Angkor Wat bzw. Tikal in dem von meiner Frau und mir geschriebenen Buch »Geheimnisvolle Stätten der Geschichte«, Econ-Verlag 1966.

Kapitel 1

[1] Eine Art von Form scheint bereits tausend Jahre vorher bei Tell Halaf gebraucht worden, aber dann wieder in Vergessenheit geraten zu sein.

Kapitel 2

[1] Jeremias XLVI, 25; Hesekiel XXX, 14 f.; Nahum III, 8.
[2] Oder Amun, Amen; Weset, Wesi; Epet.
[3] Ilias IX, 11, 380–87.
[4] auf Ägyptisch Hat-nen-nesut oder Henen-seten; im modernen Arabisch Achnas.
[5] auf Ägyptisch Chnumu; im modernen Arabisch Aschmunayn.
[6] Cambridge Ancient History (CAH), Band III, S. 271. Der ursprüngliche Belagerer war Tefnachte von Sai's, die belagerte Stadt hieß Pefnefdibast oder Herakleopolis.
[7] oder Achenaten, was etwa heißt: Aton ist zufrieden.
[8] Howard Carter u. A. C. Mace: »The Tomb of Tut-Ankh-Amen«, 1963, S. 98 ff.
[9] oder Montu –, -hetep.
[10] auf Ägyptisch: Het-uart oder Howari.
[11] CAH, Band II, S. 104.
[12] auf Ägyptisch: On; im modernen Arabisch: al-Matariyya.
[13] oder Abdu-Heba.
[14] auf Ägyptisch: San, das biblische Zoan.
[15] auf Ägyptisch: Sai, im modernen Arabisch: Sa al-Hagar.

Kapitel 3

[1] Diodoros II, 1, XXV iii; Photius S. 110–20.
[2] Xenophon »Anabasis«, III, IV.
[3] Sykes, S. 338. Einzelheiten über Richs Residenz in Bagdad finden sich bei Constance M. Alexander: »Baghdad in Bygone Days«, London 1928.

[4] A. H. Layard: »A Popular Account of Discoveries at Nineveh«, 1851, bei Deuel S. 97.

[5] auf Akkadisch: Scharrukin. Sargon (Jesaja XX, 1) ist die hebräische Form. Sargon II. nahm den Namen eines viel früheren assyrischen Königs an, nicht des Sargon (Schargali-schari), der im 24. Jahrhundert v. Chr. König von Sumer und Akkad war. Es ist ungewiß, ob Sargon II. der Bruder seines Vorgängers war oder ein Usurpator.

[6] auf Akkadisch: Tukulti-pal-Esarra. Tiglath-pileser ist die biblische hebräische Form.

[7] Pritchard, S. 275–95; Champdor, S. 80; Finegan, S. 203; CAH III, S. 13.

[8] oder Chosru, auf Griechisch: Chosroes.

[9] auf Akkadisch: Sin-ach-eriba, auf Hebräisch: Sancherib; auf Griechisch: Senacheribos, Sanacheribos; im Griechischen der Septuaginta: Sennacherib.

[10] das moderne Chosr.

[11] Jacobsen u. Lloyd, S. 35.

[12] ebenda, S. 38.

[13] 2. Buch Könige XIX, 35; Herodot II, 141.

[14] auf Akkadisch: Aschur-ach-iddina.

[15] Finegan, S. 215.

[16] CAH III, S. 127.

[17] Nahum III, 1, 7. 18.

Kapitel 4

[1] Josephus »Jüdische Geschichte« VIII, V, 3.

[2] Eusebios: »Praeparatio Evangelica« I, VI.

[3] Herodot VII, 89.

[4] auf Kanaanitisch: Gebal; im modernen Arabisch: Jabayl.

[5] Einige in Sinai und in Palästina gefundene sehr frühe kurze Inschriften sind als Bindeglieder zwischen dem ägyptischen und dem phönizischen Alphabet begrüßt worden; aber die Frage ist sehr umstritten. s. D. Diringer: »The Alphabet«, New York 1948, S. 195–221.

[6] Viele Jahrhunderte nach der Entstehung des hebräischen und des arabischen Alphabets fügten einige Schriftgelehrte die »Punkte« dazu, d. h. Punkte und Akzente über oder unter den Buchstaben, welche die Vokale bezeichnen sollten. Aber diese Punkte werden heute noch im Druck und in der Schrift meist weggelassen.

[7] Fleming, S. 10.

[8] auch Melkarth, Melqart, Melek-Qarth geschrieben. Bei den Griechen hieß er Melikertes und wurde meist mit Herakles identifiziert.

[9] auf Kanaanitisch: Arvada, im modernen Arabisch: Ruad.

[10] im modernen Arabisch: Saida.

[11] Strabo XVI, II, 23.

[12] Plinius der Ältere, XXXVI, LXV, 190 ff. s. R. J. Forbes: »Studies in Ancient Technology«, Leiden 1957, Bd. V, S. 110–52.

[13] auf Kanaanitisch: Gadir (Festung).
[14] Herodot IV, 196.
[15] auf Kanaanitisch: Pumiyathon.
[16] auf Kanaanitisch: Aschtarth, auf Hebräisch: Aschtoreth.
[17] Diodoros XX, XIV, 5 f.
[18] Hesekiel XXVII, 3–7.

Kapitel 5

[1] Lloyd (1947–55), S. 33.
[2] W. F. Ainsworth: »A Personal Narrative of the Euphrates Expedition«) 1888, Bd. I, S. 390.
[3] Strabo XV, III, 10.
[4] oder (später) Bab-ilani.
[5] Jesaja XIII, 19 ff., XIV, 23; die Zitate aus Jesaja, das offenkundig vor der Babylonischen Gefangenschaft geschrieben ist, wurden vermutlich während dieser Zeit verfaßt und in das frühere Werk hineinredigiert.
[6] Offenbarung Johannes XIV, 8.
[7] Alfred Duggan: »Besieger of Cities«, 1963–8, S. 18.
[8] Herodot I, 178–83, übersetzt von A. Horneffer. Herodots »Elle« betrug etwa 50 Zentimeter, sein »stadion« (Achtelmeile) etwa 200 Meter, sein »Talent« etwa 30 Kilo.
[9] oder Chammurabi; es ist ungewiß, mit welchem gutturalen Konsonanten der Name begann.
[10] King, Band III, S. 14.
[11] Pritchard, S. 270.
[12] CAH I, S. 516. Dilbat war eine Stadt etwa 32 km südlich von Babylon.
[13] auf Akkadisch: Nabu-apal-usur.
[14] Schneider (S. 69) schätzt die Bevölkerung Babylons auf ihrem Höhepunkt auf etwa 3–400 000.
[15] Koldewey, S. 46; s. auch Willy Ley: »Exotic Zoology«, New York 1959, Kap. IV.
[16] auf Griechisch: kremastos, auf Lateinisch: pensilis.
[17] Diodoros II, IX, 1 ff.
[18] Koldewey, S. 91, Das erwähnte arabische Wort scheint »dulab« zu sein, also Kredenz.
[19] oder Zikkurat, auf Akkadisch: »ziqquratu«.
[20] Lucian: »Of the Syrian Goddess«, S. 28 f.
[21] Aristophanes: »Die Wolken«, 11, S. 961 ff.
[22] auf Lateinisch: Cidenas., s. G. Sarton: »A History of Science«, Cambridge, Mass., 1959, Bd. I, S. 444 ff.
[23] Jastrow, S. 360.
[24] auf Arabisch: Tayma.
[25] auf Akkadisch: Bel-sarra-usur.
[26] auf Persisch: Kurusch; auf Hebräisch: Koresch; Kyros ist die griechische Form.

[27] Arrian: »Anabasis« III, 16, und VII, 17.; Diodoros II, IX, 8 f.; Strabo XVI, i. 5.
[28] Aus »Oh Babylon, Lost Babylon«, einem unveröffentlichten Gedicht von Robert E. Howard.

Kapitel 6

[1] siehe z. B. Aristophanes »Thesmophoriazusae«.
[2] Allerdings gingen die ursprünglichen Mauern auseinander und bildeten ein Dreieck, das die Küste der Bucht von Phaleron einschloß. Da es bald bekannt wurde, daß ein Angreifer leicht dort landen und dann zwischen den Mauern auf Athen marschieren könne, wurde eine dritte Mauer gebaut, nahe und parallel der ursprünglichen Nord-(oder Piraios-)Mauer, während man die Süd-(oder Phaleron-)Mauer verfallen ließ.
[3] Thukydides II, 63.
[4] »Das Wohl des Volkes soll oberstes Gesetz sein« (Cicero: »Über die Gesetze«) III, 3.
[5] Xenophon: »Hellenika« I, vii.
[6] Aristophanes: »Die Wolken«, 11, 170 f.
[7] auf Griechisch: Platon, ein Spitzname, der von »platys« (breit) gebildet wurde. Sein eigentlicher Name war Aristokles.
[8] Cicero: »Vom Staate« I, x, 15.
[9] Diogenes Laertius II, iii, 3.
[10] Thukydides II, 37–41.
[11] ebenda I, 70.
[12] Gibbon, Bd. II, S. 184.
[13] CAH V, S. 263.
[14] Thukydides III, 82 f.
[15] Gibbon, Bd. II, S. 179.
[16] Thukydides I, 22.

Kapitel 7

[1] Cicero: »In Verrem«, IV, 52 f.
[2] oder Plemmyrium; heute das Kap. St. Pangai bzw. die Halbinsel Maddalena. Die Bucht dazwischen heißt heute noch Porto Grande.
[3] Herodot VII, 165.
[4] ebenda VII, 162.
[5] oder »Gamoroi«.
[6] Thukydides V, 105.
[7] Schneider S. 118.
[8] Diodorus XIV, xli, 3 f.
[9] ebenda, auch xlii, 2.
[10] ebenda, XIV, 1, 4.
[11] s. die Diskussion bei Finley S. 75–80.

12 Vitruvius IX, Vorwort 9–12.
13 Diodorus XXVI, xviii; Pappus VIII. Eine etwas andere Darstellung findet sich bei Plutarch »Marcellus« xiv, 7.
14 Polybios VIII, 7; Plutarch »Marcellus« xv-xvii. Polybios spricht von Kränen, Plutarch von Katapulten. Aus technischen Gründen (s. mein »Ingenieure der Antike« S. 162) ist das erstere wahrscheinlicher.
15 Diodorus XXVI, xviii.

Kapitel 8

1 Polybios I, 67.
2 ebenda I, 66.
3 ebenda I, 67.
4 ebenda I, 68.
5 ebenda I, 69. Diese Namen werden verschieden geschrieben (auf Griechisch, Lateinisch oder in latinisiertem Griechisch): Barkas oder Barca; Geskon, Geso, Gisgo, Gisco; Spondios oder Spendius; Mathos oder Matho. »Barca« ist vermutlich ein Spitzname und bedeutet »Blitz«.
6 ebenda I, 70.
7 Cornelius Nepos: »Hannibal«, 2. Cornelius nennt den Gott »Jupiter«; aber er meinte wohl Baal Hammon, den Chef des karthagischen Pantheon.
8 s. Rhys Carpenter: »Beyond the Pillars of Heracles«, New York 1966, Kap. III.
9 Charles-Picard, S. 253.
10 Andere von Appian, Eusebius, Livius, Justin und Velletius Paterculus genannte Daten kommen auf die Jahre 1234, bzw. 1214, 846, 825 und 809 v. Chr. heraus.
11 Justin XVIII, viii, 5.
12 ebenda XVIII, viii, 6.
13 Eine weitere Erörterung des Untergangs von Troja findet sich im 4. Kapitel meines Buches »Geheimnisvolle Stätten der Geschichte«.
14 L. Sprague de Camp: »The Arrows of Hercules«, New York 1965, S. 125 ff.
15 Plutarch: »Praecepta gerendae rei publicae« (in »Moralia«), III, 6.
16 Plutarch: »Flaminius«, xxi; Livius XXXV, 14.
17 Polybios XXXIV, 5; Homer »Ilias« VI, 448.
18 oder Genserich, auf Griechisch: Giserikos.

Kapitel 9

1 auch Alexandreia, Alexandrea geschrieben.
2 Homer: »Odyssee« IV, 354 ff. Der Name »Pharos« hat vermutlich denselben Stamm wie »Pharao«.
3 Einige Forscher glauben, Homer habe nicht die Entfernung bis zur Küste, sondern die zur Kanopischen Mündung des Nil gemeint, rund 19 km weiter östlich.

[4] oder Soma.

[5] griechisch: »He Alexandreia tei pros Aigyptoi«.

[6] W. H. Davenport Adams: »Lighthouses and Lightships«, London 1870, S. 14, s. auch de Camp: »The Darkhouse of Alexandria« in »Technology and Culture« VI, 3, S. 423–27.

[7] Mit vollem Namen: Abu Abdallah Muhammad ibn-Muhammad ibn-Abdallah ibn-Idris. Idris war der Name seines Urgroßvaters.

[8] Idris III, iv (ed. Dozy, S. 166 f.).

[9] Forster (S. 147) meint, ein Erdbeben habe den obersten Teil des Leuchtturms etwa um das Jahr 1100 zum Einsturz gebracht. Wenn Idrisi den Turm noch vorher gesehen hat, lassen sich seine Zahlen einigermaßen mit denen ibn-asch-Schaykhs in Einklang bringen, der den Turm maß, als er schon niedriger war als ein Jahrhundert vorher. Ich bezweifle jedoch, daß der Turm jemals über 180 Meter hoch war, wie es nach Idrisis Zahlen der Fall sein müßte.

[10] Lucretius I, 101.

[11] Griechisch: Mouseion.

[12] Manche zählen diesen König als Ptolemäos VIII. Es hängt davon ab, ob sein Neffe, der als Knabe zum König proklamiert, aber fast sofort auf Befehl seines Onkels gestürzt und getötet wurde, als Ptolemäos VII. gerechnet wird.

[13] Eine romanhafte Darstellung dieser Reisen gibt mein Roman »The Golden Wind«, New York 1969.

[14] Heron: »Pneumatica«, xxi.

[15] Eine eingehendere Erörterung dieser Frage gibt mein Buch »The Landlocked Indian Ocean«.

[16] oder Sarapis.

[17] Verschiedene Erzählungen über die Entstehung dieses Kults gibt Tacitus: »Historia« IV, 83.

[18] Hippolytus: »The Refutation of All Heresies« IV, xxxv.

[19] Will Durant: »Caesar and Christ«, New York 1944, S. 608.

[20] Plinius der Jüngere X, 34.

[21] ein Plethron = 30 Meter.

[22] de Camp a.a.O., S. 16 ff., 22 ff. Über die mögliche Anordnung der Ruder in Philopators »Vierziger« schreibt Lionel Casson: »The Super-Galleys of the Hellenistic Age« in »The Mariner's Mirror« (1969) LV, 2, S. 185–94.

[23] de Camp a.a.O., S. 57 f. Einzelheiten finden sich bei Athenaeus« »Deipnosophistae« V, 198 ff.

[24] oder XII., wenn Physkons Neffe als Ptolemäos VII. mitgezählt wird.

Kapitel 10

[1] Ammianus XVI, x. 13 f.

[2] Davis (1959) S. 7 ff.

[3] das heutige »pozzuolana« bzw. Pozzuoli. Suetonius: »Augustus« xxviii.

[4] Strabo V, III, 7; Seneca: »De ira« III. xxxv, 5, und »De beneficiis« VI, xv, 7; Juvenal III, 190–202.
[5] Eine eingehendere Darstellung der Tiber-Brücken findet sich in meinem »Ingenieure der Antike«.
[6] Juvenal III, 60–64.
[7] ebenda X, 80.
[8] Charles G. Darwin: The Next Million Years«, New York 1953, S. 170 f.
[9] H. G. Wells: »The Outline of History«, Garden City 1931, S. 451. Die heutige wissenschaftliche Meinung betrachtet den Neandertaler als eine Vorform des Homo Sapiens und nicht als eine besondere Rasse. Die Vorstellung, daß er ein plumpes krummbeiniges Wesen mit »mißgestalteten haarigen Klauen« und einem »kinnlosen bestialischen Gesicht« gewesen sei, gründete sich auf eines der ersten entdeckten Neandertaler-Skelette, das zufällig das eines arthritischen alten Mannes war. Die meisten Neandertaler waren untersetzte Menschen mittlerer Größe, deren Augenbrauen nicht dichter waren und deren Stirne und Kinn nicht stärker zurückwichen als die von Millionen lebender Menschen.
[10] Cicero: »Ad familiares« VII, 1.
[11] Polybios XXXI, xxv, 3–8; Arnold Toynbee: »A Study of History«, London 1934–39, Bd. IV, S. 505–12.
[12] Nach einer unbekannten Quelle zitiert von Basil Davenport in »The Roman Reader«, New York 1951–59, S. 479.
[13] Plinius der Jüngere VII, 5.
[14] Seneca: »De clementia« I, xxiv, 1.
[15] Juvenal III, ii, 243–47.

Kapitel 11

[1] oder Candragupta Maurya.
[2] Es wurde auch Puschpura oder Kusumpura genannt.
[3] Arrian: »Indica«, 10. Megasthenes gab die Größe der Stadt in Stadien oder Achtelmeilen an (1 Meile = 1,6 km). Der Erannoboas ist vermutlich der heutige Son, einer von mehreren Nebenflüssen, die dort in den Ganges fließen.
[4] Strabo XV, i, 36.
[5] Edwardes, S. 43.
[6] Ramayana II, 57.
[7] oder Arthasastra, Arthacastra.
[8] oder Kautalya.
[9] Hadas, S. 266; Edwardes, S. 50.
[10] Saletore, S. 176.
[11] oder Sakas, Sakas; auf Griechisch: Sakai.
[12] oder Kusanas, Kuschans.
[13] Basham, S. 203 f.
[14] Mookerji, S. 62.

[15] kama = Liebe, Wollust, Leidenschaft; sutra = Handbuch.

[16] Vatsayana, S. 209.

[17] ebenda, S. 47 f.

[18] Aubrey Menen: »Dean Man in the Silver Market«, New York 1953, S. 22.

[19] oder caturanga. Eine Geschichte des Schachs findet sich bei Edward Falkener: »Games Ancient and Oriental and How to Play Them«, London 1892. New York 1961; Anna Kommena XII, vi.

[20] Eine englische Übersetzung der Inschrift auf der Eisernen Säule befindet sich auf einer Tafel in der Nähe.

[21] Lord Dunsany: »While the Sirens Slept«, London 1944, S. 140; s. auch Willy Ley: »The Iron Pillar of Delhi« in »Galaxy Science Fiction« VIII, 1 (April 1954), S. 75 f.

[22] oder Deogadh.

[23] Basham, S. 309 f.

[24] Vatsayana, S. 172.

[25] Saletore, S. 215.

[26] oder Taksasila.

[27] oder Mihirakula.

[28] Arthur Koestler (»Mahatma Gandhi – the Yogi and the Commissar« in »New York Times Magazine«, 5. 10. 1969) drückt es so aus: »eine zwielichtige Atmosphäre der Unwirklichkeit, des unlogischen Denkens und des scheinheiligen Ausweichens vor entscheidenden Fragen«.

[29] Brief der verwitweten Lady Dunsany vom 18. 10. 1963, zitiert mit freundlicher Genehmigung.

Kapitel 12

[1] Diener, S. 212.

[2] Prokop: »Geschichte der Kriege« I, xxiv.

[3] lateinisch: Andronicus Commenus.

[4] Der Name »Romania« (deutsch: Rumänien) wurde 1866 zu neuem Leben erweckt, und zwar für das Land, das damals aus dem Zusammenschluß Moldaviens und der Walachei entstand, mit einer Bevölkerung von gemischter dakischer, romanischer und slawischer Abstammung, die eine romanische Sprache spricht. Der heutige offizielle Name lautet: Republica Populara Romana. Der letzte byzantinische Kaiser war aufgefordert worden, seinen Titel in »König der Hellenen« zu ändern; aber dieser Vorschlag einiger seiner Untertanen wurde nicht aufgegriffen.

[5] oder Theophanto, Theophania.

[6] Psellos I, 4.

[7] Hearsay, S. 29.

[8] Gibbon, Bd. I, S. 145.

[9] ebenda, Bd. II, S. 520.

[10] Diener, S. 167.

[11] Anna Kommena X, i.

[12] ebenda XIX, vii.
[13] Diehl, S. 99.
[14] ebenda, S. 104 f.
[15] Anna Kommena, X, ix.
[16] Nach einer anderen Zählung müßte dieser Konstantin XI. heißen, wenn man einen Usurpator, der nur ganz kurzfristig regierte, als Konstantin VIII. mitzählt.
[17] Psellos X, III, 18.
[18] oder Alexis.
[19] Anna Kommena XIV, iv.
[20] Everslay, S. 77; Gibbon, Bd. II, S. 1339.
[21] Vermutlich eine Kombination des arabischen Uthman und eines türkischen Namens ähnlich wie Otman. »Osmanisch wird auch vielfach zu »Ottomanisch«.
[22] Gibbon, Bd. II, S. 1355; J. A. Miller: »Master Builders of Sixty Centuries«, New York 1938, S. 109.
[23] ebenda, Bd. II, S. 1330.
[24] Gülersoy, S. 158.
[25] Psellos VI, III, 28.
[26] Sykes, S. 290 ff. In den verschiedenen Quellen werden unterschiedliche Daten für den Fall von Trapezunt angegeben, die zwischen 1460 und 1463 variieren.

Register

Europa
Donau
Rom
Byzanz/
Konstantinopel
Athen
Karthago
Euphrat
Tyros (heute Sur)
Alexandria
Theben
Luxor
Nil
Afrika